“十三五”普通高等教育系列教材

数字电子技术基础

主　编　张志恒
副主编　赵世平
编　写　向远红
主　审　夏路易

中国电力出版社
CHINA ELECTRIC POWER PRESS

内 容 提 要

全书共分九章，主要内容包括数字逻辑基础、逻辑门电路、组合逻辑电路、集成触发器、时序逻辑电路、脉冲波形的产生与整形、半导体存储器、可编程逻辑器件、数/模和模/数转换器。通过本书的学习，学生能在规定的学时内掌握具有实用价值的数字电子技术的基本内容。

本书主要作为普通高等院校电气信息类、自动化类等相关专业的专业教材，也可作为高职高专教材，同时还可供从事电子技术工作的工程技术人员参考。

图书在版编目（CIP）数据

数字电子技术基础/张志恒主编．—北京：中国电力出版社，2017.4（2021.12重印）
“十三五”普通高等教育规划教材
ISBN 978-7-5198-0387-2

Ⅰ.①数… Ⅱ.①张… Ⅲ.①数字电路—电子技术—高等学校—教材 Ⅳ.①TN79

中国版本图书馆CIP数据核字（2017）第028678号

出版发行：中国电力出版社
地　　址：北京市东城区北京站西街19号（邮政编码100005）
网　　址：http://www.cepp.sgcc.com.cn
责任编辑：乔　莉　牛梦洁　（010－63412535）
责任校对：常燕昆
装帧设计：郝晓燕　赵姗杉
责任印制：吴　迪

印　　刷：北京天泽润科贸有限公司
版　　次：2017年4月第一版
印　　次：2021年12月北京第二次印刷
开　　本：787毫米×1092毫米　16开本
印　　张：18.25
字　　数：440千字
定　　价：42.00元

前　言

数字电子技术基础课程是电子信息类、电气信息类、自动化类等相关专业的主要专业基础课程。国家教委曾多次组织重点院校的专家教授们编写出版过多本统编教材，对该课程的发展起到了重要的推动作用。

随着电子科学技术的高速发展，近年来数字电子技术基础课程的教学内容有了较大变化，其中基于EDA技术和可编程逻辑器件的现代数字系统设计得到了广泛应用。但由于可编程逻辑器件等新型器件仍属于半导体器件，所以过去讲授的半导体器件工作原理的理论基础对这些新型器件仍然适用。同时，传统教材中的逻辑代数、逻辑门、触发器、组合电路、时序电路等基本概念、分析方法、设计方法也是使用新型器件时必备的基础理论。因此，本书的对应章节一方面延续和保持了数字电路基础内容的完整性和理论的系统性，另一方面增加了数字电路基本内容的VHDL语言描述，使读者能够在学习数字逻辑单元电路时逐步掌握现代数字系统设计的基础知识。此外，本书在可编程逻辑器件一章，重点介绍了FPLA、PAL器件及其应用，GAL、CPLD和FPGA的电路结构、工作原理和器件技术特性，并详细介绍了可编程逻辑器件的配置和基于EDA工具的现代数字系统设计流程。

本书由山西大学张志恒主编，太原理工大学夏路易教授主审。本书分为九章，第一、二、九章由山西大学张志恒编写，第三、六、七章由山西大学向远红编写，第四、五、八章及全书的VHDL内容由山西大学赵世平编写。全书由张志恒统稿。在本书的编写过程中参考了Altera公司的相关技术资料，所列举的程序代码均经过编译仿真检验。本书在编写过程中参考了一些已经出版的经典教材和文献，在此谨向作者们表示衷心的感谢。借此机会也向所有关心、支持和帮助过本书编写、修改、出版、发行工作的同志致以诚挚的谢意。

由于作者水平有限，书中一定还有许多不完善之处，殷切期望读者给予批评指正。

编　者

2016年12月

目　　录

第一章 数字逻辑基础

随着时代的发展，信息时代已经真正到来，“数字”这两个字在我们的信息交流中越来越重要，数字通信、数字电视、数字控制等数字化技术已经成为当今电子技术的发展潮流。数字电路是数字电子技术的核心，是计算机及数字通信技术的核心基础。本章主要介绍描述数字电路逻辑功能的数学方法。首先介绍数字电路中常用的计数体制和几种常用的编码，然后介绍逻辑代数的基本运算规则和逻辑函数的表示方法，最后着重讲述了逻辑函数的代数化简法和卡诺图化简法。

第一节 概述

一、信号的分类

电子电路中的信号可分为两类：一类是在时间和数值上连续变化的信号，如表示温度、湿度、压力、速度等物理量的信号，这一类信号称为模拟信号。用以产生、传递和处理模拟信号的电路称为模拟电路。另一类信号是在时间和大小上都是离散的信号，其大小变化是某个最小量的整数倍，如自动生产线上输出的零件数目等，这一类物理量称为数字量，把表示数字量的信号称为数字信号。用以产生、传递和处理数字信号的电路称为数字电路。

数字电路又称为逻辑电路，研究信号输入、输出之间逻辑关系。与模拟电路相比较，它具有以下特点：

(1) 模拟电路注重研究信号的放大、相位关系，波形失真情况等，采用的晶体管一般工作在放大状态。数字电路注重研究信号输入、输出之间的逻辑关系，采用的晶体管一般工作在截止或饱和状态（开关状态）。

(2) 数字电路分析和设计的数学工具是逻辑代数。逻辑代数以二进制为基础，其变量称为逻辑变量，用英文字母 A、B、C 等表示。逻辑变量取值（逻辑值）只有 1 和 0 两种，这里的 1 和 0 并不表示具体数值大小，而是表示逻辑变量的两种相反的状态，如是和否、真和假。

二、计数体制

表示“数”的计数体制很多，最常用的是进位计数制，进位计数制只用几个“数码”就能将任意大小的数表示出来。在数字系统中最常用的进位计数制是十进制、二进制、八进制和十六进制。

1. 十进制

十进制是一种进位计数制，它只用 10 个数码 0、1、2、3、4、5、6、7、8、9 就能将任意大小的数表示出来，计数规律是以“10”为基数，“逢十进一”，超过 9 时要用多位数表示，其中低位数和相邻高位数之间的进位关系是“逢十进一，借一做十”。例如 2638.63，它可以表示为

$$2638.63 = 2\times10^3 + 6\times10^2 + 3\times10^1 + 8\times10^0 + 6\times10^{-1} + 3\times10^{-2}$$

等号左边的形式称为十进制数的标位计数法，或称为并列表示法。2、6、3、8、6、3是等号右边形式中千位、百位、十位、个位、十分位、百分位的系数。由此可见处于不同位置上的数字符号具有不同的意义，或者说有着不同的权，即乘数 10^3、10^2、10^1、10^0、10^{-1}、10^{-2} 是十进制数2638.63各位的“权”。乘上权的系数称为加权系数，十进制数的数值就是各加权系数之和。因此，称上式等号右边形式为按权展开式。十进制数中有一个基本特征数“10”，它表征了该进位计数制所具有的数码个数及进位规则，称为十进制的“基数”。

基数和权是各种进位制的两个要素，正确理解其含意，便可掌握进位计数制的全部内容。对于一个任意大小的十进制数，可以表示为

$$(D)_{10} = \sum_{i=-m}^{n-1} a_i \times 10^i \tag{1-1}$$

式中：a_i 为第 i 位的系数；10^i 为第 i 位的权；m、n 为正整数，m 表示小数部分的位数，n 表示整数部分的位数；下角标10表示括号里的数是十进制数。

式（1-1）称为任意十进制数的按权展开式。

若以 N 代替式（1-1）中的10，就可得到任意进制（N 进制）数的按权展开式为

$$(D)_N = \sum_{i=-m}^{n-1} a_i \times N^i \tag{1-2}$$

式中：N 为计数制的基数；a_i 为第 i 位的系数；N^i 为第 i 位的权。

2. 二进制

二进制是以“2”为基数，“逢二进一”的进位计数制。二进制数中每一位仅有0或1两个可能的数码。任何一个二进制数均可展开为

$$(D)_2 = \sum_{i=-m}^{n-1} a_i \times 2^i \tag{1-3}$$

式中：a_i 为基数“2”的第 i 次幂的系数。

例如

$$(1011.101)_2 = 1\times2^3 + 0\times2^2 + 1\times2^1 + 1\times2^0 + 1\times2^{-1} + 0\times2^{-2} + 1\times2^{-3}$$

3. 八进制

八进制是以“8”为基数，“逢八进一”的进位计数制。在八进制数中，每一位可以用0～7这8个数码中的任何一个表示。任何一个八进制数均可展开为

$$(D)_8 = \sum_{i=-m}^{n-1} a_i \times 8^i \tag{1-4}$$

式中：a_i 为基数“8”的第 i 次幂的系数，它可以是0～7这8个数码中的任何一个。例如

$$(2647.356)_8 = 2\times8^3 + 6\times8^2 + 4\times8^1 + 7\times8^0 + 3\times8^{-1} + 5\times8^{-2} + 6\times8^{-3}$$

4. 十六进制

十六进制是以“16”为基数，“逢十六进一”的进位计数制。在十六进制数中，每一位可以用0～9、A（10）、B（11）、C（12）、D（13）、E（14）、F（15）这16个数码中的任何一个表示。任何一个十六进制数均可展开为

$$(D)_{16} = \sum_{i=-m}^{n-1} a_i \times 16^i \tag{1-5}$$

式中：a_i 为基数“16”的第 i 次幂的系数。

例如

$$(3E5D.2C8)_{16}=3\times16^3+E\times16^2+5\times16^1+D\times16^0+2\times16^{-1}+C\times16^{-2}+8\times16^{-3}$$

三、各种进制数之间的互相转换

1. 二、八、十六进制数转换为十进制数

不同进制只是描述数值的方式不同，它们是可以互相转换的，转换的前提是保证转换前后数值大小相等。

要将一个 N 进制数转换为一个十进制数，只要将该 N 进制数按式（1-2）展开，然后把各项数值按十进制数的计算规律相加，就可以得到等值的十进制数了。例如

$$\begin{aligned}(1011.11)_2&=1\times2^3+0\times2^2+1\times2^1+1\times2^0+1\times2^{-1}+1\times2^{-2}\\&=8+2+1+0.5+0.25=(11.75)_{10}\\(365.17)_8&=3\times8^2+6\times8^1+5\times8^0+1\times8^{-1}+7\times8^{-2}\\&=192+48+5+0.125+0.109375=(245.234375)_{10}\\(5D.41)_{16}&=5\times16^1+D\times16^0+4\times16^{-1}+1\times16^{-2}\\&=80+13+0.25+0.00390625=(93.25390625)_{10}\end{aligned}$$

2. 十进制数转换为二、八、十六进制数

十进制数转换为 N 进制数，需对整数和小数部分分别进行转换。

（1）整数部分的转换。假设十进制整数为 $(D)_{10}$，它所对应的任意 N 进制数为 $(a_na_{n-1}\cdots a_1a_0)_N$，则有

$$(D)_{10}=a_nN^n+a_{n-1}N^{n-1}+\cdots+a_1N^1+a_0=N(a_nN^{n-1}+a_{n-1}N^{n-2}+\cdots+a_1)+a_0 \tag{1-6}$$

将式（1-6）两边同除以 N，那么两边的商和余数必然对应相等，所得的商为 $(a_nN^{n-1}+a_{n-1}N^{n-2}+\cdots+a_1)$，所得的余数就是 a_0。

同理，这个商又可以写为

$$\frac{(D)_{10}-a_0}{N}=N(a_nN^{n-2}+a_{n-1}N^{n-3}+\cdots+a_2)+a_1 \tag{1-7}$$

将式（1-7）两边再除以 N，则所得之余数即为 a_1。

依此类推，反复将每次得到的商再除以 N，直至最后商为 0，便可以求出对应于任意 N 进制数的每一位系数。

［例 1-1］ 将 $(41)_{10}$ 转换为二进制数和八进制数。

解 1)

除数	被除数/商	余数	系数	
2	41	……1	a_0	低位
2	20	……0	a_1	
2	10	……0	a_2	
2	5	……1	a_3	
2	2	……0	a_4	
	1	……1	a_5	高位

于是得到 $(41)_{10}=(101001)_2$

2)

除数	被除数/商	余数	系数	
8	41	……1	a_0	低位
8	5	……5	a_1	高位

于是得到 $(41)_{10}=(51)_8$

[例 1-2] 将 $(2803)_{10}$转换为十六进制数。

解

$$\begin{array}{r|l} 16 & 2803 \quad \cdots\cdots 余数\ (3)_{10}=(3)_{16} \quad a_0 \quad 低位 \\ 16 & 175 \quad \cdots\cdots 余数\ (15)_{10}=(F)_{16} \quad a_1 \\ 16 & 10 \quad \cdots\cdots 余数\ (10)_{10}=(A)_{16} \quad a_2 \quad 高位 \\ & 0 \end{array}$$

于是得到 $(2803)_{10}=(AF3)_{16}$

(2) 小数部分的转换。假设十进制小数为 $(D)_{10}$，对应的任意 N 进制数为 $(0.a_{-1}a_{-2}\cdots a_{-m+1}a_{-m})_N$，则有

$$(D)_{10}=a_{-1}N^{-1}+a_{-2}N^{-2}+a_{-3}N^{-3}+\cdots+a_{-m}N^{-m} \tag{1-8}$$

将式 (1-8) 两边同乘以 N，得

$$N(D)_{10}=a_{-1}+(a_{-2}N^{-1}+a_{-3}N^{-2}+\cdots+a_{-m}N^{-m+1}) \tag{1-9}$$

可以看出用 N 乘以 $(D)_{10}$所得乘积的整数部分就是 a_{-1}。乘积的小数部分又可写为

$$N(D)_{10}-a_{-1}=a_{-2}N^{-1}+a_{-3}N^{-2}+\cdots+a_{-m}N^{-m+1} \tag{1-10}$$

将式 (1-10) 两边再乘以 N，得

$$N[N(D)_{10}-a_{-1}]=a_{-2}+a_{-3}N^{-1}+a_{-4}N^{-2}+\cdots+a_{-m}N^{-m+2} \tag{1-11}$$

所得的乘积的整数部分就是 a_{-2}。

依此类推，将每次乘以 N 后所得乘积的小数部分再乘以 N，直至最后乘积的小数部分为 0 或达到一定的精确度为止，便可求得任意 N 进制小数的每一位系数。

[例 1-3] 将 $(0.285)_{10}$转换为二进制数、八进制数和十六进制数，要求精确到小数点后 3 位。

解 1)

$$\begin{array}{r l} & 0.285 \\ \times & 2 \\ \hline & 0.570 \quad \cdots\cdots \quad 整数为 0，a_{-1}=0 \\ \times & 2 \\ \hline & 1.140 \quad \cdots\cdots \quad 整数为 1，a_{-2}=1 \\ - & 1 \\ \hline & 0.140 \\ \times & 2 \\ \hline & 0.280 \quad \cdots\cdots \quad 整数为 0，a_{-3}=0 \end{array}$$

于是得到 $(0.285)_{10}\approx(0.010)_2$

2)

$$\begin{array}{r l} & 0.285 \\ \times & 8 \\ \hline & 2.280 \quad \cdots\cdots \quad 整数为 2，a_{-1}=2 \\ - & 2 \\ \hline & 0.280 \\ \times & 8 \\ \hline & 2.240 \end{array}$$

$$
\begin{array}{rl}
2.240 & \\
-\ 2\quad & \cdots\cdots\ 整数为2，a_{-2}=2 \\
\hline
0.240 & \\
\times\quad 8 & \\
\hline
1.920 & \cdots\cdots\ 整数为1，a_{-3}=1
\end{array}
$$

于是得到 $(0.285)_{10}\approx(0.221)_8$

3)

$$
\begin{array}{rl}
0.285 & \\
\times\quad 16 & \\
\hline
4.560 & \cdots\cdots\ 整数为4，a_{-1}=4 \\
-\ 4\quad & \\
\hline
0.560 & \\
\times\quad 16 & \\
\hline
8.960 & \cdots\cdots\ 整数为8，a_{-2}=8 \\
-\ 8\quad & \\
\hline
0.960 & \\
\times\quad 16 & \\
\hline
15.360 & \cdots\cdots\ 整数为15，a_{-3}=F
\end{array}
$$

于是得到 $(0.285)_{10}\approx(0.48F)_{16}$

由［例 1-3］可以发现，在实现小数转换时，不一定能正好转换为有限位小数，因而必须考虑转换精确度问题，即根据需要来确定转换位数。

3. 二进制数与八进制数的相互转换

因为3位二进制数从（000）～（111）共有8个不同的状态，如果111再加1就成为4位二进制数1000，且前3位回到000，满足逢八进一的计数规律，所以3位二进制数恰好相当于1位八进制数。这样将二进制数转换为八进制数时，对整数部分，只需从最低位到高位每3位二进制数分为一组，高位不足3位时补0，然后将每一组二进制数用一个等值的八进制数代替即可。小数部分从小数点后一位开始向后每3位二进制数分为一组，低位不足3位时补0，然后将每一组二进制数用一个等值的八进制数代替即可。同理，八进制转换为二进制时，每一位八进制数只需用等值的3位二进制数代替即可。

［例 1-4］ 将 $(1100101.10101)_2$ 转换为八进制数，$(627.25)_8$ 转换为二进制数。

解 (1) $(001,\ 100,\ 101.101,\ 010)_2$

$$
\begin{array}{cccccc}
(001, & 100, & 101. & 101, & 010)_2 \\
\downarrow & \downarrow & \downarrow & \downarrow & \downarrow \\
=(1 & 4 & 5. & 5 & 2)_8
\end{array}
$$

(2)

$$
\begin{array}{cccccc}
(6 & 2 & 7. & 2 & 5)_8 \\
\downarrow & \downarrow & \downarrow & \downarrow & \downarrow \\
=(110 & 010 & 111. & 010 & 101)_2
\end{array}
$$

4. 二进制数与十六进制数之间的转换

因为4位二进制数从（0000）～（1111）共有16个不同的状态，如果1111再加1就成为5位二进制数10000，且前4位回到0000，满足逢十六进一的计数规律，所以4位二进制数恰好相当于1位十六进制数。这样将二进制数转换为十六进制数时，对整数部分，只需从最低位到高位每4位二进制数分为一组，高位不足4位时补0凑足4位，然后将每一组二进制数用一个等值的十六进制数代替即可。小数部分从小数点后一位开始向后每 4 位二进制数分为一组，低位不足 4 位时补 0 凑足 4 位，然后将每一组二进制数用一个等值的十六进制数代替即可。同理，十六进制数变为二进制数时，每一位十六进制数只需用等值的 4 位二进制数代替即可

[例 1-5] 将 $(1100011.10101)_2$ 转换为十六进制数，$(3D9.5C)_{16}$ 转换为二进制数。

解 (1) $(0110,\ 0011.1010,\ 1000)_2$

$$= (6\quad 3.\quad A\quad 8)_{16}$$

(2) $(3\quad D\quad 9.\quad 5\quad C)_{16}$

$$= (0011\quad 1101\quad 1001.0101\quad 1100)_2$$

四、二进制码

数字系统中的信息包括数字、文字、符号等，它们都可以用多位二进制数码来表示。用二进制数码表示数字、文字、符号等信息的过程叫编码，用来进行编码的二进制数码称为二进制代码。如果需要编码的信息量为 N，则用以编码的一组二进制代码所需位数 n 应满足 $2^n \geqslant N$。例如：若信息量 $N=45$，则编码所需的二进制代码位数 $n=6$。

1. 二—十进制编码

凡是利用若干位二进制数码来表示 1 位十进制数码的方法称为二—十进制编码，简称为二—十进制码，即 BCD（Binary-Coded Decimal）码。

1 位十进制数有 0～9 这 10 个不同数码，需要用 4 位二进制数才能表示。4 位二进制数码有 $2^4=16$ 种不同的组合，因此，从 16 种组合状态中选用其中 10 种组合状态来表示 1 位十进制数 0～9 的编码方法很多，常用的二—十进制码有以下几种：

(1) 8421BCD 码（简称 8421 码）。这种编码的 4 位二进制数码从高位至低位每位的权分别为 8、4、2、1，故称为 8421 码，如表 1-1 所示，它是一种有权码。就 0000～1001 这 10 个二进制数而言，8421 码和通常的 4 位二进制数没有区别，但需注意 8421 码中没有 1010～1111 这几个组合，这和通常的 4 位二进制数不同。8421 码容易识别，转换也很方便，是广泛应用的一种编码。

对于有权码，应满足关系式

$$(D)_{10} = \sum_{i=0}^{3} a_i \times W_i \tag{1-12}$$

式中：a_i 为 i 位的二进制数码（0 或 1）；W_i 为 i 位的权。

例如 8421 码中的 0110 所代表的十进制数为

$$(0110)_{8421} = 0\times 8+1\times 4+1\times 2+0\times 1 = (6)_{10}$$

十进制数和 8421 码之间可直接按位转换，例如

$$(94.12)_{10} = (10010100.00010010)_{8421}$$

(2) 余 3 码。每个 1 位十进制数码用余 3 码表示时，比 8421 码多 3（即多 0011），故称为余 3 码。例如 1 位十进制数码 $(5)_{10}$，用余 3 码表示为 1000，而用 8421 码表示为 0101，1000－0101＝0011。余 3 码是一种无权码。

常用的几种二—十进制编码如表 1-1 所示。

表 1-1　常用的几种二—十进制编码

十进制数 \ 编码种类	8421 码	2421A 码	2421B 码	5421 码	余 3 码
0	0000	0000	0000	0000	0011
1	0001	0001	0001	0001	0100
2	0010	0010	0010	0010	0101
3	0011	0011	0011	0011	0110
4	0100	0100	0100	0100	0111
5	0101	0101	1011	1000	1000
6	0110	0110	1100	1001	1001
7	0111	0111	1101	1010	1010
8	1000	1110	1110	1011	1011
9	1001	1111	1111	1100	1100
权	8421	2421	2421	5421	无

表 1-1 中还列出了 2421 码和 5421 码，它们都是有权码。2421 码和 5421 码的编码方案不是唯一的，例如 5421 码的 $(7)_{10}$，既可以用 1010 表示，也可以用 0111 表示；2421 码的 $(5)_{10}$，既可以用 0101 表示，也可以用 1011 表示。

从表 1-1 中可以看出，同一代码用不同的编码方法时，表示的意义不同。如表中 0100 代码，在 8421 码、2421A 码、2421B 码和 5421 码中代表 $(4)_{10}$，而在余 3 码中代表 $(1)_{10}$。

2. 格雷码（Gray 码）

格雷码的基本特点是任何两个代码之间仅有一位不同，因而又称为单位距离码。

格雷码属于无权码，它有多种编码形式，其中最常用的一种是循环码，表 1-2 所示为 4 位代码的循环码编码表。

表 1-2　4 位代码的循环码编码表

十进制数	G_3	G_2	G_1	G_0	十进制数	G_3	G_2	G_1	G_0
0	0	0	0	0	8	1	1	0	0
1	0	0	0	1	9	1	1	0	1
2	0	0	1	1	10	1	1	1	1
3	0	0	1	0	11	1	1	1	0
4	0	1	1	0	12	1	0	1	0
5	0	1	1	1	13	1	0	1	1
6	0	1	0	1	14	1	0	0	1
7	0	1	0	0	15	1	0	0	0

如表 1-2 所示，格雷码从一个代码变为相邻的另一个代码时，其中只有 1 位二进制数码变化，例如从 7 变到 8，即由 0100 变到 1100，只有最左 1 位发生变化，而 8421 码则由 0111 变为 1000，4 位都发生了变化。显然，采用格雷码可减少代码在进行变化时产生错误

的概率。

格雷码广泛用于输入、输出设备和模拟—数字转换器等。

第二节 逻辑代数

在客观世界中，许多事物之间的关系具有因果性。例如，照明线路中开关与灯的关系，灯亮与灯灭取决于开关的闭合与断开。开关闭合与否是因，灯亮不亮是果，这种因果关系称为逻辑关系。逻辑，就是指“条件”与“结果”之间的因果关系。用以分析研究这种逻辑关系的数学工具就是逻辑代数，也称为布尔代数。

在日常生活中，许多事物都只有相互对立的两种不同状态，如开关的闭合与断开、灯的亮与灭、一件事情的真与假、电压的高与低、电流的有与无等。如果用0来代表其中的一种状态，用1来代表对立的另一种状态，这样就使在逻辑代数中，不论是代表“因”的自变量，还是代表“果”的因变量，都只有两种不同的取值可能，其值不是1，就是0，不可能有第三种取值。注意，这里0和1并不表示数值的大小，而是表示事物的两种对立状态，称为逻辑0状态和逻辑1状态。

一、逻辑代数中的三种基本运算

在逻辑代数中，最基本的逻辑运算有与、或、非三种运算。

1. 与运算

图1-1所示是一个简单电路，开关是否闭合与灯是否点亮之间的关系，就是一种“与”逻辑关系。图中用逻辑变量A和B分别表示两个开关，并用1和0分别表示开关处于“闭合”和“断开”状态。用逻辑变量Y表示灯，并用1和0分别表示灯“亮”和“灭”。如果将A、B逻辑变量的所有取值和与其一一对应的逻辑值Y之间的关系以表格的形式表示出来，如表1-3所示，则称为逻辑真值表，或简称为真值表。由表1-3不难看出，要想使灯“亮”这个结果发生，必须使它的两个条件“A”和“B”开关都闭合，或者说只有变量A和B都是1时，输出Y才为1。因此，从这个电路可总结出这样的逻辑关系：当决定一件事情发生（灯亮）的各个条件（开关“A”、“B”闭合）全部具备时，这件事情才会发生。这种逻辑关系称为与逻辑。表示与逻辑的逻辑表达式为

$$Y = A \cdot B \tag{1-13}$$

式中：“·”为与运算符号，也表示逻辑“乘”，可省略不写。

式（1-13）读作Y等于A与B。实现与运算的逻辑电路称为与门，逻辑符号如图1-2所示。

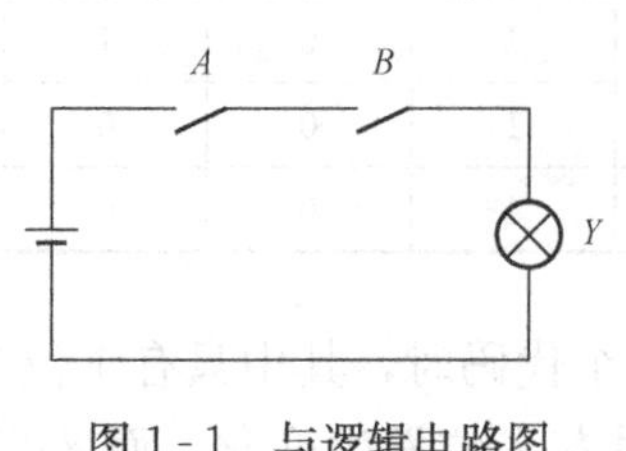

图1-1 与逻辑电路图

表1-3 与逻辑真值表

A	B	Y
0	0	0
0	1	0
1	0	0
1	1	1

与运算可以推广到多个逻辑变量，即

$$Y=A\cdot B\cdot C\cdot\cdots \tag{1-14}$$

图 1-2　与运算的逻辑符号

2. 或运算

图 1-3 所示简单电路，开关是否闭合与灯是否点亮之间的关系，就是一种“或”逻辑关系。或逻辑真值表如表 1-4 所示。由表 1-4 不难看出，要想使灯“亮”这个结果发生，只要它的两个条件“A”和“B”中的一个开关闭合就可以，或者说只要变量 A 和 B 有一个是 1，输出 Y 就为 1。因此，从这个电路可总结出这样的逻辑关系：当决定一件事情发生（灯亮）的各个条件（开关“A”、“B”闭合）中只要有一个条件具备，这件事情就会发生。这种逻辑关系称为或逻辑。表示或逻辑的逻辑表达式为

$$Y=A+B \tag{1-15}$$

式中：“+”为或运算符号，也表示逻辑“加”。

式（1-15）读作 Y 等于 A 或 B。实现或运算的逻辑电路称为或门，逻辑符号如图 1-4 所示。

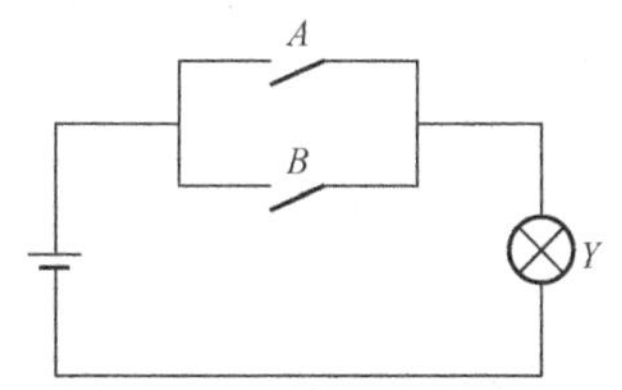

图 1-3　或逻辑电路图

表 1-4　　或逻辑真值表

A	B	Y
0	0	0
0	1	1
1	0	1
1	1	1

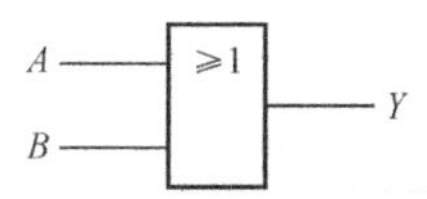

图 1-4　或运算的逻辑符号

或运算也可推广到多个逻辑变量，即

$$Y=A+B+C+\cdots \tag{1-16}$$

3. 非运算

图 1-5 所示简单电路，开关是否闭合与灯是否点亮之间的关系，就是一种“非”逻辑关系。非逻辑真值表如表 1-5 所示。由表 1-5 可以看出，要想使灯“亮”这个结果发生，必须使它的条件“A”开关不闭合，或者说只要变量 A 是 0，输出 Y 就为 1，若变量 A 是 1，则输出 Y 为 0。因此，从这个电路可总结出这样的逻辑关系：当决定一件事情发生（灯亮）的条件（开关“A”闭合）具备时，这件事情不会发生；而条件不具备时，这件事情就会发生。这种逻辑关系称为非逻辑。表示非逻辑的逻辑表达式为

$$Y=\overline{A} \tag{1-17}$$

式中：A 上的“—”为非运算符号。

式（1-17）读作 Y 等于 A 非。一般将 A 叫作原变量，$\overline{A}$ 叫作反变量。实现非运算的逻辑电路称为非门，非运算的逻辑符号如图 1-6 所示。

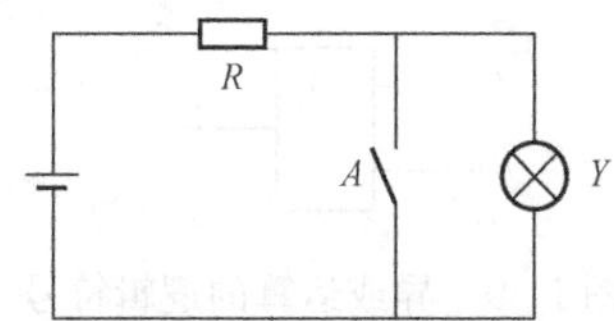

图 1-5　非逻辑电路图

表 1-5　　非逻辑真值表

A	Y
0	1
1	0

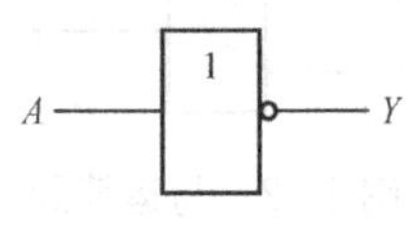

图1-6 非运算的逻辑符号

二、逻辑代数中几种常用的复合运算

由与、或、非三种基本逻辑运算可以组合成若干常用的复合逻辑运算。

1. 与非运算

与非逻辑表达式为

$$Y=\overline{A\cdot B} \tag{1-18}$$

与非真值表如表1-6所示，实现该逻辑功能的门电路逻辑符号如图1-7所示。

表1-6 与非真值表

A	B	Y
0	0	1
0	1	1
1	0	1
1	1	0

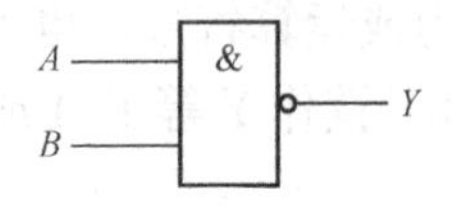

图1-7 与非运算的逻辑符号

2. 或非运算

或非逻辑表达式为

$$Y=\overline{A+B} \tag{1-19}$$

或非真值表如表1-7所示，实现该逻辑功能的门电路逻辑符号如图1-8所示。

表1-7 或非真值表

A	B	Y
0	0	1
0	1	0
1	0	0
1	1	0

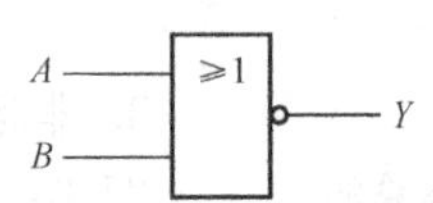

图1-8 或非运算的逻辑符号

3. 异或运算

异或逻辑表达式为

$$Y=\overline{A}B+A\overline{B}=A\oplus B \tag{1-20}$$

式中：$\oplus$为异或运算符号。

式（1-20）读作Y等于A异或B。当A、B逻辑状态相同时$Y=0$；当A、B的状态不同时$Y=1$。异或真值表如表1-8所示，实现该逻辑功能的门电路逻辑符号如图1-9所示。

表1-8 异或真值表

A	B	Y
0	0	0
0	1	1
1	0	1
1	1	0

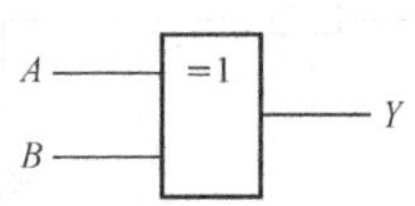

图1-9 异或运算的逻辑符号

异或运算推广到多输入变量的情况为

$$Y = A \oplus B \oplus C \oplus D \oplus \cdots \tag{1-21}$$

运算规则为：当输入 1 的个数为偶数时，$Y=0$；当输入 1 的个数为奇数时，$Y=1$。

4. 同或运算

同或逻辑表达式为

$$Y = AB + \overline{A}\,\overline{B} = A \odot B \tag{1-22}$$

式中：⊙为同或运算符号。

式（1-22）读作 Y 等于 A 同或 B。同或逻辑也常称为异或非逻辑。当 A、B 逻辑状态相同时 $Y=1$；当 A、B 的状态不同时 $Y=0$。同或真值表如表 1-9 所示，实现该逻辑功能的门电路逻辑符号如图 1-10 所示。由表 1-8 和表 1-9 可知，异或和同或互为非运算，即 $A \odot B = \overline{A \oplus B}$。

表 1-9　　同 或 真 值 表

A	B	Y
0	0	1
0	1	0
1	0	0
1	1	1

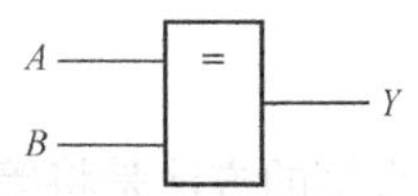

图 1-10　同或运算的逻辑符号

同或运算推广到多输入变量的情况为

$$Y = A \odot B \odot C \odot D \odot \cdots \tag{1-23}$$

运算规则为：当输入 0 的个数为偶数时，$Y=1$；当输入 0 的个数为奇数时，$Y=1$。

5. 与或非运算

与或非逻辑表达式为

$$Y = \overline{AB + CD} \tag{1-24}$$

实现其逻辑功能的门电路逻辑符号如图 1-11 所示。

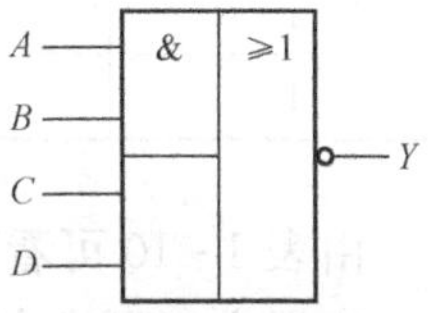

图 1-11　与或非运算的逻辑符号

三、逻辑代数的基本公式、定律、定理和规则

逻辑代数也称二值逻辑。根据与、或、非三种基本运算规则，以及逻辑变量的值只可能是 0 或 1 的特点，可以推导出逻辑代数的基本公式、定律、定理和规则，正确性可用真值表进行检验。

1. 基本公式

逻辑代数的基本公式见表 1-10。

表 1-10　　逻 辑 代 数 的 基 本 公 式

关于与的	关于或的	关于非的	关于与的	关于或的	关于非的
$0 \cdot 0 = 0$	$1+1=1$	$\overline{0}=1$	$1 \cdot 0 = 0$	$0+1=1$	
$0 \cdot 1 = 0$	$1+0=1$	$\overline{1}=0$	$1 \cdot 1 = 1$	$0+0=0$	

2. 基本定律

逻辑代数的基本定律见表 1-11。

表 1-11 逻辑运算的基本定律

定律	关于与的	关于或的	关于非的
0-1 律	$A\cdot 1=A$ $A\cdot 0=0$	$A+1=1$ $A+0=A$	
互补律	$A\cdot \overline{A}=0$	$A+\overline{A}=1$	
等幂律	$A\cdot A=A$	$A+A=A$	
还原律			$\overline{\overline{A}}=A$
交换律	$A\cdot B=B\cdot A$	$A+B=B+A$	
结合律	$A(BC)=(AB)C$	$A+(B+C)=(A+B)+C$	
分配律	$A(B+C)=AB+AC$	$A+BC=(A+B)(A+C)$	

3. 基本定理

(1) 摩根定理

$$\overline{AB}=\overline{A}+\overline{B} \tag{1-25}$$

$$\overline{A+B}=\overline{A}\,\overline{B} \tag{1-26}$$

证明：最直接的方法是将等式两边的真值表列出来比较，如果两个真值表完全一样，就证明左右两边相等。对式（1-25）令 $Y_1=\overline{AB}$，$Y_2=\overline{A}+\overline{B}$，它们的真值表如表 1-12 所示。

表 1-12 摩根定理的证明

A	B	Y_1	$\overline{A}$	$\overline{B}$	Y_2
0	0	1	1	1	1
0	1	1	1	0	1
1	0	1	0	1	1
1	1	0	0	0	0

由表 1-10 可看到 $Y_1=Y_2$，所以等式成立。同理，可以证明式（1-26）。

摩根定理可推广到多变量的情况，即

$$\overline{ABC\cdots}=\overline{A}+\overline{B}+\overline{C}+\cdots \tag{1-27}$$

$$\overline{A+B+C+\cdots}=\overline{A}\,\overline{B}\,\overline{C}\cdots \tag{1-28}$$

(2) 吸收定理Ⅰ

$$A+AB=A \tag{1-29}$$

$$A(A+B)=A \tag{1-30}$$

证明：对等式（1-29），左式$=A+AB=A(1+B)=A\cdot 1=A=$右式，所以等式成立。

对等式（1-30），左式$=AA+AB=A+AB=A(1+B)=A=$右式，所以等式成立。

也可推广为

$$A+ABCD\cdots=A \tag{1-31}$$

$$AB+ABCD\cdots=AB \tag{1-32}$$

(3) 吸收定理Ⅱ

$$A+\overline{A}B=A+B \tag{1-33}$$

$$A(\overline{A}+B)=AB \tag{1-34}$$

证明：对等式（1-33），左式$=A+AB+\overline{A}B=A+B(A+\overline{A})=A+B=$右式，所以等式成立。

对等式（1-34），左式$=A\overline{A}+AB=0+AB=AB=$右式，所以等式成立。

（4）吸收定理Ⅲ

$$AB+A\overline{B}=A \tag{1-35}$$

$$(A+B)(A+\overline{B})=A \tag{1-36}$$

证明：对等式（1-35），左式$=A(B+\overline{B})=A=$右式，所以等式成立。

对等式（1-36），左式$=AA+A\overline{B}+AB+B\overline{B}=A+A(\overline{B}+B)+0=A+A=A=$右式，所以等式成立。

（5）多余项定理

$$AB+\overline{A}C+BC=AB+\overline{A}C \tag{1-37}$$

$$(A+B)(\overline{A}+C)(B+C)=(A+B)(\overline{A}+C) \tag{1-38}$$

证明：对等式（1-37），左式$=AB+\overline{A}C+BC(A+\overline{A})=AB+ABC+\overline{A}C+\overline{A}BC$

$=AB+\overline{A}C=$右式，所以等式成立。

对等式（1-38），左式$=(AB+AC+BB+BC)(\overline{A}+C)=(B+AB+BC+AC)(\overline{A}+C)$

$=(B+AC)(\overline{A}+C)=\overline{A}B+\overline{A}AC+BC+ACC$

$=\overline{A}B+BC+AC+0=\overline{A}B+BC+AC+A\overline{A}$

$=(A+B)(\overline{A}+C)=$右式，所以等式成立。

该定理指出，当某变量（如A）分别以原变量和反变量出现在两项中时，这两项中的其他因子组成的第三项（如BC）必为多余项，若多余项中还有其他因子，它仍然是多余项。因此多余项定理可推广为

$$AB+\overline{A}C+BCDE\cdots=AB+\overline{A}C \tag{1-39}$$

$$(A+B)(\overline{A}+C)(B+C+D+E+\cdots)=(A+B)(\overline{A}+C) \tag{1-40}$$

4. 基本规则

（1）代入规则。对于任何一个含有变量A的逻辑等式，如果将所有出现变量A的位置都代之以同一个逻辑式，则等式仍然成立。这个规则称为代入规则。

例如，对二变量摩根定理$\overline{AB}=\overline{A}+\overline{B}$，用函数式$BC$代替等式中所有变量$B$，则有$\overline{ABC}=\overline{A}+\overline{BC}$，再用摩根定理得$\overline{ABC}=\overline{A}+\overline{B}+\overline{C}$。同理，可用代入规则证明$N$变量的摩根定理。

（2）反演规则。对于任何一个逻辑表达式Y，如果将Y中所有的“·”换为“+”，“+”换为“·”，0换为1，1换为0，原变量换为反变量，反变量换为原变量，那么所得到的新的表达式就是$\overline{Y}$。这个规则称为反演规则。例如：

若 $$Y=\overline{A}\,\overline{B}\,\overline{C}+\overline{C}D+0 \tag{1-41}$$

则 $$\overline{Y}=(A+B+C)(C+\overline{D})\cdot 1 \tag{1-42}$$

若 $$Y=A+\overline{\overline{B}+C+\overline{\overline{\overline{D}+E}}} \tag{1-43}$$

则 $$\overline{Y}=\overline{A}\cdot\overline{B\cdot\overline{C}\cdot\overline{\overline{D\cdot\overline{\overline{E}}}}} \tag{1-44}$$

应用反演规则时需注意以下两点：

1）不属于单个变量上的非号要保持不变。

2）遵守先算括号，再算与，最后算或的运算优先顺序。例如，对 $Y=\overline{A}\overline{B}+\overline{C}D$ 应先算 $\overline{A}\overline{B}$ 和 $\overline{C}D$，再算两个乘积项的或。应用反演规则求 $\overline{Y}$ 时，应是 $\overline{Y}=(A+B)(C+\overline{D})$，不能写为 $\overline{Y}=A+BC+\overline{D}$。

（3）对偶规则。对于任何一个逻辑表达式 Y，如果将 Y 中所有的“·”换为“+”，“+”换为“·”，0 换为 1，1 换为 0，那么所得到的新的表达式称为 Y 的对偶式，记为 Y'。例如：

若 $$Y = A + B(\overline{C} + D) \tag{1-45}$$

则 $$Y' = A(B + \overline{C}D) \tag{1-46}$$

若 $$Y = A\overline{B} + A(C + 0) \tag{1-47}$$

则 $$Y' = (A + \overline{B})(A + C \cdot 1) \tag{1-48}$$

变换时仍需注意保持原式中先与后或的顺序。

对偶规则是指当某个逻辑恒等式成立时，则其对偶式也成立。利用对偶规则，可从已知公式中得到更多的运算公式。

第三节 逻辑函数的表示方法及其相互转换

一、逻辑函数

从上节讲过的各种逻辑关系中可以看到，如果以逻辑变量作为输入，以运算结果作为输出，那么当输入变量的取值确定之后，输出的取值便随之而定。因此，输出与输入之间是一种函数关系。这种函数关系称为逻辑函数，写作

$$Y = F(A, B, C, \cdots)$$

由于变量和输出的取值只有 0 和 1 两种状态，所以也称为二值逻辑函数。

任何一件具体的因果关系都可以用一个逻辑函数描述。例如，图 1-12 所示是单刀双掷开关控制楼梯照明灯的电路，可以用一个逻辑函数描述开关和灯之间的逻辑关系。

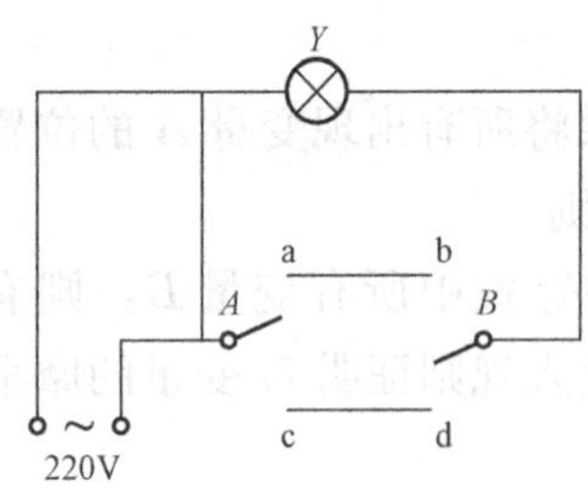

图 1-12 楼梯照明灯开关控制电路

单刀双掷开关 A 装在楼下，B 装在楼上，这样在楼下开灯后，可在楼上关灯；同样，也可在楼上开灯，而在楼下关灯。因为只有当两个开关都向上扳或向下扳时，灯才亮；而一个向上扳、另一个向下扳时，灯就灭。显然，照明灯 Y 的状态（亮与灭）是开关 A、B 状态（向上扳与向下扳）的函数。

若用 1 表示开关向上扳，用 0 表示开关向下扳；用 1 表示灯亮，用 0 表示灯不亮。此时，则照明灯 Y 是开关 A、B 的二值逻辑函数，即

$$Y = F(A, B)$$

二、逻辑函数的表示方法

常用的逻辑函数表示方法有逻辑真值表、逻辑函数表达式、逻辑图、卡诺图和波形图等几种方法。本节只介绍前三种方法，用卡诺图和波形图表示逻辑函数的方法将在后面作专门介绍。

1. 逻辑真值表

将输入逻辑变量的所有取值组合与输出逻辑函数值之间的对应关系，以表格的形式表示出来，所列写出的表格称为逻辑真值表。

由图 1-12 所示的电路不难看出，在 A、B 状态的 4 种不同组合中，只有 $A=B=0$ 和 $A=B=1$ 两种组合才能使 $Y=1$，于是可列出该电路的真值表，如表 1-13 所示。

表 1-13　图 1-12 电路的真值表

A	B	Y	A	B	Y
0	0	1	1	0	0
0	1	0	1	1	1

2. 逻辑函数表达式

把输出与输入之间的逻辑关系写成与、或、非等运算的组合式，即逻辑代数式，则称为逻辑函数表达式。

在图 1-12 所示的电路中，根据对电路功能的要求和与、或、非的逻辑定义，“两个开关都向上扳”可以表示为 AB，“两个开关都向下扳”可以表示为 $\overline{A}\overline{B}$，而两种状态组合之间是或的关系，则应写作 $AB+\overline{A}\overline{B}$。由此得到该电路的输出逻辑函数表达式为

$$Y = AB + \overline{A}\overline{B} = A \odot B \tag{1-49}$$

3. 逻辑图

将逻辑函数中各变量之间的与、或、非等逻辑关系，用相应的逻辑门符号按顺序连接而构成的图形，则称为逻辑图。

由式（1-49）可画出图 1-12 所示电路的逻辑图，如图 1-13 所示。

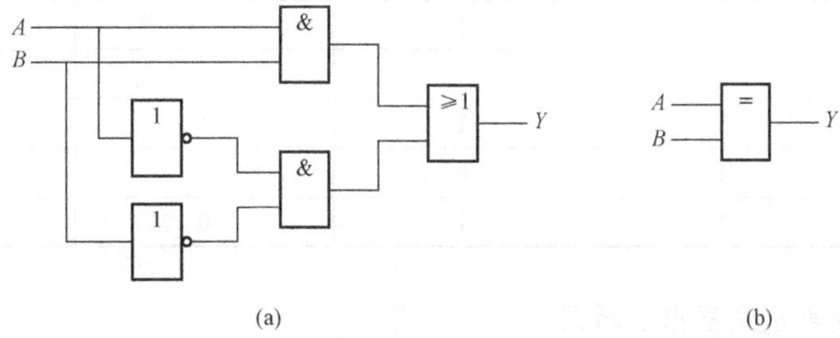

图 1-13　图 1-12 所示电路的逻辑图

(a) 用与门和或门组成的电路；(b) 用同或门组成的电路

三、逻辑函数各种表示方法的互相转换

既然同一个逻辑函数可以用三种不同的方法描述，那么这三种方法之间必能互相转换。经常用到的转换方法有四种。

1. 由真值表写出逻辑函数表达式

由真值表可以写出逻辑函数表达式，步骤如下：

(1) 找出真值表中使逻辑函数 $Y=1$ 的那些输入变量取值的组合。

(2) 每组输入变量取值的组合对应一个乘积项，其中取值为 1 的写入原变量，取值为 0 的写入反变量。

(3) 将这些乘积项相或，就是 Y 的逻辑函数表达式（即逻辑函数标准与或表达式）。

［例 1-6］ 试写出如表 1-14 所示真值表的逻辑函数表达式。

表 1-14 ［例 1-6］的真值表

A	B	C	Y	A	B	C	Y
0	0	0	0	1	0	0	0
0	0	1	0	1	0	1	1
0	1	0	0	1	1	0	1
0	1	1	1	1	1	1	1

解 找出真值表中使 $Y=1$ 的所有输入变量取值的组合为 011、101、110、111，每个组合对应的乘积项为 011→$\overline{A}BC$，101→$A\overline{B}C$，110→$AB\overline{C}$，111→ABC。所以

$$Y=\overline{A}BC+A\overline{B}C+AB\overline{C}+ABC$$

2. 由逻辑函数表达式列出真值表

将输入变量取值的所有组合状态逐一代入逻辑式求出函数值，列成表，即可得到真值表。

［例 1-7］ 已知逻辑函数 $Y=A\oplus B\oplus C$，求它对应的真值表。

解 将 A、B、C 变量的 8 种组合状态 000～111 逐一代入 Y 式中计算，将计算结果列表，即得表 1-15 所示的真值表。

表 1-15 ［例 1-7］的真值表

A	B	C	$A\oplus B$	$Y=(A\oplus B\oplus C)$
0	0	0	0	0
0	0	1	0	1
0	1	0	1	1
0	1	1	1	0
1	0	0	1	1
1	0	1	1	0
1	1	0	0	0
1	1	1	0	1

3. 由逻辑函数表达式画出逻辑图

用逻辑符号逐一代替逻辑式中的运算符号，并依据运算优先顺序把这些逻辑符号连接起来，就可以画出对应的逻辑图。由式（1-49）画出的逻辑图，如图 1-13 所示。

4. 由逻辑图写出逻辑函数表达式

从逻辑图的输入端到输出端逐级写出每个逻辑符号对应的逻辑式，就可以得到对应的逻辑函数表达式。由图 1-13 写出的逻辑函数表达式，见式（1-49）。

第四节 逻辑函数的代数变换与化简

一、逻辑函数表达式的形式及其相互变换

对于一个逻辑关系，其逻辑函数表达式并不是唯一的，即同一个逻辑函数表达式，可有多种不同的形式。逻辑函数表达式最常见的几种形式如下：

(1) 与—或表达式。

(2) 或—与表达式。

(3) 与非—与非表达式。

(4) 或非—或非表达式。

(5) 与—或—非表达式。

例如，对逻辑关系 $Y=AB+\overline{A}C$，通过公式进行逻辑变换后，可变换为以下五种不同形式的逻辑函数表达式

$$Y=AB+\overline{A}C \quad \text{（与—或表达式）} \tag{1-50}$$

$$=(A+C)(\overline{A}+B) \quad \text{（或—与表达式）} \tag{1-51}$$

$$=\overline{\overline{AB}\cdot\overline{\overline{A}C}} \quad \text{（与非—与非表达式）} \tag{1-52}$$

$$=\overline{\overline{A+C}+\overline{\overline{A}+B}} \quad \text{（或非—或非表达式）} \tag{1-53}$$

$$=\overline{A\overline{B}+\overline{A}\,\overline{C}} \quad \text{（与—或—非表达式）} \tag{1-54}$$

二、逻辑函数的代数化简法

在逻辑设计中，逻辑函数最终总是要用逻辑电路来实现的。因此，进行逻辑设计时，化简和变换逻辑函数往往可以简化电路、节省器件和提高系统的可靠性。

代数化简法是利用逻辑代数的基本公式、定律、定理和规则对逻辑函数进行化简，使其成为最简与或表达式。

最简与或表达式的标准如下：

(1) 表达式中所含逻辑乘积项最少。如 $Y=AB+\overline{A}C+BC$ 有三个逻辑乘积项，可化简为 $Y=AB+\overline{A}C+BC=AB+\overline{A}C$，只含两个逻辑乘积项。

(2) 各个逻辑乘积项中所含的变量个数最少。如 $Y=AB+\overline{AB}C$ 中，第二个逻辑乘积项中有三个变量，经过化简可变为 $Y=AB+ABC+\overline{AB}C=AB+C(AB+\overline{AB})=AB+C$，使乘积项 $\overline{AB}C$ 中变量由三个减少到一个。

下面介绍几种常用的代数化简方法。

1. 并项法

利用公式 $AB+A\overline{B}=A$，把两个乘积项合并为一个乘积项，并消去一个变量。

[例 1-8] 化简下列函数为最简与或表达式：

(1) $Y_1=ABC+\overline{A}BC+\overline{B}C$；

(2) $Y_2=(A\overline{B}+\overline{A}B)C+(AB+\overline{A}\overline{B})C$。

解 利用并项法可得

$$Y_1=ABC+\overline{A}BC+\overline{B}C=BC+\overline{B}C=C$$

$$Y_2=(A\overline{B}+\overline{A}B)C+(AB+\overline{A}\,\overline{B})C=(A\overline{B}+\overline{A}B)C+\overline{A\overline{B}+\overline{A}B}C=C$$

2. 吸收法

利用公式 $A+AB=A$，吸收掉多余的逻辑乘积项。

[例 1-9] 化简下列函数为最简与或表达式：

(1) $Y_1=A\overline{D}+AB\overline{C}\overline{D}(E+AF)$；

(2) $Y_2=\overline{AB}+\overline{A}CD+\overline{B}CD$。

解 利用吸收法可得

$$Y_1 = A\bar{D} + ABC\bar{C}\bar{D}(E + AF) = A\bar{D}$$

$$Y_2 = \overline{AB} + \bar{A}CD + \bar{B}CD = \overline{AB} + (\bar{A} + \bar{B})CD = \overline{AB} + \overline{AB}CD = \overline{AB} = \bar{A} + \bar{B}$$

3. 消去法

利用公式 $A+\bar{A}B=A+B$（同理 $\bar{A}+AB=\bar{A}+B$），消去乘积项中多余的因子。

［例 1-10］ 化简下列函数为最简与或表达式：

（1）$Y_1=AB+\bar{A}BC+\bar{B}$；

（2）$Y_2=AB+\bar{A}C+\bar{B}C$。

解 利用消去法可得

$$Y_1 = AB + \bar{A}BC + \bar{B} = (A + \bar{A}C)B + \bar{B} = \bar{B} + AB + BC = \bar{B} + A + C$$

$$Y_2 = AB + \bar{A}C + \bar{B}C = AB + (\bar{A} + \bar{B})C = AB + \overline{AB}C = AB + C$$

4. 配项法

为了最终达到化简的目的而有意增加一些多余项（添加项），以便使用某些公式得以化简的方法称为配项法。常利用 $A+\bar{A}=1$，把一项展开为两项。

［例 1-11］ 利用配项法证明公式 $AB+\bar{A}C+BC=AB+\bar{A}C$。

证明 左式 $=AB+\bar{A}C+BC$

$=AB+\bar{A}C+BC(A+\bar{A})$　　（第三项配 $A+\bar{A}$）

$=AB+\bar{A}C+ABC+\bar{A}BC$　　（利用吸收定理）

$=AB+\bar{A}C=$ 右式

［例 1-12］ 化简函数 $Y=A\bar{B}+B\bar{C}+\bar{B}C+\bar{A}B$

解
$$\begin{aligned} Y = A\bar{B} + B\bar{C} + \bar{B}C + \bar{A}B &= A\bar{B} + B\bar{C} + (A + \bar{A})\bar{B}C + \bar{A}B(C + \bar{C}) \\ &= A\bar{B} + B\bar{C} + A\bar{B}C + \bar{A}\bar{B}C + \bar{A}BC + \bar{A}B\bar{C} \\ &= (A\bar{B} + A\bar{B}C) + (B\bar{C} + \bar{A}B\bar{C}) + \bar{A}C(B + \bar{B}) \\ &= A\bar{B} + B\bar{C} + \bar{A}C \end{aligned}$$

实际化简逻辑函数时，常常需要综合应用上述几种方法，灵活性很大，只有熟练掌握各种公式，多加练习才能达到应用自如。

［例 1-13］ 化简函数 $Y=\bar{A}BC+AC+\bar{A}\bar{B}C+ABC+CE+AB+\bar{A}B\bar{C}$

解
$$\begin{aligned} Y &= \bar{A}BC + AC + \bar{A}\bar{B}C + ABC + CE + AB + \bar{A}B\bar{C} \\ &= (\bar{A}BC + \bar{A}BC) + AC + \bar{A}\bar{B}C + ABC + CE + AB + \bar{A}B\bar{C} \\ &= (AC + \bar{A}BC) + (AB + ABC) + (\bar{A}BC + \bar{A}B\bar{C}) + \bar{A}\bar{B}C + CE \\ &= C(A + \bar{A}B) + AB(1 + C) + \bar{A}B(C + \bar{C}) + (\overline{A + B})C + CE \\ &= C(A + B) + AB + \bar{A}B + (\overline{A + B})C + CE \\ &= C[(A + B) + (\overline{A + B})] + B(A + \bar{A}) + CE \\ &= C + B + CE = C + B \end{aligned}$$

第五节　逻辑函数的卡诺图化简法

一、逻辑函数的最小项及其性质

1. 逻辑函数的最小项

对于三变量 A、B、C 可以构成如下 8 个逻辑乘积项：$m_0=\bar{A}\bar{B}\bar{C}$，$m_1=\bar{A}\bar{B}C$，$m_2=$

$\overline{A}B\overline{C}$，$m_3=\overline{A}BC$，$m_4=A\overline{B}\overline{C}$，$m_5=A\overline{B}C$，$m_6=AB\overline{C}$，$m_7=ABC$。三变量最小项真值表如表 1-16 所示。

表 1-16　　三变量最小项真值表

A	B	C	m_0 $\overline{A}\,\overline{B}\,\overline{C}$	m_1 $\overline{A}\,\overline{B}C$	m_2 $\overline{A}B\overline{C}$	m_3 $\overline{A}BC$	m_4 $A\overline{B}\,\overline{C}$	m_5 $A\overline{B}C$	m_6 $AB\overline{C}$	m_7 ABC
0	0	0	1	0	0	0	0	0	0	0
0	0	1	0	1	0	0	0	0	0	0
0	1	0	0	0	1	0	0	0	0	0
0	1	1	0	0	0	1	0	0	0	0
1	0	0	0	0	0	0	1	0	0	0
1	0	1	0	0	0	0	0	1	0	0
1	1	0	0	0	0	0	0	0	1	0
1	1	1	0	0	0	0	0	0	0	1

由表 1-16 可以看出，在每个逻辑乘积项中，A、B、C 三个变量一个都不少，且每个变量只出现一次，不是以原变量的形式出现，就是以反变量的形式出现。

类似上面的三变量 A、B、C 组成的 $m_0 \sim m_7$，对 n 个变量 A_0、A_1、…、A_{n-1}，m_i 是由 n 个变量组成的逻辑乘积项。如果在 m_i 中，每一个变量都以原变量或反变量的形式作为一个因子出现，而且仅出现一次，则称 m_i 为 n 变量的一个最小项。显然，n 个变量就有 2^n 个最小项。如 3 个变量，有 $2^3=8$ 个最小项，4 个变量就有 $2^4=16$ 个最小项。为便于使用，最小项用 m_i 表示，下标 i 按如下规则确定：将各最小项变量按一定次序排好后，用 1 代替原变量，用 0 代替反变量，这样每个最小项对应的二进制数的等效十进制数就是相应的最小项 m_i 的下标"i"。如最小项 $\overline{A}\,\overline{B}C$，对应 A、B、C 的取值组合为二进制数 001，$(001)_2=(1)_{10}$，所以记为 $m_1=\overline{A}\,\overline{B}C$；$A\overline{B}\,\overline{C}$ 对应 A、B、C 的取值组合为 100，$(100)_2=(4)_{10}$，就记为 $m_4=A\overline{B}\,\overline{C}$。

［例 1-14］ 对四变量函数的各项 $\overline{A}\,\overline{B}CD$、$A\overline{B}\,\overline{C}$、$A\overline{B}CD$ 和 AB，判断哪些项不是最小项，哪些项是最小项，属于最小项的如何标记？

解 $A\overline{B}\,\overline{C}$ 不是四变量的最小项，因为乘积项中缺少变量 D；AB 也不是四变量的最小项，因为缺少变量 C 和 D。

$\overline{A}\,\overline{B}CD$ 是四变量的最小项，因为 $\overline{A}\,\overline{B}CD$ 对应的二进制数为 0011，$(0011)_2=(3)_{10}$，所以记为 m_3；同理，$A\overline{B}CD$ 也是四变量的最小项，记为 m_{11}。

2. 最小项的性质

(1) 性质 1。对于任意一个最小项，只有一组变量的取值能使它的值为 1，而在变量取其他各组值时，这个最小项的值都为 0。并且，最小项不同，使它为 1 的那一组变量的取值也不相同。

(2) 性质 2。任意两个不同的最小项的"积"（与），其值恒为 0。因为对于变量的任一组取值，两个不同的最小项的值不可能同时为 1。例如对三变量 A、B、C 来说，$m_1 \cdot m_4=\overline{A}\,\overline{B}C \cdot A\overline{B}\,\overline{C}=0$。

(3) 性质 3。n 个变量的全体最小项的和（或）其值恒为 1。因为对于变量的任意一组取值，总有一个最小项的值为 1，因此全体最小项的和恒为 1。

3. 逻辑函数的最小项表达式

逻辑函数的与或表达式中，若每个乘积项均为最小项，则此表达式称为该函数的最小项表达式。任何一个逻辑函数均可展开为唯一的最小项表达式。例如，要将逻辑函数 $Y(A, B, C)=AB+\overline{A}C$ 化成最小项表达式，这时可利用 $A+\overline{A}=1$ 的基本定律，将逻辑函数的每一项都化成包含所有变量 A、B、C 的最小项，即

$$
\begin{aligned}
Y(A, B, C) &= AB+\overline{A}C = AB(C+\overline{C})+\overline{A}C(B+\overline{B}) = ABC+AB\overline{C}+\overline{A}BC+\overline{A}\,\overline{B}C \\
&= m_7+m_6+m_3+m_1
\end{aligned}
$$

为了简化，也可用最小项下标编号来表示最小项，故上式也可写为

$$Y(A, B, C) = \sum m(1, 3, 6, 7)$$

二、用卡诺图表示逻辑函数

1. 卡诺图的构成

对四变量 A、B、C、D 来说，共有 16 个最小项：$m_0=\overline{A}\overline{B}\overline{C}\overline{D}$，$m_1=\overline{A}\overline{B}\overline{C}D$，$m_2=\overline{A}\overline{B}C\overline{D}$，$m_3=\overline{A}\overline{B}CD$，$m_4=\overline{A}B\overline{C}\overline{D}$，$m_5=\overline{A}B\overline{C}D$，$m_6=\overline{A}BC\overline{D}$，$m_7=\overline{A}BCD$，$m_8=A\overline{B}\overline{C}\overline{D}$，$m_9=A\overline{B}\overline{C}D$，$m_{10}=A\overline{B}C\overline{D}$，$m_{11}=A\overline{B}CD$，$m_{12}=AB\overline{C}\overline{D}$，$m_{13}=AB\overline{C}D$，$m_{14}=ABC\overline{D}$，$m_{15}=ABCD$。

如果按照“循环相邻”的准则将这 16 个最小项排列成一个表格，则成为如表 1-17 所示的表格形状。

表 1-17 循环相邻最小项排列表

$\overline{A}\overline{B}\overline{C}\overline{D}$	$\overline{A}\overline{B}\overline{C}D$	$\overline{A}\overline{B}CD$	$\overline{A}\overline{B}C\overline{D}$
$\overline{A}B\overline{C}\overline{D}$	$\overline{A}B\overline{C}D$	$\overline{A}BCD$	$\overline{A}BC\overline{D}$
$AB\overline{C}\overline{D}$	$AB\overline{C}D$	$ABCD$	$ABC\overline{D}$
$A\overline{B}\overline{C}\overline{D}$	$A\overline{B}\overline{C}D$	$A\overline{B}CD$	$A\overline{B}C\overline{D}$

循环相邻准则是在几何上相邻的小方格所代表的最小项在逻辑上也相邻。几何相邻包括三种情况：①在几何位置上直接邻接的小方格；②处在任何一行或一列两端的小方格；③与中心轴左右或上下对称的小方格。逻辑相邻是指两个最小项中只有一个变量互为反变量，其他变量都相同。

如果在上述表格的左方和上方再标出自变量的取值与各最小项相对应，就可以得到如图 1-14（a）所示的方格图，称为四变量卡诺图。图 1-14（a）也可画为图 1-14（b）所示的简化形式，经常使用的卡诺图形式是图 1-14（c）给出的形式。可见卡诺图实际上就是最小项按照“循环相邻准则”排列的方格图。

AB \ CD	00	01	11	10
00	$\overline{A}\overline{B}\overline{C}\overline{D}$	$\overline{A}\overline{B}\overline{C}D$	$\overline{A}\overline{B}CD$	$\overline{A}\overline{B}C\overline{D}$
01	$\overline{A}B\overline{C}\overline{D}$	$\overline{A}B\overline{C}D$	$\overline{A}BCD$	$\overline{A}BC\overline{D}$
11	$AB\overline{C}\overline{D}$	$AB\overline{C}D$	$ABCD$	$ABC\overline{D}$
10	$A\overline{B}\overline{C}\overline{D}$	$A\overline{B}\overline{C}D$	$A\overline{B}CD$	$A\overline{B}C\overline{D}$

(a)

AB \ CD	00	01	11	10
00	m_0	m_1	m_3	m_2
01	m_4	m_5	m_7	m_6
11	m_{12}	m_{13}	m_{15}	m_{14}
10	m_8	m_9	m_{11}	m_{10}

(b)

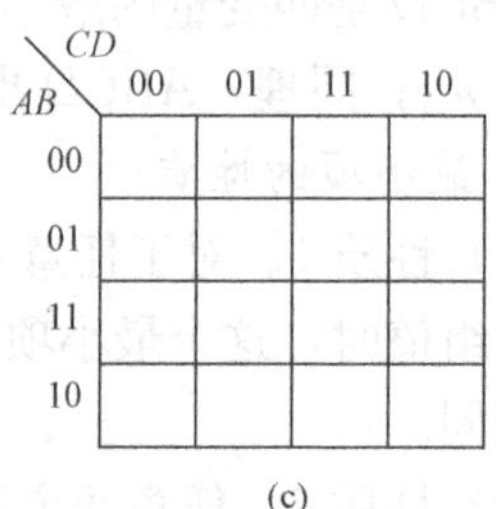

(c)

图 1-14 四变量卡诺图

（a）四变量卡诺图；（b）卡诺图的简化形式；（c）经常使用的卡诺图形式

同理，按照循环相邻准则，可以建立二变量、三变量、五变量卡诺图如图 1-15 所示。

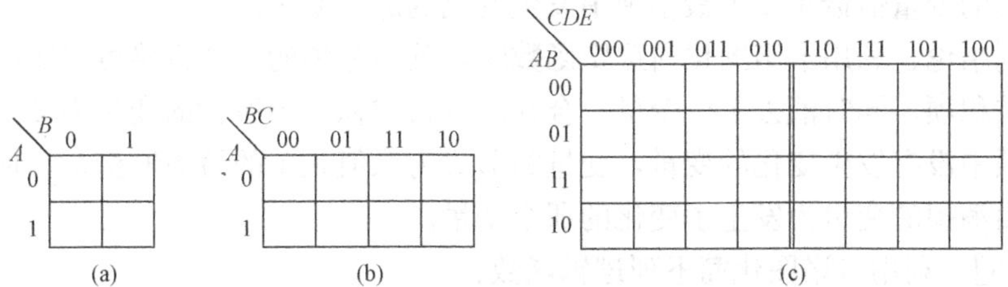

图 1-15 二、三、五变量卡诺图

(a) 二变量卡诺图；(b) 三变量卡诺图；(c) 五变量卡诺图

在图 1-15 (c) 所示的五变量最小项的卡诺图中，以双竖线为轴左右对称位置上的两个最小项也具有逻辑相邻性。

由上述可见，随变量数的增加，不仅使卡诺图小方格数量增加，而且最小项逻辑相邻也越来越复杂，所以在实际应用中很少采用五变量以上的卡诺图。

2. 用卡诺图表示逻辑函数

既然任何一个逻辑函数都能表示为若干最小项之和的形式，那么自然就可以设法用卡诺图来表示任意一个逻辑函数。

具体的方法是根据逻辑函数所包含的变量数目，先画出相应的最小项卡诺图；然后将逻辑函数中包含的最小项，在卡诺图上与这些最小项相对应的方格内填入 1，其余的方格内填入 0。所得到的图形就是该逻辑函数的卡诺图。也就是说，任何一个逻辑函数都等于它的卡诺图中填 1 的那些最小项之和。

若逻辑函数是以真值表或逻辑表达式给出的，用卡诺图来表示逻辑函数的方法如下：

(1) 从逻辑表达式到卡诺图。

1) 如果表达式为最小项表达式，则可直接填入卡诺图，即将表达式中最小项相对应的方格内填入 1，其余的方格内填入 0。

2) 如表达式不是最小项表达式，但是与或表达式，也可不必化成最小项表达式，直接填入卡诺图。方法是在卡诺图上与每一个乘积项所包含的那些最小项（该乘积项就是这些最小项的公因子）相对应的方格内填入 1，其余的方格内填入 0。

3) 如表达式不是最小项表达式，也不是与或表达式，可将其先化成与或表达式，再填入卡诺图。

(2) 从真值表到卡诺图。根据真值表将 2^n 个最小项所对应 Y 的取值 1 或者 0，填入 n 变量卡诺图中对应的 2^n 个小方格中即可。

三、用卡诺图化简逻辑函数

1. 变量卡诺图中最小项合并的规律

在卡诺图中，凡两个相邻小方格的最小项之间都只有一个变量有变化。例如，函数 $Y=\overline{A}B\overline{C}D+\overline{A}BCD$ 的卡诺图如图 1-16 所示。

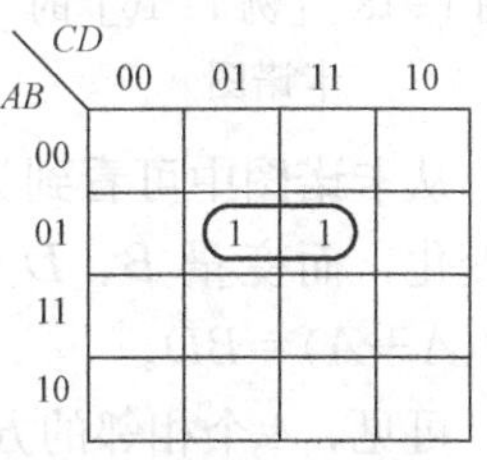

图 1-16 函数 Y 的卡诺图

图中为 1 的方格为 2 个相邻方格，可以把这 2 个方格圈在一起，利用公式 $AB+A\overline{B}=A$ 进行合并化简函数得 $Y=\overline{A}BD$。可以看出，这样做使得 2 个逻辑乘积项（最小项）合并成为 1 个逻辑乘积项，同时消掉 1 个变量，而且消去的变量恰恰是 2 个最小项中发生变化的那个变量。

从而得到结论：利用卡诺图化简逻辑函数时，凡是相邻的 2 个方格可以圈在一起，合并为 1 个逻辑乘积项，同时消去 1 个变量。合并的逻辑乘积项中所含的变量为 2 个相邻方格所对应的最小项中没有发生变化的变量，变量的形式为取值是 1 的写为原变量，取值是 0 的写为反变量。而消掉的变量为发生了变化的那个变量。

[例 1-15] 利用卡诺图化简下列逻辑函数：

$$Y_1=\overline{A}\overline{B}C+\overline{A}BC+A\overline{B}\overline{C}+AB\overline{C}$$

$$Y_2=A\overline{B}\overline{C}D+\overline{A}\overline{B}\overline{C}D+A\overline{B}C\overline{D}+\overline{A}\overline{B}C\overline{D}+ABC\overline{D}+ABC\overline{D}$$

解 画出 Y_1 的卡诺图，如图 1-17（a）所示。根据相邻方格最小项合并规律，从卡诺图可直接写出化简后的最简与或表达式为

$$Y_1=\overline{A}C+A\overline{C}$$

画出 Y_2 的卡诺图，如图 1-17（b）所示。同理可得到 Y_2 化简后的最简与或表达式为

$$Y_2=AB\overline{D}+\overline{B}\overline{C}D+\overline{B}C\overline{D}$$

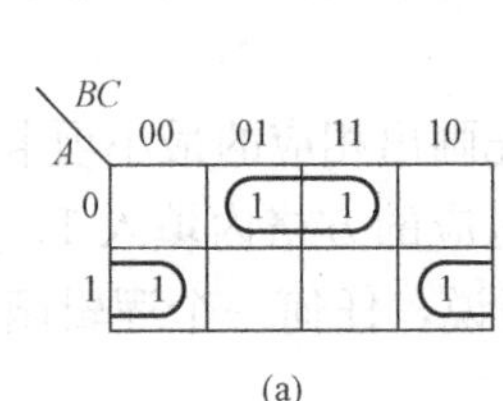

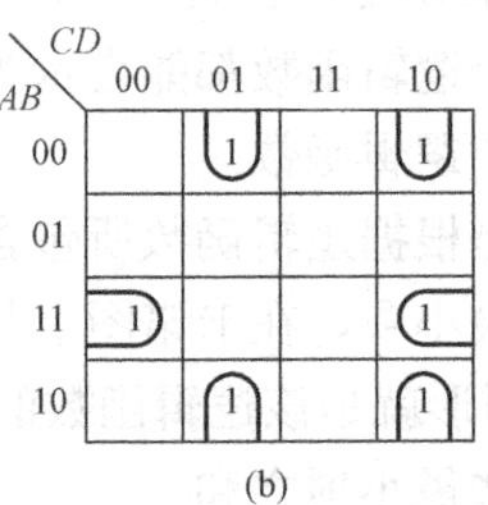

图 1-17 ［例 1-15］的卡诺图

(a) Y_1 的卡诺图；(b) Y_2 的卡诺图

当 4 个小方格相邻时又会如何呢？下面看一个例子。

[例 1-16] 化简逻辑函数 $Y=\overline{A}BD+ABD$。

解 画出函数 $Y=\overline{A}BD+ABD$ 的卡诺图，如图 1-18 所示。

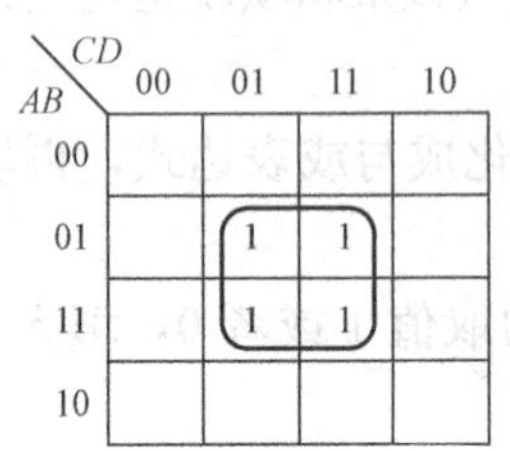

图 1-18 ［例 1-16］的卡诺图

事实上，在实际画逻辑函数 Y 的卡诺图时，并不一定要将逻辑函数 Y 化为最小项之和的形式，而是用所谓“直接观察”的办法，把逻辑式中包含的最小项在卡诺图对应位置处填入 1。如逻辑式中的 $\overline{A}BD$ 一项包含了所有含有 $\overline{A}BD$ 因子的最小项，而不管另一个因子是 C 还是 $\overline{C}$。从另一个角度讲，也可以理解为 $\overline{A}BD$ 是 $\overline{A}BCD$ 和 $\overline{A}B\overline{C}D$ 2 个最小项相加合并的结果。因此，在填写逻辑式 Y 的卡诺图时可以直接在卡诺图上所有对应 $A=0$、$B=1$、$D=1$ 的空格里填入 1。按照这种方法，可以省去将 Y 化为最小项之和这一步骤。

从卡诺图中可看到为 1 的 4 个方格相邻，且在这 4 个方格中，变量 A 和 C 的取值发生了变化，而变量 B、D 的取值没有变（都为 1）。由代数化简法可得 $Y=\overline{A}BD+ABD=BD(\overline{A}+A)=BD$。

可见，4 个相邻的方格也可圈在一起，合并为 1 个逻辑乘积项，并消去 2 个变量，合并的逻辑乘积项中所含的变量为 4 个相邻方格所对应的最小项中没有发生变化的变量。变量的

形式为取值是 1 的写为原变量，取值是 0 的写为反变量，而消掉的变量恰恰是发生了变化的那 2 个变量。

［例 1 - 17］ 化简 $Y=\overline{A}\,\overline{B}\,\overline{C}\,\overline{D}+\overline{A}\,\overline{B}C\overline{D}+A\overline{B}\,\overline{C}\,\overline{D}+A\overline{B}C\overline{D}$。

解　画出函数 Y 的卡诺图，如图 1 - 19 所示。

为 1 的 4 个方格逻辑相邻，因此可圈在一起。合并为一项得 $Y=\overline{B}\,\overline{D}$。

同理，8 个相邻的方格也可圈在一起合并为一个逻辑乘积项，同时消掉 3 个变量，且所消掉的变量也恰恰是在 8 个相邻方格所对应的最小项中发生变化的那些变量，如图 1 - 20（a）、（b）所示。

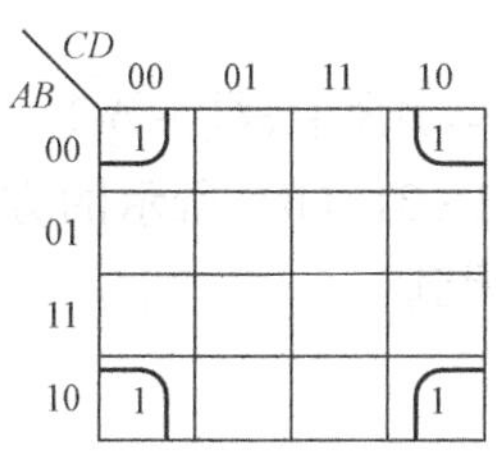

图 1 - 19 ［例 1 - 17］的卡诺图

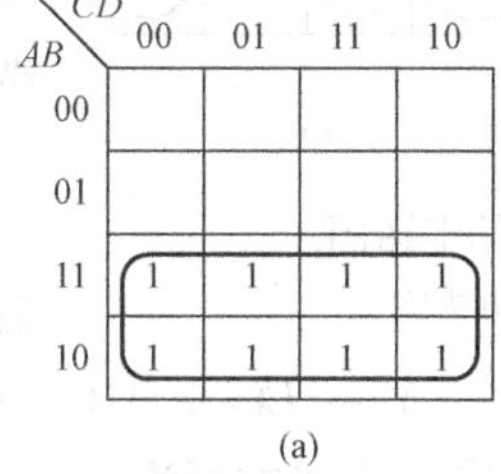

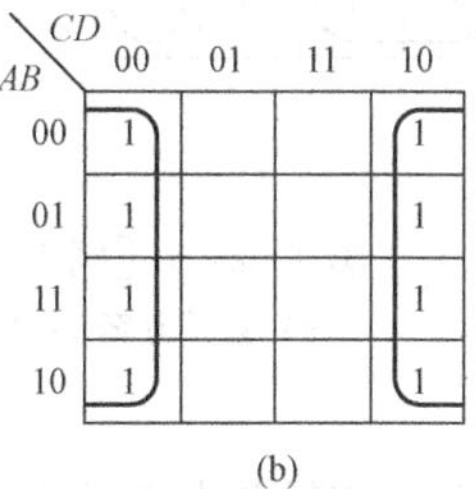

图 1 - 20　8 个相邻方格的卡诺图

一般地，N（这里 N 必须满足 $N=2^K$，$K=0$、1、2、3、…，K 为整数）个相邻的小方格可圈在一起，合并为一个逻辑乘积项，并消去 K 个变量。

2. 用卡诺图化简逻辑函数的步骤

利用卡诺图化简逻辑函数时可按下述步骤进行：

（1）画出逻辑函数的卡诺图。

（2）合并最小项，即将相邻为 1 的小方格圈成一组（画包围圈）。画包围圈时要注意以下几点：

1）包围圈内所含的最小项方格数为 2^K 个（$K=0$，1，2，…），且注意四角、上下、左右的相邻性。

2）同一方格可以被不同的包围圈重复包围，但新的包围圈内必须含有没被圈过的小方格，否则该包围圈是多余的。

3）每个包围圈所含的方格数越多越好，这样可尽多地消去多余的变量。

4）包围圈的个数越少越好，这样可使化简后的函数式乘积项最少。

（3）对应所画的每一个包围圈写出相应的逻辑乘积项，将各乘积项相或，便可得到化简后的逻辑函数最简与或表达式。

应注意的是，在有些情况下，不同圈法得到的与或表达式不同，都是最简形式，即一个逻辑函数的最简与或表达式不一定是唯一的。

［例 1 - 18］ 某逻辑函数的真值表如表 1 - 18 所示，用卡诺图化简该逻辑函数。

表 1 - 18　　［例 1 - 18］的真值表

A	B	C	Y	A	B	C	Y
0	0	0	0	0	1	0	1
0	0	1	1	0	1	1	1

续表

A	B	C	Y	A	B	C	Y
1	0	0	1	1	1	0	1
1	0	1	1	1	1	1	0

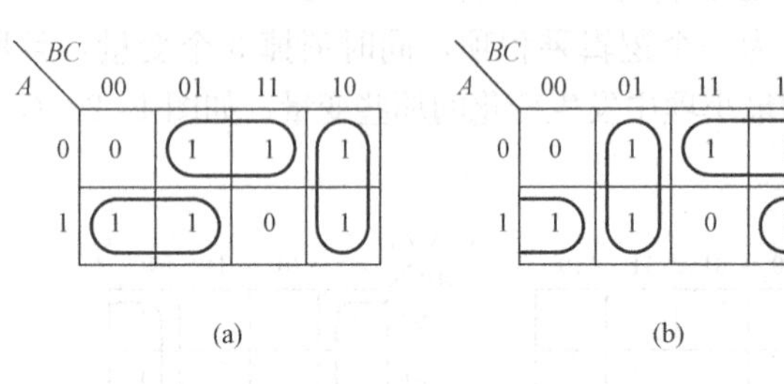

图 1-21　[例 1-18] 的卡诺图

(a) 合并方案 1；(b) 合并方案 2

解　(1) 由真值表画出卡诺图，如图 1-21 所示。

(2) 画包围圈合并最小项。如果按图 1-21 (a) 所示的方案合并最小项，则得到

$$Y = A\overline{B} + B\overline{C} + \overline{A}C$$

而按图 1-21 (b) 所示的方案合并最小项，则得到

$$Y = \overline{B}C + \overline{A}B + A\overline{C}$$

两个化简结果都符合最简与或表达式的标准。

通过这个例子可以看出，一个逻辑函数的真值表是唯一的，卡诺图也是唯一的，但化简结果有时不是唯一的。

[例 1-19]　利用卡诺图化简逻辑函数

$$Y = \overline{A}\overline{B}\overline{C}\overline{D} + A\overline{B}\overline{C}D + \overline{A}B\overline{C} + ABC + \overline{A}BC + BCD$$

解　(1) 画出逻辑函数 Y 的卡诺图，如图 1-22 所示。

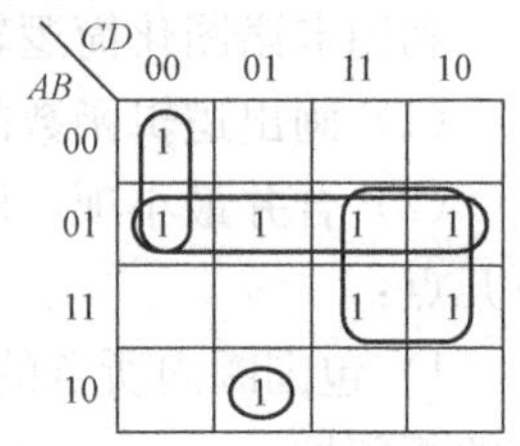

图 1-22　[例 1-19] 的卡诺图

(2) 首先画能包含小方格最多的包围圈。m_4、m_5、m_7、m_6 画一个包围圈，其乘积项为 $\overline{A}B$；m_7、m_6、m_{15}、m_{14} 画一个包围圈，其乘积项为 BC。其次画能包含小方格较少的圈，m_0、m_4 画一个圈，其乘积项为 $\overline{A}\overline{C}\overline{D}$。最后画孤立的圈，$m_9$ 画一个圈，其乘积项为 $A\overline{B}\overline{C}D$。

(3) 将所有乘积项相或，便得到函数 Y 的最简与或表达式为

$$Y = \overline{A}B + BC + \overline{A}\overline{C}\overline{D} + A\overline{B}\overline{C}D$$

[例 1-20]　利用卡诺图化简逻辑函数 $Y=\sum m(1, 5, 6, 7, 11, 12, 13, 15)$。

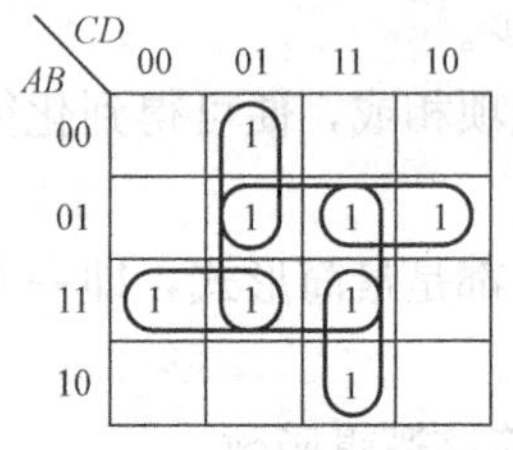

图 1-23　[例 1-20] 的卡诺图

解　逻辑函数 Y 的卡诺图如图 1-23 所示。

画包围圈时因为 m_5、m_7、m_{13}、m_{15} 为相邻的 4 个方格，可先圈起来，然后再圈其他 2 个相邻的方格。检查图中圈出的 5 个包围圈可以发现，由 m_5、m_7、m_{13}、m_{15} 4 个相邻单元构成的圈是多余的，应去掉。化简后逻辑函数为

$$Y = AB\overline{C} + \overline{A}BC + \overline{A}\overline{C}D + ACD$$

利用卡诺图表示逻辑函数式时，如果卡诺图中各小方格被 1 占去了大部分，虽然可用包围 1 的方法进行化简，但由于要重复利用 1 项，往往显得零乱而易出错。这时采用包围 0 的方法化简更为简单，即求出非函数 $\overline{Y}$，再对 $\overline{Y}$ 求非，其结果相同。下面举例说明。

[例 1-21]　利用卡诺图化简逻辑函数 $Y=ABC+ABD+A\overline{C}D+\overline{C}\overline{D}+A\overline{B}C+\overline{A}C\overline{D}$。

解　(1) 画出逻辑函数 Y 的卡诺图，如图 1-24 (a) 所示。

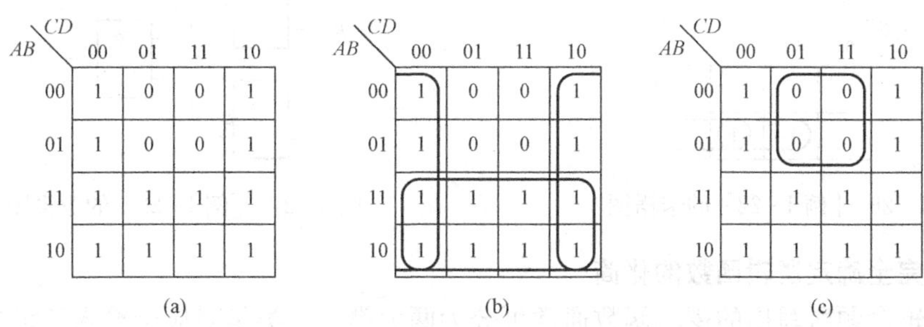

图 1-24 ［例 1-21］的卡诺图

(a) 函数卡诺图；(b) 用包围 1 方法化简；(c) 用包围 0 方法化简

(2) 如图 1-24 (b) 所示，用包围 1 的方法化简，得

$$Y = A + \overline{D}$$

(3) 如图 1-24 (c) 所示，用包围 0 的方法化简，得

$$\overline{Y} = \overline{A}D$$

对 $\overline{Y}$ 求非得

$$Y = A + \overline{D}$$

两种方法结果相同。

此外，在需要将逻辑函数化为最简的与或非表达式时，采用包围 0 的方法更为适宜，因为包围 0 得到非函数后再求非的结果本身就是与或非形式。

［例 1-22］　某逻辑函数的输入输出波形图如图 1-25 所示。试根据波形图列出该函数的真值表，画出其卡诺图，写出其最简与或表达式，并画出用与非门实现的逻辑电路图。

解　在函数波形图中用虚线区分出输入变量 A、B、C 取值不同的每一个段，对应找到 A、B、C 3 个变量组成的 8 种取值组合及所对应的输出值，列出真值表如表 1-19 所示。

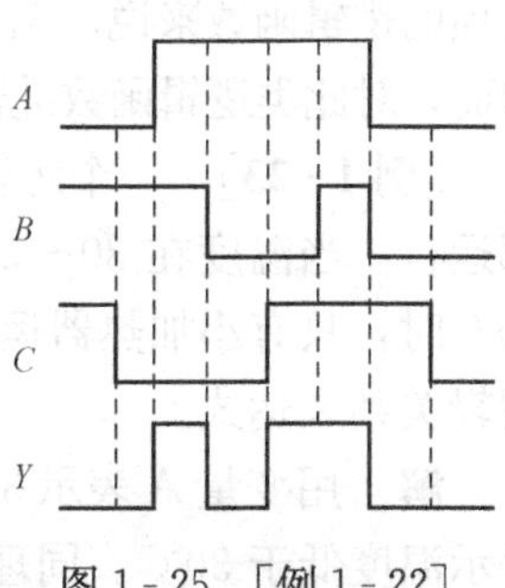

图 1-25 ［例 1-22］的波形图

表 1-19　［例 1-22］的真值表

A	B	C	Y	A	B	C	Y
0	0	0	0	1	0	0	0
0	0	1	0	1	0	1	1
0	1	0	0	1	1	0	1
0	1	1	0	1	1	1	1

根据真值表可画卡诺图，如图 1-26 所示。

利用卡诺图化简函数，可写出该逻辑函数最简与或表达式为 $Y=AB+AC$。

将上述表达式利用摩根定理进行逻辑变换得

$$Y = AB + AC = \overline{\overline{AB + AC}} = \overline{\overline{AB}\,\overline{AC}}$$

利用与非门实现该逻辑函数的逻辑电路如图 1-27 所示。

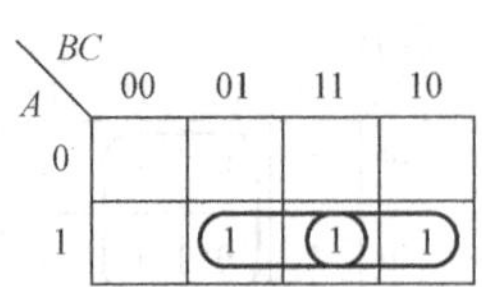

图 1-26 ［例 1-22］的卡诺图

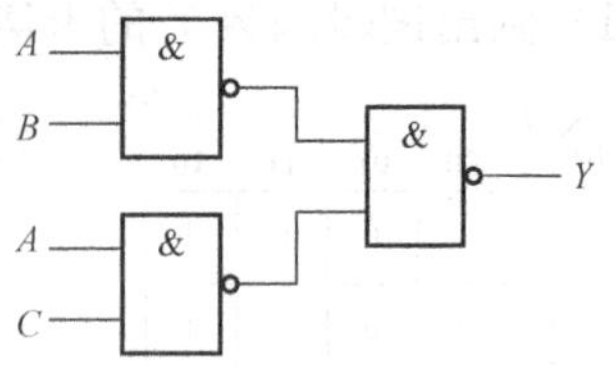

图 1-27 ［例 1-22］的逻辑图

四、不完全确定逻辑函数的化简

根据逻辑命题所写出的逻辑函数通常可分为两大类：一类是对应于输入变量的每一组取值，函数的输出都是确定的，这样的逻辑问题称为完全确定逻辑问题，可以按照上一节讲述的方法进行化简；另一类是对应于输入变量的一些取值组合，函数的输出是确定的，还有一些输入变量的取值组合，其对应的函数的输出是不确定的，这类逻辑问题称为不完全确定逻辑问题。该类问题又有以下两种情况：

(1) 输入变量的某些取值的组合根本不存在，或者即使这些组合存在，但它的存在对逻辑函数的输出没有任何影响，将自变量的这些取值组合所对应的最小项称为任意项。

(2) 输入变量的某些取值的组合实际存在，但对逻辑函数来讲是不允许它们出现的，一旦出现，将引起逻辑函数输出的混乱，这样的取值组合所对应的最小项称为约束项。

通常将任意项和约束项统称为无关项，在卡诺图中用“×”或“ϕ”来表示。对具有无关项的逻辑函数来说，无关项的取值无论是 1 还是 0，对原函数的逻辑功能都不会产生影响。因而，对此类逻辑函数进行化简时，可以利用这些无关项，使逻辑函数得到进一步的化简。

［例 1-23］ 一个烤箱内装有大小 2 个加热器，当温度下降到 30℃以下时，2 个加热器都运行；当温度在 30～50℃之间时，大加热器运行，小加热器停止运行；当温度在 50～70℃时，只有小加热器运行；当温度达到 70℃时，2 个加热器都停止运行。试写出其最简的逻辑关系表达式。

解 用变量 A 表示 30℃的温度界限，当 $A=1$ 时表示温度大于或等于 30℃，当 $A=0$ 时表示温度低于 30℃。同理，用变量 B 和 C 分别表示 50℃和 70℃的温度界限，变量取值为 1 时表示温度在界限之上，取值为 0 时表示温度低于界限。用 Y_1 表示大加热器的运行状态，$Y_1=1$ 时表示在运行，$Y_1=0$ 时表示它停止运行。用 Y_2 表示小加热器的运行状态，$Y_2=1$ 时表示在运行，$Y_2=0$ 时表示它停止运行。根据逻辑命题列出真值表，如表 1-20 所示。

表 1-20 ［例 1-23］的真值表

A	B	C	Y_1	Y_2
0	0	0	1	1
0	0	1	×	×
0	1	0	×	×
0	1	1	×	×
1	0	0	1	0
1	0	1	×	×
1	1	0	0	1
1	1	1	0	0

由表1-20可以看出，3个变量A、B、C的取值可以有8种不同的组合，但是在这个具体的实例中，温度已经降到30℃以下，不可能比50℃和70℃还高，因此表中的011组合实际是不可能出现的。同理，表中的001、010、101组合也不可能出现，这4项组合为约束项。对011组合，表示变量A、B、C取值不能为0、1、1。这个约束条件可以表示为$\overline{A}BC=0$，该式表示$\overline{A}$、B、C不能同时为1。同理，可以写出其他3种组合的约束条件分别为$001\to\overline{A}\overline{B}C=0$，$010\to\overline{A}B\overline{C}=0$，$101\to A\overline{B}C=0$。而且这4种组合只要出现其中的一种组合，就违背了实际意义。因此，这4种组合具有逻辑或的关系，逻辑命题的约束条件可综合表示为$\overline{A}\overline{B}C+\overline{A}B\overline{C}+\overline{A}BC+A\overline{B}C=0$。这个约束条件唯一地限定了变量$A$、$B$、$C$不能出现的几个取值组合。但对输出函数$Y_1$和$Y_2$来说，由于这几个输入组合不可能出现，因而$Y_1$和$Y_2$对应于这几种组合的值是1还是0根本不会影响其逻辑功能。因此也常用以下形式表示具有约束项的逻辑函数

$$Y_1=\sum m(0,4)+\sum d(1,2,3,5)$$
$$Y_2=\sum m(0,6)+\sum d(1,2,3,5)$$

式中：$\sum d(1,2,3,5)$为约束项。

注意，在考虑无关项时，哪些无关项当作1，哪些无关项当作0，要以尽量扩大卡诺图包围圈、减少包围圈的个数，使逻辑函数更简为原则。

在利用卡诺图化简Y_1和Y_2时，对无关项所占的小方格，根据化简的需要，可作如图1-28所示处理。化简结果为

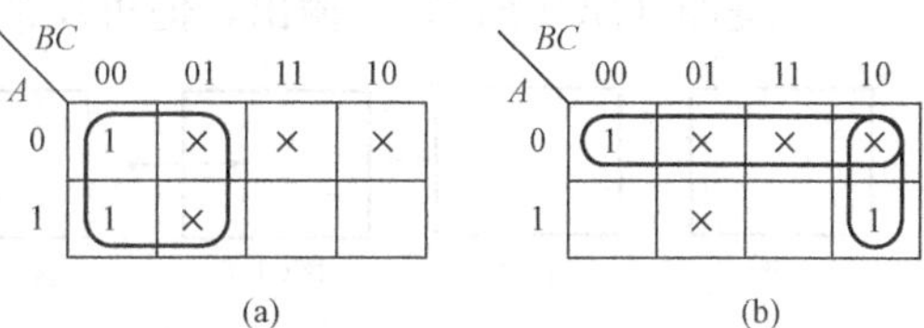

图1-28　［例1-23］的卡诺图

(a) Y_1的卡诺图；(b) Y_2的卡诺图

$$Y_1=\overline{B}\qquad\text{（1、5方格作1处理，2、3方格作0处理）}$$
$$Y_2=\overline{A}+B\overline{C}\qquad\text{（1、2、3方格作1处理，5方格作0处理）}$$

第六节　硬件描述语言VHDL的基本知识

VHDL（Very high speed integrated circuit Hardware Description Language）1987年成为IEEE标准（IEEE1076），1993年增修为IEEE1164标准并使用至今，是全世界通用的硬件描述语言。VHDL语言的内容丰富规模庞大，这里介绍的只是VHDL语言的基础内容。

一、VHDL的基本结构

一个完整的VHDL程序，通常包含实体（Entity）、结构体（Architecture）、配置（Configuration）、程序包（Package）和库（Library）五部分。实体描述设计项目对外的接口信号；结构体描述设计项目内部的结构和行为，实现设计项目的逻辑功能；配置语句用来决定在多结构体的情况下，哪一个结构体与实体对应组合；程序包存放各个设计模块可以共享的数据类型、常数和子程序等；库是专门存放程序包的地方。但除实体和结构体外，其他部分不是必需的，一个最简单的VHDL程序可以只有实体和结构体。

1. 实体

实体是VHDL语言源代码的基本单元，实体说明是对所设计电路与外部接口信号的描述。它规定了设计单元对外接口信号的名称、模式、数据类型。

实体语句结构如下：

ENTITY 实体名 IS

PORT（端口表）；

END 实体名；

实体语句中的 PORT（端口表）是实体端口说明，即为所设计电路与外部连接信号的描述，一般书写格式为

PORT（端口名：端口模式 数据类型；

……

端口名：端口模式 数据类型）；

其中端口名是设计者为实体的每一个对外信号所取的名字，通常为英文字母加数字。端口模式是指这些信号的数据流动方式，如输入或输出等。端口模式有以下四种类型：

（1）输入（IN），从外部进入实体。

（2）输出（OUT），从实体输出。

（3）双向模式（INOUT），可输入也能输出。

（4）缓冲（BUFFER）。输出，但可反馈到实体内部。

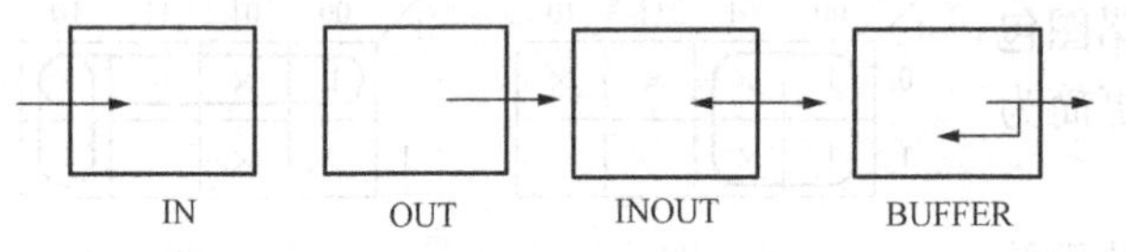

图 1-29 端口模式示意图

端口模式可用图 1-29 说明，图中方框代表一个设计实体或模块。

常用的端口数据类型有两种，位（bit）和标准逻辑（std _ logic）。bit 是最简单的一种数据类型，当端口被定义为 bit 时，则表明该逻辑信号只有两种取值，且位值用字符‘0’或者‘1’（将值放在单引号中）表示。与整数中的 1 和 0 不同，‘1’和‘0’仅仅表示一个位的两种取值。如果是一组 bit 信号（同名仅下标不同），则用位矢量（bit _ vector）表示，取值要放在双引号中，如“10111001”。std _ logic 则更符合数字系统运行中的实际情况，除了‘1’和‘0’外，还包含了状态不定“X”和高阻态“Z”等情况，所以在工程设计中常将信号的数据类型定义为 std _ logic。同样，如果是一组 std _ logic 信号，则用标准逻辑矢量（std _ logic _ vector）表示。

［例 1-24］ 使用 bit 定义端口信号的例子。

```
ENTITY e_name IS
   PORT(a,b,c : IN bit ;
         Data : IN bit_vector(3 DOWNTO 0);
            q : OUT bit;
          bus : OUT bit_vector(7 DOWNTO 0));
END e_name;
```

本例中，a，b，c 这 3 个输入信号都被定义成 bit 型（并列的信号之间用逗号分隔），data 是一组 4 位输入，数据类型被定义成 bit _ vector。q 是输出信号，bit 型。bus 是一组 8 位输出，数据类型定义为 bit _ vector。

在 VHDL 程序中，用分号“;”表示一行语句的结束。

［例 1-25］ 使用 std _ logic 定义端口信号的例子。

```
LIBRARY ieee;
USE ieee.std_logic_1164.ALL;
ENTITY e_name IS
   PORT (a,b,c : IN std_logic;
          Data : IN std_logic_vector (7 DOWNTO 0);
             q : OUT std_logic;
           bus : OUT std_logic_vector (7 DOWNTO 0));
END e_name;
```

由于 std _ logic 数据类型的定义说明不在 VHDL 的标准库中，而是在 ieee 标准库的“std _ logic. 1164”程序包中，所以在实体说明前要增加相应库和程序包的引用说明语句。而 bit 数据类型定义说明是在 VHDL 自带的标准库中，在使用 bit 数据类型时不需要事先做出申明，故［例 1 - 24］中没有使用库和程序包的引用语句。

2. 结构体

结构体也称构造体，结构体描述了所设计电路的结构、行为、元件及内部连接关系，也就是说它定义了电路的逻辑功能。结构体对其逻辑功能的描述可用三种方式，即行为描述（设计单元的数学模型描述）、寄存器传输描述（数据流描述）和结构描述（逻辑元件连接描述）。

结构体一般由以下两大部分组成：

（1）对数据类型、常数、信号、子程序和元件等因素进行说明、定义的部分。

（2）描述实体的逻辑行为，以各种不同的描述风格表达的功能描述语句，包括各种顺序语句和并行语句。

结构体的语句格式为：

ARCHITECTURE 结构体名 OF 实体名 IS
［定义语句］　　——内部信号，常数，数据类型，函数等的定义
BEGIN
功能描述语句
END　结构体名；

其中定义语句必须放在关键词 ARCHITECTURE 和 BEGIN 之间，用于对结构体内部将要使用的信号、常数、数据类型、元件、函数和过程加以说明。需要注意的是此处定义的信号为该结构体“功能描述语句”中要用到的内部信号，只能用于该结构体中。它不是必需的，如果没有这些内部对象需要说明时可省略。

功能描述语句位于 BEGIN 和 END 之间，具体地描述了电路的行为、功能或连接关系。

［例 1 - 26］ 3 输入与非门的结构体描述。

```
……
 ARCHITECTURE  dataflow  OF nand_3 IS
  BEGIN
     Y<= NOT(a AND b AND c);
 END dataflow;
```

这里使用了一行并行信号赋值语句，“<=”是信号赋值符，NOT、AND 是逻辑运

算符。

在结构体中使用的都是并行语句，并行语句是指执行顺序与其书写顺序无关的语句。在VHDL中并行语句有5种类型，进程语句（PROCESS）、信号赋值语句、元件例化语句、块描述语句（BLOCK）、子程序调用语句（SUBPROGRAMS）。

［例1-27］ 二选一数据选择器的结构体描述。

```
ARCHITECTURE bhv OF mux21 IS BEGIN
y <= a  WHEN  s = '0'  ELSE
      b  ;
END  bhv ;
```

在［例1-27］中使用了条件赋值语句 y <= a WHEN s = '0' ELSE b，其含义是当逻辑判断式 s= '0' 为真时，将a信号（输入）赋值给输出y，逻辑判断式为假时则将b信号传送到y。

［例1-28］ 结构体内部信号定义的实例。

```
ARCHITECTURE  rtl  OF  e_name  IS
SIGNAL  k    :std_logic;
SIGNAL  p,q  :std_logic_vector (0 TO 3);
BEGIN
……
```

［例1-28］中定义了结构体内部信号k，p，q，其中p，q是两组4位宽度的标准逻辑矢量信号。

3. 库和程序包

VHDL中，库（Library）用来存放预先编译好的程序包及实体等定义集合，程序包中罗列VHDL中常用的信号定义、常数定义、数据类型、元件语句、函数定义和过程定义。其好处是可由所有的设计者共享已经编译的设计结果。

VHDL中有5种库：std库、ieee库、work库、asic库和用户自定义库。

std库是VHDL的标准库，库中有两个程序包standard和textio见表1-21。

ieee库是常用资源库，其中含有一个经IEEE正式认可的程序包std_logic_1164，还有某些公司提供的程序包，如std_logic_arith、std_logic_unsigned等，见表1-21。

work库是用户进行VHDL设计的工作文件夹，存放有用户自己设计编译成功的设计单元。

只有std库中的standard程序包和work库对所有设计是可见的，在使用时不需要引用说明。其他库在使用时一定要进行库说明和包说明，库和包的说明总是放在实体的前面。格式如下：

LIBRARY 库名；

USE 库名．程序包名．项目名；

［例1-29］ ieee库和std_logic_1164程序包的引用举例。

```
LIBRARY ieee;
USE ieee.std_logic_1164.ALL;
```

[例 1-29] 中第二行表示要使用 ieee 库中 std _ logic _ 1164 程序包中的所有预定义的内容。

表 1-21　　常用库和程序包的内容

库 名	程序包名	包中预定义内容
std	standard	bit、bit _ vector、boolean、integer、real、time 等
std	textio	输入输出用 ASCII 文本文件类型定义及读写子程序
ieee	std _ logic _ 1164	std _ logic、std _ logic _ vector 等
ieee	std _ logic _ arith	有符号与无符号类型及相关的算术运算
ieee	std _ logic _ signed	基于 std _ logic 类型上的有符号的算术运算
ieee	std _ logic _ unsigned	基于 std _ logic 类型上的无符号的算术运算

[例 1-30] 一个最简结构的 3 输入与非门实例。

```
ENTITY nand_3 IS
   PORT(a,b,c : IN bit ;
            y  : OUT bit   );
END nand_3;
ARCHITECTURE  dataflow  OF nand_3 IS
     BEGIN
        Y<= NOT(a AND b AND c);
END dataflow;
```

由于信号的数据类型被命名为 bit（定义于 std 库 standard 程序包中），所以整个程序只需实体和结构体两部分。

[例 1-31] 常见 VHDL 基本结构实例。

```
LIBRARY ieee;
USE ieee.std_logic_1164.ALL;
ENTITY nor_28 IS
   PORT (a,b   : IN   std_logic_vector (15 DOWNTO 0);
           y   : OUT std_logic_vector (15 DOWNTO 0) );
END nor_28;
ARCHITECTURE  rtl  OF nor_28 IS
     BEGIN
        Y<= a XOR b ;
END rtl;
```

[例 1-31] 由于信号数据类型为 std _ logic _ vector，所以在实体前面有库和程序包的声明语句，该程序实现的是对 a、b 两组 16 位信号进行按位异或运算。

二、VHDL 的基本语句

在 VHDL 中，可将描述语句分为并行语句和顺序语句。

1. 并行语句

VHDL 并行语句在结构体中的执行顺序取决于它们的触发事件，与其书写次序无关。结构体中 BEGIN 之后的功能描述语句必须是并行语句。

并行语句主要有以下几种：PROCESS（进程语句）、信号赋值语句、条件信号赋值语句、选择信号赋值语句、BLOCK（块语句），此外还有GENERIC（参数传递语句）、元件例化语句、生成语句、并行过程调用语句等。

（1）PROCESS（进程语句）。PROCESS是最主要、使用频率最高的并行语句。进程语句的内部是顺序语句，而进程语句本身是一种并行语句。进程语句的格式如下：

```
[进程名]：PROCESS（敏感信号表）
        [声明区]——此处声明局部变量、数据类型及其他用于进程中的局部声明
           BEGIN——进程开始
               顺序描述语句；
               …
      END  进程名；
```

在结构体中，可有多个进程语句同时并行处理。在这种情况下，常用“进程名”对不同进程进行标记，也可省略不用。

PROCESS后面的括号内列出的是敏感信号表，敏感信号表中的信号一旦发生变化，进程就将启动，进程语句内的语句将被逐个顺序执行一遍，当执行到“END　进程名；”后，返回进程起始句“PROCESS（敏感信号表）”，等待下一次启动。

如果进程标识符PROCESS后面不用敏感信号表，则必须在进程内利用等待语句WAIT来建立进程启动条件，形式如下：

WAIT ON——敏感信号表；

WAIT UNTIL——条件表达式；

WAIT FOR——时间表达式。

[例1-32] 等待语句WAIT在进程中的应用。

```
P1：PROCESS——进程P1未列出敏感信号，进程需靠WAIT语句来启动
    BEGIN
    WAIT UNTIL  CLK='1'；——等待，直到表达式CLK='1'成立时激活进程
    …
    END  PROCESS  P1；
P2：PROCESS  ——进程P2的敏感信号表列在WAIT ON后
    BEGIN
    WAIT ON  a，b ；  ——等待到信号a或b的值改变
    …
    END  PROCESS  P2；
```

（2）信号赋值语句。信号赋值语句出现在进程内时，它是一种顺序语句；在结构体进程之外出现时，它是并发语句。作为并行信号赋值语句，在结构体中它们是并行执行的，与书写顺序无关。赋值操作执行与否取决于赋值符“<=”右边的表达式有事件发生。

并行信号赋值语句的语法格式为赋值目标<=　表达式。

[例1-30] 及 [例1-31] 均是并行赋值语句的应用例子。

（3）条件信号赋值语句。条件信号赋值语句也是一种并行描述语句，是一种根据不同条件将不同的表达式赋值给目标的语句。条件信号赋值语句的书写格式为：

```
赋值目标<= 表达式1  WHEN  条件1  ELSE
           表达式2  WHEN  条件2  ELSE
                          ⋮
           表达式n  WHEN 条件n    ELSE
           表达式;
```

条件信号赋值语句执行时要先进行条件判断，如果条件满足，就将本行表达式的值送到赋值目标，否则就去判断下一行的条件。所有 n 个条件都不满足时，就将最后一行表达式的值代入赋值目标。

(4) 选择信号赋值语句。VHDL 在执行选择信号赋值语句时，会检查敏感信号表达式的值是否符合某个选择条件。符合时，就把该条件前的表达式送给赋值目标，否则就继续向下判断，直到找到满足的条件为止。

选择信号赋值语句的书写格式为：

```
           WITH  敏感信号表达式  SELECT
赋值目标<=  表达式1  WHEN  选择条件1;
            表达式2  WHEN  选择条件2;
            表达式3  WHEN  选择条件3;
                     ⋮
            表达式n  WHEN  选择条件n;
```

选择信号赋值语句与 CASE 语句相类似，都是对表达式进行测试，当表达式的值不同时，将把不同的表达式代入目的信号。需要注意的是，选择信号代入语句与 CASE 语句一样，必须把表达式的值在条件中都列出来，否则编译将会出错。

(5) BLOCK（块语句）。BLOCK 语句可以看作是结构体中的子模块，块语句把许多并行语句组合在一起形成一个子模块，而它本身也是一个并行语句。

块语句的基本结构如下：

```
[块标号:] BLOCK [保护表达式]
[类属子句 [类属接口表;]];
[端口子句 [端口接口表;]];
[块说明部分]
    BEGIN
        <并行语句1>
        <并行语句2>
            ⋮
END BLOCK [块标号];
```

2. *顺序语句*

顺序语句是指完全按照书写顺序执行的语句。它只能出现在进程或子程序中，用来定义进程或子程序的算法。在 VHDL 语言中，常用的顺序语句有信号赋值语句、变量赋值语句、IF 语句、CASE 语句、LOOP 语句等。

需要说明的是，这里的顺序是从仿真过程和借用高级计算机语言的说法来讲的，当代码写入 PLD 芯片后，其相应的硬件逻辑工作方式往往未必如此。

(1) 信号赋值语句。前面已经讲过，信号赋值语句出现在进程内时，它将按顺序执行，这里不再重复。需要说明的是，信号赋值符“<=”与关系操作符“<=”（小于等于）相同，需要根据上下文来区别。此外在VHDL中所有赋值语句（包括变量赋值语句）两边信号量的数据类型和位长度要一致。

(2) 变量赋值语句。变量赋值语句语法格式为

变量赋值目标：=赋值表达式

[例1-33] 变量的赋值。

```
VARIABLE  s, count :INTEGER := '0';——定义变量s和count为整数数据类型,并赋初值'0'
count := s+1            ——变量s加1后赋值给变量count
```

(3) IF语句。在VHDL语言中，IF语句的作用是根据指定的条件来确定语句的执行顺序。IF语句常用于选择器、比较器、编码器、译码器、状态机等的设计，是VHDL语言中最常用的语句之一，书写格式可分为以下3种：

1) 单一选择控制语句，语句的格式为

```
IF 条件  THEN  顺序语句;
    END  IF;
```

当程序执行到该IF语句时，首先判断IF后所指定的条件是否成立。如果条件成立，则程序执行THEN后的顺序处理语句；反之，程序将跳过IF语句，执行后继语句。

2) 二选一控制语句，语句的格式为

```
IF 条件  THEN  顺序语句1;
ELSE  顺序语句2;
END IF;
```

当条件成立时，程序执行顺序语句1部分，反之，执行顺序语句2部分，即依据IF所指定的条件是否满足，程序具有两条不同的执行路径。

3) 多项选择控制语句，语句的格式为

```
IF 条件1  THEN 顺序语句1;
    ELSIF  条件2  THEN  顺序语句2;
                 …
    ELSIF  条件n  THEN  顺序语句n;
    ELSE  顺序语句n+1;
END IF;
```

在这种IF语句中设置了多个条件，当满足所设置的多个条件之一时，就执行该条件后的顺序处理语句，当所有条件都不满足时，程序就执行顺序处理语句$n+1$。

(4) CASE语句。CASE语句根据满足的条件直接选择多项顺序语句中的一项执行，它常用来描述总线行为、编码器、译码器等的结构。CASE语句的格式为

```
CASE  条件表达式  IS
WHEN 条件表达式的值 => 顺序语句;
              …
WHEN 条件表达式的值 => 顺序语句;
```

WHEN OTHERS => 顺序语句；
END CASE；

当执行到CASE语句时，首先计算CASE和IS之间条件表达式的值，然后根据WHEN后"条件表达式的值"，执行对应的顺序语句，最后结束CASE语句。这里符号"=>"相当于THEN。

需注意的是，除非所有"条件表达式的值"能完全覆盖CASE语句中条件表达式的取值，否则最末一个"条件表达式的值"必须用"OTHERS"表示，它代表前面所有条件语句中未能列出的其他可能的取值。这一点对于定义为std_logic和std_logic_vector数据类型的信号尤为重要，因为这些数据对象的取值除了1、0之外，还可能出现输入高阻态Z、不定态X等取值。

［例1-34］ CASE语句使用。

```
CASE  command  IS               ——将观察计算信号command的取值
   WHEN "00" => y <= a;         ——当command="00"时,将a信号送到y
   WHEN "01" => y <= b;         ——当command="01"时,将b信号送到y
   WHEN "10" => y <= c;         ——当command="10"时,将c信号送到y
   WHEN "11" => y <= d;         ——当command="11"时,将d信号送到y
   WHEN OTHERS => NULL;         ——无效,不做任何操作
END CASE;
```

与IF语句相比，CASE语句组内部所有表达式的值是并行处理的，IF语句则是有先后顺序的。

(5) LOOP语句。LOOP语句可以使包含的一组顺序语句被循环执行，执行的次数可受预设条件的控制。循环语句有多种格式，常用的FOR_LOOP语句的语法格式为

［标号:］FOR 循环变量 IN 循环范围 LOOP
  顺序处理语句
END LOOP［标号］；

［例1-35］ 8位奇偶校验电路的循环语句部分

```
……
   tmp: = '0';
    FOR i IN 0 TO 7 LOOP
       tmp: = tmp XOR a(i);
    END LOOP;
```

其中tmp是进程内变量，i是循环体内变量，使用时不需事先说明，a信号是被校验的8位输入信号。tmp被预置0后与a信号的各位异或，并被立即赋值。当a为奇数个'1'时，tmp=1，当a为偶数个'1'时，tmp=0。

三、VHDL的数据对象和数据类型

1. VHDL语言的数据对象

VHDL语言中，可以对其赋值的对象即为数据对象，主要包括常量（CONSTANT）、变量（VARIABLE）、信号（SIGNAL）三种。

(1) 常量（常数）。定义一个常量主要是为了使设计实体中的某些量易于阅读和修改。

常量说明就是对某一常量名赋予一个固定的值。通常在程序开始前进行赋值，该值的数据类型在说明语句中说明。

常量定义语句的格式为

CONSTANT 常数名：数据类型：=表达式；

例如：

```
CONSTANT  Vcc : Real   := 5.0;
CONSTANT  Bus : bit_vector := "1011";
CONSTANT  Delay : Time := 10ns;
```

应注意，常量是一个恒定不变的值，一旦作了数据类型和赋值定义，在程序中就不能再改变。

(2) 变量。变量只能在进程和子程序中定义和使用，属于局部量，使用范围局限在对其作出定义的设计单元。与信号不同，变量的赋值是立即生效的，不存在任何的延时行为。

变量定义语句的格式为

VARIABLE 变量名：数据类型：约束条件：=初始值；

例如：

```
VARIABLE x,y : bit_vector(0 TO 7);——定义变量 x、y 为位矢量,位宽为 8
VARIABLE n: INTEGER RANGE 0 TO 15 := 2;——定义整数型变量 n 取值范围为 0～15,且初值为 2
```

(3) 信号。信号是 VHDL 设计的基本数据对象，相当于电路中连接线的抽象，主要特点如下：

1) 信号可以在程序包、实体、结构体中使用和定义。

2) 信号属于全局量。在程序包中定义的信号，对所有调用该程序包的设计实体都有效；在实体中定义的信号，对该实体对应的所有结构体有效；在结构体中定义的信号，在该结构体中有效。

信号定义语句的格式为

SIGNAL　信号名：数据类型：约束条件：=表达式；

例如：

```
SIGNAL sel :bit := '0';——定义信号 sel 为 bit 数据类型,且设其初值为 0
SIGNAL databus :std_logic_vector (7 DOWNTO 0);
```

2. VHDL 语言的数据类型

VHDL 中数据对象都要指定其数据类型。VHDL 有多种标准的数据类型，包括整数类型、实数类型、位类型、位矢量类型、布尔类型、字符类型、时间类型、错误类型、字符串类型和自然数类型等，还可以引用 ieee 标准数据类型 std _ logic 和 std _ logic _ vector，以及用户自定义的数据类型。VHDL 语言对数据类型的使用要求严格，只有数据类型及位宽相同的数据才能进行操作。下面介绍几种常见的数据类型。

(1) bit（位）。bit 数据类型定义的位值只有 '0' 和 '1'（要用单引号括起来）两个，可用来表示数字系统中的信号值。与整数中的 1 和 0 不同，'1' 和 '0' 仅仅表示两种取值。

(2) bit _ vector（位矢量）。位矢量是基于 bit 数据类型的数组，是采用同一名称的一组数据。用位矢量数据表示总线状态最形象也最方便。使用位矢量时必须注明位宽，即数组中元素个数和排列。其位值要用双引号括起来。

例如：

```
SIGNAL s:bit_vector(7 DOWNTO 0);
              s<="10010111";
```

(3) INTEGER（整数）。整数与数学中整数的定义相似，在设计中将信号定义为整数，主要是为了方便数值的算术运算。"+"、"-"、"×"、"÷"等运算操作符已预先定义在程序包中。在 VHDL 语言中，整数的表示范围为 -2147483647 ～ 2147483647，即从 $-(2^{31}-1)$到 $(2^{31}-1)$。

(4) BOOLEAN（布尔量）。一个布尔量具有两种状态，"真"或者"假"。虽然布尔量也是二值枚举量，但它和 bit 不同，没有数值的含义，也不能进行算术运算，只能进行关系运算。如它可以在 IF 语句中被测试，测试结果产生一个布尔量 TRUE 或者 FALSE。

以上几种是 VHDL 中预定义的数据类型，在 VHDL 标准程序包 standard 中定义，编程者可直接使用，不需要 USE 语句显示调用。

(5) std_logic（标准逻辑）。bit 数据类型取值只有'0'和'1'，不能反映数字电路中常出现的高阻态"Z"和任意态"X"，所以在实际设计中采用更多的是 std_logic 数据类型。std_logic 定义于 ieee 库的 std_logic_1164 程序包中，提供了包括"1"（高电平）、"0"（低电平）、"Z"（高阻）、"X"（任意态）在内的 9 种取值的定义。

(6) std_logic_vector（标准逻辑矢量）。std_logic_vector 是成组的 std_logic，同样定义在 std_logic_1164 程序包中。在使用 std_logic 或 std_logic_vector 时，必须在实体前面写出调用库和使用程序包集合的说明语句。

四、VHDL 的操作符

与其他程序设计语言相似，VHDL 中的表达式也是由操作符和操作数组成的。操作数就是具有确定数据类型的数据对象，而操作符在 VHDL 语言中共有四类，可以分别进行逻辑运算、关系运算、算术运算和并置运算。需要指出的是操作符操作的对象是操作数，且操作数的类型应该和操作符所要求的类型相一致。另外运算操作符是有优先顺序的，如逻辑运算符 NOT，在所有操作符中优先级别最高。

1. 逻辑操作符

逻辑操作符也称逻辑运算符，用来进行逻辑运算。VHDL 中共有 6 种逻辑操作符，如表 1-22 所示。

表 1-22　　逻辑操作符

操作符	功能	操作符	功能
NOT	逻辑非	NAND	与非
AND	逻辑与	NOR	或非
OR	逻辑或	XOR	异或

逻辑运算符只适用于"bit"、"std_logic"和布尔数据类型。必须注意，由其组成的逻辑表达式涉及的所有操作数，数据类型必须是相同的。

2. 算术操作符

算术操作符用于算术运算，VHDL 语言中可以综合的算术运算符如表 1-23 所示。

表 1-23 **算术操作符**

操作符	功 能	操作符	功 能
+	加	**	乘方
−	减	MOD	求模
*	乘	REM	取余
/	除	ABS	取绝对值

3. 关系操作符

关系操作符用于关系运算，在进行关系运算时，左右两边操作数的数据类型必须相同。VHDL 语言中有 6 种关系运算符，如表 1-24 所示。

表 1-24 **关系运算符**

操作符	功 能	操作符	功 能
=	等于	<=	小于等于
/=	不等于	>	大于
<	小于	>=	大于等于

4. 并置操作符

并置操作符"&"用于并置操作，可将位信号（bit、std_logic 等）并排连接起来组成多位信号，也可实现多位信号的并置。

例如：

```
SIGNAL a,b :std_logic;
SIGNAL c,d :std_logic _vector(1 DOWNTO 0);
SIGNAL  y :std_logic _vector(3 DOWNTO 0);
   …
d <= a&b;——元素与元素并置,形成长度为 2 的数组。
y<= c&d;——数组之间并置,形成长度为 4 的数组,且 y(3) = c(1), y(2) = c(0), y(1) = a,
          y(0) = b, 也就是 y = [c(1), c(0), a, b]。
```

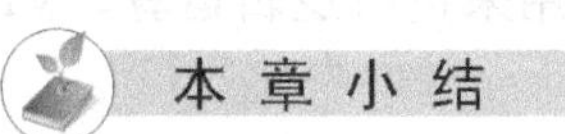

本章小结

(1) 数字信号在时间和数值上均是离散的。用以产生、传递和处理数字信号的电路称为数字电路。

(2) 计数体制即进位计数制，是指表示一个数字量的各位数码中每一位的构成方法和从低位到高位的进位规则。数字系统中最常用的数制是十进制、二进制、八进制和十六进制。不同进位计数制只是描述数字量的方式不同，它们之间存在着内在联系，可以互相转换。

(3) 用二进制数码表示数字、文字、符号等信息的过程称为编码。常用的 BCD 码有 8421 码、2421 码、5421 码、余 3 码等，其中 8421 码使用最广泛。另外，格雷码由于可靠性高，也是一种常用码。

(4) 逻辑代数是分析和设计数字电路的数学工具。逻辑代数中的三种基本运算是与、或、非运算。由这三种基本运算，可以构成与非、或非、与或非、异或、同或等复合逻辑运算。逻辑代数的基本公式、定律、定理和规则是推演、变换、化简逻辑函数的依据，要理解、熟记，并能灵活应用。

(5) 描述逻辑关系的函数称为逻辑函数。逻辑函数中的变量和函数值都只能取 0 或 1 两个值。这里 0 和 1 并不表示数值的大小，而是表示事物的两种对立状态，称为逻辑 0 状态和逻辑 1 状态。常用的逻辑函数表示方法有逻辑真值表、逻辑函数表达式、逻辑图、卡诺图和波形图等几种形式。它们各有特点，但本质相通，可以互相转换。熟练掌握其相互转换的方法，是学好数字电路的基础。对于同一逻辑函数，逻辑真值表、卡诺图和最小项表达式等具有唯一性，而逻辑函数表达式和逻辑图则具有多样性。

(6) 逻辑函数化简的目的是获得最简逻辑函数式，从而使逻辑电路简单、成本低、可靠性高。化简的方法主要有代数法和卡诺图法两种。代数法是利用逻辑代数的基本公式、定律、定理和规则对逻辑函数进行化简的，使其成为最简与或表达式。它的特点是不受任何条件的限制，但也无固定的步骤可遵循。所以在化简较复杂的逻辑函数时，不仅需要熟练地运用多种公式、定律、定理和规则，而且需要有一定的运算技巧和经验。卡诺图法是基于合并相邻最小项的原理进行化简的，特点是简单、直观、有一定的化简步骤可循、不易出错，但当逻辑变量超过 5 个以上时，将失去其简单、直观的优点，因而也就没有太大的实际意义了。

思考题与习题

1-1 将下列十进制数转换为二进制数，要求精确到小数 4 位：

(1) $(36.325)_{10}$； (2) $(243.185)_{10}$； (3) $(147.315)_{10}$。

1-2 将下列二进制数转换为十进制数、八进制数和十六进制数：

(1) $(11110.111101)_2$； (2) $(110110.1011011)_2$； (3) $(100111011.1101011)_2$。

1-3 将下列十六进制数转换为十进制数、二进制数和八进制数：

(1) $(6DA.2FC)_{16}$； (2) $(3E3B.6A7)_{16}$。

1-4 写出下列各数的 8421BCD 码，并比较其大小，找出最大数和最小数：

(1) $(257)_8$； (2) $(F9)_{16}$； (3) $(1111011011)_2$； (4) $(154)_{10}$。

1-5 将下列 8421 码转换为 5421 码及余 3 码：

(1) $(0101)_{8421}$； (2) $(1001)_{8421}$； (3) $(0111)_{8421}$； (4) $(0010)_{8421}$。

1-6 使用真值表证明下列等式：

(1) $(A+B)\overline{AB}+A=A+B$；

(2) $A+BC=(A+B)(A+C)$；

(3) $\overline{AB+\overline{A}\,\overline{B}+\overline{C}}=(A\oplus B)C$；

(4) $\overline{A}\,\overline{B}+\overline{A}B+A\overline{B}+AB=1$。

1-7 利用公式和定理证明下列等式：

(1) $A\overline{B}+BD+CDE+D\overline{A}=A\overline{B}+D$；

(2) $\overline{A}\,\overline{B}\,\overline{C}+ABC=\overline{A\overline{B}+B\overline{C}+C\overline{A}}$；

(3) $AB+\overline{A}\,\overline{B}=\overline{A\overline{B}+\overline{A}B}$；

(4) $\overline{A\oplus B}=\overline{A}\oplus B=A\oplus\overline{B}$。

1-8　利用反演规则，求下列函数的反函数：

(1) $Y_1=\overline{A\overline{B}+B\overline{C}+C\overline{A}}$；

(2) $Y_2=\overline{AB}+CD$；

(3) $Y_3=\overline{AB+\overline{A}\,\overline{B}+\overline{C}}$；

(4) $Y_4=(A\oplus B)C$。

1-9　试问下列等式两边的（$\overline{A}\overline{B}+\overline{B}\overline{C}+\overline{A}\overline{C}$）项，在逻辑代数运算中可否约掉，若约掉，等式两边是否相等。

$(A\overline{B}+B\overline{C}+C\overline{A})(\overline{A}\overline{B}+\overline{B}\overline{C}+\overline{A}\overline{C})=(A+B+C)(\overline{A}\overline{B}+\overline{B}\overline{C}+\overline{A}\overline{C})$

1-10　在下列各个逻辑函数表达式中，变量 A、B、C 为哪几种取值组合时，函数值为 1？

(1) $Y_1=AB+BC+\overline{A}C$；

(2) $Y_2=A\oplus B+A\oplus C$；

(3) $Y_3=A[A\odot B+A\odot C]$；

(4) $Y_4=A\overline{B}+\overline{B}\overline{C}+\overline{A}C$。

1-11　列出下列各逻辑函数真值表，说明 Y_1 和 Y_2 有什么关系：

(1) $Y_1=A\overline{B}+B\overline{C}+C\overline{A}$；$Y_2=\overline{A}B+\overline{B}C+\overline{C}A$；

(2) $Y_1=ABC+\overline{A}\overline{B}\overline{C}$；$Y_2=\overline{A\overline{B}+B\overline{C}+C\overline{A}}$；

(3) $Y_1=\overline{A\oplus B\oplus C}$；$Y_2=ABC+A\overline{B}\overline{C}+\overline{A}B\overline{C}+\overline{A}\overline{B}C$；

(4) $Y_1=A\overline{C}D+\overline{A}\overline{B}+BC$；$Y_2=A\overline{B}C+\overline{A}B\overline{C}+A\overline{C}\overline{D}$。

1-12　写出图 1-30 所示各逻辑图的输出函数表达式，列出它们的真值表。

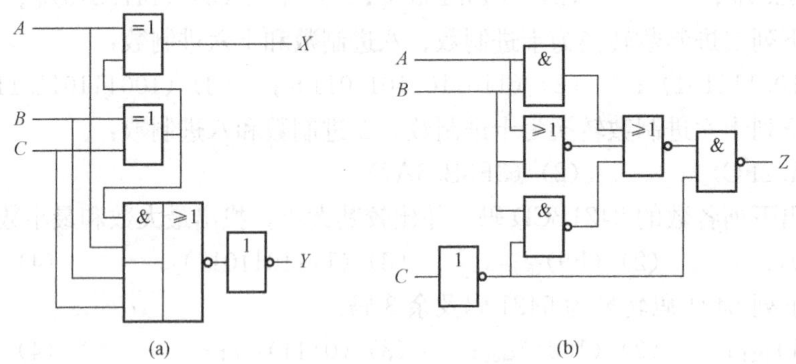

图 1-30　习题 1-12 图

1-13　用代数化简法将下列函数化简为最简与或表达式：

(1) $Y_1=\overline{A}BCD+CD+A\overline{B}CD+AD$；

(2) $Y_2=A(\overline{B}C+\overline{A}D)+A(B\overline{C}+A\overline{D})$；

(3) $Y_3=A+ABC+A\overline{B}\overline{C}+BC+\overline{B}C$；

(4) $Y_4=\overline{\overline{(\overline{A}+B)}+\overline{(A+\overline{B})}}+\overline{(\overline{A}B)\overline{(A\overline{B})}}$；

(5) $Y_5=\overline{A\oplus B}+\overline{B\oplus C}$。

1-14　化简下列逻辑函数，并画出实现逻辑函数的逻辑图：

（1）用与非门实现 $Y_1=(A+B+C)(\overline{A}+\overline{B}+\overline{C})$；

（2）用或非门实现 $Y_2=\overline{A}+B\overline{C}+\overline{B}C$；

（3）用与或非门实现 $Y_3=\overline{A}B+\overline{B}C+C\overline{D}+A\overline{D}$。

1-15　已知逻辑函数 $Y=\overline{A}+B(\overline{C}+\overline{D})$，写出该函数的反函数 $\overline{Y}$、对偶式 Y' 及最小项表达式。

1-16　将下列函数展开成最小项表达式：

（1）$Y_1=AB+BC+AC$；

（2）$Y_2=\overline{AB+AD+B\overline{\overline{C}}}$；

（3）$Y_3=\overline{A\overline{B}\,\overline{C}\,\overline{D}+\overline{\overline{A}BC}}$；

（4）$Y_4=\overline{\overline{A+B}+CD}+\overline{\overline{C+D}+AB}$；

（5）$Y_5=(A\oplus B)C+\overline{B\oplus C}\cdot D$；

（6）$Y_6=\overline{AC\overline{B}\,\overline{\overline{D}}+CD\overline{AB}}$。

1-17　写出图 1-31（a）～图 1-31（l）所示各函数的最简与或表达式。

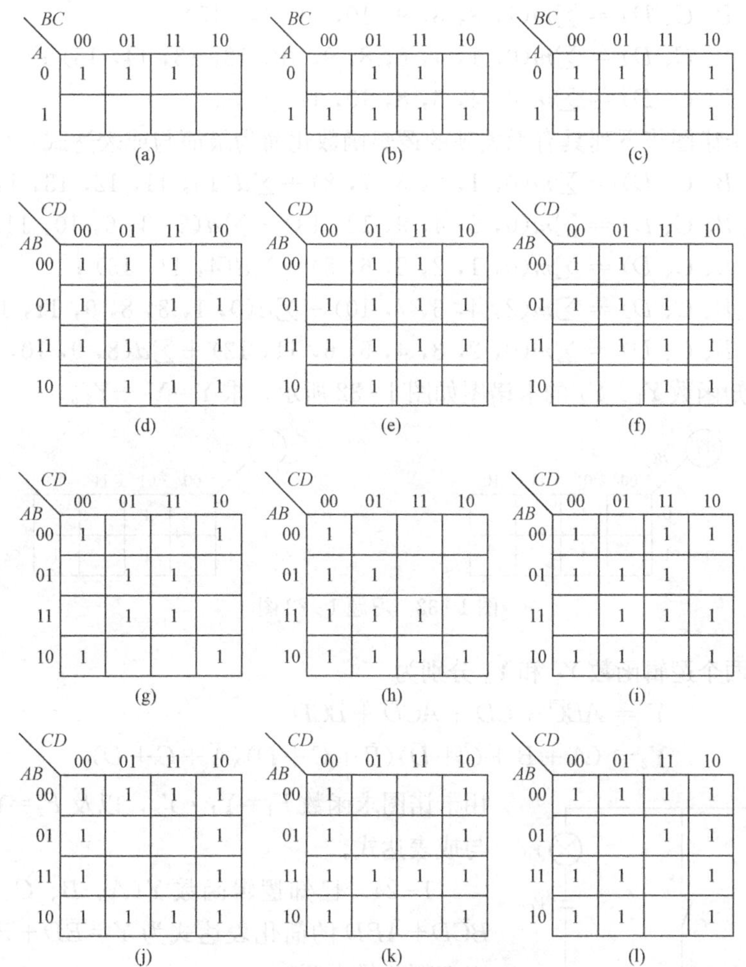

图 1-31　习题 1-17 图

1-18 用卡诺图化简下列逻辑函数为最简与或表达式：

(1) $Y_1=\bar{A}BCD+CD+A\bar{B}CD$；

(2) $Y_2=A\bar{B}+\bar{A}B+AB$；

(3) $Y_3=\bar{A}\bar{B}\bar{C}+A+B+C$；

(4) $Y_4=\overline{\bar{A}D\ (A+D)\ +ABC+CD\ (B+C)\ +AB\bar{C}}$；

(5) $Y_5=\bar{A}\bar{B}D+\bar{C}D\ (B\bar{D}+A\bar{C}\bar{D})\ +A\bar{D}+A\bar{D}C$。

1-19 用卡诺图化简下列逻辑函数为最简与或表达式：

(1) $Y_1(A、B、C)=\sum m(0,1,2,3,6,7)$；

(2) $Y_2(A、B、C)=\sum m(0,1,2,5)$；

(3) $Y_3(A、B、C)=\sum m(0,1,2,3,4,5,6)$；

(4) $Y_4(A、B、C)=\sum m(0,2,4,6,7)$。

1-20 用卡诺图化简下列逻辑函数为最简与或表达式：

(1) $Y_1(A、B、C、D)=\sum m(3,5,8,9,11,13,14,15)$；

(2) $Y_2(A、B、C、D)=\sum m(0,2,3,4,5,6,8,9,10,11,12,13,14,15)$；

(3) $Y_3(A、B、C、D)=\sum m(1,3,8,9,10,11,14,15)$；

(4) $Y_4(A、B、C、D)=\sum m(0,1,4,6,8,9,10,12,13,14,15)$；

(5) $Y_5(A、B、C、D)=\sum m(0,4,6,8,10,12,14)$；

1-21 用卡诺图将下列具有无关项的逻辑函数化简为最简与或表达式：

(1) $Y_1(A、B、C、D)=\sum m(0,1,2,3,7,8)+\sum d(10,11,12,13,14,15)$；

(2) $Y_2(A、B、C、D)=\sum m(0,2,4,9,12,13)+\sum d(2,3,6,10,11,14)$；

(3) $Y_3(A、B、C、D)=\sum m(0,1,2,5,6,8)+\sum d(4,11,13)$；

(4) $Y_4(A、B、C、D)=\sum m(2,4,6,7,10)+\sum d(0,1,3,8,9,11,15)$；

(5) $Y_5(A、B、C、D)=\sum m(0,2,3,4,5,6,11,12)+\sum d(8,9,10,13,14,15)$。

1-22 已知函数 Y_1、Y_2 的卡诺图如图 1-32 所示，求 $Y=Y_1+Y_2$。

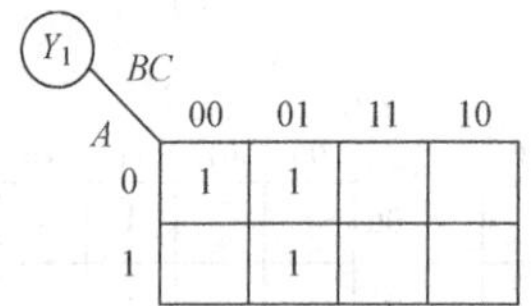

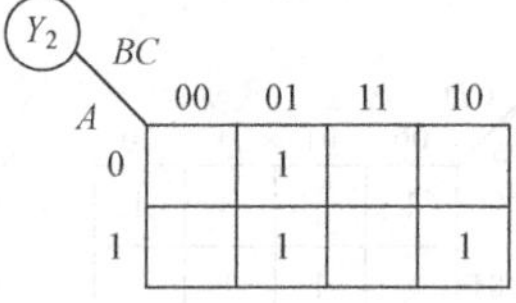

图 1-32 习题 1-22 图

1-23 若两个逻辑函数 Y_1 和 Y_2 分别为

$$Y_1=AB\bar{C}+\bar{C}D+\bar{A}C\bar{D}+\bar{B}C\bar{D}$$

$$Y_2=(A+B+\bar{C}+\bar{D})(\bar{B}+\bar{C}+D)(\bar{A}+C+\bar{D})$$

用卡诺图求函数 $F_1=Y_1\cdot Y_2$，以及 $F_2=Y_1+Y_2$ 的最简与或表达式。

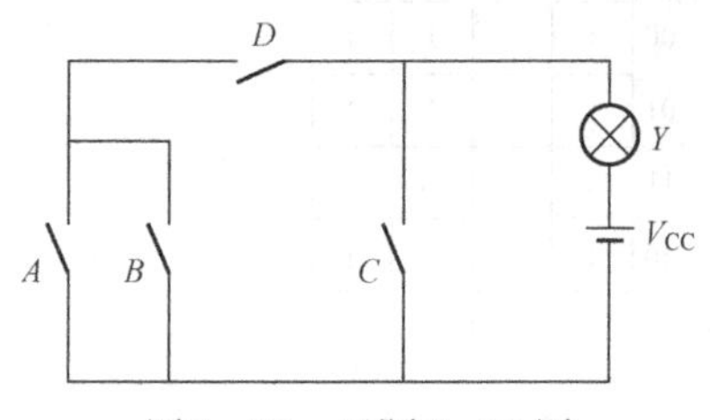

图 1-33 习题 1-25 图

1-24 已知逻辑函数 $Y(A、B、C、D)=\bar{A}B\bar{D}+\bar{B}\bar{C}D+\bar{A}\bar{B}D$ 的简化表达式为 $Y=\bar{B}D+B\bar{D}$，试求它至少有哪些最小项？

1-25 写出图 1-33 所示电路的逻辑函数表达式，

规定灯 Y 亮为 1，开关合上为 1，并画出用与非门实现的逻辑图。

1-26　某逻辑电路的真值表如表 1-25 所示，试完成：

(1) 写出该真值表的逻辑函数表达式；

(2) 化简函数式；

(3) 用与非门实现其逻辑功能。

表 1-25　　习题 1-26 表

输入			输出	输入			输出
A	B	C	Y	A	B	C	Y
0	0	0	0	1	0	0	0
0	0	1	0	1	0	1	1
0	1	0	0	1	1	0	1
0	1	1	0	1	1	1	1

1-27　已知逻辑函数 $Y=\overline{A}B+B\overline{C}+A\overline{C}$，试用真值表、卡诺图和与非—与非逻辑图表示该函数。

1-28　VHDL 程序的组成部分包括哪些？

1-29　编写一个简单的 VHDL 程序时，需要编写的基本内容有哪些？

1-30　VHDL 程序实体和结构体的基本格式是怎样的？两者有何异同？

1-31　VHDL 的数据对象主要有哪几种？

1-32　什么是数据对象的数据类型？它可以分成几大类型？每一类型中包括哪些具体类型？

1-33　VHDL 中操作符主要有哪几类？它们分别有哪些元素？

1-34　常量、变量、信号的定义语句格式有何不同？在实际应用中有何异同点？

1-35　并行信号赋值语句有几种？试将其特点作出比较。

1-36　顺序语句有什么特征？哪些语句是顺序语句？

第二章 逻辑门电路

逻辑函数是研究数字电子技术的数学工具，而逻辑门电路是构成数字系统的基本器件。本章首先介绍了构成逻辑门电路的二极管、三极管和MOS管的开关特性，然后介绍了分立元器件逻辑门电路，最后着重讲述了TTL和CMOS集成逻辑门电路的工作原理、逻辑功能及外部电气特性。

第一节 概 述

用以实现基本逻辑运算和复合逻辑运算的单元电路称为逻辑门电路。常用的逻辑门电路有与门、或门、非门、与非门、或非门、与或非门、异或门等。逻辑门电路是构成数字电路的基础。

由于在逻辑代数中，变量的取值不是1就是0，是一种二值量，这就使数字电路具有如下两个特点：

(1) 不论是输入信号，还是输出信号，只有两种不同的状态，不是高电平就是低电平，分别与逻辑1和逻辑0对应。

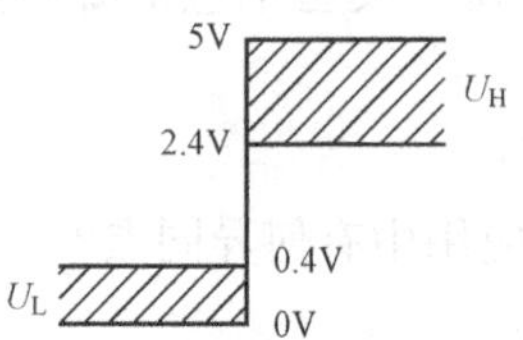

图2-1 TTL集成逻辑门电路的输出信号电压范围

高电平和低电平是两个不同的可以截然区分开来的电压范围，表示的是两种不同的状态。例如典型的TTL集成逻辑门电路的输出信号电压范围如图2-1所示，2.4～5V范围内的电压都称为高电平，用U_H表示；而0～0.4V范围内的电压，都称为低电平，用U_L表示。

如果用逻辑1表示高电平，用逻辑0表示低电平，称为正逻辑赋值，简称为正逻辑。如果用逻辑0表示高电平，用逻辑1表示低电平，称为负逻辑赋值，简称为负逻辑。在以后的章节中，如果没有特别说明，一律采用正逻辑。

(2) 数字电路中电子器件的工作状态对应于逻辑1和逻辑0两种不同的状态，即工作在开关状态。半导体二极管、三极管和MOS管则是构成这种电子开关的基本开关器件。

数字集成电路按集成度高低，可以分为小规模集成电路SSI (Small Scale Integration)、中规模集成电路MSI (Medium Scale Integration)、大规模集成电路LSI (Large Scale Integration)，以及超大规模集成电路VLSI (Very Large Scale Integration)。

数字集成电路按制造工艺不同，可以分为双极型集成电路和单极型集成电路两大类。在双极型集成电路中，有DTL (Diode-Transistor Logic) 门电路、TTL (Transistor-Transistor Logic) 门电路、HTL (High Threshold Logic) 门电路、ECL (Emitter Coupled Logic) 门电路和IIL (Integrated Injection Logic) 门电路等；单极型集成电路有PMOS、NMOS和CMOS逻辑门电路等。本章将重点讨论TTL和CMOS集成逻辑门电路的工作原理、逻辑功能及外部电气特性。

第二节　半导体二极管、三极管和 MOS 管的开关特性

一、理想开关的开关特性

假定图 2 - 2 所示的开关 K 是一个理想开关，特性表现为以下两个方面。

1. 静态特性

(1) 开关 K 断开时，无论 A、B 两端的电压 U_{AB} 在多大范围内变化，开关 K 的等效电阻 $R_{OFF}=\infty$，通过开关 K 的电流 $I_{OFF}=0$。

(2) 开关 K 闭合时，无论流过其中的电流 I 在多大范围内变化，其等效电阻 $R_{ON}=0$。

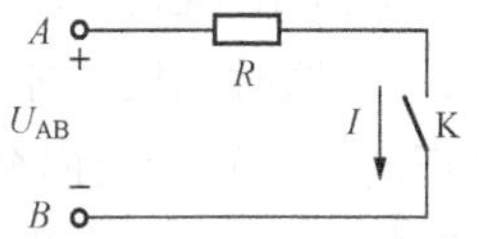

图 2 - 2　理想开关电路

2. 动态特性

(1) 开通时间 $t_{ON}=0$，说明开关 K 由断开状态转换到闭合状态不需要时间，可以在瞬间完成。

(2) 关断时间 $t_{OFF}=0$，说明开关 K 由闭合状态转换到断开状态也不需要时间，可以在瞬间完成。

实际生活中并没有这样的理想开关，常见的开关一类是机械开关，另一类是电子开关。对于机械开关，在一定的电压和电流范围内，其静态特性非常接近理想开关，但其动态特性很差，根本不可能满足数字电路 1s 开关几百万次乃至数千万次的需要。二极管、三极管和 MOS 管作为开关使用时，尽管静态特性不如机械开关，但动态特性却是机械开关无法比拟的。在开关速度很高的情况下，开关状态的转换时间（开通时间 t_{ON} 和关断时间 t_{OFF}）显得尤为重要。数字电路中，常常要求器件导通和截止两种状态的转换，在微秒甚至纳秒数量级的时间内完成。

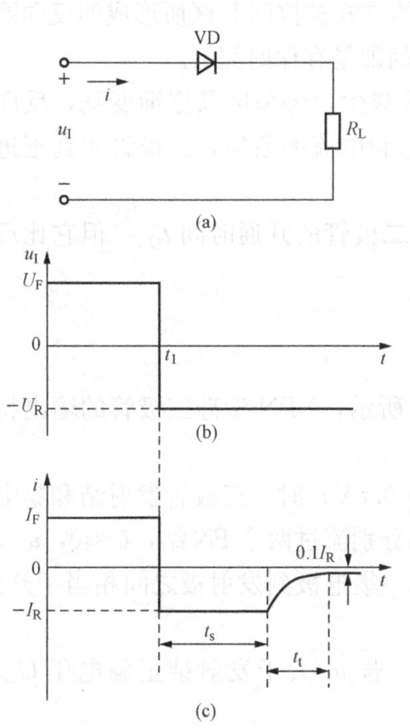

图 2 - 3　二极管的开关特性
(a) 电路；(b) 输入电压波形；(c) 二极管电流

二、二极管的开关特性

在图 2 - 3 中，图 2 - 3（a）所示为硅二极管开关电路，图 2 - 3（b）所示为输入电压波形。

由于二极管具有单向导电的特性，所以在 $O\sim t_1$ 时间内，输入信号 $u_I=+U_F$ 时，二极管 VD 导通，其导通压降 $U_{VD}\approx 0.7V$，电路中有电流流过，这时二极管相当于一个具有 0.7V 压降的闭合开关。如果 U_F 比 U_{VD} 大得多时，U_{VD} 可忽略不计，则流过电路的电流为

$$i=I_F=\frac{U_F-U_{VD}}{R_L}\approx\frac{U_F}{R_L} \qquad (2-1)$$

在 t_1 时刻，u_I 突然从 $+U_F$ 跳变为 $-U_R$。在理想状态下，二极管应立刻转为截止，电路中只有很小的反向电流，这时二极管相当于断开的开关，从而完成了一次由闭合到断开的开关状态转换动作。但实际情

况是，二极管开关状态的转换不可能瞬时完成，从正向导通到反向截止需要经历一个反向恢复过程。如图 2-3（c）所示，电路中的电流 i 在 t_1 时刻先由正向的 I_F 变到一个很大的反向电流 I_R，其大小为

$$I_R = \frac{U_R + U_{VD}}{R_L} \approx \frac{U_R}{R_L} \tag{2-2}$$

式中：U_{VD}表示 PN 结两端正向压降。

电流 I_R 维持一段时间 t_s 后才开始逐渐下降，再经过 t_t 时间后，下降到一个很小的数值 $0.1I_R$，这时二极管才进入反向截止状态，完成了一次开关状态的转换动作。通常把二极管从正向导通转为反向截止所经历的过程称为反向恢复过程。其中 t_s 称为存储时间，t_t 称为渡越时间，$t_{re}=t_s+t_t$ 称为反向恢复时间。一般开关二极管的 t_{re}是纳秒数量级的，它的存在限制了二极管开关状态转换。

产生上述现象的原因是由于二极管加正向电压 $+U_F$ 时，其内部 PN 结因正偏而变窄，打破了原有的动态平衡。这时，扩散运动大于漂移运动，N 区电子不断扩散到 P 区，P 区空穴不断扩散到 N 区。而且扩散过去后并不是立即全部复合掉，而是在 PN 结两边存储起来，在 P 区存储了电子，而在 N 区内存储了空穴。且存储在各区的载流子不是均匀分布，而是按一定的浓度梯度分布的，靠近 PN 结边界处浓度高，离边界越远浓度越低。正向电流越大，存储的载流子数目越多，浓度分布的梯度也越大。

当输入电压在 t_1 时刻由 $+U_F$ 跳变为 $-U_R$ 时，N 区存储的空穴和 P 区存储的电子不会马上消失，这时 PN 结仍然处于正向偏置状态，即势垒区仍然很窄，PN 结的等效电阻仍然很小，与 R_L 相比可忽略不计。此时反向电流如式（2-2）所示，该反向电流 I_R 实际是在反向电压作用下，P 区存储的电子被拉回 N 区，N 区存储的空穴被拉回 P 区所形成的反向漂移电流。这个电流将持续一段时间保持基本不变，这段时间即是存储时间 t_s。

经过时间 t_s 后，P 区和 N 区所存储的电荷已经显著减少，势垒区又逐渐变宽，反向电流也逐渐减小，经过 t_t 时间后，I_R 减小到正常的反向饱和电流的数值，二极管才真正进入截止状态。

二极管从反向截止转换到正向导通所需的时间称为二极管的开通时间 t_{ON}。但它比反向恢复时间 t_{re}要小得多，可忽略不计。

三、三极管的开关特性

1. 三极管的截止、放大和饱和状态

用 NPN 型硅三极管构成的开关电路如图 2-4（a）所示，NPN 型硅三极管的输出特性曲线如图 2-4（b）所示。

当输入电压 u_I 小于三极管发射结死区电压（硅管为 0.5V）时，三极管发射结和集电结都处于反向偏置状态，只有很小的反向漏电流 I_{EBO}和 I_{CBO}分别流过两个 PN 结，$i_B \approx 0$，$i_C \approx 0$，$U_{CE} \approx V_{CC}$，三极管工作点对应于图 2-4（b）中的 A 点。集电极到发射极之间相当于开路，三极管工作在截止状态，对应于开关的断开状态。

当输入电压 u_I 升高到 0.5V 以上时，三极管导通。若 u_I 大于发射结正偏电压 $U_{BE}=0.7V$（硅管）时，三极管进入放大状态，则有

$$i_B = \frac{u_I - U_{BE}}{R_B} \tag{2-3}$$

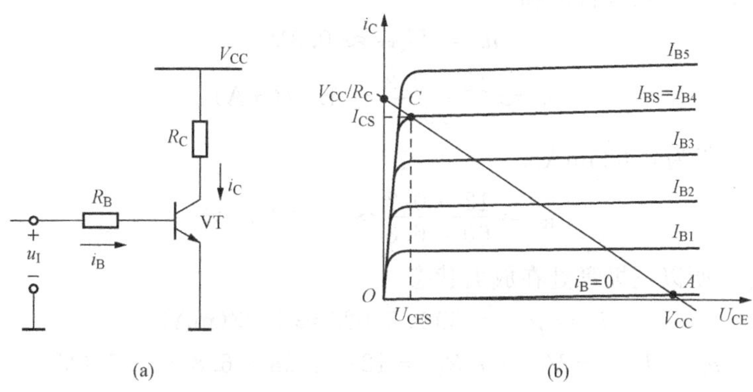

图 2-4 三极管的开关工作状态

(a) 开关电路；(b) 输出特性曲线

i_B 随着 u_I 的升高而增大，i_C 按 $i_C=\beta i_B$ 的规律增大，而集电极到发射极的管压降 $U_{CE}(=V_{CC}-i_CR_C)$减小，三极管的工作点向图 2-4（b）中的 C 点靠近。

当 u_I 上升使 U_{CE}降至 $U_{CE}=U_{BE}=0.7V$ 时，集电结变为零偏，称为临界饱和状态，对应图 2-4（b）中的 C 点。此时的集电极电流称为集电极饱和电流，用 I_{CS}表示，基极电流称为基极临界饱和电流，用 I_{BS}表示，则有

$$I_{CS}=\frac{V_{CC}-U_{BE}}{R_C} \tag{2-4}$$

$$I_{BS}=\frac{I_{CS}}{\beta}=\frac{V_{CC}-U_{BE}}{\beta R_C} \tag{2-5}$$

若 u_I 继续上升时，i_B 会继续增加，但 i_C 已接近于最大值 V_{CC}/R_C，受 V_{CC}和 R_C 的限制，不会再随 i_B 成比例地增加，三极管进入饱和状态。所以三极管工作在饱和状态的条件为

$$i_B > I_{BS} \tag{2-6}$$

进入饱和状态后，i_C 会随 i_B 的增加略有增加，$U_{CE}<0.7V$，集电结变为正向偏置。所以也常把集电结和发射结均正向偏置作为三极管工作在饱和状态的条件。饱和时的 U_{CE}电压称为饱和压降，用 U_{CES}表示，其典型值为 $U_{CES}\approx0.2\sim0.3V$（硅管）。由于 U_{CES}很小，集电极到发射极之间相当于短路，对应于开关的闭合状态。

［例 2-1］ 电路及参数如图 2-5 所示，设输入电压 $u_I=3V$，三极管的 $U_{BE}=0.7V$。

（1）若 $\beta=60$，试判断三极管是否饱和，并求出 i_C 和 u_O 的值；

（2）将 R_C 改为 6.8kΩ，重复以上计算；

（3）将 R_C 改为 6.8kΩ，再将 R_B 改为 60kΩ，重复以上计算；

（4）将 R_C 改为 6.8kΩ，再将 β 改为 100，重复以上计算。

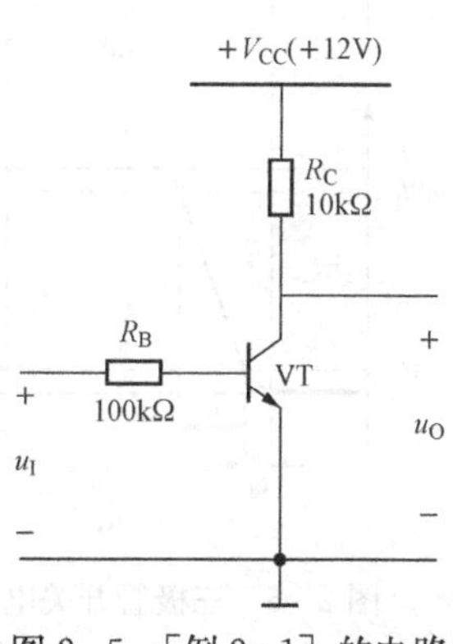

图 2-5 ［例 2-1］的电路

解 根据饱和条件 $i_B>I_{BS}$解题。

（1） $$i_B=\frac{3-0.7}{100}=0.023\ (mA)$$

$$I_{BS}=\frac{12-0.7}{60\times10}\approx0.019\ (mA)$$

因为 $i_B>I_{BS}$，所以三极管饱和

$$u_O=U_{CES}\approx0.3\text{V}$$

$$i_C\approx\frac{12-0.3}{10}=1.17(\text{mA})$$

(2) i_B 不变，仍为 0.023mA。

$$I_{BS}=\frac{12-0.7}{60\times6.8}\approx0.028(\text{mA})$$

由于 $i_B<I_{BS}$，所以三极管处在放大状态

$$i_C=\beta i_B=60\times0.023\approx1.38(\text{mA})$$

$$u_O=U_{CE}=V_{CC}-i_CR_C=12-1.38\times6.8\approx2.62(\text{V})$$

(3) $i_B=\frac{3-0.7}{60}\approx0.038$ (mA)　 $I_{BS}\approx0.028\text{mA}$

由于 $i_B>I_{BS}$，所以三极管饱和

$$u_O=U_{CES}\approx0.3\text{V}$$

$$i_C\approx\frac{12-0.3}{6.8}\approx1.72(\text{mA})$$

(4) $I_{BS}=\frac{12-0.7}{100\times6.8}\approx0.017$ (mA)　 $i_B\approx0.023\text{mA}$

由于 $i_B>I_{BS}$，所以三极管饱和

$$u_O=U_{CES}\approx0.3\text{V}$$

$$i_C=\frac{12-0.3}{6.8}\approx1.72(\text{mA})$$

由［例 2-1］可见，R_B、R_C、β 等参数都能决定三极管是否饱和。将式（2-3）和式（2-5）代入式（2-6），则饱和条件变为

$$\frac{u_I-U_{BE}}{R_B}>\frac{V_{CC}-U_{BE}}{\beta R_C}\tag{2-7}$$

即在 u_I 一定（要保证发射结正偏）和 V_{CC} 一定的条件下，R_B 越小，β 越大，R_C 越大，三极管越容易饱和。在数字电路中总是合理地选择这几个参数，使三极管在导通时为饱和导通。

2. 三极管开关的过渡过程

三极管工作在开关状态时，不是截止就是饱和，放大状态只是中间过渡状态。当给图 2-4 (a)所示电路加图 2-6 (a) 所示的输入电压信号时，集电极电流波形如图 2-6 (b) 所示。

在 $O\sim t_1$ 期间，因 $u_I=-U_{B1}$ 三极管工作在截止状态，$i_B\approx0$，$i_C\approx0$，$U_{CE}\approx V_{CC}$，三极管集电极到发射极相当于开关的断开状态。

在 t_1 时刻输入电压 u_I 由 $-U_{B1}$ 跳变为 $+U_{B2}$，理想状态下三极管应该立刻由截止转为饱和状态

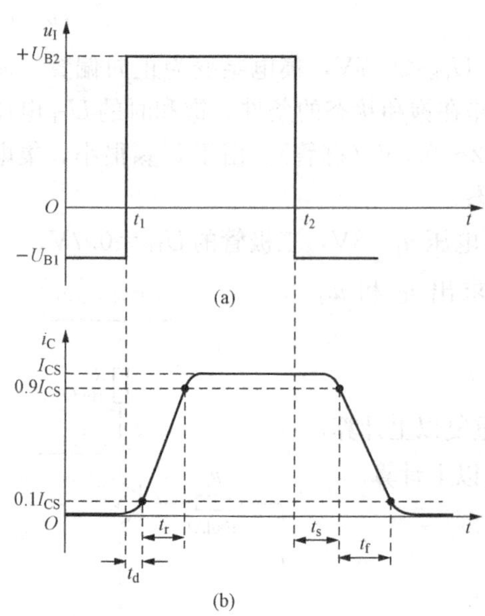

图 2-6　三极管开关电路的工作波形

(a) 输入电压波形；(b) 集电极电流波形

（当 $u_I=+U_{B2}$ 时，调节 R_B，使 $i_B \geqslant V_{CC}/\beta R_C$，以确保三极管工作在饱和区）。但由于三极管截止时，发射结和集电结都处于反向偏置状态，势垒区较宽，势垒区中有较多的空间电荷。所以 u_I 由 $-U_{B1}$ 突然跳变为 $+U_{B2}$ 时，便有正向基极电流 i_B 流入基区，该电流的作用是消散势垒区中的电荷，使势垒区变窄，这个消散过程需要一定的时间 t_d，t_d 称为延迟时间。经过一个 t_d 时间后，发射区的电子逐渐注入基区，并扩散到集电结被集电区吸收，形成集电极电流 i_C。但由于开始时注入基区的电子较少，形成的 i_C 也较小，随着时间的推移，注入基区的电子越来越多，i_C 也越来越大，经过一段时间 t_r 后，i_C 才上升到 $0.9I_{CS}$，t_r 称为上升时间。$t_{ON}=t_r+t_d$ 称为开通时间。经过一个开通时间后，集电极电流继续增加到 I_{CS}，这时由于三极管进入了饱和状态，集电结转为正向偏置，使集电区收集电子的能力减弱，造成大量电子在基区存储，同时集电区靠近结的边界处也积累起了一定量的空穴。

在 t_2 时刻，输入电压由 $+U_{B2}$ 跳变为 $-U_{B1}$ 时，理想情况下三极管应该立刻由饱和导通状态转变为截止状态。但由于饱和时基区存储有大量电子，集电区的结附近存储有一定量的空穴，当 u_I 由 $+U_{B2}$ 跳变为 $-U_{B1}$ 时，上述电荷不可能立即消散，使 i_C 不能立刻下降而要维持一段时间 t_s，t_s 称为存储时间。t_s 时间的长短取决于存储电荷的多少，三极管饱和深度越深，存储电荷就越多，t_s 也就越大。经过存储时间 t_s 后，存储电荷逐渐消失，两个 PN 结势垒逐渐加宽，i_C 开始逐渐下降，经过一段时间 t_f 后，i_C 下降到 $0.1I_{CS}$，三极管才进入截止状态，t_f 称为下降时间。$t_{OFF}=t_s+t_f$ 称为关闭时间。开通时间和关闭时间总称为三极管的开关时间，一般在几十到几百纳秒的范围，从器件手册中可以查到。

四、MOS 型场效应管的开关特性

MOS 型场效应管有四种类型：P 沟道增强型 MOS 管和 P 沟道耗尽型 MOS 管，简称 PMOS 管；N 沟道增强型 MOS 管和 N 沟道耗尽型 MOS 管，简称 NMOS 管。作为开关器件使用的主要是增强型 MOS 管。下面以 N 沟道增强型 MOS 管为例介绍 MOS 管的开关特性，P 沟道增强型 MOS 管原理与 N 沟道增强型 MOS 管相同，仅电源极性相反，故不赘述。

用 NMOS 管构成的开关电路如图 2-7（a）所示，NMOS 管的输出特性曲线和转移特性曲线分别如图 2-7（b）和图 2-7（c）所示。

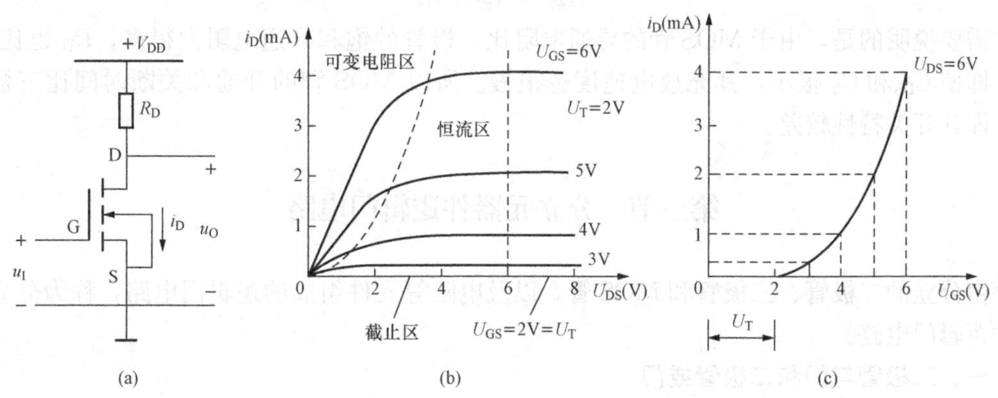

图 2-7 NMOS 管开关电路及其特性曲线

（a）开关电路；（b）输出特性曲线；（c）转移特性曲线

当输入电压 u_I 小于 NMOS 管的开启电压 U_T 时，NMOS 管工作在截止区，$i_D \approx 0$，$u_O=$

$V_{DD}-i_D R_D \approx V_{DD}$。漏极到源极之间相当于开路，对应于开关的断开状态。

当 $u_I > U_T$ 时，NMOS 管导通，$i_D > 0$。在 U_{DS} 较高的情况下，NMOS 管工作在恒流区，随着 u_I 的升高 i_D 增大，而 u_O 减小。这时电路工作在放大状态。

当 u_I 较大，使 NMOS 管工作在可变电阻区时，导通电阻 R_{ON} 很小（约几百欧姆），只要 $R_D \gg R_{ON}$，则 $u_O = U_{OL} \approx 0V$，漏极到源极之间相当于短路，对应于开关的闭合状态。

综上所述，只要电路参数选择适当，就可以使输入为低电平时 NMOS 管截止，电路输出高电平；而输入为高电平时 NMOS 管导通，电路输出高低平。

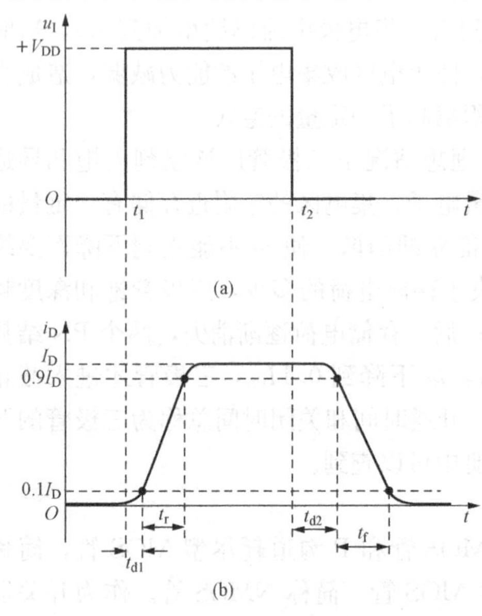

图 2-8 MOS 管开关电路的工作波形
（a）输入电压波形；（b）漏极电流波形

另外，由于 MOS 管三个电极之间均有等效电容存在，它们分别是栅源电容 C_{GS}、栅漏电容 C_{GD} 和漏源电容 C_{DS}，C_{GS} 和 C_{GD} 一般为 1～3pF，C_{DS} 一般为 0.1～1pF，以及 MOS 管等效负载电容 C_L（包括负载门的输入等效电容和接线电容等）的存在。所以，当给图 2-7（a）电路加图 2-8（a）所示的矩形波输入电压信号时，MOS 管受上述电容充电、放电过程的制约，由截止到导通或由导通到截止的转换并不能立刻完成。漏极电流 i_D 的波形如图 2-8（b）所示。

当 u_I 在 t_1 时刻由 0V 跳变到 $+V_{DD}$ 时，MOS 管需要经过导通延迟时间 t_{d1} 和上升时间 t_r 之后，才能由截止状态转换到导通状态。开通时间为

$$t_{ON} = t_{d1} + t_r \tag{2-8}$$

当 u_I 在 t_2 时刻由 $+V_{DD}$ 跳变到 0V 时，MOS 管需要经过关断延迟时间 t_{d2} 和下降时间 t_f 之后，才能由导通状态转换到截止状态。关断时间为

$$t_{OFF} = t_{d2} + t_f \tag{2-9}$$

需要说明的是，由于 MOS 管的导通电阻比三极管的饱和导通电阻大得多，R_D 也比 R_C 大，即使 C_{DS} 和 C_L 很小，其充放电速度也很慢。所以 MOS 管的开通和关断时间比三极管长，即其开关特性较差。

第三节 分立元器件逻辑门电路

由分立的二极管、三极管和 MOS 管，以及电阻等元件组成的逻辑门电路，称为分立元器件逻辑门电路。

一、二极管与门和二极管或门

1. 二极管与门

图 2-9（a）所示为硅二极管与门电路，图 2-9（b）所示为它的逻辑符号，其工作原理如下：

（1）A、B 端输入均为 0V 的低电平时，$+V_{CC}$ 通过电阻 R 使 VD1、VD2 都导通，Y 端

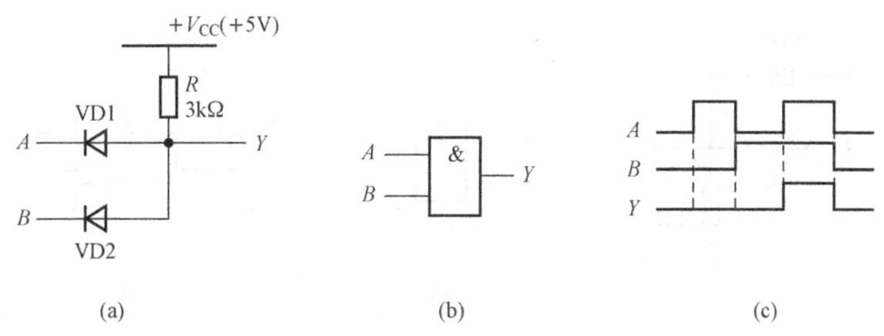

(a) (b) (c)

图 2-9 二极管与门

(a) 电路；(b) 逻辑符号；(c) 输入、输出电压波形

输出为+0.7V 的低电平。

(2) A 端输入为+5V 的高电平，B 端输入为 0V 的低电平时，VD1 截止，+V_{CC}通过电阻 R 使 VD2 导通，Y 端输出为+0.7V 的低电平。

(3) B 端输入为+5V 的高电平，A 端输入为 0V 的低电平时，VD2 截止，+V_{CC}通过电阻 R 使 VD1 导通，Y 端输出为+0.7V 的低电平。

(4) A、B 端输入均为+5V 的高电平时，VD1、VD2 均截止，Y 端输出为+5V 的高电平。

由此得输入、输出电压波形如图 2-9（c）所示，输入、输出电压关系如表 2-1 所示。

如果用 0 表示低电平，用 1 表示高电平，可得如表 2-2 所示的真值表。

表 2-1 图 2-9 (a) 电路的输入、输出电压关系表

输入		输出
A (V)	B (V)	Y (V)
0	0	+0.7
0	+5	+0.7
+5	0	+0.7
+5	+5	+5

表 2-2 图 2-9 (a) 电路的真值表

输入		输出
A	B	Y
0	0	0
0	1	0
1	0	0
1	1	1

由表 2-2 可知，输入与输出的关系为只要输入有 0，输出就为 0，输入全是 1 时，输出才为 1，是与逻辑关系，其逻辑表达式为

$$Y = AB \tag{2-10}$$

2. 二极管或门

图 2-10 (a) 所示为硅二极管或门电路，图 2-10 (b) 所示为它的逻辑符号。工作原理如下：

(1) A、B 端输入均为 0V 低电平时，VD1、VD2 都截止，Y 端输出为 0V 的低电平。

(2) A 端输入为+5V 的高电平，B 端输入为 0V 的低电平时，VD2 截止，VD1 导通，Y 端输出为 (5－0.7)V＝4.3V 的高电平。

(3) B 端输入为+5V 的高电平，A 端输入为 0V 的低电平时，VD1 截止，VD2 导通，

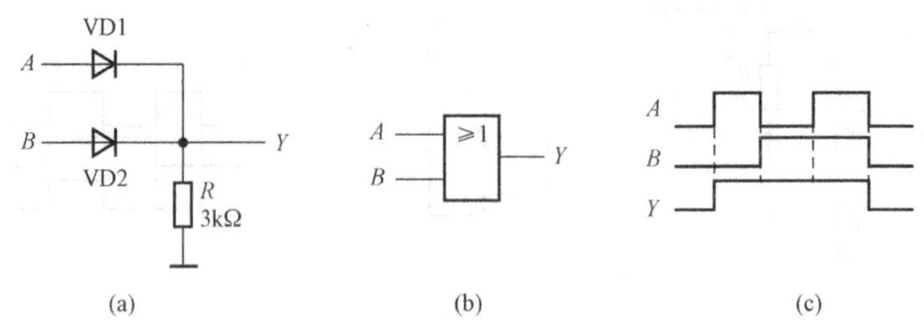

图 2 - 10 二极管或门

(a) 电路；(b) 逻辑符号；(c) 输入、输出电压波形

Y 端输出为＋4.3V 的高电平。

(4) A、B 端都输入＋5V 的高电平时，VD1、VD2 都导通，因此输出 Y 还是＋4.3V 的高电平。

由此得输入、输出电压波形如图 2 - 10 (c) 所示，如果用 0 表示低电平，用 1 表示高电平，可得如表 2 - 3 所示的真值表。

表 2 - 3　图 2 - 10 (a) 电路的真值表

输入		输出
A	B	Y
0	0	0
0	1	1
1	0	1
1	1	1

由表 2 - 3 可知，输入与输出的关系为只要输入有 1，输出就为 1，输入全是 0 时，输出才为 0，是或逻辑关系，其逻辑表达式为

$$Y = A + B \tag{2-11}$$

二、三极管非门（三极管反相器）

图 2 - 11 (a) 所示为硅三极管非门电路，图 2 - 11 (b) 所示为它的逻辑符号。工作原理如下：

当 A 端输入为低电平 0V 时，三极管 VT 截止，输出 Y 端为高电平 (u_O＝＋5V)；当 A 端输入为高电平＋5V 时，三极管 VT 饱和导通，输出 Y 端为低电平 ($u_O \approx 0.3$V)。输入、输出波形如图 2 - 11 (c) 所示（图中忽略了三极管的开关时间）。如果用 0 表示低电平，用 1 表示高电平，可得如表 2 - 4 所示的真值表。

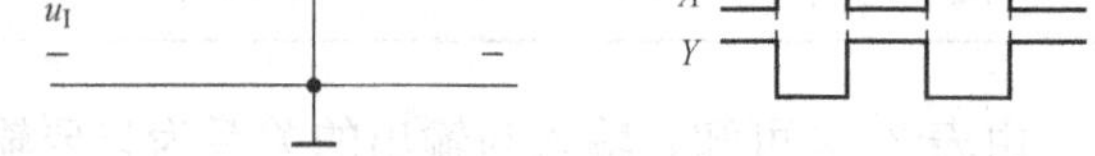

图 2 - 11 三极管非门

(a) 电路；(b) 逻辑符号；(c) 输入、输出电压波形

由表 2 - 4 可知，输出与输入是非逻辑关系，其逻辑表达式为

$$Y = \overline{A} \tag{2-12}$$

表 2 - 4　图 2 - 11 (a) 电路的真值表

输入	输出
A	Y
0	1
1	0

三、MOS 管非门

图 2 - 12 (a) 所示为 N 沟道增强型 MOS 管非门电路图，图 2 - 12 (b) 所示为它的逻辑

符号。工作原理如下：

当 A 端输入为低电平 0V 时，$U_{GS}=u_I=0V$，小于开启电压（设 $U_{TN}=2V$），所以 MOS 管截止，Y 端输出为高电平 +10V；当 A 端输入为高电平 +10V 时，$U_{GS}=u_I=10V$，大于开启电压，MOS 管导通，Y 端输出为低电平（$u_O\approx 0V$）。输入、输出波形如图 2-12（c）所示（图中忽略了 MOS 管的开关时间）。可见，图 2-12（a）所示电路实现了非的逻辑关系，即 $Y=\overline{A}$。

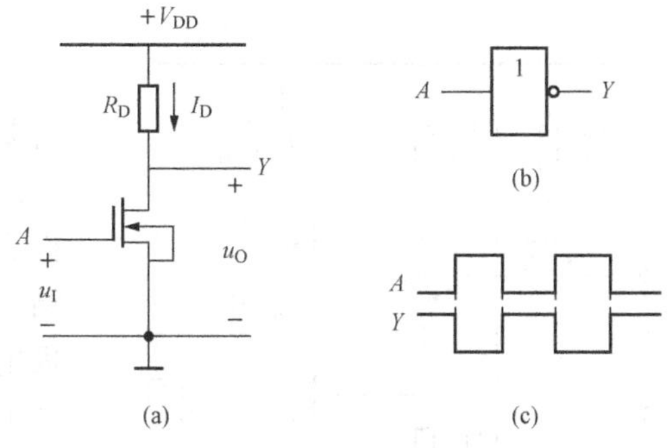

图 2-12　MOS 管非门

（a）电路；（b）逻辑符号；（c）输入、输出波形

第四节　TTL 集成逻辑门电路

TTL 集成逻辑门电路，因其输入级和输出级都采用半导体三极管而得名，也称三极管—三极管（Transistor-Transistor Logic）集成逻辑门电路，简称为 TTL 集成逻辑门电路。

一、TTL 反相器

1. 基本三极管反相器的动态性能

在第二节中着重讨论了三极管的开关特性，从中可看到，影响三极管开关速度的主要原因是三极管基区内的存储电荷，基区内电荷的存储和消散都需要一定的时间。

当图 2-11（a）所示的三极管基本反相器考虑负载电容 C_L 的影响时（这里 C_L 包括门电路之间的接线电容及负载门电路的等效输入电容），等效电路如图 2-13 所示。

由图 2-13 可看到，当反相器输出电压 u_O 由低向高过渡时，电源 V_{CC} 将通过 R_C 对 C_L 进行充电。由于充电过程需要经历一定的时间，会造成反相器输出电压 u_O 波形的上升时间增加。当反相器输出电压 u_O 由高向低过渡时，C_L 将通过三极管进行放电。由于 C_L 放电过程也需要经历一定的时间，会造成反相器输出电压 u_O 波形下降时间的延长。特别是 C_L 充电回路的时间常数 R_CC_L 较大时，造成 u_O 由低向高的上升较慢，上升时间较长。由于三极管基区电荷存储效应和负载电容的影响，导致基本三极管反相器的开关速度不高。

为改善基本三极管反相器的开关速度，在不改变输入、输出逻辑关系的基础上，在输入端增加若干元器件，改变输入电路的结构，以减小由于三极管基区电荷存储效应所引起的时延。在输出端增加若干元器件，改变输出电路的结构，以减小负载电容所引起的时延。

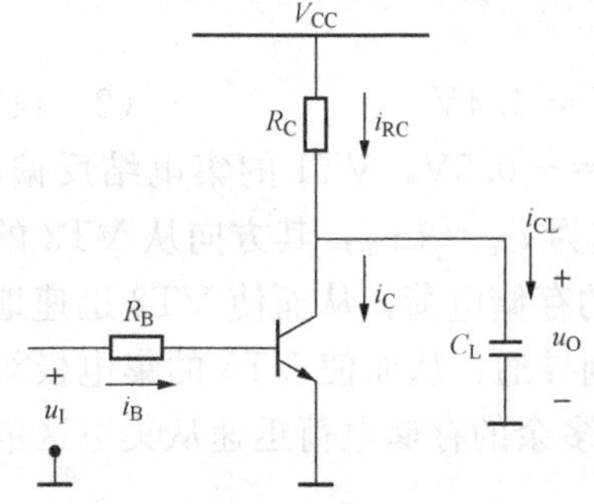

图 2-13　带电容负载的三极管反相器

2. TTL 反相器的基本电路

图 2-14 所示为 TTL 反相器的基本电路。电路从结构上可分为三部分：VT1 组成输入级；VT2 作为电路的中间级以驱动输出级，即把 VT2 基极的单端输入信号转换为 VT2 集电极和发射极同时输出两个相位相反的信号，分别驱动 VT4、VT3 两个输出管；VT3、VT4 和二极管 VD 组成推拉式输出级。

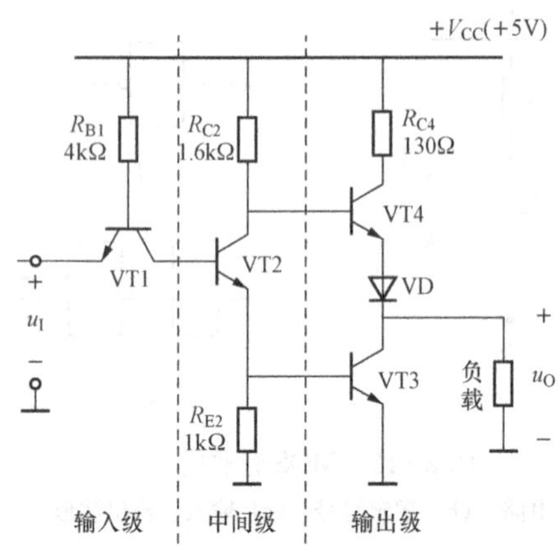

图 2-14 TTL 反相器的基本电路

(1) 工作原理。

1) 当输入信号为高电平时（设 $u_I=3.6V$），若要使 VT1 发射结导通，基极电压 U_{B1} 将达到 $U_{B1}=u_I+U_{BE1}\approx3.6+0.7=4.2$（V）。但由于 VT1 基极到地之间有 3 个 PN 结，它们分别是 VT1 集电结，以及 VT2 和 VT3 的发射结，因此当 VT1 基极电压 U_{B1} 达到 3 个 PN 结导通压降 $U_{B1}=3U_{BE}\approx3\times0.7=2.1$（V）时，$U_{B1}$ 便被钳制在 2.1V。这时，VT1 集电极电压 $U_{C1}=U_{BE2}+U_{BE3}=1.4V$，而 $u_I=3.6V$。这样，VT1 的集电结处于正向偏置，发射结反向偏置，即 VT1 处于集电结和发射结倒置使用的放大状态。电源 V_{CC} 经过 R_{B1} 向 VT1 提供基极电流 i_{B1}，经 VT1 集电极流入 VT2 的基极，使 VT2 饱和导通，VT2 向 VT3 提供很大的基极电流，使 VT3 也饱和导通，输出端电压 $u_O=U_{CES3}\approx0.2V$，为低电平。这时可以估算出 VT2 集电极电压为 $U_{C2}=U_{CE2}+U_{BE3}\approx0.2+0.7=0.9$（V）。此时，$U_{B4}=U_{C2}=0.9V$。作用于 VT4 发射结和二极管 VD 的串联支路的电压为 $U_{C2}-u_O=(0.9-0.2)V=0.7V$。显然，VT4 和 VD 均截止，实现了反相器的逻辑关系；即输入为高电平时，输出为低电平。

2) 当输入信号为低电平时（设 $u_I=0.2V$），此时 VT1 发射极正向导通，电源 V_{CC} 经过 R_{B1} 向 VT1 提供基极电流 i_{B1}。注意，此时 VT1 集电极等效负载电阻（R_{C2} 和 VT2 的 B－C 结反向电阻之和）非常大，使 VT1 饱和导通，且工作在深度饱和状态，$U_{CES1}\approx0.1V$，VT1 集电极电压为 $U_{C1}=u_I+U_{CES1}\approx0.2+0.1=0.3$（V）。此时 U_{C1} 作用于 VT2 和 VT3 的发射结上，所以 VT2 和 VT3 都截止。由于 VT2 截止，电源 V_{CC} 通过 R_{C2} 向 VT4 提供基极电流，从而使 VT4 和 VD 导通，电流流向负载。输出电压为

$$u_O\approx V_{CC}-U_{BE4}-U_{VD}=(5-0.7-0.7)V=3.6V \tag{2-13}$$

可见电路同样实现了反相器的逻辑关系，即输入为低电平时，输出为高电平。

(2) 采用输入级以提高工作速度。在 TTL 反相器输入信号由高电平（3.6V）跳变为低电平（0.2V）的瞬间，电源 V_{CC} 经过 R_{B1} 向 VT1 提供基极电流 i_{B1}，使 VT1 发射结正偏导通，VT1 基极电压 U_{B1} 变为 $U_{B1}=(0.2+0.7)V=0.9V$。但由于 VT2 和 VT3 原来是饱和导通的，其基区存储电荷还来不及消散，在此瞬间 VT2 和 VT3 的发射结仍然处于正向导通状态，VT1 集电极电压为

$$U_{C1}=U_{BE2}+U_{BE3}\approx(0.7+0.7)V=1.4V \tag{2-14}$$

此时 VT1 的集电结电压为 $U_{B1}-U_{C1}=(0.9-1.4)V=-0.5V$，VT1 的集电结反偏，VT1 处在放大状态。所产生的基极电流为 i_{B1}，集电极电流为 $i_{C1}=\beta_1 i_{B1}$，其方向从 VT2 的基极流向 VT1 的集电极，它很快从 VT2 的基区抽走多余的存储电荷，从而使 VT2 迅速地脱离饱和而进入截止状态。VT2 的迅速截止导致 VT4 立刻导通，从而使 VT3 的集电极等效负载电阻变得很小，因而 VT3 的集电极电流增大，造成多余的存储电荷迅速从集电区消散而达到截止，从而加速了状态的转换过程。

(3) 采用推拉式输出级以提高开关速度和带负载能力。在图 2-14 中，VT3、VT4 组成

推拉式输出级，其中 VT4 组成射极输出器，其发射极负载为由 VT3 组成的共射极电路。这种输出级的特点是既能提高电路的开关速度，又能提高其带负载的能力。根据输出端所接负载的不同，输出级的工作情况可归纳如下：

1）当输出为低电平时，VT3 处于深度饱和状态，TTL 反相器的输出电阻，就是 VT3 的饱和电阻，这时可以驱动较大的电流负载。由于此时 VT4 截止，所以负载电流就是 VT3 的集电极电流，说明 VT3 的集电极电流可以全部用来驱动负载，效率很高。

2）当输出为高电平时，VT3 截止，VT4 导通，由于 VT4 组成的射极输出器的输出电阻很小，所以其输出高电平较稳定，带负载的能力也较强。

3）当输出端接有电容负载 C_L 时，电路如图 2-15 所示。在输出由低电平跳变为高电平的瞬间，VT2 和 VT3 由饱和转为截止，由于 VT3 的基极电流是经 VT2 放大的电流，所以 VT2 比 VT3 更早退出饱和，这样 VT2 的集电极电压 U_{C2} 比 VT3 的集电极电压 U_{C3} 上升得更快。同时由于电容 C_L 两端电压不能突变，使 C_2 和 C_3 之间的电位差增加，所以使 VT4 在此瞬间基极电流很大，导致 VT4 集电极与发射极之间呈现低电阻，故使电源 V_{CC} 经过 R_{C4} 和 VT4 的饱和电阻对电容 C_L 迅速充电，其时间常数很小，使输出波形上升沿陡直。而当输出电压由高电平跳变为低电平时，VT3 很快进入深度饱和状态，也呈现出很低的电阻，已充电的 C_L 通过它迅速放电，很快就达到低电平，因而使输出波形的下降沿也很陡直。

二、TTL 反相器的主要特性和参数

1. 电压传输特性

$u_O=f(u_I)$ 关系曲线形象具体地描述了输出电压 u_O 与输入电压 u_I 的关系，称为电压传输特性曲线。TTL 反相器的电压传输特性曲线如图 2-16 所示。

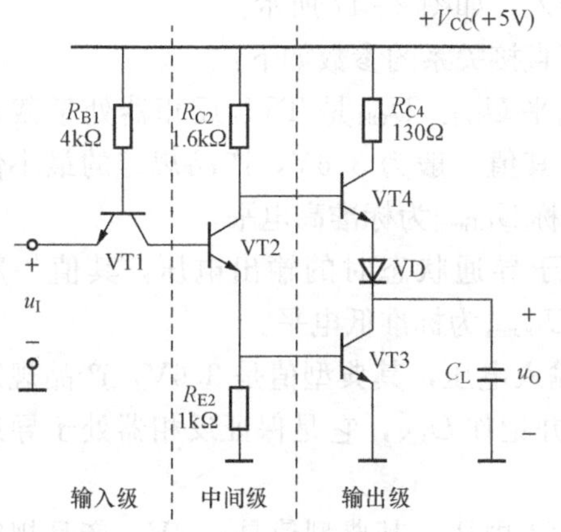

图 2-15 TTL 反相器带电容负载

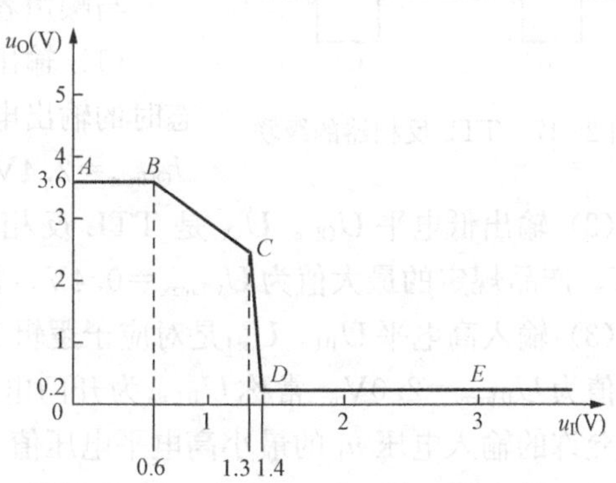

图 2-16 TTL 反相器的电压传输特性

从图 2-16 所示的曲线可以看出，TTL 反相器的电压传输特性曲线可分为 *AB*、*BC*、*CD*、*DE* 四段。

(1) *AB* 段。在这一段里，$u_I<0.6V$，VT1 处于深度饱和导通状态，饱和压降 $U_{CES1}\approx 0.1V$。由于 $U_{B2}=u_I+U_{CES1}<0.7V$，因此 VT2 和 VT3 都截止，VT4 和 VD 导通，输出电压 $u_O=U_{OH}=3.6V$，为高电平。因为此时输出管 VT3 处于截止状态，所以称该段为截止区。

(2) *BC* 段。该段所对应的输入电压为 0.6～1.3V。因为 VT2 基极电压 $U_{B2}=u_I+$

U_{CES1}，当输入电压 u_I 从 0.6V 增加，并且 u_I<1.3V 时，可得 0.7V<U_{B2}<1.4V，所以这时 VT2 先导通，但还不足以使 VT3 导通。VT2 刚开始导通时处于放大状态，因为 VT2 构成共发射极电路，所以 u_I 的增加，使 T2 集电极电压 U_{C2} 减小，又因这时 VT4 导通，且为射极输出器电路，所以输出电压会随 U_{C2} 减小而基本上是线性减小的。这一段称为线性区。

(3) *CD* 段。当输入电压 u_I 增加到 1.3V 时，U_{B2} 接近 1.4V，只要 u_I 再略增加一点，VT3 便开始导通。VT3 的导通，又使 VT2 的发射极阻抗减小，因而 VT2 发射极电流增大，加速了 VT3 向饱和过渡，所以很快就转入 VT3 饱和、VT2 也进入饱和的状态，相应地 VT4 和二极管 VD 也转入截止状态。在输入电压 u_I 从 1.3～1.4V 期间，整个工作状态都迅速发生了转换，因此该段称为转折区。

(4) *DE* 段。当输入电压 u_I 从 1.4V 继续增加时，各管的工作状态不再发生重大变换，只是略有程度的差别。在该段中，VT3 一直处于饱和状态，输出电压 $u_O=U_{OL}=0.2V$ 低电平，因此称该段为导通区。

2. 输入端噪声容限

在 TTL 反相器中低电平典型值是 0.2V，高电平典型值是 3.6V。从图 2-16 所示电压传输特性曲线可以看出，当 u_I 偏离 0.2V 而上升时，u_O 并不马上下降。同样，当 u_I 偏离 3.6V 而下降时，u_O 也并不会立即上升。因此，在 TTL 反相器中，即使有噪声电压叠加在输入信号的高、低电平上，只要噪声电压的幅度不超过允许的界限，其输出端的逻辑状态就不会受到噪声的影响。通常，把不允许噪声超过的界限称为噪声容限。显然，电路噪声容限越大，抗干扰能力就越强。

在数字电路中，TTL 门电路的负载经常是同类门，这样，前一级门电路的输出，就是后一级门电路的输入，如图 2-17 所示。

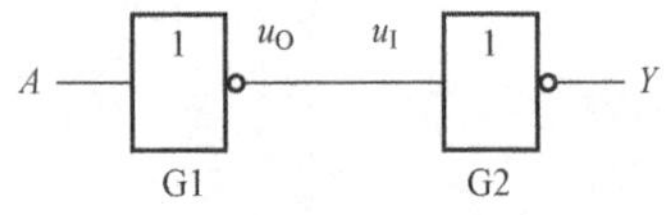

A　1　u_O　u_I　1　Y
G1　G2

图 2-17　TTL 反相器的级联

与噪声容限有直接关系的参数如下：

(1) 输出高电平 U_{OH}。U_{OH} 是 TTL 反相器处于截止状态时的输出电压，其值一般为 3.6V，产品规定的最小值为 $U_{OHmin}=2.4V$。常称 U_{OHmin} 为标准高电平。

(2) 输出低电平 U_{OL}。U_{OL} 是 TTL 反相器处于导通状态时的输出电压，其值一般为 0.2V，产品规定的最大值为 $U_{OLmax}=0.4V$。常称 U_{OLmax} 为标准低电平。

(3) 输入高电平 U_{IH}。U_{IH} 是对应于逻辑 1 的输入电压，其典型值是 3.6V，产品规定的最小值为 $U_{IHmin}=2.0V$。常称 U_{IHmin} 为开门电平，并记作 U_{ON}，它是保证反相器处于导通状态所允许的输入电压 u_I 的最小高电平电压值。

(4) 输入低电平 U_{IL}。U_{IL} 是对应于逻辑 0 的输入电压，其典型值是 0.2V，产品规定的最大值是 $U_{ILmax}=0.8V$。常称 U_{ILmax} 为关门电平，并记作 U_{OFF}，它是保证反相器处于截止状态所允许的输入电压 u_I 的最大低电平电压值。

图 2-18 所示为噪声容限示意图。

G1 门的输出电压 u_O 是 G2 门的输入电压 u_I。由图 2-18 可清楚地看到，当 G2 门输入为高电平时的噪声容限为

$$U_{NH}=U_{OHmin}-U_{IHmin}=(2.4-2.0)V=0.4V \tag{2-15}$$

当 G2 门输入为低电平时的噪声容限为

$$U_{NL}=U_{ILmax}-U_{OLmax}=(0.8-0.4)V=0.4V \tag{2-16}$$

U_{NH}反映了当 G1 门输出为高电平的最小值时，允许叠加在其上的负向噪声电压的最大数值；U_{NL}反映了 G1 门输出为低电平的最大值时，允许叠加在其上的正向噪声电压的最大数值。由于 TTL 门电路的输入输出电阻都不高，虽然U_{NH}、U_{NL}都只有 0.4V，但其抗干扰能力仍然比较强。

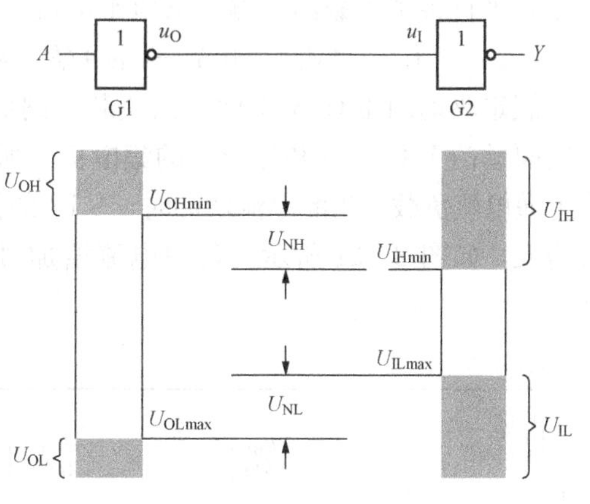

图 2-18 噪声容限示意图

3. 输入端负载特性

在实际使用中，经常需要在 TTL 反相器的输入端与地之间接入电阻 R_i，如图 2-19 (a) 所示。

由图 2-19 (a) 可知，当输入电流流过 R_i 时，必然会在 R_i 上产生压降而形成输入电压 u_I，且 u_I 将随 R_i 的增大而上升。但当 u_I 上升到 1.4V 时，VT3 开始导通，从而将 VT1 基极电压 U_{B1} 钳制在 2.1V，此后即使 R_i 再增大，u_I 也不再升高。u_I 和 R_i 的关系曲线称为输入端负载特性，如图 2-19 (b) 所示。

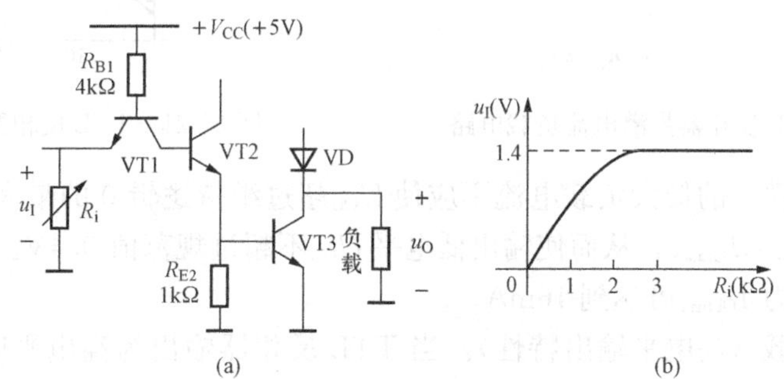

图 2-19 TTL 反相器输入端负载特性

(a) 电路；(b) 输入端负载特性

通常，将 R_i 增加到使 VT3 导通，即使门电路的输入电压为开门电平 U_{ON}时的电阻，称为 TTL 反相器的开门电阻 R_{ON}，一般取 $R_{ON}=2.5k\Omega$。将 R_i 减小到使 VT3 截止，即使门电路的输入电压为关门电平 U_{OFF} 时的电阻，称为 TTL 反相器的关门电阻 R_{OFF}，一般取 $R_{OFF}=0.7k\Omega$。

由以上分析可知，即使不加输入信号，通过在输入端串接电阻也可改变输出。当 $R_i>R_{ON}$时，TTL 反相器输入端相当于加高电平，这时 TTL 反相器输出为低电平；当 $R_i<R_{OFF}$ 时，TTL 反相器输入端相当于加低电平，这时 TTL 反相器输出为高电平；当 $R_{OFF}<R_i<R_{ON}$时，则 TTL 反相器将处于不正常状态，TTL 反相器输出既不是高电平也不是低电平，这种情况是不允许的，会引起逻辑混乱。

4. 输出端负载特性

TTL 反相器带负载特性可分为如下两种情况讨论。

(1) 灌电流负载（低电平输出特性）。当 TTL 反相器输出为低电平时，假定它所带负载为同类逻辑门负载，其电路如图 2-20 所示。

由图 2-20 可见，当驱动门输出为低电平时，VT3 饱和导通，而 VT4 截止，VT3 集电

极吸收来自各个负载门的输入低电平电流

$$I_{IL}=(V_{CC}-0.7-U_{OL})/R_{B1}\approx(5-0.7)/(4\times10^{3})=1.1(\text{mA}) \tag{2-17}$$

假定驱动门带有 N 个同类门负载，则负载电流 $I_{OL}=NI_{IL}$，且负载电流方向是从负载门流向驱动门VT3（饱和导通）的集电极，所以称为灌电流（Injection Current），相应的负载称为灌电流负载。当灌电流增加时，VT3的饱和程度要减轻，输出电压随灌入电流的增加稍有增大，如图2-21所示。若灌电流增加过大，使VT3退出饱和状态，输出低电平将显著增加。

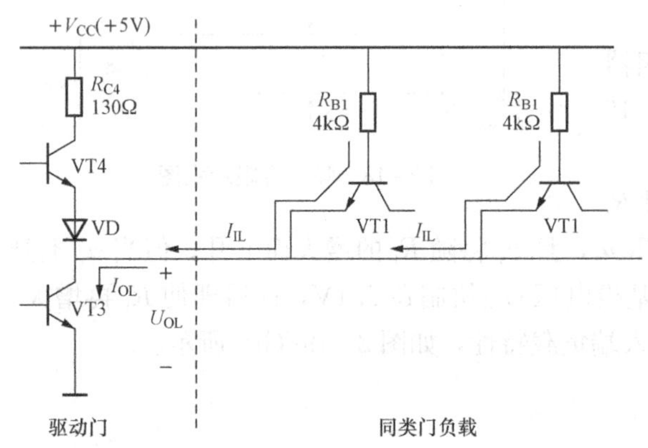

图2-20 TTL反相器带灌电流负载电路

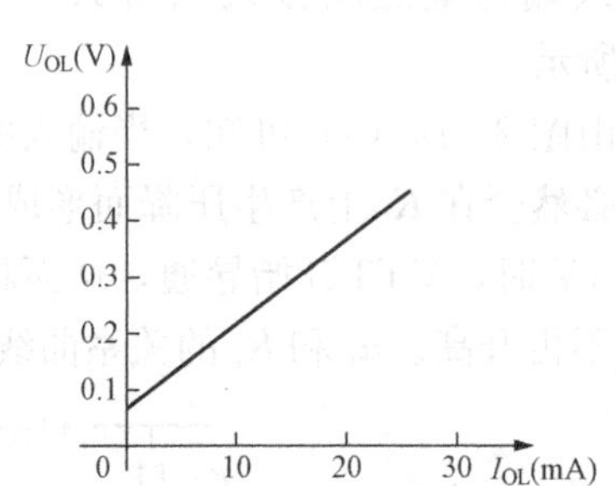

图2-21 TTL反相器低电平输出特性

通常要求允许灌入的最大负载电流不应使 U_{OL} 超过维持逻辑0的最大值。为可靠起见，必须保证 $I_{OL}=NI_{IL}\leqslant I_{OLmax}$，从而使输出低电平 U_{OL} 不超过规范值0.4V。一般TTL门电路带灌电流负载的能力 I_{OLmax} 可达到16mA。

(2) 拉电流负载（高电平输出特性）。当TTL反相器输出为高电平时，假定它所带负载为同类逻辑门负载，其电路如图2-22所示。

由图2-22可见，当驱动门输出为高电平时，VT3处于截止状态，电源 V_{CC} 通过 R_{C4}、VT4及二极管VD给负载门提供输入高电平电流 I_{IH}。假定驱动门带有 N 个同类门负载，则负载电流 $I_{OH}=NI_{IH}$，且负载电流方向从驱动门流向负载门（与规定的负载电流正方向相反），所以称这时的负载电流为拉电流（Draw-off Current），相应的负载称为拉电流负载。当拉电流增加时，在 R_{C4} 上的压降增加，使输出高电平 U_{OH} 下降，其高电平输出特性如图2-23所示。若拉电流增加过大，输出高电平将显著下降。

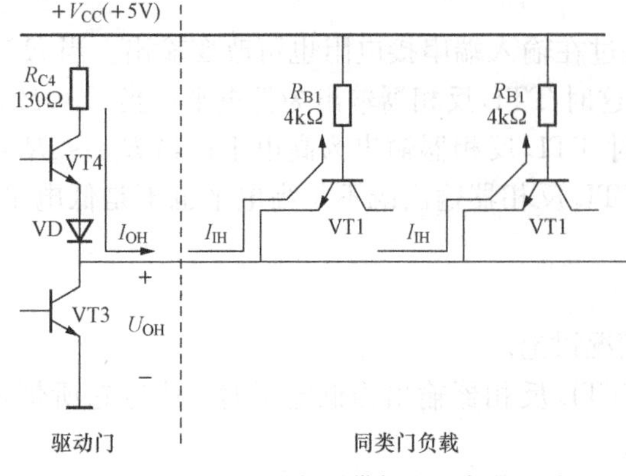

图2-22 TTL反相器带拉电流负载电路

为了正常工作，必须保证 $I_{OH}=NI_{IH}\leqslant I_{OHmax}$，以使输出高电平 U_{OH} 不低于规范值2.4V，一般 I_{OHmax} 为400μA。

由以上分析可知，一个TTL反相器在其驱动同类型负载门的情况下，对带负载门的个数要有一定的限制。通常用扇出系数 N_O 表示电路带负载的能力。电路在两个逻辑状态下的扇出系数 N_O 计算为

输出低电平时

$$N_{OL}=\frac{I_{OLmax}}{I_{IL}} \tag{2-18}$$

输出高电平时

$$N_{OH}=\frac{I_{OHmax}}{I_{IH}} \tag{2-19}$$

一般 $N_{OL}\neq N_{OH}$，常取两者中的较小值作为门电路的扇出系数，用 N_O 表示。对于典型 TTL 逻辑门电路，$N_O\geqslant 8$。

5. 平均传输延迟时间

由于 TTL 反相器电路中二极管、三极管开关时间的影响，以及二极管、三极管、电阻、连接线的寄生电容存在，故在 TTL 反相器电路的输入端加入矩形波时，输出端的波形将相对于输入波形有一段时间的延迟，且波形的边沿变差，如图 2-24 所示。

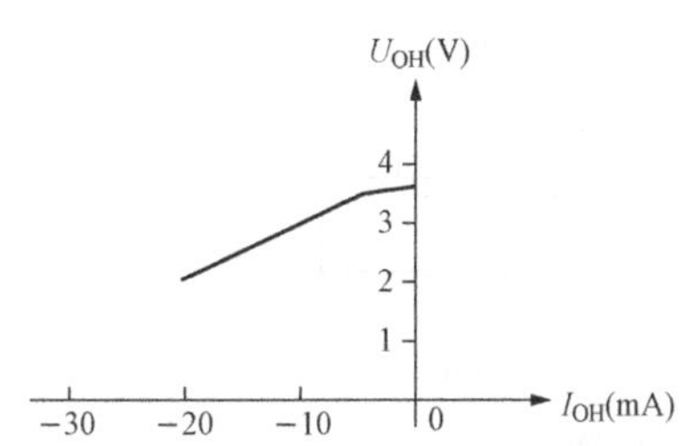

图 2-23　TTL 反相器高电平输出特性

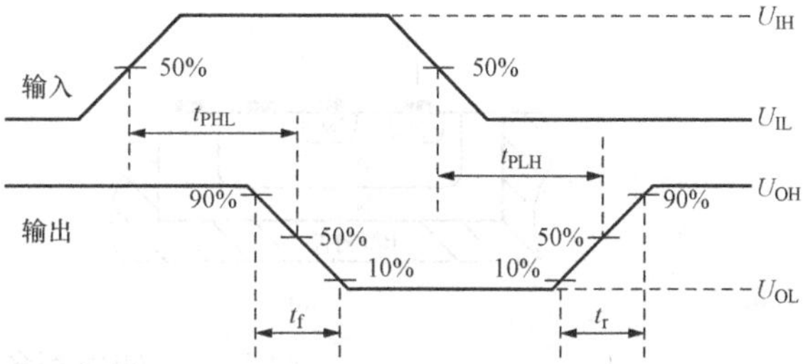

图 2-24　TTL 反相器传输延迟波形图

逻辑门电路的传输延迟时间（Delay Time）是指在输入脉冲波形的作用下输出波形相对于输入波形延迟的时间。在图 2-24 中，输出从高电平转换为低电平时的传输延迟时间用 t_{PHL} 表示，它是指从输入波形上升到输入幅值的 50%处，至输出波形下降到输出幅值的 50%处所需的延迟时间。输出从低电平转换为高电平时的传输延迟时间用 t_{PLH} 表示，它是指从输入波形下降到输入幅值的 50%处，至输出波形上升到输出幅值的 50%处所需的延迟时间。一般 $t_{PLH}>t_{PHL}$，二者的平均值称为平均传输延迟时间，即

$$t_{pd}=\frac{1}{2}(t_{PHL}+t_{PLH}) \tag{2-20}$$

图 2-24 中还同时画出了上升时间 t_r 和下降时间 t_f。因为 t_{pd} 很难准确计算，所以一般用实验方法测定。

6. 功耗和延时功耗积

功耗分为静态和动态，对 TTL 逻辑门电路，静态功耗是主要的。静态功耗是指电路没有发生状态转换时的功耗，即反相器空载时电源电压 V_{CC} 和电源总电流 I_C 的乘积。当输出为低电平时的功耗称为空载导通功耗 P_{ON}，当输出为高电平时的功耗称为空载截止功耗 P_{OFF}，P_{ON} 总比 P_{OFF} 大。平均功耗 $\overline{P}$ 是 P_{ON} 和 P_{OFF} 的平均值，即 $\overline{P}=\frac{1}{2}(P_{ON}+P_{OFF})$。动态功耗是指电路发生状态转换时的功耗，若将动态功耗考虑在内时，则整个功耗会增大。

通常，总是希望 TTL 电路具有低功耗，同时速度又快。但实际上功耗 P（静态功耗和动态功耗的平均值）与平均传输延迟时间 t_{pd} 是一对矛盾，减小 t_{pd} 往往导致 P 的上升。所以，常用延时和功耗的乘积 $DP=t_{pd}P$ 作为综合衡量一个门电路的品质指标。

三、TTL与非门

1. 电路组成

图2-25（a）所示为TTL与非门电路。不难发现该电路除了输入级VT1采用了多发射极三极管外，其他电路部分与TTL反相器电路完全一样。

多发射极三极管内部结构如图2-26（a)所示，其工作原理相当于几个三极管基极连接在一起，集电极也连接在一起，等效电路如图2-26（b)所示。

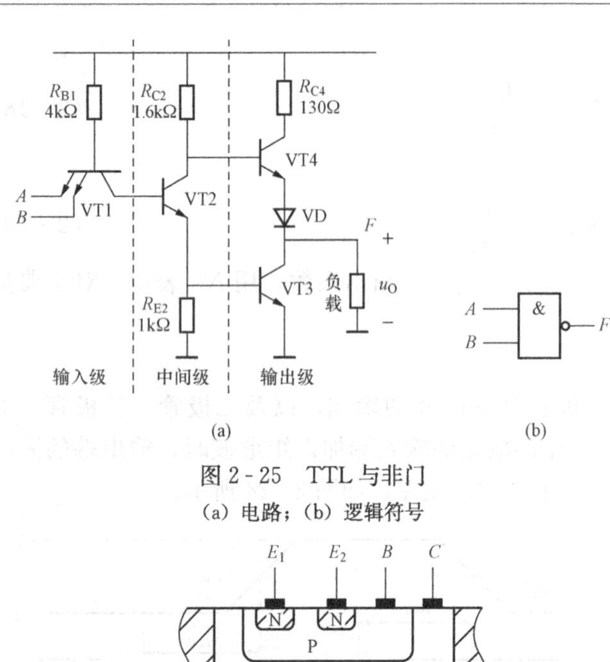

图2-25 TTL与非门

（a）电路；（b）逻辑符号

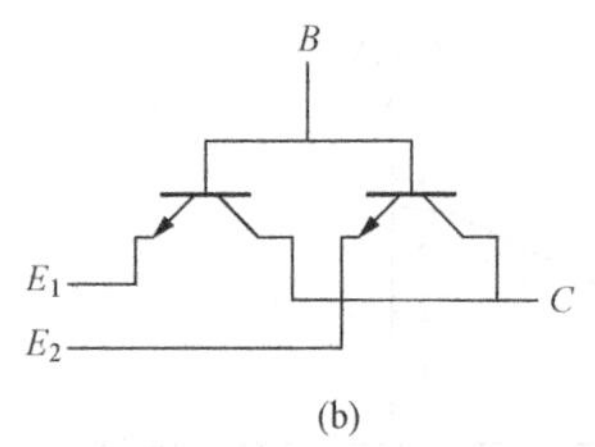

图2-26 NPN型多发射极三极管

（a）结构示意图；（b）等效电路

2. 工作原理

由TTL反相器工作原理分析不难理解，在图2-25（a）中，A、B两个输入端中只要有一个输入为低电平0.2V，即输入逻辑0状态，VT1发射结就先导通，使VT1处于深度饱和状态，从而将U_{C1}钳制在0.3V，使VT2、VT3截止，VT4、VD导通，输出为3.6V高电平，即输出逻辑1状态。只有A、B两个输入端都为高电平3.6V时，即都为逻辑1时，VT1才进入发射结反偏、集电结正偏的倒置放大状态。这时，电源V_{CC}经过电阻R_{B1}向VT1提供基极电流i_{B1}，经VT1集电极流入VT2的基极，使VT2饱和导通，VT2向VT3提供很大的基极电流，使VT3也饱和导通，输出端电压$u_O=U_{CES3}\approx 0.2V$，为低电平，即输出逻辑0状态。

由以上分析可知，TTL与非门的真值表如表2-5所示。

可见，图2-25（a）所示电路完成了与非逻辑的功能，即$Y=\overline{AB}$，逻辑符号如图2-25（b）所示。

表2-5 图2-25（a）电路的真值表

输入		输出
A	B	Y
0	0	1
0	1	1
1	0	1
1	1	0

由于TTL与非门电路与TTL反相器电路结构完全一样，所以主要特性和参数与TTL反相器并无区别，这里不再讨论。与TTL反相器所不同的是，TTL与非门还有一个扇入系数指标，取决于它的输入端的个数，例如一个2输入端的与非门，扇入系数$N_I=2$。

四、TTL 或非门、与门、或门、与或非门和异或门

1. TTL 或非门

(1) 电路组成。图 2-27 (a) 所示为 TTL 或非门电路。不难发现该电路是在 TTL 反相器的基础上，增加了一个与反相器输入级和中间级相同的电路，并且将增加的部分与原反相器电路的输入级和中间级并联，把 $VT1_A$ 和 $VT2_A$ 看成原反相器的输入级和中间级，则 $VT1_B$ 和 $VT2_B$ 就是增加的电路部分。或非门输出级与 TTL 反相器输出级完全相同。

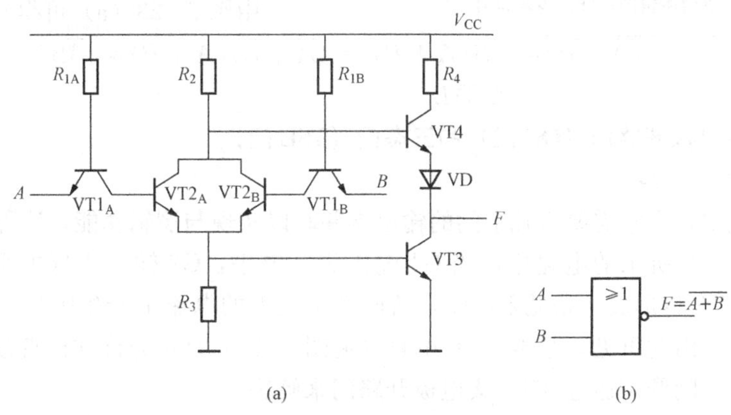

图 2-27 TTL 或非门

(a) 电路；(b) 逻辑符号

(2) 工作原理。由 TTL 反相器工作原理分析不难理解，在图 2-27 (a) 中，A、B 两个输入端中只要有一个输入为高电平 3.6V，则 $VT2_A$ 或 $VT2_B$ 将饱和导通，从而导致 VT3 也饱和导通，输出为低电平 0.2V。

只有两个输入端都为低电平时，$VT2_A$ 和 $VT2_B$ 才能都截止，使 $I_{B3}=0$，导致 VT3 截止，VT4 和 VD 导通，输出才为高电平 3.6V。

由以上分析可知，TTL 或非门真值表如表 2-6 所示。

表 2-6 图 2-27 (a) 电路的真值表

输入		输出	输入		输出
A	B	Y	A	B	Y
0	0	1	1	0	0
0	1	0	1	1	0

图 2-27 (a) 所示电路在输入中有高电平时，输出为低电平；输入全是低电平时，输出才为高电平。即该电路完成了或非逻辑的功能 $Y=\overline{A+B}$。TTL 或非门逻辑符号如图 2-27 (b) 所示，主要特性和参数与 TTL 反相器并无区别，不再讨论。

2. TTL 与门、或门及与或非门

在 TTL 与非门的中间级再增加一级反相电路，便可得到与门；在 TTL 或非门的中间级再增加一级反相电路，所得到的电路就是或门；将图 2-27 (a) 或非门中的 $VT1_A$ 和 $VT1_B$ 换成多发射极三极管就可得到与或非门。

由于 TTL 与门、或门及与或非门是由前述几种电路变换而来的，所以主要特性和参数

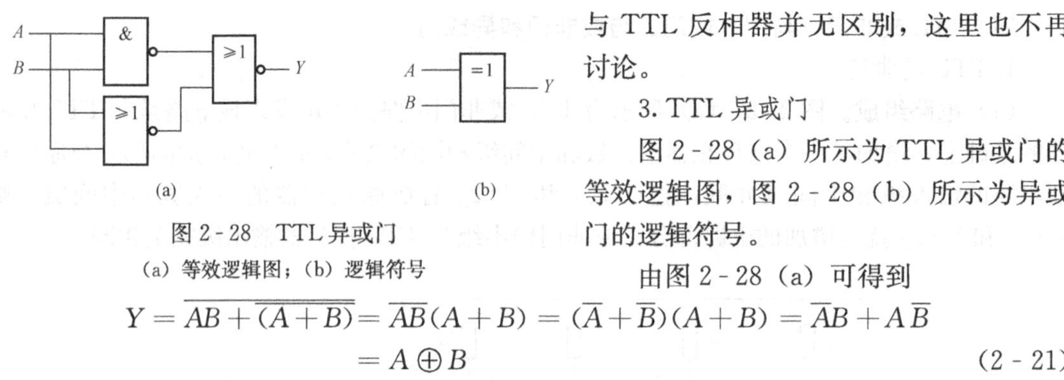

图 2-28 TTL 异或门

(a) 等效逻辑图；(b) 逻辑符号

与 TTL 反相器并无区别，这里也不再讨论。

3. TTL 异或门

图 2-28 (a) 所示为 TTL 异或门的等效逻辑图，图 2-28 (b) 所示为异或门的逻辑符号。

由图 2-28 (a) 可得到

$$Y=\overline{\overline{AB}+\overline{(A+B)}}=\overline{AB}(A+B)=(\overline{A}+\overline{B})(A+B)=\overline{A}B+A\overline{B}=A\oplus B \tag{2-21}$$

五、TTL 集电极开路门 (OC 门) 和三态门 (TSL 门)

1. TTL 集电极开路门

在工程实践中，常常需要将几个门的输出端并联以实现与逻辑功能，这种连接方法称为线与。但在图 2-29 所示的电路中，当 G1 输出为高电平，G2 输出为低电平时，从 G1 的 VT4 到 G2 的 VT3 将形成一条低阻通路，从而产生很大的电流 I (约为 30～40mA)，这样很容易烧毁器件。由此可见，基本 TTL 电路 (见图 2-25) 是不允许这样直接连接的，即不能线与连接。这一问题可通过 TTL 集电极开路门来解决。

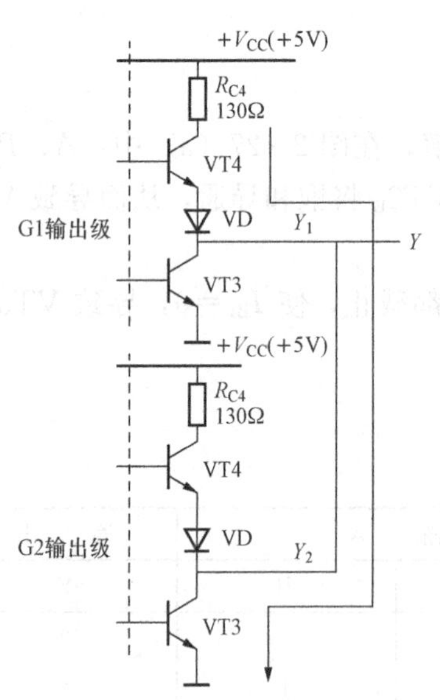

图 2-29 基本 TTL 与非门线与时的情况

将基本 TTL 与非门中推拉式输出级的射极输出器删去，使 VT3 的集电极开路便成为集电极开路门。图 2-30 (a) 所示为 OC 门电路，图 2-30 (b) 所示为其逻辑符号。由于 VT3 的集电极开路，所以在使用 OC 门时，必须外接负载电阻和电源，该电阻称为上拉电阻 (Pull-up Resistor)。

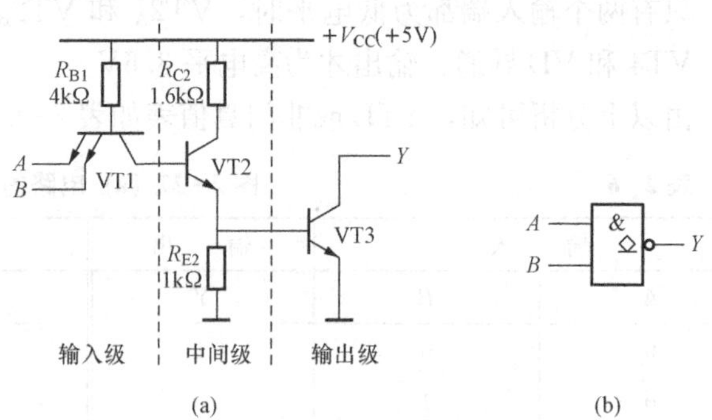

图 2-30 OC 门

(a) 电路；(b) 逻辑符号

利用 OC 门进行线与时，各个 OC 门的输出端连接在一起，并在外部用一个公共上拉电阻 R_P 与电源 V'_{CC} 相连。将两个 OC 门进行线与的电路如图 2-31 所示。只要 R_P 和 V'_{CC} 的数值选择得当，就能够做到既保证输出的高低电平符合要求，输出端三极管的负载电流又不过大。

由图 2-31 (a) 可见，当每个 OC 门的输出 Y_1 和 Y_2 都为高电平时，输出 Y 才为高电平，否则 Y 就为低电平，故逻辑关系为与逻辑关系，即

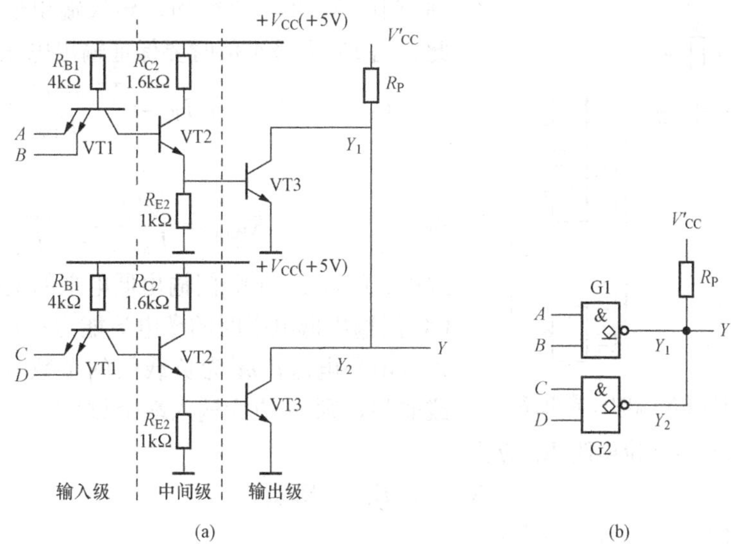

图 2-31　TTL 集电极开路门线与

(a) 电路；(b) 逻辑图

$$Y = Y_1 \cdot Y_2 = \overline{AB} \cdot \overline{CD} = \overline{AB + CD} \tag{2-22}$$

通过逻辑变换可转换为与或非运算。

由于 G1 和 G2 的输出管 VT3 同时截止时输出的高电平为 $U_{OH}=V'_{CC}$，而 V'_{CC}的电压数值可以不同于门电路本身的电源 V_{CC}，所以只要根据要求选择 V'_{CC}的大小，就可以得到所需的 U_{OH}值。

OC 门线与时，外接公共上拉电阻应选取合适。选取的 R_P 应保证输出高电平 $U_{OH} \geqslant 2.4V$，以及输出低电平 $U_{OL} \leqslant 0.4V$。设有 n 个 OC 门线与，驱动 m' 个 TTL 与非门的 m 个输入端工作，现分两种情况来计算。

(1) 当所有的 OC 门都截止时，输出 u_O 应为高电平，如图 2-32 所示。这时 R_P 不能太大，如果 R_P 太大，则其上压降太大，输出高电平就会太低，从而会导致 $u_O < U_{OHmin}$。因此当 R_P 为最大值时，要保证输出电压为 U_{OHmin}，由

$$U_{OHmin} = V'_{CC} - I_{RP}R_{Pmax} = V'_{CC} - (nI_{OH} + mI_{IH})R_{Pmax} \tag{2-23}$$

得

$$R_{Pmax} = \frac{V'_{CC} - U_{OHmin}}{nI_{OH} + mI_{IH}} \tag{2-24}$$

式中：I_{OH}为流入每个 OC 门输出高电平时的漏电流；I_{IH}为流入负载门每个输入端的高电平输入电流；n 为 OC 门的个数；m 为负载门输入端的个数（不是负载门的个数）。图中标出了此时各个电流的实际流向。

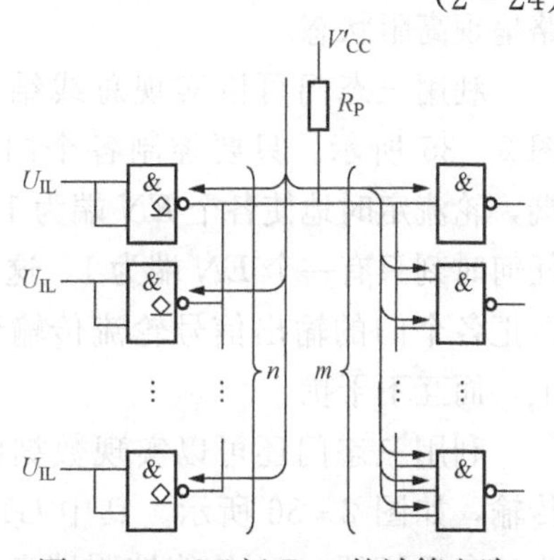

图 2-32　OC 门 R_{Pmax}的计算电路

(2) 图 2-33 所示的电路中，当 n 个 OC 门中只有一个导通时，输出也应为低电平且不高于 U_{OLmax}，R_P 中的电流 I_{RP}和负载门的输入低电平电流 I_{IL}都流入该门，这是最不利的一种情况。这时 R_P 不能太小，如果 R_P 太小，则灌入导通的那个 OC 门的负载电流超过 I_{OLmax}，就会使

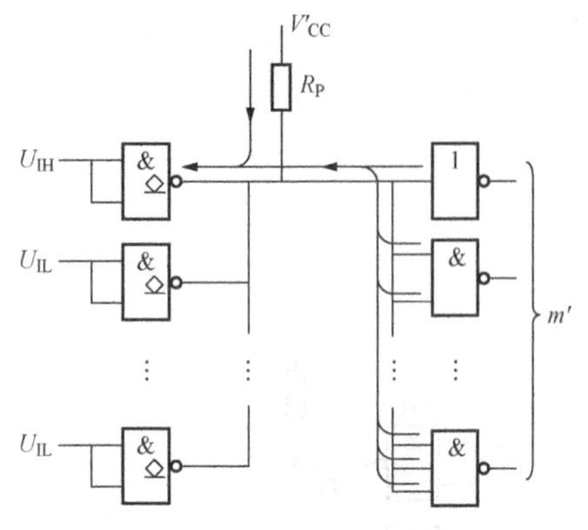

图 2-33 OC门 R_{Pmin}的计算电路

OC门的VT3脱离饱和，导致输出低电平上升。因此，当 R_P 为最小值时要保证输出电压为 U_{OLmax}，由

$$I_{OLmax}=I_{RP}+m'I_{IL}=\frac{V'_{CC}-U_{OLmax}}{R_{Pmin}}+m'I_{IL} \tag{2-25}$$

得

$$R_{Pmin}=\frac{V'_{CC}-U_{OLmax}}{I_{OLmax}-m'I_{IL}} \tag{2-26}$$

式中：U_{OLmax}为OC门输出低电平的上限值；I_{OLmax}为OC门输出低电平时的灌电流能力；I_{IL}为负载门的输入低电平电流；m'为负载门的个数（如果负载门为或非门，则 m'应为输入端个数）。

故所选用的公共上拉电阻 R_P 应为

$$R_{Pmin}\leqslant R_P\leqslant R_{Pmax} \tag{2-27}$$

2. 三态门（Three State Logic）

三态门又称TSL门，它的特点是输出端除了高电平、低电平两个状态以外，还有第三个状态，即高阻状态，高阻状态也称为禁止状态。在TTL与非门的基础上，增加使能控制端和控制电路，就可构成TSL与非门。图 2-34 所示为一个简单TSL与非门电路及逻辑符号。

图 2-34（a）所示为使能控制端高电平有效的TSL与非门电路及逻辑符号，当使能控制信号 $EN=1$，即 $P=1$ 时，VD1截止，电路的工作状态和基本的与非门没有区别，即 $Y=\overline{A\cdot B}$。当 $EN=0$，即 $P=0$ 时，VT2、VT3截止，而导通的二极管VD1把VT4的基极电位钳制在小于或等于1V，使VT4、VD1也截止，因此输出端 Y 对电源 V_{CC} 和对地都是断开的，既不是低电平，也不是高电平，呈现为高阻状态，这就是TSL门的第三种状态。

图 2-34（b）所示为使能控制端低电平有效的TSL与非门电路及逻辑符号，即当使能控制端为低电平时电路处于工作状态，$Y=\overline{A\cdot B}$，为高电平时电路呈现高阻状态。

利用三态门可以实现总线结构，如图 2-35 所示。只要控制各个门的 EN 端，轮流定时地使各个 EN 端为1，并且任何时刻只有一个 EN 端为1，这样就可以把各个门的输出信号轮流传输到总线上，而互不干扰。

利用三态门还可以实现数据的双向传输，如图 2-36 所示。其中G1和G2为三态反相器，G1使能控制端高电平有

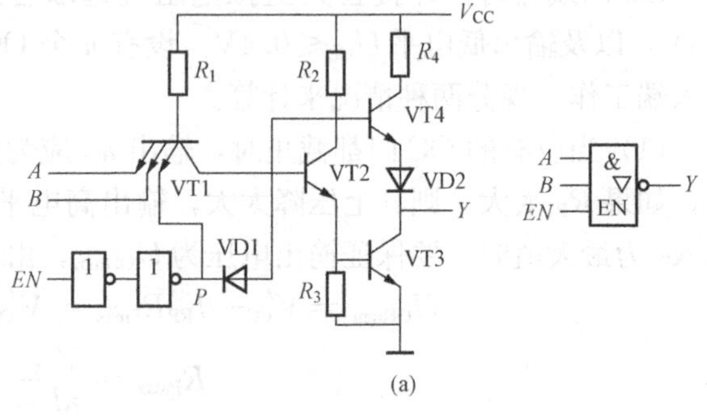

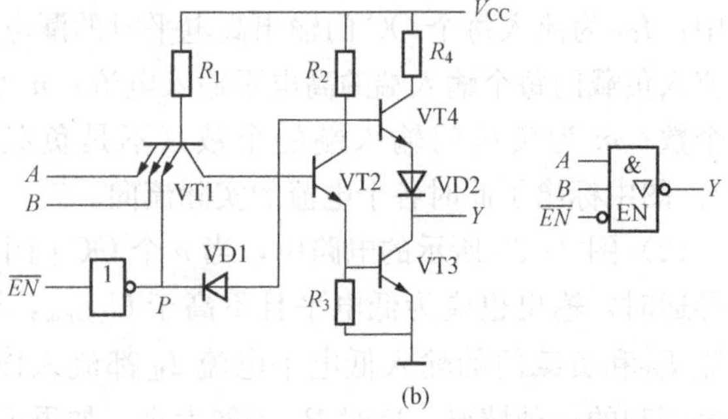

图 2-34 TSL与非门电路及逻辑符号

（a）使能控制端高电平有效；（b）使能控制端低电平有效

效，G2 使能控制端低电平有效。当 $EN=1$ 时，G1 工作而 G2 为高阻态，数据 D_O 经 G1 反相后送到总线上去。当 $EN=0$ 时，G2 工作而 G1 为高阻态，来自总线上的数据 D_I 经 G2 反相后送出。

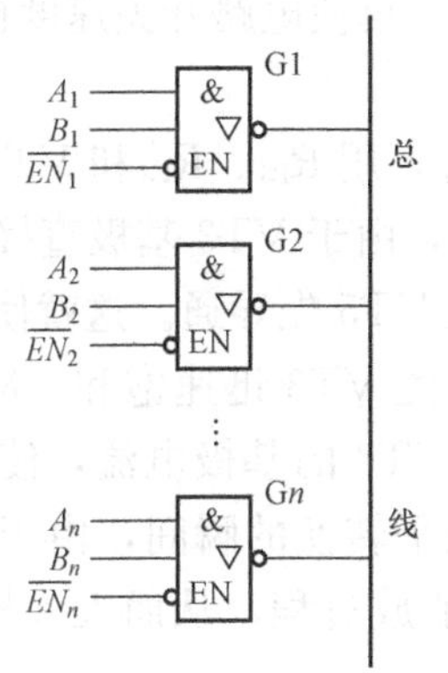

图 2-35　用三态门实现总线结构

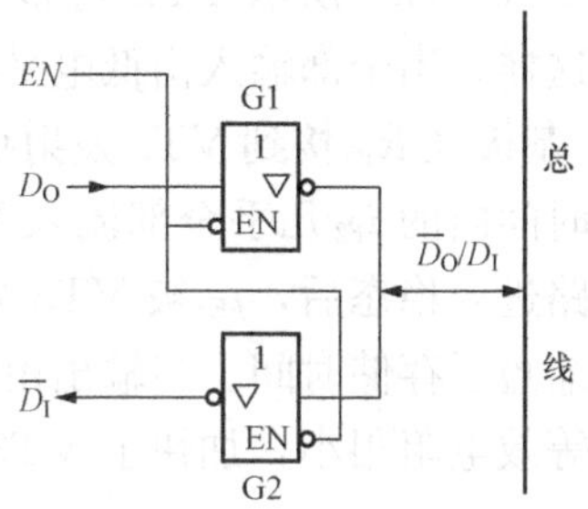

图 2-36　用三态门实现数据的双向传输

六、抗饱和 TTL 电路 (STTL)

抗饱和 TTL 电路是 TTL 电路中传输速度较高的一类。图 2-37 (a) 所示为抗饱和 TTL 与非门的电路，它是在图 2-25 (a) 所示 TTL 与非门电路的基础上改进后得到的：

(1) 将 TTL 与非门电路中除 VT4 外的三极管，均改用抗饱和三极管，这是因为 VT4 的集电结不会出现正向偏置，亦即不会进入饱和状态，所以不必改用抗饱和三极管。抗饱和三极管是在三极管基极和集电极之间并联了一个肖特基势垒二极管 (SBD)，结构如图 2-38 (a) 所示，符号如图 2-38 (b) 所示。肖特基势垒二极管是一种利用金属和半导体相接触，在其交界面形成势垒的二极管，它和普通二极管一样具有单向导电性，所不同的是它的导通阈值电压比普通硅二极管低 0.2V，约为 0.4～0.5V，且其内部参与导电的是多数载流子，因而其电荷存储效应很小。当三极管基极电流增加到使三极管饱和时，三极管集电结开始正向偏置，集电结正向偏置电压越大，三极管饱和深度越深。当三极管基极和集电极并联一个肖特基二极管后，集电结正向偏置电压达到 0.4V 时，肖特基二极管导通，将集电结正向偏置电压钳制在 0.4V。这时如果基极电流再增加，一部分电流会通过肖特基二极管从基极直

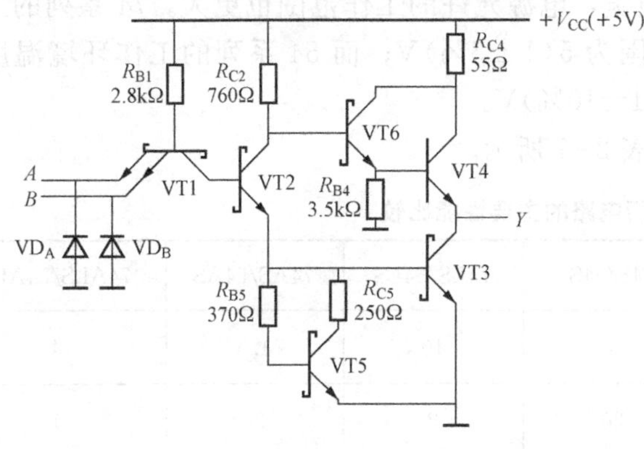

图 2-37　抗饱和 TTL 与非门电路

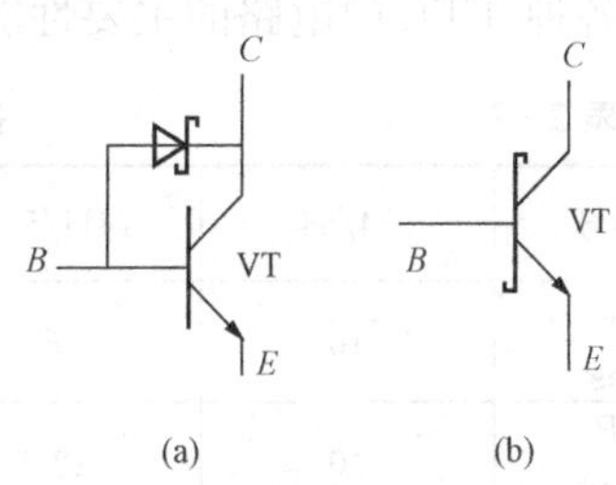

图 2-38　抗饱和三极管

(a) 结构；(b) 符号

接流向集电极，而不会使三极管的饱和程度加深。因此，肖特基二极管起到了抵抗三极管过饱和的作用，这种电路也被称为抗饱和电路。正因为如此，TTL 门电路中三极管改用抗饱和三极管后，能使抗饱和 TTL 门电路比 TTL 门电路开关速度大大提高。另外，抗饱和 TTL 电路中所用的电阻都比 TTL 电路中电阻减小一半，也使电路开关速度提高，但是增加了电路的功耗。

（2）将图 2-25（a）所示 TTL 与非门电路中的 R_{E2}，用 R_{B5}、R_{C5} 和 VT5 组成的有源泄放回路代替。这样，当全部输入由低电平变为高电平时，由于 VT3 基极直接与 VT2 发射极相连，而 VT5 基极经 R_{B5} 接到 VT2 发射极，故 VT3 比 VT5 先导通。这就使得在 VT2 刚开始导通的一段时间内的 i_{E2} 几乎全部流入 VT3 的基极，使 VT3 迅速饱和，减小了电路的开启时间。在电路进入稳态后，i_{E2} 被 VT5 分流，减小了 VT3 的基极电流，使 VT3 处于浅饱和状态，从而缩短了存储时间。当输出由低电平向高电平转换的瞬间，由于这时 VT5 还处于导通状态，等效电阻很小，加快了 VT3 存储电荷的泄放过程，从而大大提高了门的开关速度。

（3）将图 2-25（a）所示 TTL 与非门电路中 VT4 和 VD 由 VT4 和 VT6 组成的复合管代替，当输出由低电平向高电平过渡时，由于复合管电路电流增益很大，输出电阻很小，从而减小了电路对负载电容的充电时间。

基于以上特点，抗饱和 TTL 电路与非门具有较理想的传输特性。与图 2-16 所示的 TTL 反相器的传输特性相比，C 点不存在了，由 B 点直接下降到 D 点，即传输特性变化非常陡峭。

另外图 2-37 中输入端的钳位二极管 VD_A、VD_B，既可以抑制输入端可能出现的负极性干扰脉冲，又可以防止输入电压为负时流经多发射极三极管的电流过大，从而起到保护的作用。

七、TTL 门电路系列及其性能比较

除基本 TTL 型和典型的肖特基型（STTL）电路外，还有低功耗肖特基型（LSTTL）、高速型（HTTL）、先进肖特基型（ASTTL）、先进低功耗肖特基型（ALSTTL）电路。基本 TTL 型号为 74/54 系列，STTL 型号为 74S/54S 系列，HTTL 型号为 74H/54H 系列，LSTTL 型号为 74LS/54LS 系列，ASTTL 型号为 74AS/54AS 系列，ALSTTL 型号为 74ALS/54ALS 系列。54 系列和 74 系列具有完全相同的电路结构和电气性能参数，所不同的是 54 系列比 74 系列的工作温度范围更宽，电源允许的工作范围也更大。74 系列的工作环境温度为 0～70℃，电源电压工作范围为 5(1±5%)V；而 54 系列的工作环境温度为 −55～+125℃，电源电压工作范围为 5(1±10%)V。

各种 TTL 门电路的主要性能比较如表 2-7 所示。

表 2-7　各种 TTL 门电路的主要性能比较

型号	74/54	74H/54H	74S/54S	74LS/54LS	74AS/54AS	74ALS/54ALS
t_{pd} (ns)	10	6	4	10	1.5	4
P (mW)	10	22.5	20	2	20	1
DP (ns·mW)	100	135	80	20	30	4

第五节　CMOS 集成逻辑门电路

CMOS 集成逻辑门电路的许多最基本的逻辑单元，都是用 P 沟道增强型 MOS 管和 N 沟道增强型 MOS 管，按照互补对称形式连接起来构成的，它们在工作时，总是一个管子导通，而另一个管子截止，即互补状态。

一、CMOS 反相器

1. 电路组成和工作原理

图 2-39 所示为 CMOS 反相器的电路。

在图 2-39 中，T_N 是 N 沟道增强型 MOS 管，为工作管；T_P 是 P 沟道增强型 MOS 管，为负载管。两只管子的栅极并接在一起作为信号输入端，漏极串接在一起作为信号输出端，T_P 的源极接电源 V_{DD}，T_N 的源极接地。设 T_N 的开启电压为 $U_{TN}=2V$，T_P 的开启电压为 $U_{TP}=-2V$，通常为了保证正常工作，要求 $V_{DD}>U_{TN}+|U_{TP}|$，这里取 $V_{DD}=10V$。

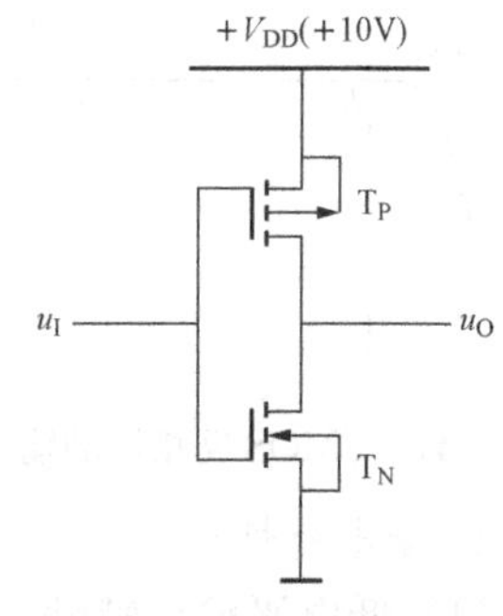

图 2-39　CMOS 反相器电路图

当输入 u_I 为低电平 0V 时，$U_{GSN}=u_I=0V$，小于开启电压 $U_{TN}=2V$，所以 T_N 截止；同时，$U_{GSP}=u_I-V_{DD}=-10V$，小于开启电压 $U_{TP}=-2V$，所以 T_P 导通，输出为高电平，$u_O\approx+10V$。

当输入 u_I 为高电平 +10V 时，$U_{GSN}=u_I=10V$，大于开启电压 $U_{TN}=2V$，所以 T_N 导通；同时 $U_{GSP}=u_I-V_{DD}=(10-10)\ V=0V$，大于开启电压 $U_{TP}=-2V$，所以 T_P 截止，输出为低电平，$u_O\approx0V$。

由以上分析可见，输出与输入之间为逻辑非的关系。

在该反相器电路中，两个管子一个导通时另一个截止，工作在互补对称状态，因而称为 CMOS 反相器。

2. 输入保护电路

由于 MOS 管的输入电阻很大，一般在 $10^{10}\Omega$ 以上，输入电容只有几个皮法，而栅极与沟道之间的二氧化硅绝缘层厚度只有 $10^{-2}\mu m$ 左右，耐压大约在 80～100V，即使只有很小的感应电荷源，也可以使电荷迅速积累起来，形成很高的高压，从而使二氧化硅绝缘层击穿，造成电路永久性的损坏。所以实际生产的 CMOS 门电路，在输入端都带有二极管保护电路。

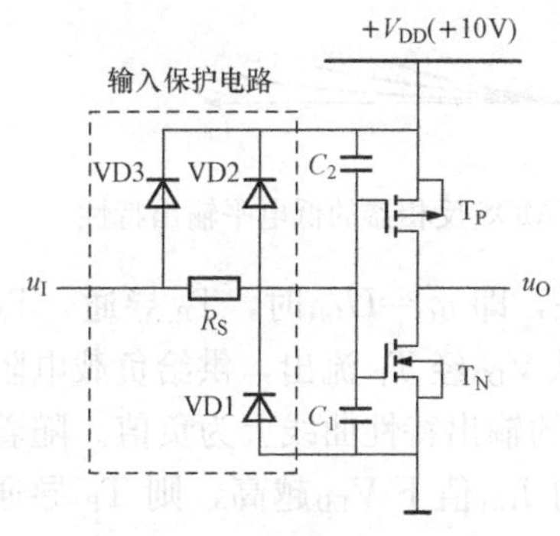

图 2-40　带输入保护电路的 CMOS 反相器

图 2-40 所示为目前普遍采用的带有输入保护电路的 CMOS 反相器。图中二极管 VD1、VD2、VD3 的正向导通压降一般为 $U_{DF}=0.5\sim0.7V$，反向击穿电压在 30V 左右，$R_S=1.5\sim2.5k\Omega$，C_1 和 C_2 分别是 T_N 和 T_P 的栅极等效电容。

在正常情况下，由于输入电压 u_I 只在 0V 和 V_{DD} 之间变化，保护二极管VD1、VD2、VD3均处于截止状态，所以不影响电路功能。当输入电压$u_I > U_{DF} + V_{DD}$时，VD3导通，将输入端电位钳制为$U_{DF} + V_{DD}$，从而保护了MOS管的栅极绝缘层不被击穿；当输入电压$u_I < -U_{DF}$时，VD1导通，将输入端电压钳制为$-U_{DF}$从而也保护了MOS管的栅极绝缘层不被击穿。

3. 输入特性

描述输入电流随输入电压变化的曲线，称为输入伏安特性曲线，简称输入特性。在图2-40所示的电路中，假定保护二极管正向导通压降为$U_{DF}=0.7V$，输入电流i_I流入为正，流出为负。当输入端电压满足$-U_{DF} < u_I < U_{DF} + V_{DD}$时，各个保护二极管都处于截止状态，且MOS管输入电阻相当大，所以这时输入电流$i_I \approx 0$。当$u_I > U_{DF} + V_{DD}$时，VD3导通，i_I从输入端经VD3流入V_{DD}，i_I将随着u_I的增大而急剧增上升，输入特性中相应曲线反映了VD3正向导通时的情况。当$u_I < -U_{DF}$时，VD1导通，i_I经VD1、R_S从输入端流出，i_I将随着u_I的减小而迅速下降，输入特性中相应曲线部分的斜率为$1/(R_S + r_D)$，r_D为保护二极管正向导通等效电阻。由此可作出图2-40电路的输入特性，如图2-41所示。

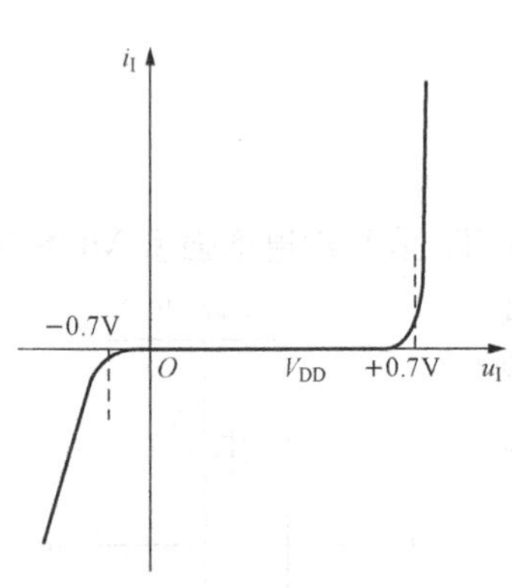

图2-41 CMOS反相器的输入特性

4. 输出特性

(1) 低电平输出特性。当CMOS反相器的输出为低电平，即$u_O = U_{OL}$时，T_N导通，T_P截止，电路的工作状态如图2-42所示。这时负载电流I_{OL}从V_{DD}经负载电阻R_L流入CMOS反相器的T_N，输出电平随I_{OL}增加而提高，如图2-43所示。由于此时的U_{OL}就是U_{DSN}、I_{OL}就是i_{DN}，所以U_{OL}与I_{OL}的关系曲线也就是T_N的漏极特性曲线。另外由于T_N的导通内阻与U_{GSN}（u_I）的大小有关，u_I越大导通内阻越小。所以从曲线上还可以看到，同样的I_{OL}值下V_{DD}越高，T_N导通时的U_{GSN}（u_I）越大，U_{OL}也越低，CMOS反相器带灌电流负载能力则越强。

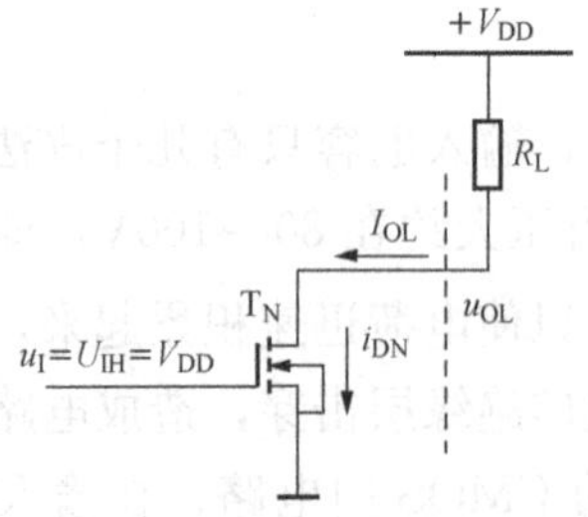

图2-42 $u_O = U_{OL}$时CMOS反相器的工作状态

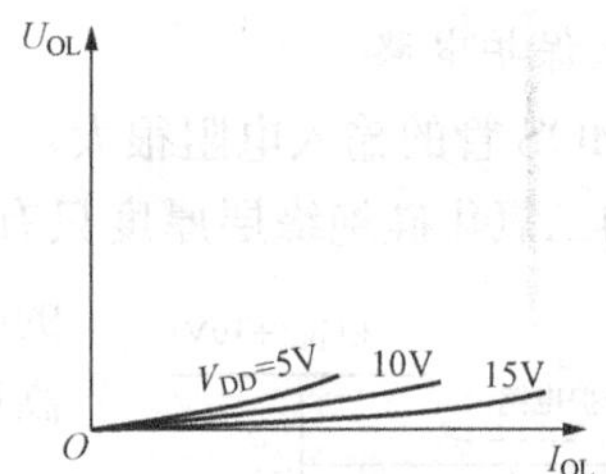

图2-43 CMOS反相器的低电平输出特性

(2) 高电平输出特性。当CMOS反相器的输出为高电平，即$u_O = U_{OH}$时，T_P导通，T_N截止，电路的工作状态如图2-44所示。这时负载电流I_{OH}从V_{DD}经T_P流出，供给负载电阻R_L，其方向与规定的负载电流正方向相反，在图2-45所示的输出特性曲线上为负值。随着负载电流的增加，T_P的导通电压增大，U_{OH}下降。在同样的I_{OH}值下V_{DD}越高，则T_P导通时的U_{GSP}负向越大，它的导通内阻越小，U_{OH}也就下降得越少，CMOS反相器带拉电流负载能力则越强。

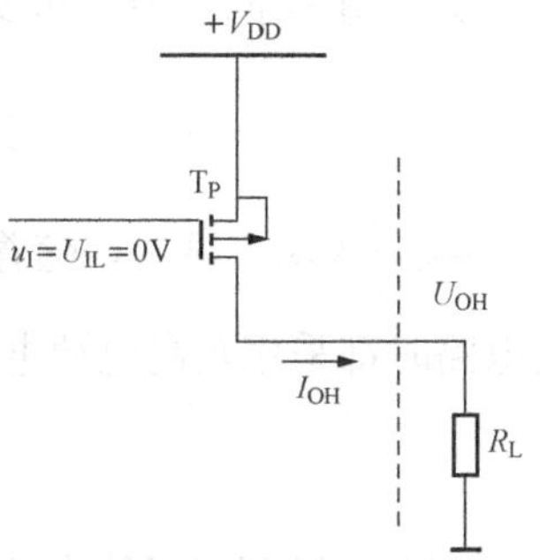

图 2-44 $u_O=U_{OH}$时 CMOS 反相器的工作状态

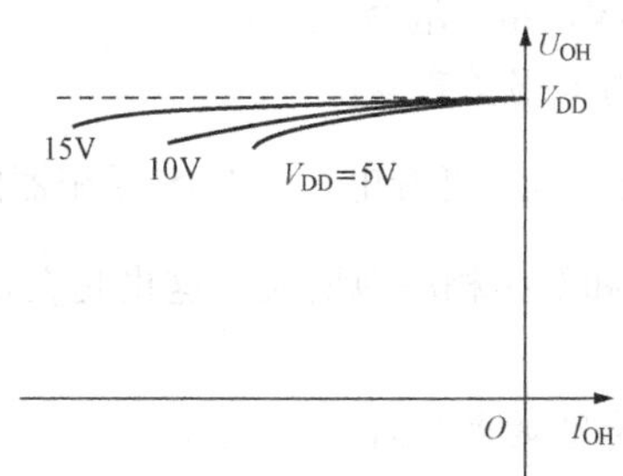

图 2-45 CMOS 反相器的高电平输出特性

5. 电压传输特性和电流传输特性

假定 CMOS 反相器的两个管子对称，具有 $U_{TN}=|U_{TP}|$，同时满足 $V_{DD}>U_{TN}+|U_{TP}|$的条件。则它的电压传输特性如图 2-46 所示，电流传输特性如图 2-47 所示。

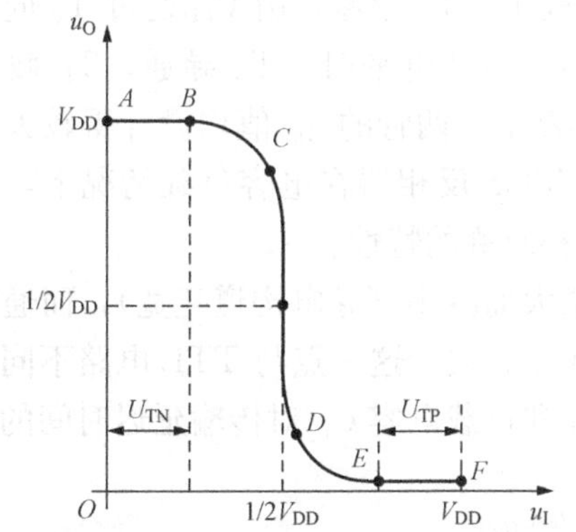

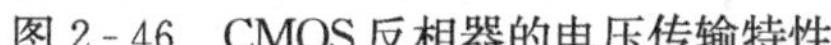

图 2-46 CMOS 反相器的电压传输特性

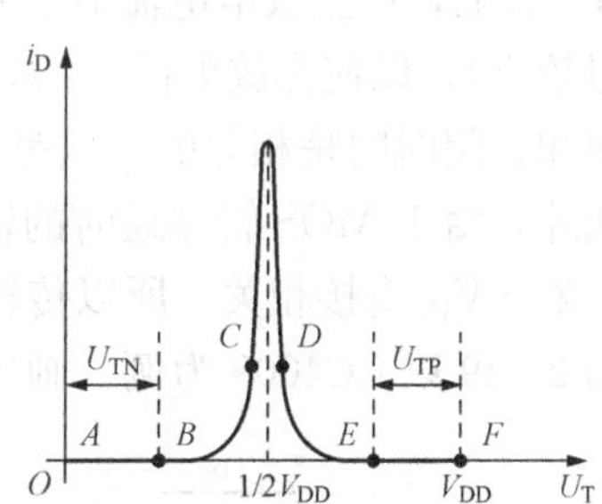

图 2-47 CMOS 反相器的电流传输特性

(1) *AB* 段。$0<u_I<U_{TN}$时，T_N 截止，T_P 导通并工作在低内阻的可变电阻区，故 $u_O\approx +V_{DD}$，$i_D=i_{DP}\approx 0$。

(2) *BC* 段。当 $u_I>U_{TN}$时，T_N 进入导通状态，T_P 维持原来的导通状态。此时，T_N 工作在饱和区，T_P 工作在可变电阻区，N 沟道导通电阻比 P 沟道导通电阻大，两者对电源电压 V_{DD}的分压结果，使 u_O 略有下降，i_D 开始出现并逐渐增加。

(3) *CD* 段。u_I 达到$\frac{1}{2}V_{DD}$附近时，T_N 和 T_P 均导通，皆工作在饱和区，是 u_O 随 u_I 改变而急剧变化的区域，i_D 也最大。这时只要 u_I 有微小增加，u_O 就会急剧下降。如果 T_N 和 T_P 的参数完全对称，则在 $u_I=\frac{1}{2}V_{DD}$时两管的导通内阻相等，$u_O=\frac{1}{2}V_{DD}$，即工作于电压传输特性转折区的中点。相应地，把 $u_I=\frac{1}{2}V_{DD}$称为 CMOS 反相器的转折电压或阀值电压，用 U_{TH}表示。

(4) *DE* 段。当 u_I 继续增加时，T_P 工作在饱和区，T_N 工作在可变电阻区，P 沟道导通电阻比 N 沟道导通电阻大，两者对电源电压 V_{DD}的分压结果，使 u_O 继续下降，i_D 也逐渐减小至零。

(5) EF 段。当 $u_I > V_{DD} - |U_{TP}|$ 时，T_P 截止，T_N 导通并工作在低内阻的可变电阻区，故 $u_O \approx 0V$，$i_D = i_{DN} \approx 0$。

6. 输入端噪声容限

由图 2-46 可看出，CMOS 反相器的 U_{NL} 和 U_{NH} 相等，接近 $\frac{1}{2}V_{DD}$。显然，随着 V_{DD} 的增加，U_{NL} 和 U_{NH} 相应地增大，这也是在使用 CMOS 逻辑门电路时都采用较高电源电压的重要原因。

7. 传输延迟时间

在 CMOS 反相器电路中，尽管 MOS 管的开关过程中不存在双极型三极管中载流子的聚集和消散过程，但由于电路内部电阻、电容的存在，以及负载电容的影响，仍会存在传输延迟。尤其由于 CMOS 电路的输出电阻比 TTL 电路的输出电阻大得多，所以负载电容对传输延迟时间和输出电压的上升时间、下降时间影响更为显著。图 2-48 所示为 CMOS 反相器在电容负载下的工作情况，C_L 可能是下一级电路的输入电容，也可能是其他负载电路的电容和接线电容。当 u_I 由高电平跳变为低电平时，T_N 截止，T_P 导通，由 V_{DD} 通过 T_P 向负载电容 C_L 充电，产生充电电流 i_P。而当 u_I 由低电平跳变为高电平时，T_N 导通，T_P 截止，C_L 通过 T_N 放电，产生放电电流 i_N。通常 CMOS 反相器中，两管的 g_m 值均设计得较大（使导通电阻较小），以使充放电回路的时间常数较小。CMOS 反相器在电容负载情况下，它的开通时间和关闭时间是相等的，这是因为电路具有互补对称的特性。

此外，由于 MOS 管导通时的输出电阻随 U_{GS} 增大而减小（导电沟道变宽），而通常情况下 U_{GS} 又与 V_{DD} 直接相关，所以传输延迟时间也与 V_{DD} 有关，这一点与 TTL 电路不同。

图 2-49 以 CC4009 为例，画出了电源电压 V_{DD} 和负载电容 C_L 对传输延迟时间的影响。

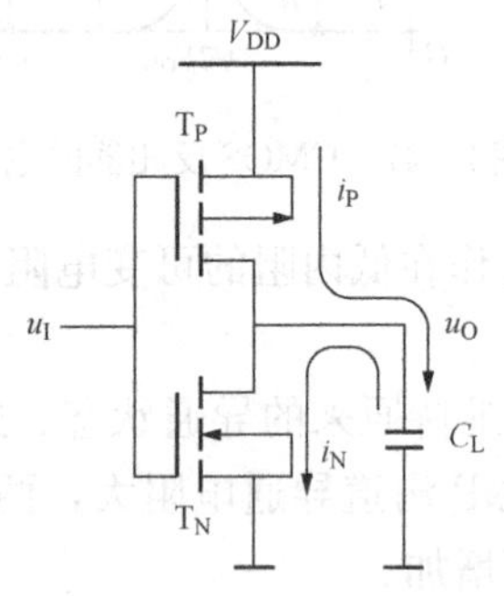

图 2-48 CMOS 反相器在电容负载下的工作情况

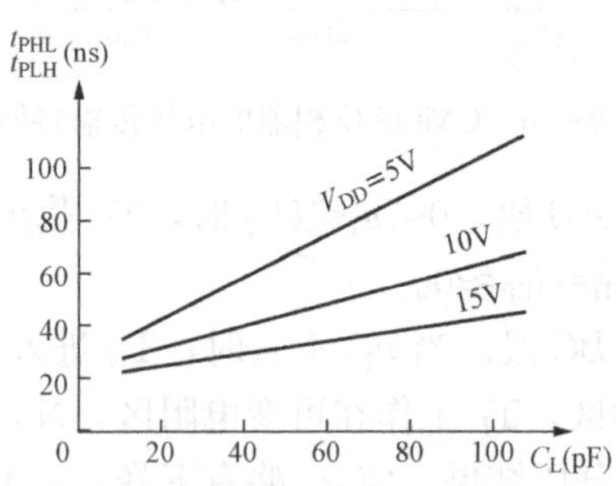

图 2-49 V_{DD} 和 C_L 对传输延迟时间的影响

8. 功耗

CMOS 反相器工作时的总功耗 $P_D = P_s + P_d$，其中，P_s 为静态功耗，P_d 为动态功耗。

(1) 静态功耗。由前述可知，CMOS 反相器在静态工作时，总是一个管子导通，另一个管子截止，电路只有极微弱的漏电流，即使考虑到 CMOS 反相器输入端保护二极管和电路制造过程中形成的寄生二极管所产生的漏电流，其总漏电流仍然很小。例如 4000 系列 CMOS 反相器在室温条件下的静态电流不超过 1μA。所以，CMOS 反相器的静态功耗很小。

(2) 动态功耗。CMOS 反相器的动态功耗是指它从一个稳定状态突然转变到另一个稳定状态的过程中产生的功耗。动态功耗 $P_d = P_T + P_C$，P_T 是 T_N 和 T_P 在短时间内同时导通所产生的功耗，P_C 是对负载电容充电、放电所产生的功耗。

当满足 $V_{DD}>U_{TN}+|U_{TP}|$ 时，在输入信号 u_I 由高电平过渡到低电平或由低电平过渡到高电平的过程中，都将出现短时间 $V_{DD}-|U_{TP}|>u_I>U_{TN}$ 的状态，这时 T_N 和 T_P 同时导通，有瞬时导通电流 i_D 流过 CMOS 反相器，见图 2-47，其瞬时导通功耗 $P_T=V_{DD}I_D$，I_D 为瞬时导通电流 i_D 的平均值。

CMOS 反相器接有负载电容 C_L 时的电路见图 2-48，i_P 和 i_N 所产生的平均功耗为

$$P_C = C_L f V_{DD}^2 \tag{2-28}$$

式中：f 为输入信号的重复频率。

二、CMOS 与非门、或非门、与门和或门

1. CMOS 与非门电路

图 2-50 所示为 2 输入端 CMOS 与非门电路，它由两个串联的 NMOS 驱动管 T_{N1}、T_{N2} 和两个并联的 PMOS 负载管 T_{P1}、T_{P2} 所组成。每个输入端连到一个 NMOS 管和一个 PMOS 管的栅极。

当输入端 A、B 中只要有一个（如 A 端）为低电平时，就会使与它相连的 NMOS 管（T_{N1}）截止，PMOS 管（T_{P1}）导通，输出为高电平；只有当输入端 A、B 全为高电平时，才会使 T_{N1}、T_{N2} 都导通，T_{P1}、T_{P2} 都截止，输出为低电平。因此该电路具有与非的逻辑功能 $Y=\overline{A\cdot B}$。n 个输入端的与非门必须有 n 个 NMOS 驱动管串联和 n 个 PMOS 负载管并联。

2. CMOS 或非门电路

图 2-51 所示为 2 输入端 CMOS 或非门电路，它由两个并联的 NMOS 驱动管 T_{N1}、T_{N2} 和两个串联的 PMOS 负载管 T_{P1}、T_{P2} 所组成。

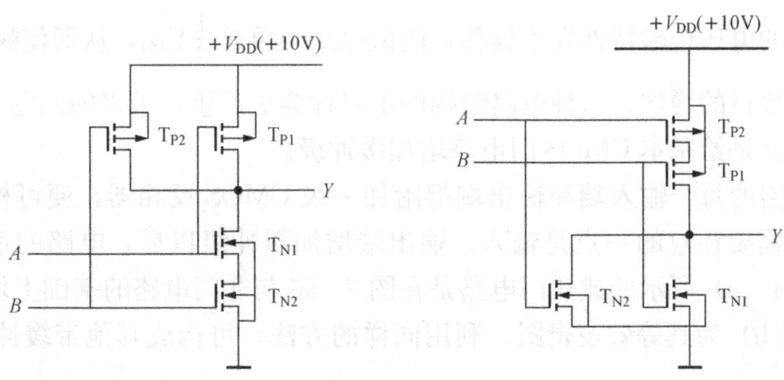

图 2-50 CMOS 与非门电路　　　图 2-51 CMOS 或非门电路

当输入端 A、B 中只要有一个为高电平（如 B）时，就会使与它相连的 NMOS 管（T_{N1}）导通，PMOS 管（T_{P1}）截止，输出为低电平；只有当输入端 A、B 全为低电平时，才会使 T_{N1}、T_{N2} 都截止，T_{P1}、T_{P2} 都导通，输出为高电平。因此该电路具有或非的逻辑功能 $Y=\overline{A+B}$。

同理，n 个输入端的或非门，必须用 n 个 NMOS 管并联和 n 个 PMOS 管串联。

比较 CMOS 与非门和或非门电路可知，与非门的驱动管是彼此串联的，其输出电压随管子个数的增加而增加；或非门则相反，驱动管彼此并联，对输出电压不致有明显影响。因而 CMOS 或非门应用较多。

3. CMOS 与门和或门电路

在 CMOS 与非门电路的输出端，再增加一级 CMOS 反相器电路，就构成了 CMOS 与门电路，如图 2-52 所示。

同理在 CMOS 或非门电路的输出端，再增加一级 CMOS 反相器电路，就构成了 CMOS 或门电路，如图 2-53 所示。

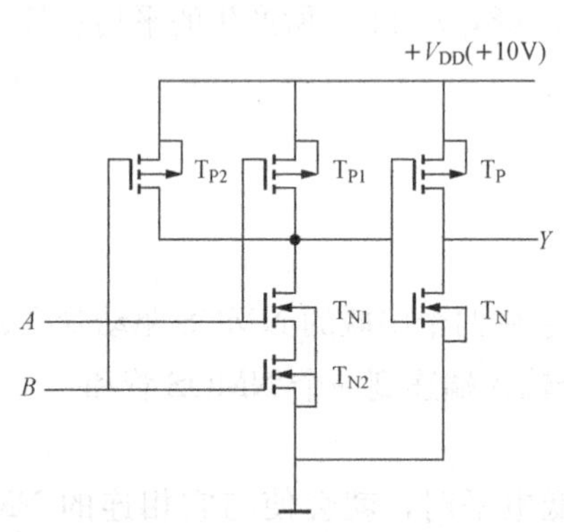

图 2-52 CMOS 与门电路

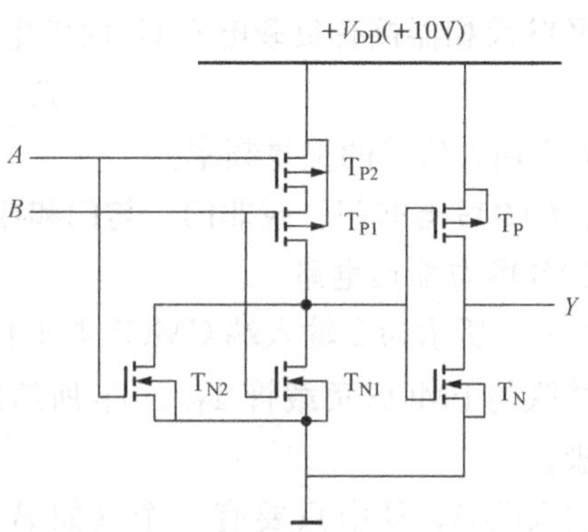

图 2-53 CMOS 或门电路

4. 带缓冲级的 CMOS 门电路

对于基本 CMOS 与非门和或非门，如果从输出端上看，结构是不对称的。在图 2-50 中，两个 NMOS 管是串联起来的，两个 PMOS 管是并联起来的；而在图 2-51 中，情况正好相反。这种电路的不对称将导致以下情况：

（1）使电路的输出特性不对称。

（2）使电路的电压传输特性发生偏移，阈值电压不再是$\frac{1}{2}V_{DD}$，从而使噪声容限减小。

随着输入端数目的增加，这种电路结构的不对称会更严重，带来的问题就更突出。解决这个问题的办法就是给基本 CMOS 门电路增加缓冲级。

在基本门电路的每个输入端和输出端都附加一级 CMOS 反相器，便可构成带缓冲级的 CMOS 门电路。需要注意的一点是输入、输出端增加缓冲级以后，电路的逻辑功能也发生了变化。图 2-54（a）所示的或非门电路是在图 2-50 与非门电路的基础上增加缓冲级后得到的，图 2-54（b）为其等效逻辑图。利用同样的方法，可构成其他带缓冲级的 CMOS 门电路。

很显然，在基本 CMOS 门电路的每个输入端和输出端都加上反相器作为缓冲级后，其输入特性和输出特性就都与反相器相同了，这不仅改善了电路的电气特性，同时也给使用带来了方便。

三、CMOS 与或非门和异或门

1. CMOS 与或非门

图 2-55（a）所示为 2 输入端 CMOS 与或非门的电路图，它由三个基本 CMOS 与非门电路和一个 CMOS 反相器电路组成。

由图 2-55（a）可写出

$$Y=\overline{\overline{\overline{AB}\,\overline{CD}}}=\overline{AB+CD} \tag{2-29}$$

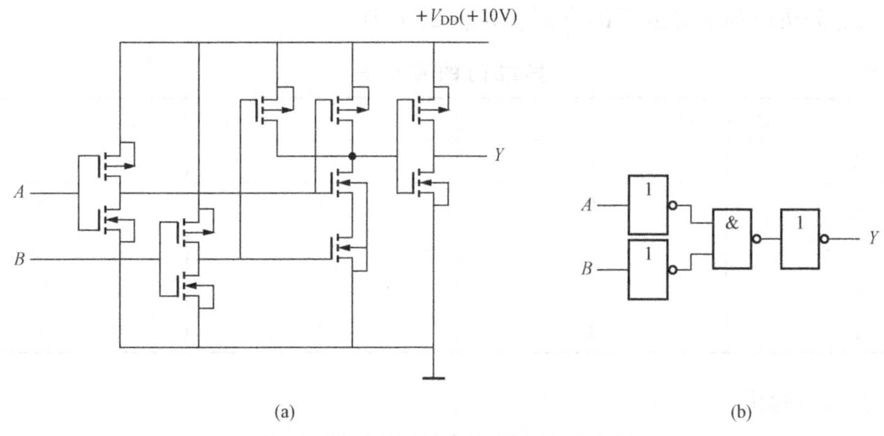

图 2-54 带缓冲级的 CMOS 或非门

(a) 电路；(b) 等效逻辑图

因此该电路为与或非门。图 2-55（b）所示为其等效逻辑图，图 2-55（c）所示为其逻辑符号。

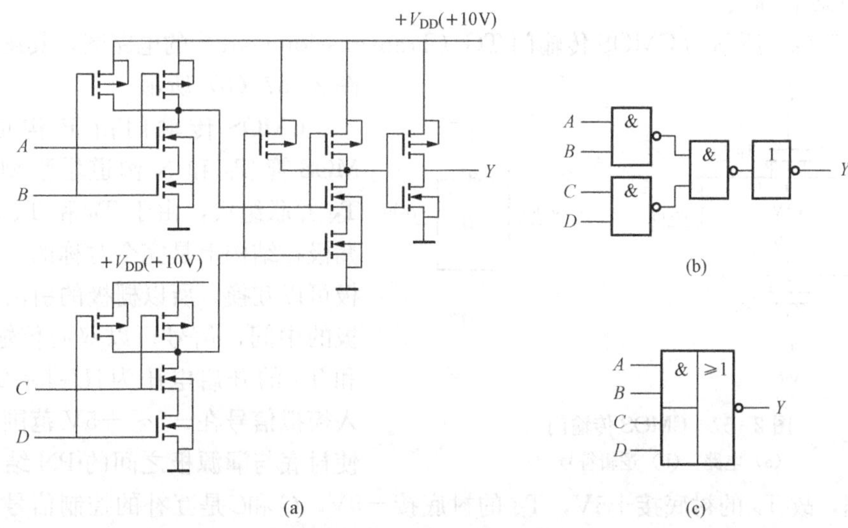

图 2-55 CMOS 与或非门

(a) 电路；(b) 等效逻辑图；(c) 逻辑符号

2. CMOS 异或门

图 2-56 所示为 CMOS 异或门电路，T_{N1}、T_{N2}、T_{P1}、T_{P2}组成或非门，输出 $L=\overline{A+B}$，而 L 又控制 T_{N5}和 T_{P5}的状态。

当 $L=1$ 时，T_{N5}导通，T_{P5}截止，Y 端通过导通的 T_{N5}对地短路，电路输出 $Y=0$。这时输出状态与 T_{N3}、T_{N4}、T_{P3}、T_{P4}没有关系。

当 $L=0$ 时，T_{P5}导通，T_{N5}截止，使 T_{N3}、T_{N4}、T_{P3}、T_{P4}组成的电路成为一个与非门，$Y=\overline{AB}$。

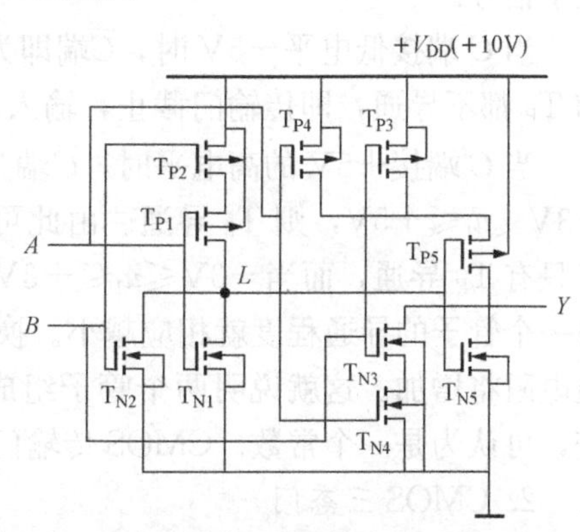

图 2-56 异或门电路

根据以上分析可列出异或门的真值表如表 2-8 所示。

表 2-8　　异或门的真值表

输入端		输出端	
A	B	L	Y
0	0	1	0
0	1	0	1
1	0	0	1
1	1	0	0

由表 2-8 可写出

$$Y=\overline{A}B+A\overline{B}=A\oplus B \tag{2-30}$$

所以该电路为异或门。

如在异或门输出端再增加一级基本 CMOS 反相器，就可构成异或非门，即同或门。

四、CMOS 传输门、三态门和漏极开路门

1. CMOS 传输门

图 2-57（a）所示为 CMOS 传输门 TG（Transmission Gate）的电路图，其逻辑符号如图 2-57（b）所示。

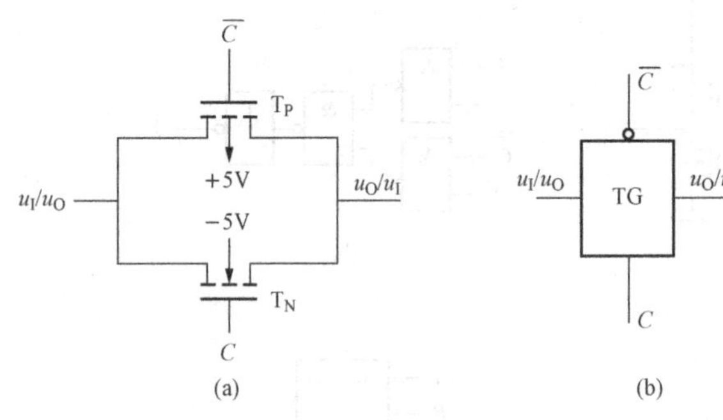

图 2-57　CMOS 传输门
（a）电路；（b）逻辑符号

CMOS 传输门由 P 沟道增强型 MOS 管 T_P 和 N 沟道增强型 MOS 管 T_N 并联组成，由于 T_P 和 T_N 的源极和漏极在结构上是完全对称的，源极和漏极可以互换，所以栅极的引出端画在栅极的中间，信号可以双向传输。设 T_N 和 T_P 的开启电压为 $|U_T|=2V$，且输入模拟信号在 $-5\sim+5V$ 范围之内。为使衬底与漏源极之间的 PN 结任何时候都不致正偏，故 T_P 的衬底接 +5V，T_N 的衬底接 −5V，C 和 $\overline{C}$ 是互补的控制信号，分别控制两管的栅极。传输门实际上就是一种可以双向传输模拟信号的压控开关，当然也可以传送数字信号。

当 C 端接低电平 −5V 时，$\overline{C}$ 端即为高电平 +5V，u_I 取 $-5\sim+5V$ 范围内任意值时，T_N 和 T_P 都不导通，即传输门截止，输入和输出之间是断开的，其关断电阻在 $10^9\Omega$ 以上。

当 C 端接 +5V 的高电平时，$\overline{C}$ 端为 −5V 的低电平。若 $-5V\leqslant u_I\leqslant 3V$，则 T_N 导通；若 $-3V\leqslant u_I\leqslant +5V$，则 T_P 导通。由此可见，$u_I<-3V$ 时，只有 T_N 导通，当 $u_I>+3V$ 时，又只有 T_P 导通，而当 $-3V\leqslant u_I\leqslant +3V$ 时 T_N 和 T_P 均导通。而且一个管子导通的程度越深，另一个管子的导通程度就相应越小。换句话说，当一个管子导通电阻减小时，另一个管子导通电阻将增加。这就说明两个管子组成的并联回路在导通状态时，开关的导通电阻几乎不变，可认为是一个常数。CMOS 传输门导通时，其导通电阻只有几百欧。

2. CMOS 三态门

图 2-58 所示为使能控制端低电平有效的 CMOS 三态门电路及逻辑符号。

当使能控制信号$\overline{EN}=1$，即为高电平V_{DD}时，T_{N2}和T_{P2}都截止，输出端Y与地和电源V_{DD}都断开，输出端呈现出高阻状态。

当$\overline{EN}=0$，即为低电平0V时，T_{N2}和T_{P2}均导通，T_{N1}和T_{P1}组成反相器，即$Y=\overline{A}$，电路处于工作状态。

图2-59所示为使能控制端高电平有效的CMOS三态门电路及逻辑符号，即当使能控制端为高电平时电路处于工作状态，$Y=A$，为低电平时电路呈现高阻状态。

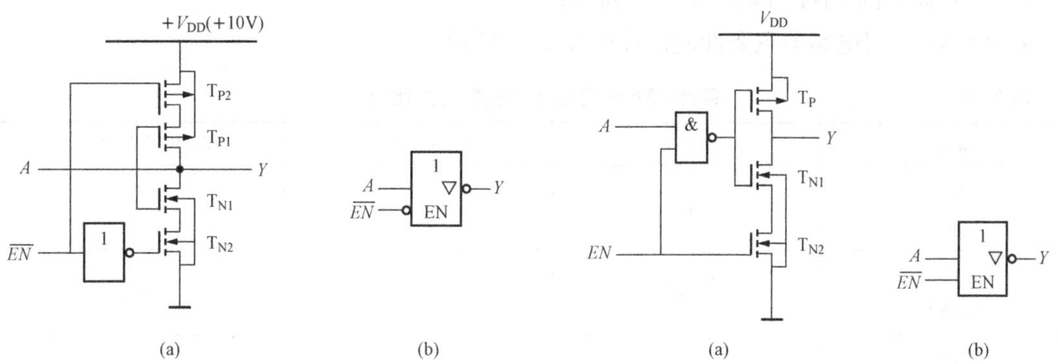

图2-58　使能控制端低电平有效的CMOS三态门
(a) 电路；(b) 逻辑符号

图2-59　使能控制端高电平有效的CMOS三态门
(a) 电路；(b) 逻辑符号

3. CMOS漏极开路门（OD门）

图2-60所示为OD门的电路和逻辑符号。

由图2-60（a）可见，由于输出MOS管漏极是开路的，所以在使用OD门时，必须外接电源V'_{DD}和上拉电阻R_D，电路才能工作，实现$Y=\overline{AB}$。当然，外接电源可以和OD门共用一个电源，也可以是单独的电源。

OD门可以实现线与功能如图2-61所示，即把几个OD门的输出端连接在一起实现与的逻辑功能$Y=\overline{AB}\cdot\overline{CD}$。

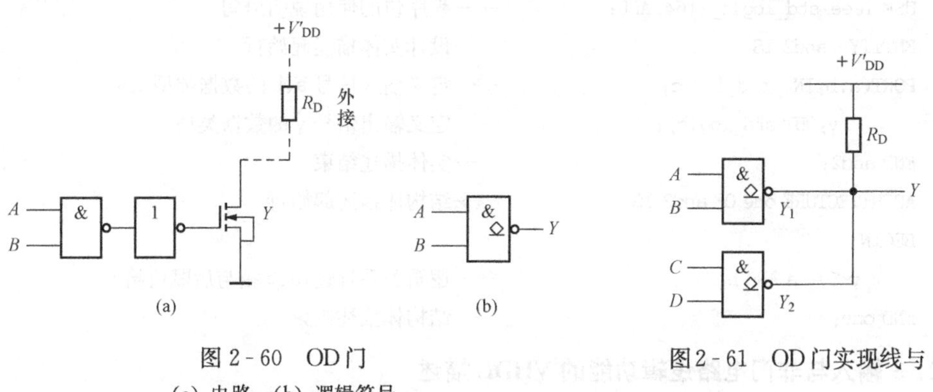

图2-60　OD门
(a) 电路；(b) 逻辑符号

图2-61　OD门实现线与

另外，OD门常常被用来实现逻辑电平转换，因为OD门输出MOS管漏极电源V'_{DD}是外接的，输出高电平U_{OH}随V'_{DD}的不同而改变，所以可以实现电平转换。

OD门的特点是带负载能力强。输出为高电平时带拉电流负载的能力I_{OH}，决定于外接电源V'_{DD}和电阻R_D；输出低电平时灌电流负载I_{OL}，由输出MOS管容量决定，该负载通常比较大。

五、CMOS门电路系列及其性能比较

CMOS门电路以其功耗低、集成度高、抗干扰能力强、电源适用范围宽等优点得到广泛的应用。但是，早期生产的CMOS门电路（4000系列）工作速度低，成本较高，使其应用范围受到一定限制。目前由于工艺制作的改进，使CMOS门电路（74HC/54HC系列）在工作速度上已与TTL门电路不相上下，而在低功耗方面远远优于TTL门电路。此外，还有与TTL兼容的74HCT/54HCT系列等。

各种CMOS门电路的主要性能比较如表2-9所示。

表2-9　　各种CMOS门电路的主要性能比较

型号	4000	74HC/54HC	74HCT/54HCT
t_{pd} (ns)	45	10	13
P (mW)	0.005	0.001	0.001
DP (ns·mW)	0.225	0.01	0.013

第六节　VHDL门电路编程实例

下面是一些逻辑门电路的VHDL描述。为便于阅读，VHDL保留字为大写加粗，并在前几例中加入了注释。VHDL语法规定，以双减号“——”开头的文字是注释。

一、2输入与门的VHDL描述

```
LIBRARY ieee;                          ——ieee库文件调用声明
USE ieee.std_logic_1164.ALL;           ——程序包的使用说明语句
ENTITY  and2 IS                        ——设计实体描述起始行
PORT(a,b:IN   std_logic;               ——定义输入信号a、b的数据类型
       y:OUT std_logic);               ——定义输出信号y的数据类型
END and2;                              ——实体描述结束
ARCHITECTURE one OF and2 IS            ——结构体描述起始行
BEGIN
    y<= a AND b;                       ——逻辑关系描述，a、b相与后赋值给y
END one;                               ——结构体描述结束
```

二、3输入与非门电路逻辑功能的VHDL描述

```
LIBRARY ieee;
USE ieee.std_logic_1164.ALL;
ENTITY nand_3 IS
PORT(a,b,c:IN std_logic;           ——定义输入信号a、b、c的数据类型
         y:OUT std_logic);         ——定义输出信号y的数据类型
```

```
END nand_3;
ARCHITECTURE rtl OF nand_3 IS
BEGIN
    y<=Not(a AND b AND c);          ——逻辑关系描述,输入信号与非后取反
END rtl;
```

三、使用 PROCESS 和 CASE 语句描述与非门逻辑

```
LIBRARY ieee;
USE ieee.std_logic_1164.ALL;
ENTITY nand2 IS
        PORT(a,b:IN  bit;                   ——定义输入信号 a、b 为 bit 类型
                y:OUT bit);                 ——定义输出 y 数据类型为 bit
END nand2;
ARCHITECTURE behav OF nand2 IS
BEGIN
  PROCESS (a,b)                             ——进程起始句,括号是敏感信号表
    VARIABLE tmp:bit_vector(1 downto 0);    ——定义局部变量 tmp 为两位 bit 数组
    BEGIN                                   ——进程开始
      tmp:=a&b;                             ——a、b 两个信号并置后为 tmp 赋值
      CASE tmp IS                           ——CASE 语句将计算 tmp 的值
      WHEN "00" =>  y<='1';                 ——当 tmp="00"时,y 被赋值'1'
      WHEN "01" =>  y<='1';                 ——当 tmp="01"时,y 被赋值'1'
       WHEN "10" =>  y<='1';                ——当 tmp="10"时,y 被赋值'1'
       WHEN "11" =>  y<='0';                ——当 tmp="11"时,y 被赋值'0'
    END CASE;
END PROCESS;
END behav;
```

四、2 输入或非门逻辑功能的 VHDL 描述

```
LIBRARY ieee;
USE ieee.std_logic_1164.ALL;
ENTITY nor_2 IS                                  ——设计实体描述起始行
PORT(a,b:IN std_logic;                           ——定义输入信号 a、b 的数据类型
    y:OUT  std_logic);                           ——定义输出信号 y 的数据类型
END nor_2;                                       ——实体描述结束
ARCHITECTURE nor_behave OF nor_2 IS              ——结构体描述起始行
BEGIN
y <='0'  WHEN a='1' AND b='1' ELSE               ——当 ab 为 11 时,y=0
    '0'  WHEN a='0' AND b='1' ELSE               ——当 ab 为 01 时,y=0
    '0'  WHEN a='1' AND b='0' ELSE               ——当 ab 为 10 时,y=0
    '1';                                         ——当 ab 为 00 时,y=1
END  nor_behave;                                 ——结构体描述结束
```

图 2-62 所示为 2 输入或非门的仿真波形。

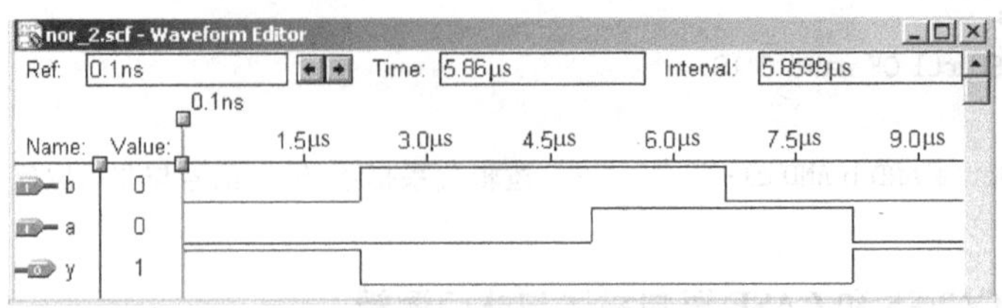

图 2-62 2 输入或非门的仿真波形

五、三态异或门电路逻辑功能的 VHDL 描述

```
LIBRARY ieee;
USE ieee.std_logic_1164.ALL;
ENTITY xor_3s IS
PORT (a,b,en:IN std_logic;              ——en 是三态异或门的使能端
        y:OUT std_logic);
END xor_3s;
ARCHITECTURE nxor_behave OF xor_3s IS
BEGIN
y <= a XOR b  WHEN en = '1' ELSE        ——满足条件时 a、b 异或后赋值给 y
        'Z';                            ——不满足条件时,向 y 赋值高阻态
END  xor_behave;
```

本章小结

(1) 影响二极管和三极管开关速度的主要因素是器件内部电荷的存储和消散时间。影响 MOS 管开关速度的主要因素是其栅源电容 C_{GS}、栅漏电容 C_{GD}、漏源电容 C_{DS}，以及等效负载电容 C_L（包括负载门的输入等效电容和接线电容等）的存在，MOS 管受上述电容充、放电过程的制约，由截止到导通或由导通到截止的转换都需要时间。

(2) 利用二极管、三极管和 MOS 管可构成简单的逻辑与、或、非门电路，由此可以具体地体会到用电子电路是如何实现与、或、非三种基本逻辑运算的。

(3) TTL 集成逻辑门电路由三极管组成，具有速度快、带负载能力强等优点，一直是数字系统普遍采用的器件之一。CMOS 集成逻辑门电路由 MOS 管组成，具有功耗低、集成度高、抗干扰能力强、电源适用范围宽等优点，发展迅速，有取代 TTL 集成逻辑门电路的趋势。

(4) 逻辑门电路的逻辑功能是指逻辑门输出与输入间的逻辑关系，不同逻辑功能的逻辑门电路能实现不同的逻辑运算。常用的逻辑门电路有与门、或门、非门、与非门、或非门、与或非门、异或门、OC 门、OD 门、三态门和传输门等。

(5) 逻辑门电路的逻辑功能是通过其外部电气特性来实现的，外部电气特性包括传输特性、输入特性、输出特性和动态特性等，这些特性对于同类型的 TTL 和 CMOS 集成逻辑门电路同样适用。

思考题与习题

2-1　在图2-63所示电路中，VD1、VD2均为硅二极管，导通时压降$U_{VD}=0.7V$，试回答下列问题：

（1）A端接10V，B端接0.3V时，输出u_O应为多少？

（2）A端、B端都接10V时，u_O应为多少？

（3）A端接10V，B端悬空时，u_O应为多少？用内阻为20kΩ/V的万用表测B端电压，U_B应为多少？

（4）A端接0.3V，B端悬空时，u_O应为多少？用内阻为20kΩ/V的万用表测B端电压，U_B应为多少？

（5）A端接5kΩ电阻，B端悬空时，u_O应为多少？用内阻为20kΩ/V的万用表测B端电压，U_B应为多少？

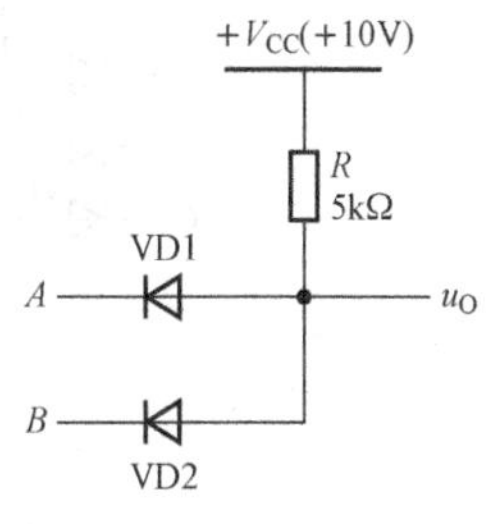

图2-63　习题2-1图

2-2　在图2-64所示各电路中，估算三极管的工作状态。并说明R_C变化时对三极管工作状态的影响。

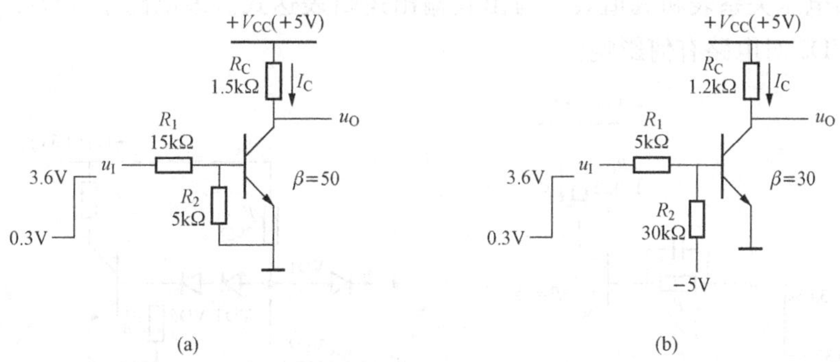

图2-64　习题2-2图

2-3　图2-65（a）和图2-65（b）所示电路中MOS管导通时，漏极到源极的等效导通电阻为$R_{ON}=500\Omega$，分析计算各自的输出电压u_O，并比较图2-65（a）与图2-65（b）的输出电压幅度，找出其不同的原因。比较图2-65（c）与图2-65（d）的输出电压幅度，找出它们不同的原因。简述R_D的大小对输出电压幅度，以及MOS管导通程度的影响。

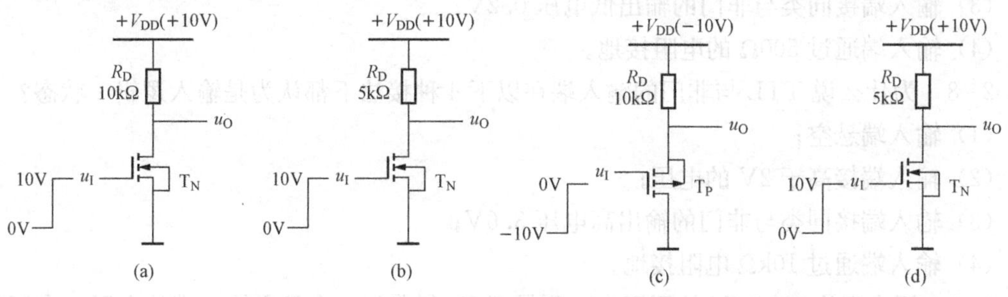

图2-65　习题2-3图

2-4　用二极管构成的分立元器件门电路如图2-66（a）所示。分析输出信号Y_1、Y_2

与输入信号 A、B、C 之间的逻辑关系，列出 Y_1、Y_2 与 A、B、C 的逻辑关系真值表；写出 Y_1、Y_2 的逻辑表达式；根据图 2-66（b）给出的 A、B、C 的波形，对应画出 Y_1、Y_2 的波形。

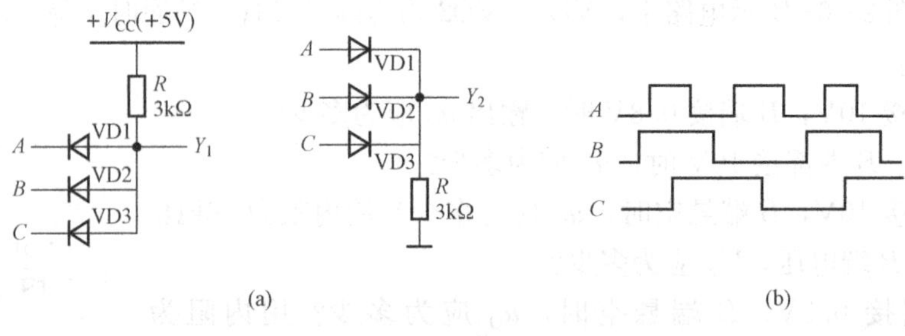

图 2-66 习题 2-4 图

2-5 图 2-67 所示电路为三极管构成的非门电路，为保证输入为高电平时，输出为 0.4V 以下低电平，R_1 应如何选择？电路中与 R_1 并联的电容 C 起什么作用？

2-6 如图 2-68 所示电路为典型的 DTL 门电路，试分析其输入与输出逻辑关系，列出其输入、输出电压关系表和真值表，写出其输出逻辑表达式。该电路中 VD4、VD5 起什么作用？去掉 VD5 对电路有何影响？

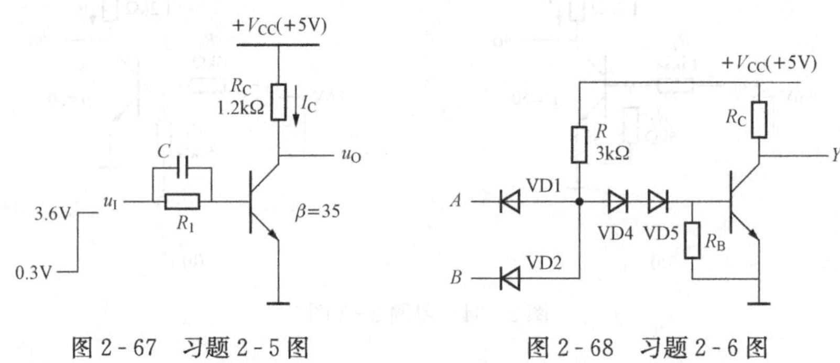

图 2-67 习题 2-5 图　　图 2-68 习题 2-6 图

2-7 为什么说 TTL 与非门的输入端在以下 4 种接法下都认为是输入逻辑 0 状态？

(1) 输入端接地；

(2) 输入端接低于 0.8V 的电压；

(3) 输入端接同类与非门的输出低电压 0.2V；

(4) 输入端通过 500Ω 的电阻接地。

2-8 为什么说 TTL 与非门的输入端在以下 4 种接法下都认为是输入逻辑 1 状态？

(1) 输入端悬空；

(2) 输入端接高于 2V 的电压；

(3) 输入端接同类与非门的输出高电压 3.6V；

(4) 输入端通过 10kΩ 电阻接地。

2-9 用内阻为 20kΩ/V 的万用表，测量 TTL 与非门一个悬空输入端的电压，在下列 5 种情况下应为多少？

(1) 其他输入端悬空；

（2）其他输入端接电源 V_{CC}；

（3）其他输入端有一个接地；

（4）其他输入端有一个接 0.3V；

（5）其他输入端有一个对地接 400Ω 电阻。

2-10　设有一 74LS 系列 TTL 反相器，$I_{IL}=0.4mA$，$I_{IH}=20\mu A$，$I_{OLmax}=8mA$，$I_{OHmax}=0.4mA$，输出电阻可忽略不计，求驱动同类门情况下的扇出系数。

2-11　在图 2-69 由 74 系列 TTL 与非门组成的电路中，$I_{IL}=1.6mA$，$I_{IH}=40\mu A$，$I_{OLmax}=16mA$，$I_{OHmax}=0.4mA$，输出电阻可忽略不计，计算门 G_M 能驱动多少个同类的与非门。

2-12　在图 2-70 由 74 系列 TTL 或非门组成的电路中，$I_{IL}=1.6mA$，$I_{IH}=40\mu A$，$I_{OLmax}=16mA$，$I_{OHmax}=0.4mA$，输出电阻可忽略不计，计算门 G_M 能驱动多少个同类的或非门。

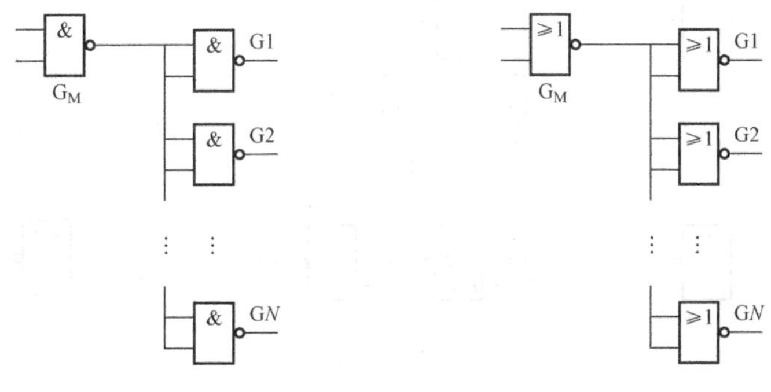

图 2-69　习题 2-11 图　　图 2-70　习题 2-12 图

2-13　图 2-71（a）所示电路 A、B 输入端信号波形如图 2-71（b）所示，G1～G4 每个门的平均传输延迟时间为 20ns，G5 的传输延迟时间忽略不计，信号重复频率为 1MHz，试对应画出：

（1）不考虑传输延迟时间情况下，输出信号 Y 的波形；

（2）考虑传输延迟时间情况下，输出信号 Y 的波形。

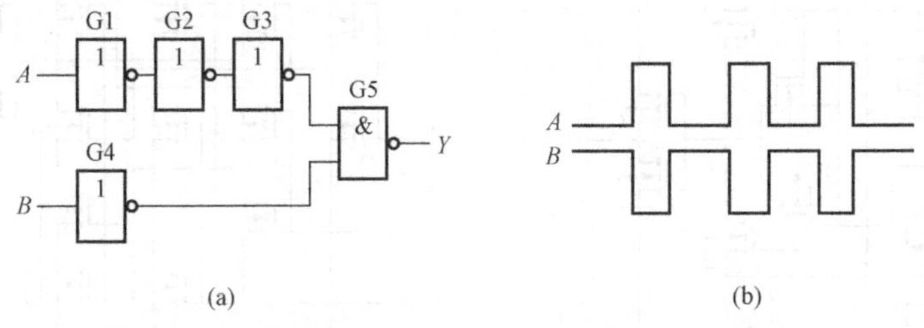

图 2-71　习题 2-13 图

2-14　如图 2-72 所示 TTL 电路中，OC 门 G1、G2 的输出电流 $I_{OH}=250\mu A$，$I_{OLmax}=13mA$，输出电压 $U_{OHmin}=2.4V$，$U_{OLmax}=0.4V$；与非门 G3、G4、G5 的输入电流 $I_{IH}=50\mu A$，$I_{IL}=1.6mA$，输入电压 $U_{IHmin}=2V$，$U_{ILmax}=0.8V$。试估算 R_P 的取值范围。

2-15　把两个 TTL 三态门的输出端同时接到某一总线上，电路如图 2-73（a）所示，A、B、C 以及 EN 的波形如图 2-73（b）所示，试画出总线 Y 的波形。

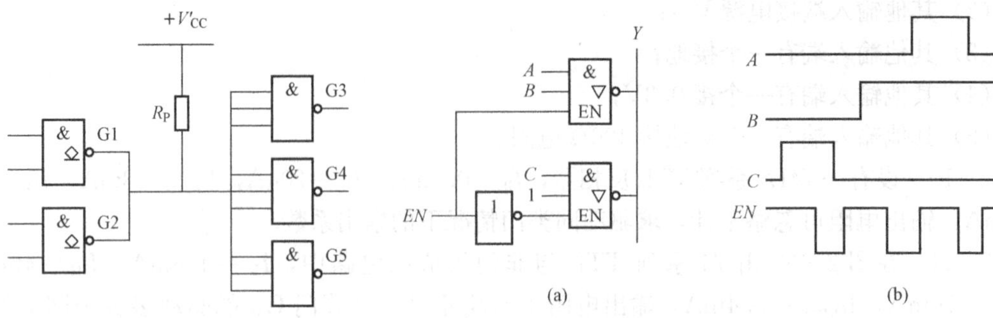

图 2-72 习题 2-14 图

图 2-73 习题 2-15 图

2-16 写出图 2-74 所示 TTL 门电路输出信号的逻辑表达式。

2-17 列出图 2-75 所示 CMOS 电路的真值表，并写出其输出信号逻辑表达式。

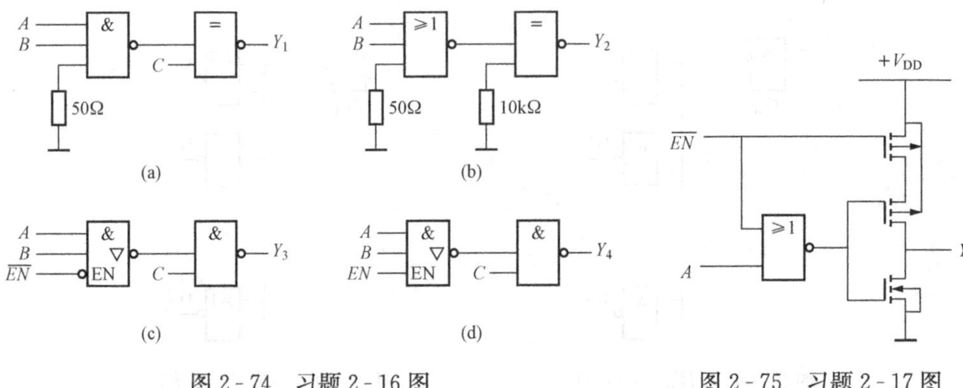

图 2-74 习题 2-16 图

图 2-75 习题 2-17 图

2-18 某 CMOS 器件的电路如图 2-76 所示，试写出其逻辑表达式，说明它是什么逻辑电路。

2-19 试分析图 2-77 所示电路的逻辑功能，写出其输出逻辑表达式。

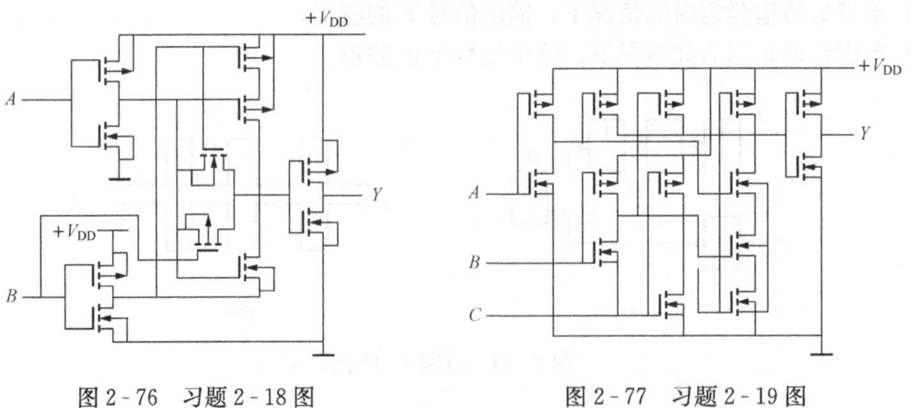

图 2-76 习题 2-18 图

图 2-77 习题 2-19 图

2-20 试列出图 2-78 所示电路的真值表，并画出逻辑符号，写出逻辑表达式。

2-21 由 CMOS 传输门构成的电路如图 2-79（a）所示，A、B 为信息输入，C 为控制输入，波形如图 2-79（b）所示。设 $V_{DD}=+5V$，$V_{SS}=0V$，$|U_{TP}|=U_{TN}=3V$。要求按比例画出输出信号 Y 的波形。

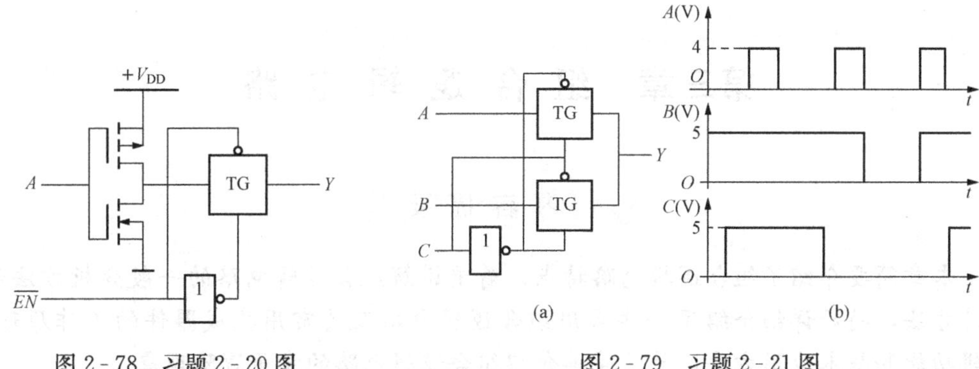

图 2-78 习题 2-20 图

图 2-79 习题 2-21 图

2-22 试用 VHDL 程序设计一个四输入或门。

2-23 试用 VHDL 程序设计一个异或门。

第三章 组合逻辑电路

本章简要介绍了组合逻辑电路特点，着重讲解组合逻辑电路的一般分析方法和设计方法，随后详细介绍了一些常用组合逻辑电路及其常用集成器件的工作原理、逻辑功能和基本应用方法，最后简单介绍组合逻辑电路的竞争冒险现象。

第一节 概　　述

按电路结构和工作原理的不同，数字电路通常可分为两大类：组合逻辑电路和时序逻辑电路。

组合逻辑电路中，逻辑电路任意时刻的稳定输出信号状态仅仅取决于该时刻的输入信号状态的组合，而与电路原来的输出状态无关。

组合逻辑电路的一般框图如图 3 - 1 所示，组合逻辑电路可用如下逻辑函数描述其输出与输入之间的逻辑关系，即

$$F_j = f(I_1, I_2, \cdots, I_n) \quad (j = 1, 2, \cdots, m) \tag{3 - 1}$$

图 3 - 1　组合逻辑电路的一般框图

式中：$I_1, I_2, \cdots, I_n$ 为输入变量。

通常将式（3 - 1）称为组合逻辑函数，把组合电路看作是这种函数的电路实现。

组合逻辑电路从电路结构上看，具有以下特点：

(1) 由逻辑门组成，不含任何记忆单元电路，没有记忆能力。

(2) 电路中没有反馈延迟路径，输入信号是单向传输的。

常用组合逻辑电路种类繁多，主要有加法器、数值比较器、编码器、译码器、数据选择器、数据分配器等。这些组合逻辑电路的应用非常广泛，为了使用方便，器件生产厂家均将这些常用组合逻辑电路制成了标准化的中规模集成产品。

第二节 组合逻辑电路的分析方法和设计方法

一、组合逻辑电路的分析方法

组合逻辑电路的分析，是由已知组合逻辑电路的逻辑图找到输出和输入之间的逻辑关系，确定电路的逻辑功能的。组合逻辑电路的分析方法通常步骤如下：

(1) 由已知组合逻辑电路的逻辑图写出输出函数的逻辑表达式。从输入端开始，逐级推导写出各输出端的逻辑函数表达式。

(2) 化简、变换输出函数逻辑表达式。将输出函数的逻辑表达式化简、变换为与或表达

式，使表达式有利于列真值表。

(3) 根据输出逻辑表达式列出真值表。真值表能更加直观地反映出组合逻辑电路的逻辑功能。

(4) 用文字归纳总结已知组合逻辑电路的逻辑功能。由真值表寻找输出、输入逻辑关系的特点和规律，用文字归纳说明电路的逻辑功能。

下面通过例题进一步详细说明组合逻辑电路的分析方法。

[例 3-1] 分析如图 3-2 所示逻辑电路的逻辑功能。

解 (1) 从逻辑图中，可写出输出函数的逻辑表达式为

$$Z=\overline{\overline{A}B+A\overline{B}}$$

(2) 化简和变换逻辑表达式为

$$Z=\overline{\overline{\overline{A}B+A\overline{B}}}=\overline{A}\,\overline{B}+AB$$

(3) 列出它的真值表如表 3-1 所示。

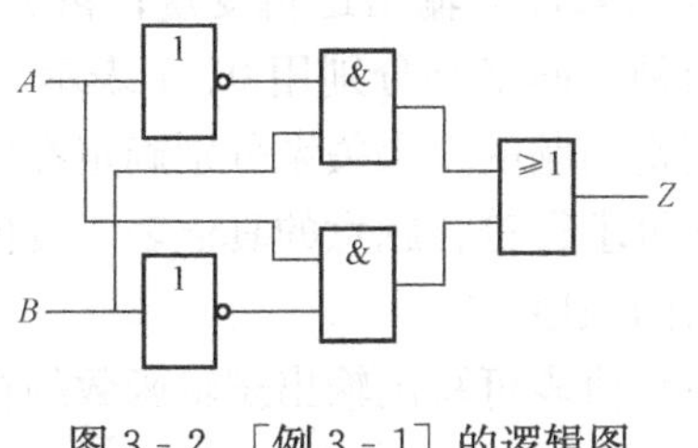

图 3-2 [例 3-1] 的逻辑图

表 3-1 [例 3-1] 的真值表

A	B	Z
0	0	1
0	1	0
1	0	0
1	1	1

(4) 确定逻辑功能。由表 3-1 可知，当输入变量 A、B 取值相同时，即全为 0 或全为 1 时输出 Z 才为 1。输入变量取值不一致时输出为 0。故这个电路逻辑功能是同或。

[例 3-2] 已知逻辑电路如图 3-3 所示，试分析该电路的逻辑功能。

解 (1) 根据逻辑图可写出输出函数的逻辑表达式为

$$Y=A\oplus B\oplus C$$

(2) 由逻辑表达式可直接列出它的真值表如表 3-2 所示。

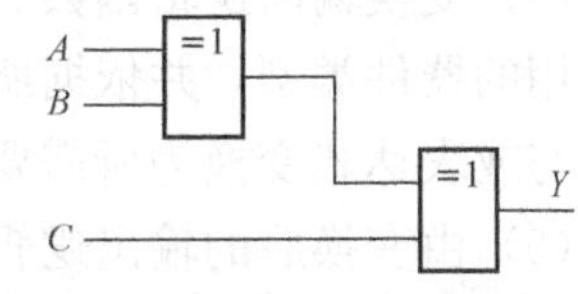

图 3-3 [例 3-2] 的逻辑图

表 3-2 [例 3-2] 的真值表

A	B	C	Y	A	B	C	Y
0	0	0	0	1	0	0	1
0	0	1	1	1	0	1	0
0	1	0	1	1	1	0	0
0	1	1	0	1	1	1	1

(3) 确定逻辑功能。从表 3-2 中可知，当 3 个输入变量 A、B、C 中取值有奇数个 1 时，输出 Y 为 1；输入偶数个 1 时，输出 Y 为 0。该电路为检奇电路，可用于检查 3 位二进制码的奇偶性。

通过上述例题可以看出，对组合电路的分析过程是先由已知电路写出逻辑函数表达式和列出真值表，这个过程较容易。而由真值表用文字说明电路功能则需一定的电路知识，这对初学者来说有一定的难度，需要通过知识的不断积累来增强分析电路的能力。

二、组合逻辑电路的设计方法

组合逻辑电路的设计是由实际逻辑问题的提出，选择适当的逻辑器件，设计出能满足其要求的逻辑功能的组合逻辑电路，且力求电路最简。

设计时，电路最简的标准是所用的逻辑集成电路器件种类最少，数目最少，而且各器件间的连接线也最少。

设计过程其实是组合逻辑电路分析的逆向过程。基于小规模集成电路（SSI）器件（集成门电路是常用的SSI器件之一）设计组合逻辑电路时，可按以下步骤进行。

(1) 进行逻辑抽象，列出真值表。真值表建立的正确与否，将决定着所设计的电路能否实现预定的逻辑功能。所以，进行逻辑抽象求得其真值表，既是设计的基础，又是设计的关键。一般采用的做法如下：

首先，分析已知实际逻辑问题的因果关系即条件与结果的关系，确定输入变量和输出变量，通常将条件（或原因）作为输入逻辑变量，取结果作为输出逻辑变量；再分别给输入、输出变量赋值，即将输入变量、输出变量各自的两种不同状态分别用0、1表示，0、1的具体含义可由设计者人为选定；最后，由已知实际逻辑问题的因果关系分别确定在每一组可能的输入变量取值条件作用下对应的输出变量值，即可求得符合题意的真值表。真值表中，一般常用二进制数递增的排列顺序作为输入变量取值的顺序。

(2) 根据真值表写出输出逻辑函数表达式。由真值表可写出输出逻辑函数的标准与或式（最小项表达式）。

(3) 将逻辑函数表达式化简为最简与或表达式。通常输入变量的数目较少时，可用卡诺图化简；输入变量数较多（大于5）时，可用公式法化简。

(4) 变换输出逻辑函数表达式的形式。根据器件的资源情况和对电路的具体要求，确定所选用的器件类型，并依据所选器件类型进行逻辑表达式的变换。通常是将输出逻辑函数的最简与或表达式变换为所需要的最简式。

(5) 由变换后的输出逻辑函数式画出逻辑图。如果设计时使用中规模集成电路（MSI）的组合逻辑器件，设计步骤与上述基本相同，只是不需将逻辑函数表达式进行化简，只要将其最小项表达式变换成与所用器件的输出函数表达式相同或相似的形式。使用MSI组合逻辑器件设计组合逻辑电路的例子将在本章的后几节中加以介绍。

[例3-3] 设计一个三人议案表决电路，结果按“少数服从多数”的原则决定。要求用与非门实现。

解 (1) 对实际提出的逻辑问题进行逻辑抽象，列出符合实际逻辑问题描述的真值表。设三人的表决意见分别为输入变量 A、B、C，表决结果为输出函数 Y。对输入变量及输出函数进行如下状态赋值：输入变量 A、B、C，设同意为1，不同意为0。对于输出函数 Y，设议案通过为1，没有通过为0。如表3-3所示为列出的真值表。

表3-3 **[例3-3] 的真值表**

输入变量			输出变量	输入变量			输出变量
A	B	C	Y	A	B	C	Y
0	0	0	0	1	0	0	0
0	0	1	0	1	0	1	1
0	1	0	0	1	1	0	1
0	1	1	1	1	1	1	1

(2) 根据真值表写出逻辑函数表达式为

$$Y=\overline{A}BC+A\overline{B}C+AB\overline{C}+ABC$$

(3) 将逻辑函数表达式化简为最简与或表达式。利用图 3 - 4 所示的卡诺图化简，可得到最简与或表达式为

$$Y=AB+BC+AC$$

(4) 根据电路的要求，选定与非门，需将逻辑表达式变换为与非—与非表达式。对最简与或表达式取两次非，利用摩根定理可得

$$Y=AB+BC+AC=\overline{\overline{AB}\cdot\overline{BC}\cdot\overline{AC}}$$

(5) 由变换的逻辑表达式画出逻辑图如图 3 - 5 所示。

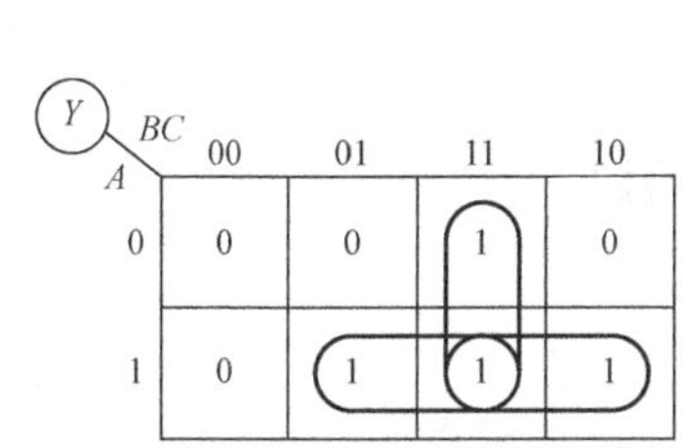

图 3 - 4 ［例 3 - 3］的卡诺图

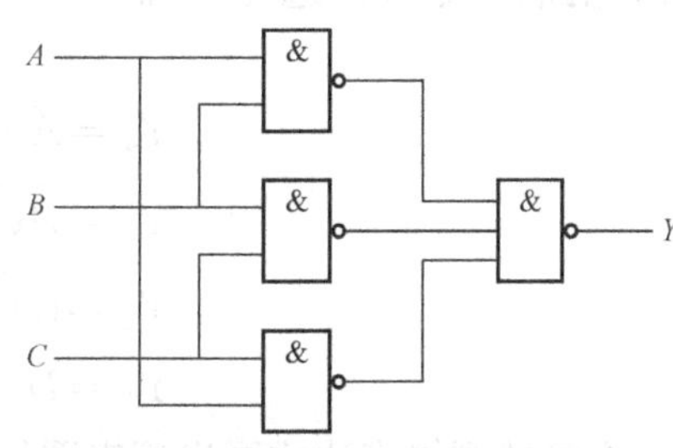

图 3 - 5 ［例 3 - 3］的逻辑图

［例 3 - 4］ 试用与非门和反相器设计一个能把 8421 码转换成余 3 码的逻辑电路。

解 (1) 对实际逻辑问题进行逻辑抽象，列出符合实际逻辑问题描述的真值表。设电路的输入变量为 8421 码用变量 A、B、C、D 表示，电路的输出变量为余 3 码，用 Y_4、Y_3、Y_2、Y_1 表示。由题意列出真值表如表 3 - 4 所示。

表 3 - 4　　**［例 3 - 4］的真值表**

输入变量				输出变量			
A	B	C	D	Y_4	Y_3	Y_2	Y_1
0	0	0	0	0	0	1	1
0	0	0	1	0	1	0	0
0	0	1	0	0	1	0	1
0	0	1	1	0	1	1	0
0	1	0	0	0	1	1	1
0	1	0	1	1	0	0	0
0	1	1	0	1	0	0	1
0	1	1	1	1	0	1	0
1	0	0	0	1	0	1	1
1	0	0	1	1	1	0	0
1	0	1	0	×	×	×	×
1	0	1	1	×	×	×	×
1	1	0	0	×	×	×	×
1	1	0	1	×	×	×	×
1	1	1	0	×	×	×	×
1	1	1	1	×	×	×	×

由于有 4 个输入变量 A、B、C、D，共有 16 种取值状态，而 8421 码只按自然二进制码顺序取前 10 个状态，其余 6 个状态不会在输入端出现，故对应的 Y_4、Y_3、Y_2、Y_1 中有 6 个无关项。

(2) 根据真值表画出图 3 - 6 所示卡诺图，化简写出最简与或逻辑函数表达式为

$$Y_4 = A + BD + BC$$

$$Y_3 = B\overline{C}\,\overline{D} + \overline{B}D + \overline{B}C$$

$$Y_2 = \overline{C}\,\overline{D} + CD$$

$$Y_1 = \overline{D}$$

(3) 由电路的要求，选定与非门和反相器，并将逻辑表达式变换为与非—与非式，即

$$Y_4 = \overline{\overline{A} \cdot \overline{BD} \cdot \overline{BC}}$$

$$Y_3 = \overline{\overline{B\overline{C}\,\overline{D}} \cdot \overline{\overline{B}D} \cdot \overline{\overline{B}C}}$$

$$Y_2 = \overline{\overline{\overline{C}\,\overline{D}} \cdot \overline{CD}}$$

$$Y_1 = \overline{D}$$

(4) 由变换的逻辑表达式画出逻辑图如图 3 - 7 所示。

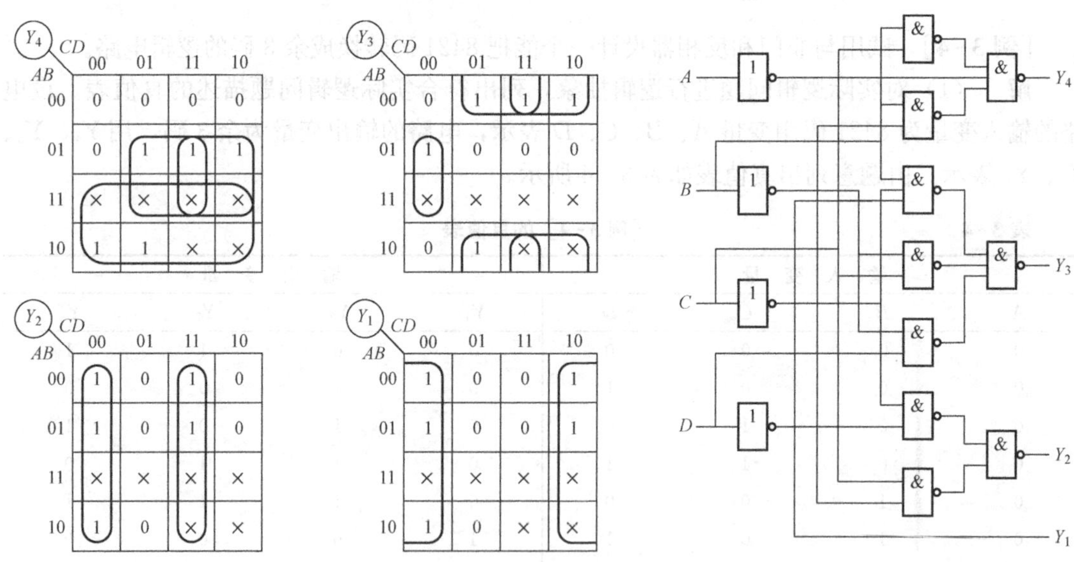

图 3 - 6 [例 3 - 4] 的卡诺图　　　　图 3 - 7 [例 3 - 4] 的逻辑图

第三节 加 法 器

加法器是构成算术运算器的基本单元电路。在数字系统中，不仅需要能进行逻辑运算，还经常需要能作数值的算术运算。而两个二进制数之间的算术运算无论是加、减、乘、除，目前在数字计算机中都是转化为若干步的加法运算进行。本节介绍 1 位加法器和多位加法器。

一、1 位加法器

1. 半加器

半加是不考虑低位的进位，只将两个 1 位二进制数相算术加。能实现半加运算的电路称为半加器。两个 1 位二进制数的半加运算可用真值表 3 - 5 表示，其中 A、B 分别表示被加数和加数，S 表示本位和数，C 表示向相邻高位的进位数。

表 3 - 5　　半 加 器 真 值 表

被加数 A	加数 B	和数 S	进位数 C
0	0	0	0
0	1	1	0
1	0	1	0
1	1	0	1

由真值表 3 - 5 可得逻辑表达式

$$S=\overline{A}B+A\overline{B}=A\oplus B \tag{3-2}$$

$$C=AB \tag{3-3}$$

可用一个异或门和一个与门组成半加器，如图 3 - 8 所示。

如果选由与非门构成半加器，可将式（3 - 2）和式（3 - 3）用代数法变换成与非—与非形式，即

$$\begin{aligned}S&=\overline{A}B+A\overline{B}=\overline{A}B+A\overline{B}+A\overline{A}+B\overline{B}=A(\overline{A}+\overline{B})+B(\overline{A}+\overline{B})\\&=A\cdot\overline{AB}+B\cdot\overline{AB}=\overline{\overline{A\cdot\overline{AB}}\cdot\overline{B\cdot\overline{AB}}}\end{aligned} \tag{3-4}$$

$$C=AB=\overline{\overline{AB}} \tag{3-5}$$

可画出由与非门组成的半加器，如图 3 - 9 所示。图 3 - 10 所示为半加器的逻辑符号。

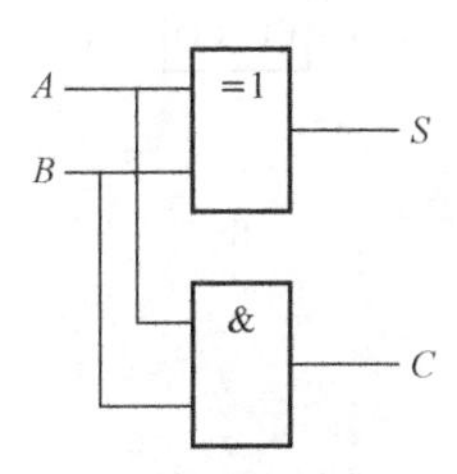

图 3 - 8　由异或门和与门组成的半加器

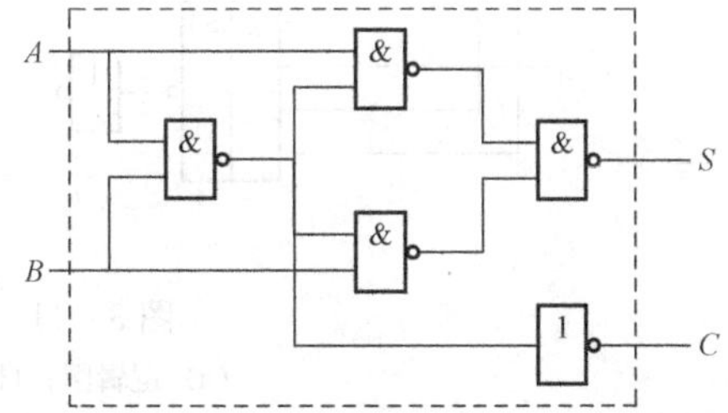

图 3 - 9　由与非门组成的半加器

2. 全加器

在进行两个多位二进制数相加时，除了最低位以外，其他每一位的相加必须考虑来自低位的进位数，即进行所谓的全加。全加是指对应位的加数、被加数和低位来的进位数三个数相加，能实现全加运算的电路称为全加器。

两个 1 位二进制数的全加运算可用真值表 3 - 6 表示，其中 A_i、B_i 分别表示第 i 位被加数和加数，C_{i-1} 表示相邻低位来的进位数，S_i 表示本位和数，C_i 表示向相邻高位的进位数。

A(被加数)　Σ　S(半加和数)
B(加数)　CO　C(进位数)

图 3 - 10　半加器的逻辑符号

表3-6 全加器真值表

A_i	B_i	C_{i-1}	S_i	C_i
0	0	0	0	0
0	0	1	1	0
0	1	0	1	0
0	1	1	0	1
1	0	0	1	0
1	0	1	0	1
1	1	0	0	1
1	1	1	1	1

由真值表3-6直接写出 S_i 和 C_i 的输出逻辑函数表达式，再经代数法化简和转换得

$$\begin{aligned} S_i &= \overline{A_i}\,\overline{B_i}C_{i-1} + \overline{A_i}B_i\,\overline{C_{i-1}} + A_i\,\overline{B_i}\,\overline{C_{i-1}} + A_iB_iC_{i-1} \\ &= \overline{(A_i \oplus B_i)}C_{i-1} + (A_i \oplus B_i)\,\overline{C_{i-1}} = A_i \oplus B_i \oplus C_{i-1} \end{aligned} \quad (3-6)$$

$$\begin{aligned} C_i &= \overline{A_i}B_iC_{i-1} + A_i\,\overline{B_i}C_{i-1} + A_iB_i\,\overline{C_{i-1}} + A_iB_iC_{i-1} \\ &= A_iB_i + (A_i \oplus B_i)C_{i-1} = \overline{\overline{A_iB_i + (A_i \oplus B_i)C_{i-1}}} \end{aligned} \quad (3-7)$$

根据式（3-6）和式（3-7）画出全加器的逻辑图如图3-11（a）所示。图3-11（b）所示为全加器的逻辑符号。

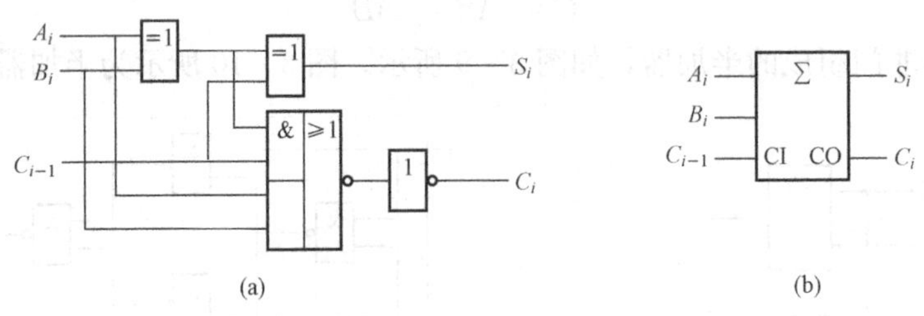

图3-11 全加器
（a）逻辑图；（b）逻辑符号

二、多位加法器

多位加法器可实现两个多位二进制数的加法，由于进位方式不同，可分为串行进位加法器和超前进位加法器。

1. 串行进位加法器

两个多位二进制数相加，如果采用并行相加串行进位的方式来完成，n 位二进制数相加可用 n 个全加器依次级联即可构成 n 位串行进位加法器。例如，有2个4位二进制数 $A_3A_2A_1A_0$ 和 $B_3B_2B_1B_0$ 相加，可以用4个全加器分别进行 A_0 和 B_0、A_1 和 B_1、A_2 和 B_2、A_3 和 B_3 的相加，被加数与加数的每一位同时送到相应位的全加器的输入端，低位全加器的进位输出与相邻高位全加器的进位输入相连，最低位 A_0 和 B_0 的相加如果没有更低位的进

位，最低位全加器的 C_{i-1} 端应接 0，原理如图 3-12 所示。

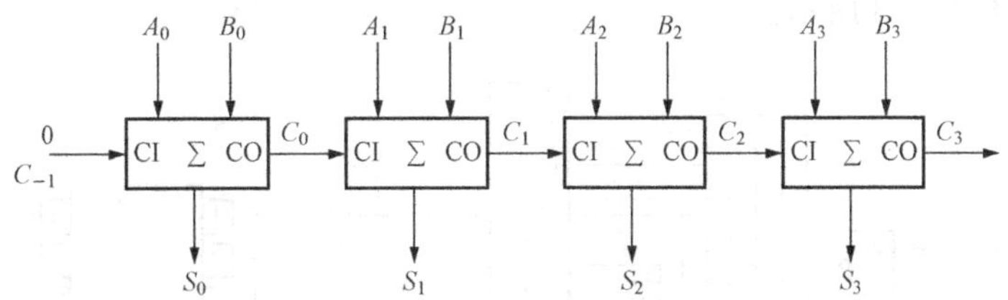

图 3-12 4 位串行进位加法器

从图 3-12 中可以看出，某一位的加法运算，均必须在其相邻的低位完成运算并送出进位信号之后才能进行，即串行进位方式。这种加法器的逻辑电路连接比较简单，但缺点很明显，运算速度较慢。为了解决运算速度较慢这一不足之处，可以采用超前进位加法器。

2. 超前进位加法器

2 个多位二进制数相加时，每位数的进位信号由输入的二进制数直接产生的加法器即是超前进位加法器。每位的进位只由加数和被加数决定，而与低位的进位无关。故超前进位加法器也称为并行进位加法器。

以 4 位超前进位加法器为例介绍超前进位信号的产生原理。

由式（3-6）和式（3-7）可知全加器的本位和 S_i、进位信号 C_i 的逻辑表达式为

$$S_i = A_i \oplus B_i \oplus C_{i-1} \tag{3-8}$$

$$C_i = A_iB_i + (A_i \oplus B_i)C_{i-1} \tag{3-9}$$

当 $A_i=B_i=1$ 时，$A_iB_i=1$，由式（3-9）得 $C_i=1$，即产生进位。因此定义产生变量 G_i 为

$$G_i = A_iB_i \tag{3-10}$$

当 $A_i \oplus B_i=1$ 时，则 $A_iB_i=0$，由式（3-9）得 $C_i=C_{i-1}$，即低位的进位信号能传送到高位的进位输出端。因此定义传输变量 P_i 为

$$P_i = A_i \oplus B_i \tag{3-11}$$

G_i 和 P_i 均只与被加数 A_i 和加数 B_i 有关，而与进位信号无关。

将式（3-10）和式（3-11）代入式（3-8）和式（3-9），得

$$S_i = P_i \oplus C_{i-1} \tag{3-12}$$

$$C_i = G_i + P_iC_{i-1} \tag{3-13}$$

由式（3-13）可得每位进位信号的逻辑表达式分别为

$$C_0 = G_0 + P_0C_{-1} \tag{3-14}$$

$$C_1 = G_1 + P_1C_0 = G_1 + P_1G_0 + P_1P_0C_{-1} \tag{3-15}$$

$$C_2 = G_2 + P_2C_1 = G_2 + P_2G_1 + P_2P_1G_0 + P_2P_1P_0C_{-1} \tag{3-16}$$

$$C_3 = G_3 + P_3C_2 = G_3 + P_3G_2 + P_3P_2G_1 + P_3P_2P_1G_0 + P_3P_2P_1P_0C_{-1} \tag{3-17}$$

由每位进位信号的逻辑表达式可以看出，各位的进位信号都只与相关的 G_i、P_i 和 C_{-1} 有关，而 C_{-1} 是向最低位的进位信号，其值为 0，结果每位的进位信号均只与被加数 A_i 和加数 B_i 有关，它们是可以并行产生的，从而实现了超前进位。

集成 4 位超前进位加法器 74283 即是根据上述超前进位原理构成的，它的逻辑图、引脚图、逻辑符号如图 3 - 13 所示。

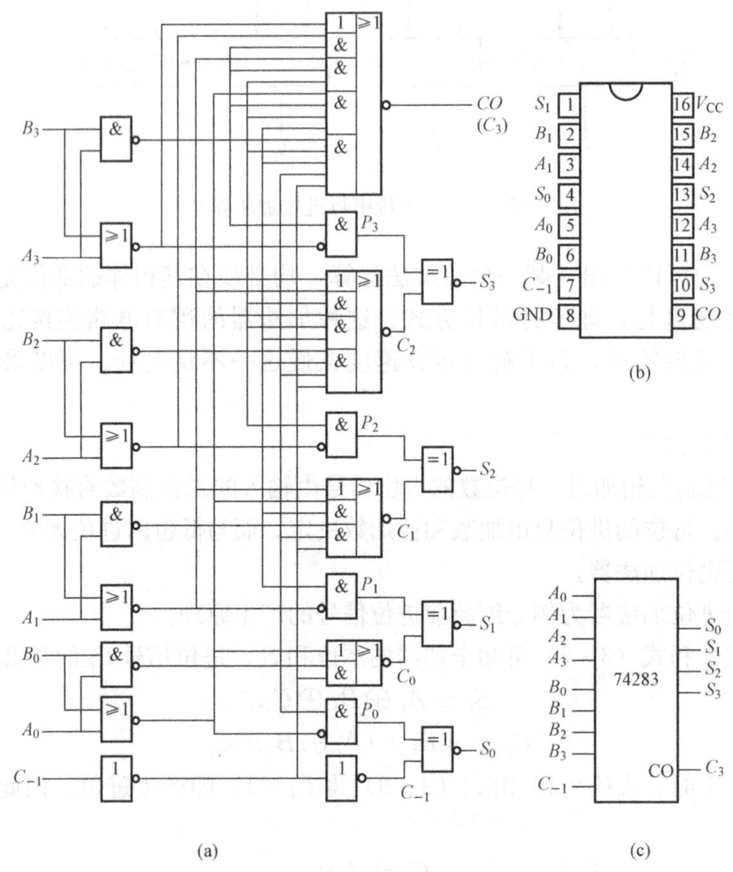

图 3 - 13　4 位超前进位加法器 74283

(a) 逻辑图；(b) 引脚图；(c) 逻辑符号

根据式 (3 - 8) 和式 (3 - 14) ～式 (3 - 17) 可以推导出 S_0～S_3 的表达式。

例如

$$S_1 = P_1 \oplus C_0 = P_1 \oplus (G_0 + P_0 C_{-1})$$

将式 $G_i = A_i B_i$ 和式 $P_i = A_i \oplus B_i$ 代入上式，得

$$S_1 = (A_1 \oplus B_1) \oplus [A_0 B_0 + (A_0 \overline{B_0} + \overline{A_0} B_0) C_{-1}]$$

上式经变换和化简得

$$S_1 = (A_1 \oplus B_1) \oplus \overline{\overline{A_0 B_0} \cdot \overline{C_{-1}} + \overline{A_0 + B_0}}$$

与图 3 - 13 完全相符。

同理可推导出 S_0、S_2、S_3 和 $CO(C_3)$ 的表达式。

多位超前进位加法器的进位是并行产生的，运算速度得到很大的提高。可是随着位数的增加，超前进位逻辑电路也越复杂。

通常可用多个集成 4 位超前进位加法器芯片构成更多位的加法器。

图 3 - 14 所示为用两片 74283 组成的 8 位二进制数加法器。将低位芯片 74283(1) 的进位输入端接逻辑 0，并将进位输出 CO 接至高位芯片 74283(2) 的进位输入端，即可实现 8 位二进制数的加法运算。

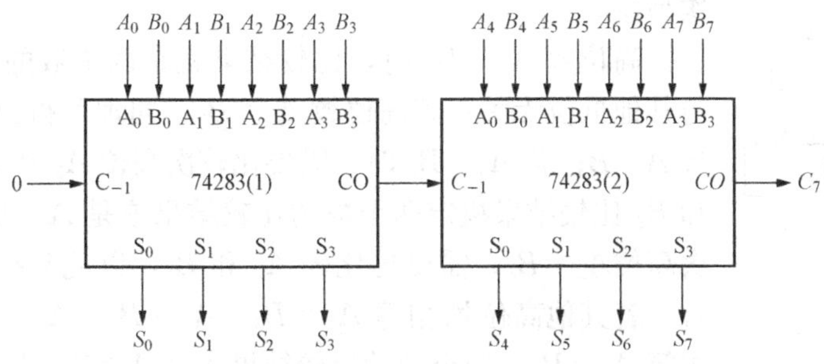

图 3 - 14 用两片 74283 组成 8 位二进制数加法器的逻辑图

上述由多个集成 4 位超前进位加法器芯片构成的多位加法器，芯片间的进位方式是串行进位方式。

第四节 数 值 比 较 器

数值比较器是一种能完成两个二进制数的数值比较并判定其大小关系的逻辑电路。

一、1 位数值比较器

1 位数值比较器能比较两个 1 位二进制数 A 和 B 的大小，比较后会有三类结果，即 $A>B$、$A<B$、$A=B$，分别设为 $Y_{A>B}$、$Y_{A<B}$、$Y_{A=B}$。

其真值表如表 3 - 7 所示。

表 3 - 7 1 位数值比较器真值表

输入		输出		
A	B	$Y_{A>B}$	$Y_{A<B}$	$Y_{A=B}$
0	0	0	0	1
0	1	0	1	0
1	0	1	0	0
1	1	0	0	1

由真值表 3 - 7 可分别写出各输出逻辑函数逻辑表达式为

$$\begin{cases} Y_{A>B} = A\overline{B} \\ Y_{A<B} = \overline{A}B \\ Y_{A=B} = \overline{A}\,\overline{B} + AB = A\odot B = \overline{A \oplus B} = \overline{A\overline{B} + \overline{A}B} \end{cases} \qquad (3-18)$$

根据式 (3 - 18) 可画出逻辑图如图 3 - 15 所示。

二、多位数值比较器

多位数值比较器能完成两个多位二进制数 $A(A_{n-1}A_{n-2}\cdots A_1A_0)$ 和 $B(B_{n-1}B_{n-2}\cdots B_1B_0)$ 的比较。

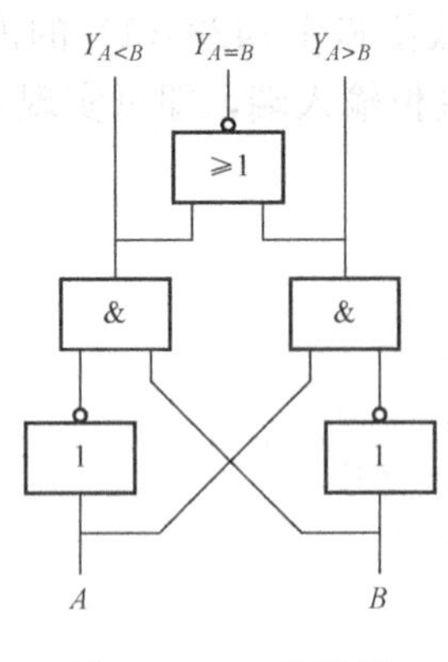

图 3 - 15　1 位数值比较器的逻辑图

以 4 位二进制数 $A_3A_2A_1A_0$ 和 $B_3B_2B_1B_0$ 的比较为例，介绍多位数值比较器的比较原理。多位二进制数进行比较时，要从最高位依次向低位逐位进行比较，且只有在高位相等时，才需要比较次高位。

高位数 $A_3>B_3$ 时，比较结果就是两个数的比较结果 $A>B$，与其他低位无关；若高位数 $A_3<B_3$，同理可得出两个数的比较结果 $A<B$；若 $A_3=B_3$ 时，需要比较次高位 A_2 和 B_2，由次高位 A_2 和 B_2 比较结果决定两个数的比较结果或是 $A>B$ 或是 $A<B$；若次高位$A_2=B_2$，需要再比较 A_1 和 B_1，以此类推。比较到最低位时，若其他高位均相等 $A_3=B_3$、$A_2=B_2$、$A_1=B_1$，且最低位也相等 $A_0=B_0$，两个数的比较结果才是 $A=B$。表 3 - 8 所示为 4 位数值比较器真值表。

表 3 - 8　　4 位数值比较器真值表

输　入				输　出		
A_3B_3	A_2B_2	A_1B_1	A_0B_0	$Y_{A>B}$	$Y_{A<B}$	$Y_{A=B}$
$A_3>B_3$	×	×	×	1	0	0
$A_3<B_3$	×	×	×	0	1	0
$A_3=B_3$	$A_2>B_2$	×	×	1	0	0
$A_3=B_3$	$A_2<B_2$	×	×	0	1	0
$A_3=B_3$	$A_2=B_2$	$A_1>B_1$	×	1	0	0
$A_3=B_3$	$A_2=B_2$	$A_1<B_1$	×	0	1	0
$A_3=B_3$	$A_2=B_2$	$A_1=B_1$	$A_0>B_0$	1	0	0
$A_3=B_3$	$A_2=B_2$	$A_1=B_1$	$A_0<B_0$	0	1	0
$A_3=B_3$	$A_2=B_2$	$A_1=B_1$	$A_0=B_0$	0	0	1

中规模集成芯片 74LS85 是 4 位数值比较器，74LS85 的逻辑图、引脚图、逻辑符号如图 3 - 16 所示。表 3 - 9 所示为 4 位数值比较器 74LS85 的功能表。

$A_3A_2A_1A_0$ 和 $B_3B_2B_1B_0$ 是两个相比较的 4 位数 A 和 B 的输入端；$I_{A>B}$、$I_{A<B}$和 $I_{A=B}$是扩展输入端，为多个芯片间连接时使用。$I_{A>B}$、$I_{A<B}$和 $I_{A=B}$是另外两个低位数 A' 和 B' 的比较结果，通过这三个扩展输入端与其他数值比较器连接，能组成更多位数的数值比较器。如果仅对 4 位数进行比较，要对 $I_{A>B}$、$I_{A<B}$、$I_{A=B}$作适当处理，即 $I_{A>B}=I_{A<B}=0$、$I_{A=B}=1$，表示不考虑低位。除有特殊要求之外，一般尽量不要使 $I_{A>B}$、$I_{A<B}$和 $I_{A=B}$出现表 3 - 9 中所示最后两行的状态。

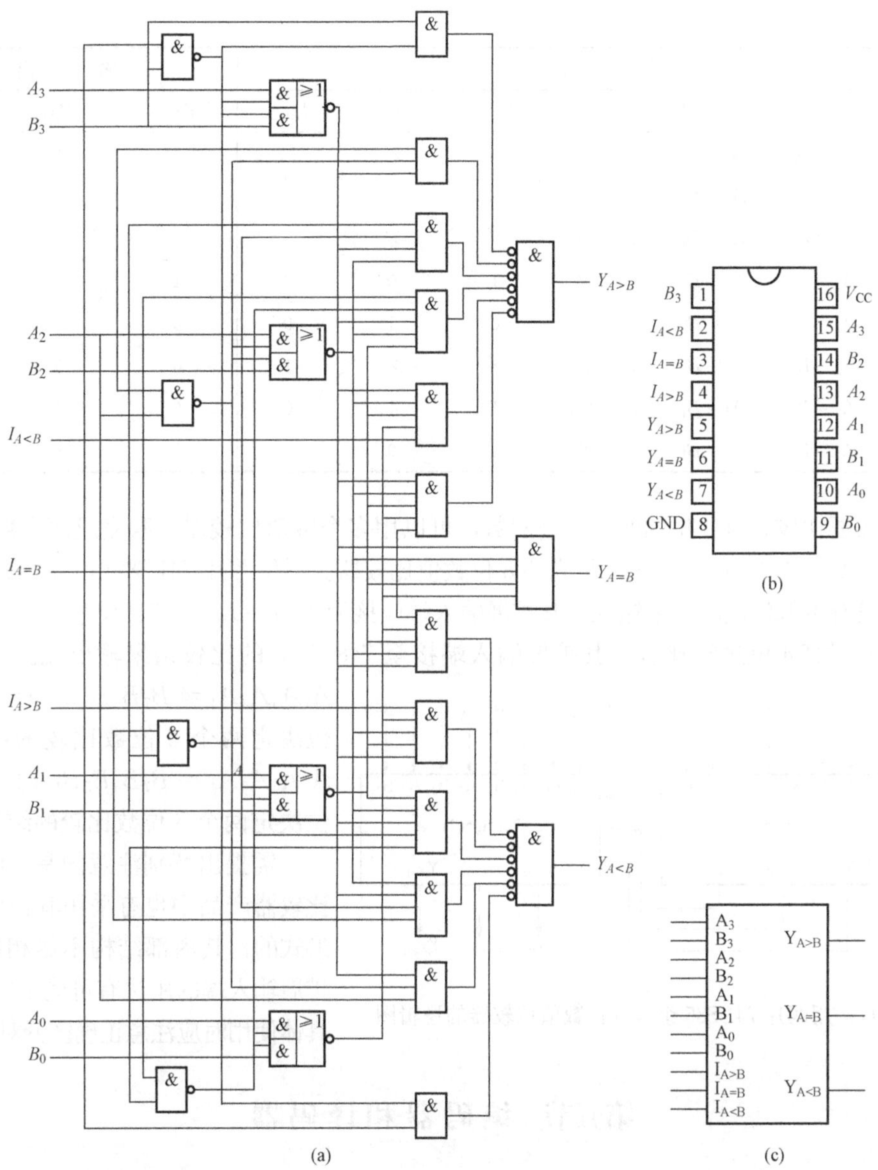

图 3-16　4 位数值比较器 74LS85

(a) 逻辑图；(b) 引脚图；(c) 逻辑符号

表 3-9　　4 位数值比较器 74LS85 的功能表

输入											输出		
A_3	B_3	A_2	B_2	A_1	B_1	A_0	B_0	$I_{A>B}$	$I_{A<B}$	$I_{A=B}$	$Y_{A>B}$	$Y_{A<B}$	$Y_{A=B}$
$A_3>B_3$		×		×		×		×	×	×	1	0	0
$A_3<B_3$		×		×		×		×	×	×	0	1	0
$A_3=B_3$		$A_2>B_2$		×		×		×	×	×	1	0	0
$A_3=B_3$		$A_2<B_2$		×		×		×	×	×	0	1	0
$A_3=B_3$		$A_2=B_2$		$A_1>B_1$		×		×	×	×	1	0	0

续表

输入							输出		
A_3 B_3	A_2 B_2	A_1 B_1	A_0 B_0	$I_{A>B}$	$I_{A<B}$	$I_{A=B}$	$Y_{A>B}$	$Y_{A<B}$	$Y_{A=B}$
$A_3=B_3$	$A_2=B_2$	$A_1<B_1$	×	×	×	×	0	1	0
$A_3=B_3$	$A_2=B_2$	$A_1=B_1$	$A_0>B_0$	×	×	×	1	0	0
$A_3=B_3$	$A_2=B_2$	$A_1=B_1$	$A_0<B_0$	×	×	×	0	1	0
$A_3=B_3$	$A_2=B_2$	$A_1=B_1$	$A_0=B_0$	1	0	0	1	0	0
$A_3=B_3$	$A_2=B_2$	$A_1=B_1$	$A_0=B_0$	0	1	0	0	1	0
$A_3=B_3$	$A_2=B_2$	$A_1=B_1$	$A_0=B_0$	×	×	1	0	0	1
$A_3=B_3$	$A_2=B_2$	$A_1=B_1$	$A_0=B_0$	1	1	0	0	0	0
$A_3=B_3$	$A_2=B_2$	$A_1=B_1$	$A_0=B_0$	0	0	0	1	1	0

如果需要比较超过 4 位的两个二进制数，可以用多个数值比较器级联完成两个数的比较。如图 3 - 17 所示为用两片 74LS85 组成的 8 位数值比较器。低位芯片 74LS85(1) 对低 4 位进行比较，因没有更低位比较结果输入，其扩展输入端应接为 $I_{A>B}=I_{A<B}=0$、$I_{A=B}=1$。高位芯片 74LS85(2) 对高 4 位进行比较，其扩展输入端接至 7485(1) 的比较结果输出端。当高 4 位 $A_7A_6A_5A_4 \neq B_7B_6B_5B_4$ 时，由高 4 位决定两个 8 位数比较的结果；当 $A_7A_6A_5A_4 = B_7B_6B_5B_4$ 时，由低 4 位决定两个 8 位数比较的结果。

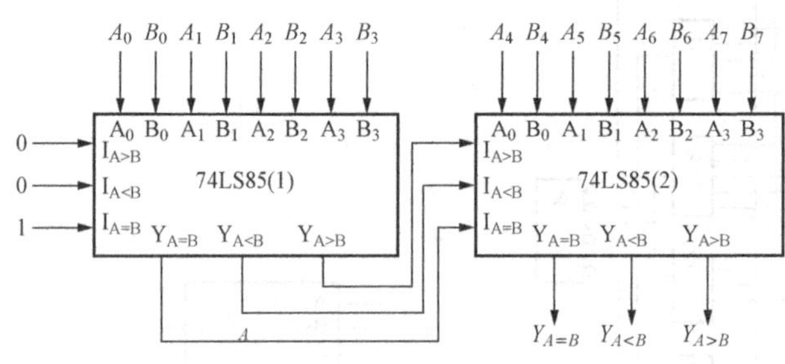

图 3 - 17　用两片 74LS85 组成 8 位数值比较器的逻辑图

需提出特别注意的是，由于数值比较器产品中也有采用其他电路结构形式的，其内部结构不尽相同，因而扩展输入端的用法有可能不完全一样，具体使用时应注意正确区分对待。

第五节　编码器和译码器

一、编码器

在数字系统中，经常需要把具有某种特定含义的信息（数字或字符）变换成二进制代码。这种用二进制代码表示具有某种特定“含义”信息的过程，称为编码，实现编码功能的电路称为编码器。一般经常使用的编码器有通用编码器和优先编码器两大类。

1. 通用编码器

在通用编码器中，任意时刻只允许输入一个有效信号，输出仅对应此唯一有效输入信号进行编码，否则输出将发生逻辑混乱。通用编码器主要有二进制编码器和二—十进制编码器等。通用 n 位二进制编码器是用 n 位二进制代码来表示对应的 2^n 个输入信号，又被称作 2^n 线—n 线编码器；通用二—十进制编码器是用 BCD 码来表示对应的 10 个输入信号，又被称作 10 线—4 线编码器。

以下通过 4 线—2 线编码器为例，说明通用编码器工作原理。

4线—2线编码器有4个输入端，2个输出端，输入信号为I_0、I_1、I_2、I_3，它们的有效编码电平为高电平，输出信号Y_1Y_0为2位二进制代码。即当I_0、I_1、I_2、I_3分别为1时，Y_1Y_0对应输出为00、01、10、11。依据以上逻辑要求，列出功能表如表3-10所示。

表3-10 4线—2线编码器功能表

输入				输出	
I_0	I_1	I_2	I_3	Y_1	Y_0
1	0	0	0	0	0
0	1	0	0	0	1
0	0	1	0	1	0
0	0	0	1	1	1

由表3-10所示功能表可得逻辑表达式为

$$\begin{cases}Y_1=\overline{I_0}\,\overline{I_1}I_2\overline{I_3}+\overline{I_0}\,\overline{I_1}\,\overline{I_2}I_3\\Y_0=\overline{I_0}I_1\overline{I_2}\,\overline{I_3}+\overline{I_0}\,\overline{I_1}\,\overline{I_2}I_3\end{cases}\tag{3-19}$$

根据式（3-19）可画出4线—2线编码器（2位二进制编码器）的逻辑图，如图3-18所示。

图3-18所示编码电路虽然比较简单，但若有2个或2个以上的输入端同时为1（其他输入端为0），电路的输出就会出现编码混乱状态。比如，当I_2和I_3同时为1时，由式（3-19）可得Y_1Y_0为00，此时的输出既不是I_2的编码，也不是I_3的编码。

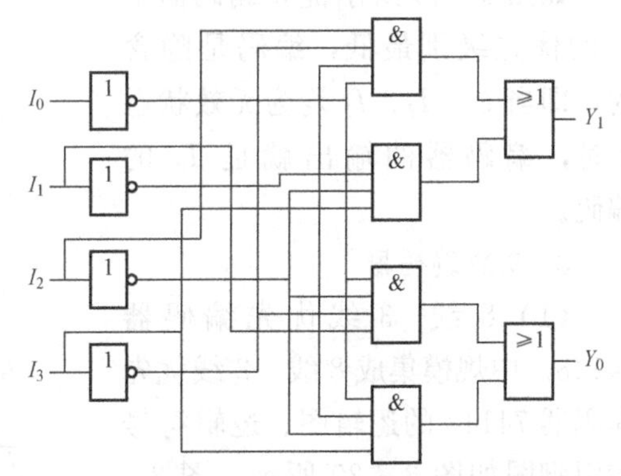

图3-18 4线—2线编码器逻辑图

2. 优先编码器

在数字系统中，尤其是在计算机系统中，常要控制几个工作对象，例如微型计算机主机要控制打印机、磁盘驱动器、输入键盘等，当某个部件需要实行操作时，必须先送一个信号给主机（称作服务请求），经主机识别后再发出允许操作信号（称作服务响应），并按已预先编好的程序工作。如果有几个部件同时发出服务请求，为了避免编码器输出混乱造成误操作，依据轻重缓急，必须预先规定好这些控制对象允许操作的先后次序，即优先级别，通过识别这些请求信号的优先级别进行编码。即当有多个有效信号同时输入时，仅对其中优先级别最高的输入信号进行编码，这种编码器称为优先编码器。

4线—2线优先编码器的功能表如表3-11所示。

表3-11 4线—2线优先编码器功能表

输入				输出	
I_0	I_1	I_2	I_3	Y_1	Y_0
1	0	0	0	0	0
×	1	0	0	0	1
×	×	1	0	1	0
×	×	×	1	1	1

从表 3 - 11 可以看出，当 $I_0=1$ 且 I_1、I_2、I_3 均为无效输入 0 时，输出 $Y_1Y_0=00$ 为 I_0 的编码；当 $I_1=1$，且 I_2、I_3 均为无效输入 0 时，无论 I_0 的状态如何，输出 $Y_1Y_0=01$ 为 I_1 的编码；当 $I_2=1$，且 I_3 为无效输入 0 时，无论 I_0、I_1 的状态如何，输出 $Y_1Y_0=10$ 为 I_2 的编码；只要 $I_3=1$，无论 I_0、I_1、I_2 的状态如何，输出 $Y_1Y_0=11$ 为 I_3 的编码。这 4 个输入信号的优先级别的高低次序依次为 I_3、I_2、I_1、I_0。

由表 3 - 11 所示功能表可得逻辑表达式为

$$\begin{cases} Y_1 = I_2\,\overline{I_3} + I_3 \\ Y_0 = I_1\,\overline{I_2}\,\overline{I_3} + I_3 \end{cases} \tag{3 - 20}$$

式（3 - 20）经过简化，可得

$$\begin{cases} Y_1 = I_2 + I_3 \\ Y_0 = I_1\,\overline{I_2} + I_3 \end{cases} \tag{3 - 21}$$

根据式（3 - 21）可画出 4 线—2 线优先编码器的逻辑图，如图 3 - 19 所示。

如图 3 - 19 所示优先编码器中 I_0 的优先级别最低，编码是隐含的，即当 I_3、I_2、I_1 均为无效状态 0 时，编码器的输出就是 I_0 的编码。

3. 集成编码器

（1）8 线—3 线优先编码器 74148。中规模集成 8 线—3 线优先编码器 74148 的逻辑图、逻辑符号和引脚图如图 3 - 20 所示。图 3 - 20（a）中虚线框以内所包括的部分是编码器电路，逻辑门 G1、G2 和 G3 组成控制电路是为了扩展电路的功能和增加使用的灵活性。该编码器有 8 个信号输入端 $\overline{I_0}\sim\overline{I_7}$，3 个二进制码输出端 $\overline{Y_2}$、$\overline{Y_1}$、$\overline{Y_0}$。此外，电路还设置 3 个辅助控制端，分别为选通输入端 $\overline{S}$、选通输出端

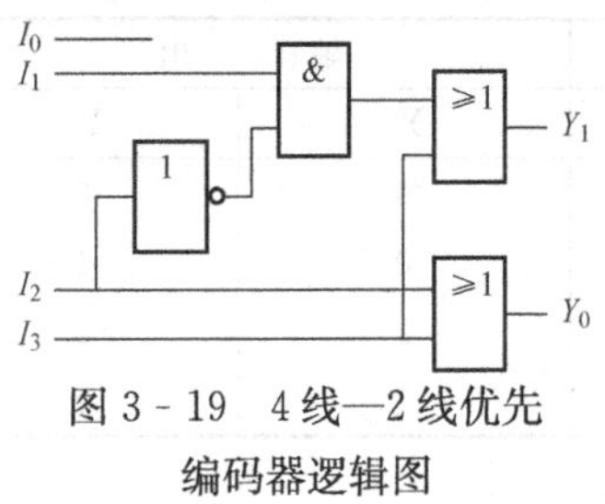

图 3 - 19　4 线—2 线优先编码器逻辑图

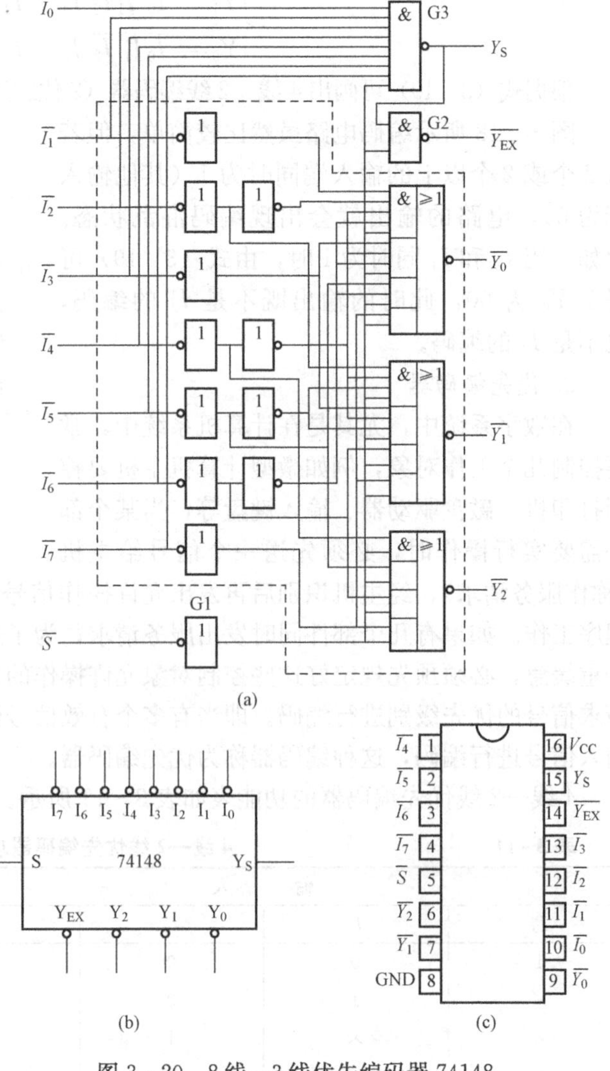

图 3 - 20　8 线—3 线优先编码器 74148

（a）逻辑图；（b）逻辑功能图；（c）引脚图

Y_S 和扩展端$\overline{Y_{EX}}$。如表 3 - 12 所示为 74148 的功能表。

表 3 - 12　　8 线—3 线优先编码器 74148 的功能表

输入									输出				
$\overline{S}$	$\overline{I_0}$	$\overline{I_1}$	$\overline{I_2}$	$\overline{I_3}$	$\overline{I_4}$	$\overline{I_5}$	$\overline{I_6}$	$\overline{I_7}$	$\overline{Y_2}$	$\overline{Y_1}$	$\overline{Y_0}$	Y_S	$\overline{Y_{EX}}$
1	×	×	×	×	×	×	×	×	1	1	1	1	1
0	1	1	1	1	1	1	1	1	1	1	1	0	1
0	×	×	×	×	×	×	×	0	0	0	0	1	0
0	×	×	×	×	×	×	0	1	0	0	1	1	0
0	×	×	×	×	×	0	1	1	0	1	0	1	0
0	×	×	×	×	0	1	1	1	0	1	1	1	0
0	×	×	×	0	1	1	1	1	1	0	0	1	0
0	×	×	0	1	1	1	1	1	1	0	1	1	0
0	×	0	1	1	1	1	1	1	1	1	0	1	0
0	0	1	1	1	1	1	1	1	1	1	1	1	0

根据功能表 3 - 12 对 8 线—3 线优先编码器 74148 电路的逻辑功能说明如下：

1）编码输入端$\overline{I_0}$～$\overline{I_7}$，低电平有效。

2）编码输出端$\overline{Y_2}$、$\overline{Y_1}$、$\overline{Y_0}$是反码输出的。例如，输入$\overline{I_7}=0$ 时，编码输出为$\overline{Y_2Y_1Y_0}=000$，恰好是原码 111 的反码形式。

3）输入$\overline{I_0}$～$\overline{I_7}$的优先级别由高到低依次为$\overline{I_7}$，$\overline{I_6}$，…，$\overline{I_0}$。

4）选通输入端$\overline{S}$，低电平有效。只有在$\overline{S}=0$ 的条件下，编码器才能正常工作。$\overline{S}=0$ 表示“输入信号可以进入电路以决定电路的输出”；而当$\overline{S}=1$ 时，则不论 8 个输入端为何种状态，所有的输出端均被封锁在高电平，即编码器处于不工作状态。

5）选通输出端 Y_S 高电平有效，扩展端$\overline{Y_{EX}}$低电平有效。在$\overline{S}=0$ 的条件下，即编码器处于工作状态时，$Y_S=1$ 时，$\overline{Y_{EX}}=0$，即 Y_S、$\overline{Y_{EX}}$均为有效电平输出信号，表示“电路工作，有编码有效输入低电平，此时输出是有效编码”。

只有所有的 8 个输入端都是高电平（即没有编码有效输入低电平）时，$Y_S=0$，$\overline{Y_{EX}}=1$，即 Y_S、$\overline{Y_{EX}}$均无有效电平输出信号，表示“电路工作，但无有效编码输入低电平，输出是无效编码”。若将选通输出端 Y_S 与另一同样器件芯片的$\overline{S}$串接，可以扩展优先编码器的位数。

利用 Y_S、$\overline{Y_{EX}}$的状态可以区别编码器处于不工作状态、编码器虽然处于工作状态，但 8 个输入端均无有效低电平、只有输入端$\overline{I_0}$有有效低电平输入时，$\overline{Y_2Y_1Y_0}$为 111 的三种情况。

其他常用的 8 线—3 线优先编码器有低功耗肖特基集成器件 74LS148 和高速 CMOS 集成器件 74HC148、74HCT148 等，它们的逻辑功能、外形和尺寸、引脚排列顺序等均与 74148 完全相同。

由两片8线—3线优先编码器74148可扩展为16线—4线优先编码器，逻辑图如图3-21所示。结合功能表3-12，对图3-21所示电路的工作原理说明如下：

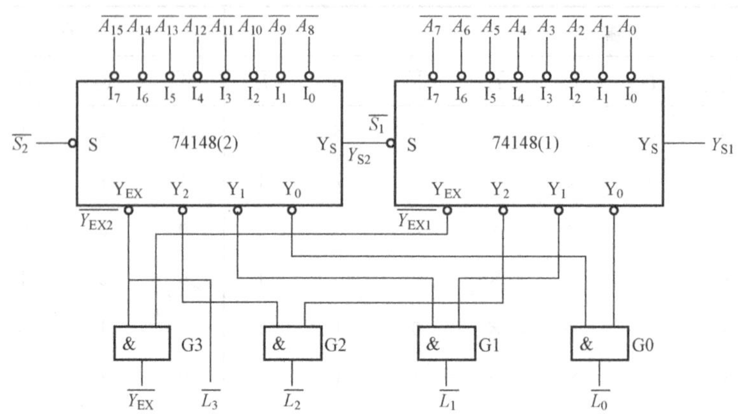

图3-21 用两片74148扩展为16线—4线优先编码器的逻辑图

1）禁止编码。当$\overline{S_2}=1$时，$Y_{S2}=1$，从而使$\overline{S_1}=1$，这时74148(1)、74148（2）均禁止编码，它们的输出端$\overline{Y_2 Y_1 Y_0}=111$。由逻辑图可知，$\overline{Y_{EX}}=\overline{Y_{EX1}}\cdot\overline{Y_{EX2}}=1$，表示此时整个电路的代码输出端$\overline{L_3 L_2 L_1 L_0}=1111$，为非编码输出状态。

2）低位片编码有效。当$\overline{S_2}=0$时，高位片（2）允许编码，但若$\overline{A_{15}}\sim\overline{A_8}$都是高电平，即均无编码有效输入，则$Y_{S2}=0$，从而使$\overline{S_1}=0$，允许低位片（1）编码。此时，高位片（2）的$\overline{Y_2 Y_1 Y_0}=111$，使门G2、G1、G0都打开，$\overline{L_2 L_1 L_0}$取决于低位片（1）的$\overline{Y_2 Y_1 Y_0}$；而$\overline{L_3}=\overline{Y_{EX2}}$总是等于1，所以输出代码$\overline{L_3 L_2 L_1 L_0}$在1111～1000之间变化。例如，当仅有$\overline{A_0}$为有效低电平时，输出为1111，恰恰是表示其原码为0000即是同输入信号$\overline{A_0}$对应的编码输出；如果$\overline{A_7}$及任意其他输入同时为有效低电平时，则输出为1000，恰恰是表示其原码为0111即是同输入信号$\overline{A_7}$对应的编码输出。低位片（1）以$\overline{A_7}$的优先级别最高。

3）高位片编码有效。当$\overline{S_2}=0$，且$\overline{A_{15}}\sim\overline{A_8}$中有编码有效输入（至少一个为低电平）时，使$Y_{S2}=1$，从而$\overline{S_1}=1$，高位片（2）编码，低位片（1）禁止编码。显然，高位片（2）的编码级别优先于低位片（1）。此时$\overline{L_3}=\overline{Y_{EX2}}=0$，$\overline{L_2 L_1 L_0}$取决于高位片（2）的$\overline{Y_2 Y_1 Y_0}$，输出代码在0111～0000之间变化。例如，当仅有$\overline{A_8}$为有效低电平时，输出为0111，恰恰是表示其原码为1000即是同输入信号$\overline{A_8}$对应的编码输出；如果$\overline{A_{15}}$及任意其他输入同时为有效低电平时，则输出为0000，恰恰是表示其原码为1111即是同输入信号$\overline{A_{15}}$对应的编码输出。高位片中$\overline{A_{15}}$的优先级别最高。

整个电路实现了16个输入、4位输出的优先编码功能，输入信号中$\overline{A_{15}}$具有最高的优先级别，优先级别从$\overline{A_{15}}$至$\overline{A_0}$依次递减，输入的有效编码电平为低电平，编码输出$\overline{L_3 L_2 L_1 L_0}$为4位二进制代码的反码形式。使用该编码器编码时，需设置$\overline{S_2}$为0。

（2）10线—4线优先编码器74147。中规模集成10线—4线优先编码器74147的逻辑符号和引脚图如图3-22所示，功能表如表3-13所示。由功能表3-13可知：

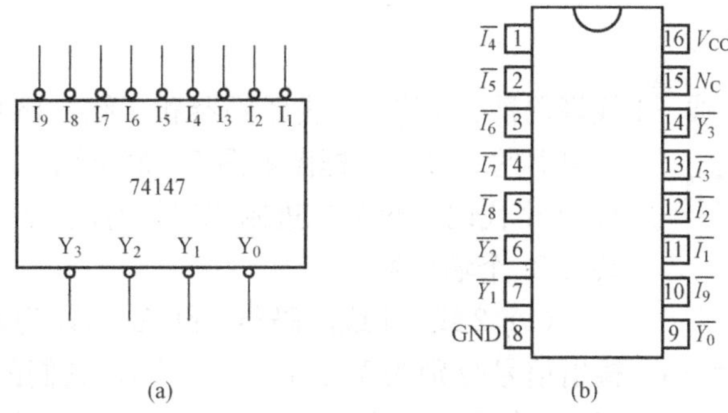

图 3-22 10 线—4 线优先编码器 74147

(a) 逻辑符号；(b) 引脚图

表 3-13 10 线—4 线优先编码器 74147 的功能表

输入									输出			
$\overline{I_1}$	$\overline{I_2}$	$\overline{I_3}$	$\overline{I_4}$	$\overline{I_5}$	$\overline{I_6}$	$\overline{I_7}$	$\overline{I_8}$	$\overline{I_9}$	$\overline{Y_3}$	$\overline{Y_2}$	$\overline{Y_1}$	$\overline{Y_0}$
1	1	1	1	1	1	1	1	1	1	1	1	1
×	×	×	×	×	×	×	×	0	0	1	1	0
×	×	×	×	×	×	×	0	1	0	1	1	1
×	×	×	×	×	×	0	1	1	1	0	0	0
×	×	×	×	×	0	1	1	1	1	0	0	1
×	×	×	×	0	1	1	1	1	1	0	1	0
×	×	×	0	1	1	1	1	1	1	0	1	1
×	×	0	1	1	1	1	1	1	1	1	0	0
×	0	1	1	1	1	1	1	1	1	1	0	1
0	1	1	1	1	1	1	1	1	1	1	1	0

1）编码输入端$\overline{I_1}$～$\overline{I_9}$低电平有效。

2）编码输出端$\overline{Y_3}$、$\overline{Y_2}$、$\overline{Y_1}$、$\overline{Y_0}$是 8421 码反码形式输出的。例如，输入$\overline{I_9}=0$时编码有效，编码输出为$\overline{Y_3}\,\overline{Y_2}\,\overline{Y_1}\,\overline{Y_0}=0110$，是原码 1001 的反码形式。

3）输入$\overline{I_1}$～$\overline{I_9}$的优先级别由高到低依次为$\overline{I_9}$，$\overline{I_8}$，…，$\overline{I_1}$。

值得注意的是，74147 实际上只提供了 9 个输入端，当$\overline{I_1}$～$\overline{I_9}$输入全为 1 均无效时，相当于第 10 个输入$\overline{I_0}$有效，对应于功能表 3-13 中第 1 行的情况，即输出为 1111，是原码 0000 的反码形式，表示对应$\overline{I_0}$的编码。

二、译码器

译码是编码的逆过程。在编码时，每一组二进制代码状态，都赋予了特定的含义，即都表示了一个确定的信息（数字或字符）。把每一组代码状态的特定含义进行辨别并转换成控制信号的过程称为译码，实现译码功能的电路称为译码器。换句话说，译码器是可以将输入二进制代码的状态翻译成输出有效信号，并表示其原来含义的电路。根据需要，可选定译码器输出有效信号是高电平或是低电平。常用的译码器电路有二进制译码器、二—十进制译码器和显示译码器等。

1. 二进制译码器

二进制译码器有2线—4线译码器、3线—8线译码器和4线—16线译码器等。二进制译码器的一般原理框图如图3-23所示，它有n个输入端，共有2^n个代码，每个二进制代码均对应一个输出有效信号，电路共有2^n个输出端。

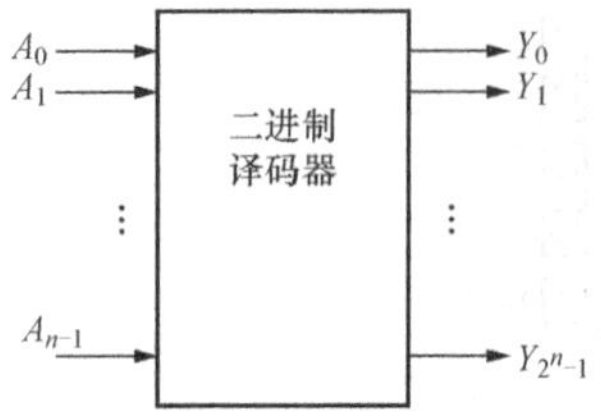

图3-23 二进制译码器一般原理图

(1) 2线—4线译码器。设A_1、A_0为译码电路的输入变量，输出信号分别为Y_3、Y_2、Y_1、Y_0，它们的有效电平为高电平。当输入代码分别为00、01、10、11时，Y_0、Y_1、Y_2、Y_3分别输出有效高电平。列出译码器的功能表如表3-14所示。

表3-14 2线—4线译码器功能表

A_1	A_0	Y_3	Y_2	Y_1	Y_0
0	0	0	0	0	1
0	1	0	0	1	0
1	0	0	1	0	0
1	1	1	0	0	0

由功能表3-14可写出各输出端的逻辑表达式为

$$\begin{cases}Y_0=\overline{A_1}\,\overline{A_0}\\Y_1=\overline{A_1}A_0\\Y_2=A_1\overline{A_0}\\Y_3=A_1A_0\end{cases}\tag{3-22}$$

根据式(3-22)可画出2线—4线译码器的逻辑图，如图3-24所示。

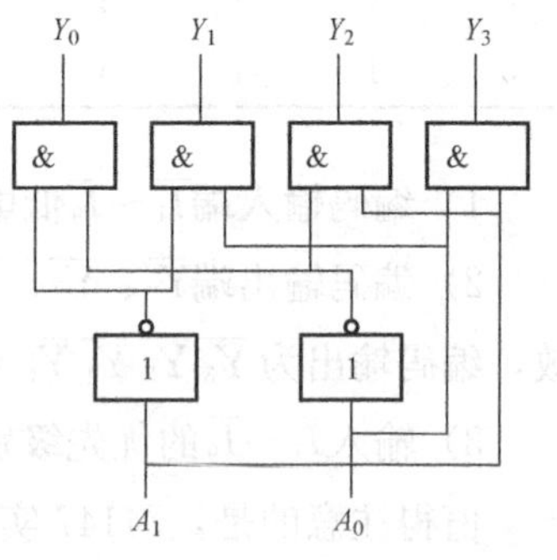

图3-24 2线—4线译码器逻辑图

由式(3-22)可以看出，译码器的输出Y_0、Y_1、Y_2、Y_3同时又是A_1、A_0这两个变量的全部最小项的译码输出。所以，一个2线—4线译码器能产生2变量函数的全部最小项，利用这一点能够方便地实现2变量逻辑函数。同理一个n线—2^n线译码器能产生n变量函数的全部最小项，利用这一点能够方便地实现n变量逻辑函数。

(2) 集成二进制译码器。图3-25所示为中规模集成3线—8线译码器74138的逻辑图、逻辑符号和引脚图，它的功能表如表3-15所示。由图3-25(a)可知，该译码器有3个输入A_0、A_1、A_2，它们共有8种状态的组合，即可译出8个输出信号$\overline{Y_0}\sim\overline{Y_7}$（低电平有效)，故该译码器称为3线—8线译码器。与图3-24比较，该译码器的主要特点是设置了S_1、$\overline{S_2}$和$\overline{S_3}$ 3个使能控制输入端。由功能表3-15可知，当S_1为1，且$\overline{S_2}$和$\overline{S_3}$均为0时，译码器处于工作状态。否则，译码器被禁止，所有的输出端被封锁在高电平。这3个控制端也称为“片选”输入端，利用片选的作用可以将多片74138连接起来以扩展译码器的功能。

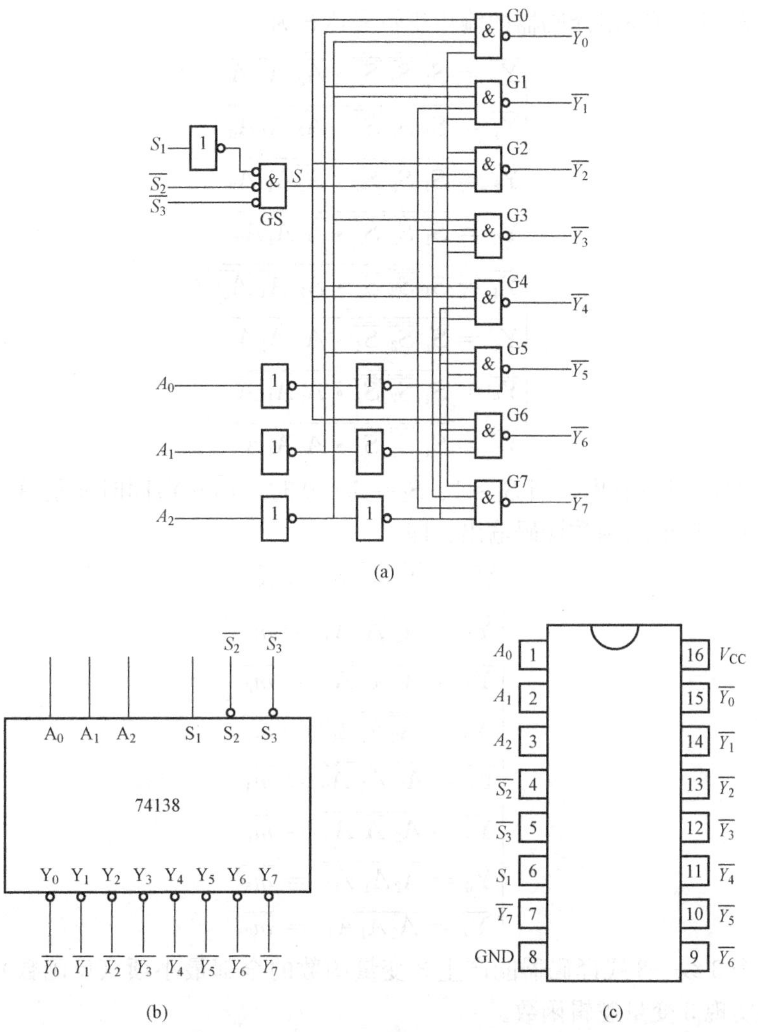

图 3-25　3 线—8 线译码器 74138

(a) 逻辑图；(b) 逻辑符号；(c) 引脚图

表 3-15　　3 线—8 线译码器 74138 的功能表

输入					输出							
S_1	$\overline{S_2}+\overline{S_3}$	A_2	A_1	A_0	$\overline{Y_0}$	$\overline{Y_1}$	$\overline{Y_2}$	$\overline{Y_3}$	$\overline{Y_4}$	$\overline{Y_5}$	$\overline{Y_6}$	$\overline{Y_7}$
0	×	×	×	×	1	1	1	1	1	1	1	1
×	1	×	×	×	1	1	1	1	1	1	1	1
1	0	0	0	0	0	1	1	1	1	1	1	1
1	0	0	0	1	1	0	1	1	1	1	1	1
1	0	0	1	0	1	1	0	1	1	1	1	1
1	0	0	1	1	1	1	1	0	1	1	1	1
1	0	1	0	0	1	1	1	1	0	1	1	1
1	0	1	0	1	1	1	1	1	1	0	1	1
1	0	1	1	0	1	1	1	1	1	1	0	1
1	0	1	1	1	1	1	1	1	1	1	1	0

由功能表 3 - 15 可写出译码器的输出逻辑表达式为

$$
\begin{cases}
\overline{Y_0} = \overline{S_1 \overline{\overline{S_2}}\,\overline{\overline{S_3}} \cdot \overline{A_2}\,\overline{A_1}\,\overline{A_0}} \\
\overline{Y_1} = \overline{S_1 \overline{\overline{S_2}}\,\overline{\overline{S_3}} \cdot \overline{A_2}\,\overline{A_1}A_0} \\
\overline{Y_2} = \overline{S_1 \overline{\overline{S_2}}\,\overline{\overline{S_3}} \cdot \overline{A_2}A_1\,\overline{A_0}} \\
\overline{Y_3} = \overline{S_1 \overline{\overline{S_2}}\,\overline{\overline{S_3}} \cdot \overline{A_2}A_1A_0} \\
\overline{Y_4} = \overline{S_1 \overline{\overline{S_2}}\,\overline{\overline{S_3}} \cdot A_2\,\overline{A_1}\,\overline{A_0}} \\
\overline{Y_5} = \overline{S_1 \overline{\overline{S_2}}\,\overline{\overline{S_3}} \cdot A_2\,\overline{A_1}A_0} \\
\overline{Y_6} = \overline{S_1 \overline{\overline{S_2}}\,\overline{\overline{S_3}} \cdot A_2A_1\,\overline{A_0}} \\
\overline{Y_7} = \overline{S_1 \overline{\overline{S_2}}\,\overline{\overline{S_3}} \cdot A_2A_1A_0}
\end{cases}
\tag{3 - 23}
$$

由式（3 - 23）可以看出，当 $S_1=1$、$\overline{S_2}=\overline{S_3}=0$ 时，$\overline{Y_0}\sim\overline{Y_7}$同时又是 A_2、A_1、A_0 这 3 个变量的全部最小项的反函数译码输出。即

$$
\begin{cases}
\overline{Y_0} = \overline{\overline{A_2}\,\overline{A_1}\,\overline{A_0}} = \overline{m_0} \\
\overline{Y_1} = \overline{\overline{A_2}\,\overline{A_1}A_0} = \overline{m_1} \\
\overline{Y_2} = \overline{\overline{A_2}A_1\,\overline{A_0}} = \overline{m_2} \\
\overline{Y_3} = \overline{\overline{A_2}A_1A_0} = \overline{m_3} \\
\overline{Y_4} = \overline{A_2\,\overline{A_1}\,\overline{A_0}} = \overline{m_4} \\
\overline{Y_5} = \overline{A_2\,\overline{A_1}A_0} = \overline{m_5} \\
\overline{Y_6} = \overline{A_2A_1\,\overline{A_0}} = \overline{m_6} \\
\overline{Y_7} = \overline{A_2A_1A_0} = \overline{m_7}
\end{cases}
\tag{3 - 24}
$$

显然，一个 3 线—8 线译码器能产生 3 变量函数的全部最小项（反函数），利用这一特点能够方便地实现 3 变量逻辑函数。

（3）译码器的应用。

1）译码器的功能扩展。用两片 3 线—8 线译码器 74138 可组成 4 线—16 线译码器，有多种构成方案。

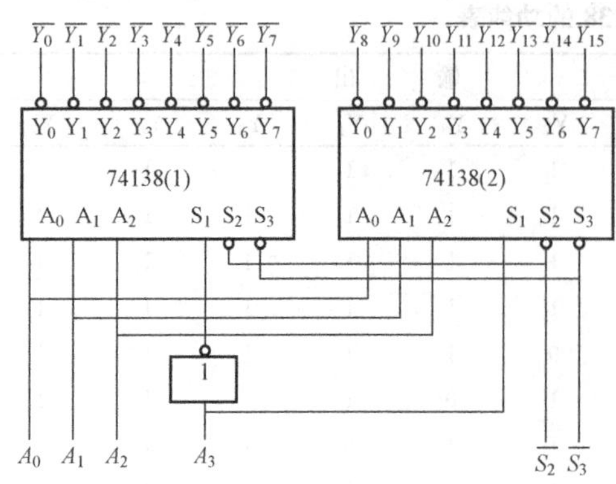

图 3 - 26　两片 3 线—8 线译码器扩展组成 4 线—16 线译码器的逻辑图

如图 3 - 26 所示为构成 4 线—16 线译码器的一种方案。对图 3 - 26 所示电路的工作原理说明如下：

a. 禁止译码。当片选控制$\overline{S_2}+\overline{S_3}=1$ 时，为片选无效，低位片（1）和高位片（2）均被禁止，所有的输出端被封锁在高电平，整个译码器被禁止。

b. 低位片译码有效。当$\overline{S_2}=\overline{S_3}=0$ 时，如果输入 $A_3A_2A_1A_0$ 的代码在 0111～0000 之间变化，此时高位片（2）中 $S_1=A_3=0$，为片选无效，高位片（2）被禁止，输出$\overline{Y_8}\sim\overline{Y_{15}}$均被封

锁在高电平；而低位片（1）中 $S_1=\overline{A_3}=1$，为片选有效，此时输出$\overline{Y_0}\sim\overline{Y_7}$有译码输出（低电平）。

c. 高位片译码有效。当$\overline{S_2}=\overline{S_3}=0$时，如果输入 $A_3A_2A_1A_0$ 的代码在 1111～1000 之间变化，此时低位片（1）中 $S_1=\overline{A_3}=1$，为片选无效，低位片（1）被禁止，输出$\overline{Y_0}\sim\overline{Y_7}$均被封锁在高电平；而高位片（2）中 $S_1=A_3=1$，为片选有效，此时输出$\overline{Y_8}\sim\overline{Y_{15}}$有译码输出（低电平）。

整个电路实现了输入 4 位代码、16 个译码输出的译码功能，输出的有效译码电平为低电平。使用该译码器译码时，需设置$\overline{S_2}$和$\overline{S_3}$同时为 0。

2）用译码器实现组合逻辑函数。3 线—8 线译码器在 $S_1=1$、$\overline{S_2}=\overline{S_3}=0$ 的条件下，由式（3-24）可知输出可写为

$$\overline{Y_i}=y(A_2,A_1,A_0)=\overline{m_i}\quad(i=0,1,2,\cdots,7) \tag{3-25}$$

组合逻辑函数（三变量）可表示成最小项之和形式，即

$$F(A,B,C)=\sum m_i\quad(i\in 0\sim 7) \tag{3-26}$$

比较式（3-25）和式（3-26）可知，把 3 线—8 线译码器 74138 的地址输入端（$A_2A_1A_0$）作为逻辑函数的输入变量（ABC），译码器的每个输出端均与某一个最小项 m_i（反函数$\overline{m_i}$）唯一相对应，附加适当的门电路，就可以利用译码器实现组合逻辑函数（三变量）。因为 3 线—8 线译码器 74138 输出端与$\overline{m_i}$相对应，需将组合逻辑函数式（3-26）变换为与非—与非式，即

$$F=\sum m_i=\overline{\prod\overline{m_i}}=\overline{\prod\overline{Y_i}} \tag{3-27}$$

所以可以用译码器附加与非门实现组合逻辑函数。一般，n 个输入端的译码器可实现 n 变量的逻辑函数。

如果所选用的译码器输出为高电平有效，即输出表达式为原函数 $Y_i=m_i$ 时，应附加或门电路来实现组合逻辑函数。

［例 3-5］ 用一个 3 线—8 线译码器实现逻辑函数 $F=A\overline{C}+\overline{A}BC+A\overline{B}$。

解 （1）首先将要实现的组合逻辑函数化为最小项之和的形式，得到

$$F=AB\overline{C}+A\overline{B}\overline{C}+\overline{A}BC+A\overline{B}C=m_3+m_4+m_5+m_6 \tag{3-28}$$

（2）为实现给定的逻辑函数，应使 3 线—8 线译码器处于工作状态，即使 $S_1=1$，且$\overline{S_2}=\overline{S_3}=0$。

（3）令 3 线—8 线译码器 74138 的输入 $A_2=A$、$A_1=B$、$A_0=C$，则它的输出$\overline{Y_3}\sim\overline{Y_6}$就是式（3-28）中的$\overline{m_3}\sim\overline{m_6}$。由于这些最小项是以反函数形式给出的，所以还需要把 F 变换为$\overline{m_3}\sim\overline{m_6}$的形式，参照式（3-27）得

$$F=\overline{\overline{m_3}\cdot\overline{m_4}\cdot\overline{m_5}\cdot\overline{m_6}}=\overline{\overline{Y_3}\cdot\overline{Y_4}\cdot\overline{Y_5}\cdot\overline{Y_6}} \tag{3-29}$$

由式（3-29）表明，只需在 74138 的输出端附加一个与非门，即可得到实现 F 的逻辑电路。

（4）电路接法如图 3-27 所示。

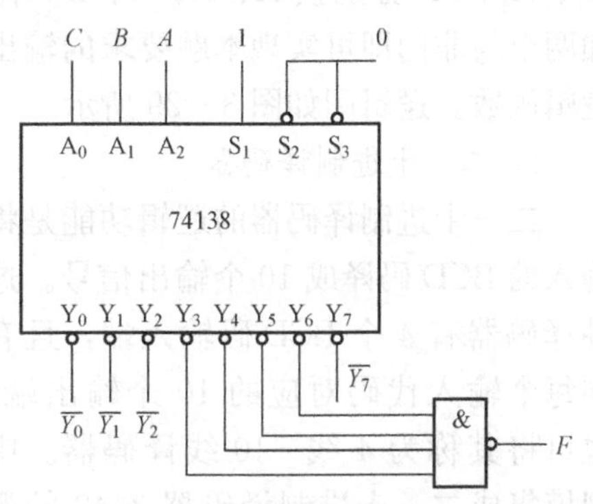

图 3-27 ［例 3-5］的逻辑图

[例 3-6] 设计电路要求为利用 3 线—8 线译码器实现全减器的功能。已知全减器功能表如表 3-16 所示。

表 3-16 全减器功能表

A_i	0	0	0	0	1	1	1	1
B_i	0	0	1	1	0	0	1	1
C_{i-1}	0	1	0	1	0	1	0	1
D_i	0	1	1	0	1	0	0	1
C_i	0	1	1	1	0	0	0	1

解 (1) 由给定的全减器功能表 3-16 可得到逻辑函数的最小项之和的形式并且变换为

$$\begin{cases} D_i = \sum m(1,2,4,7) = \overline{\overline{m_1} \cdot \overline{m_2} \cdot \overline{m_4} \cdot \overline{m_7}} \\ C_i = \sum m(1,2,3,7) = \overline{\overline{m_1} \cdot \overline{m_2} \cdot \overline{m_3} \cdot \overline{m_7}} \end{cases} \quad (3-30)$$

(2) 为实现由式 (3-30) 给定的逻辑函数，应使 3 线—8 线译码器处于工作状态，即使 S_1 为 1，且 $\overline{S_2}$ 和 $\overline{S_3}$ 均为 0。比照式 (3-13) 只要令 74138 的输入 $A_2 = A_i$、$A_1 = B_i$、$A_0 = C_{i-1}$，式 (3-30) 可变换为

$$\begin{cases} D_i = \overline{\overline{m_1} \cdot \overline{m_2} \cdot \overline{m_4} \cdot \overline{m_7}} = \overline{\overline{Y_1} \cdot \overline{Y_2} \cdot \overline{Y_4} \cdot \overline{Y_7}} \\ C_i = \overline{\overline{m_1} \cdot \overline{m_2} \cdot \overline{m_3} \cdot \overline{m_7}} = \overline{\overline{Y_1} \cdot \overline{Y_2} \cdot \overline{Y_3} \cdot \overline{Y_7}} \end{cases} \quad (3-31)$$

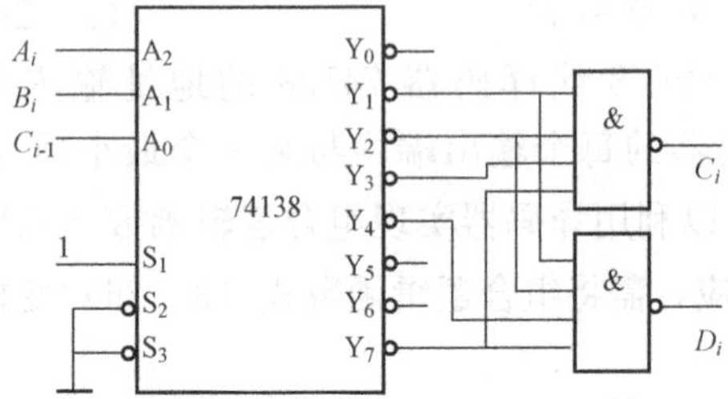

图 3-28 [例 3-6] 的逻辑图

(3) 画出逻辑图如图 3-28 所示。

[例 3-7] 试用 3 线—8 线译码器附加适当门电路实现多输出函数

$$F_1(A,B,C,D) = \sum m(0,2,5,7,8,10,15)$$

$$F_2(A,B,C,D) = \sum m(0,4,5,11,13,15)$$

解 首先用两片 3 线—8 线译码器扩展成 4 线—16 线译码器，然后用 4 线—16 线译码器实现 4 变量函数。

$$F_1 = \overline{\overline{m_0} \cdot \overline{m_2} \cdot \overline{m_5} \cdot \overline{m_7} \cdot \overline{m_8} \cdot \overline{m_{10}} \cdot \overline{m_{15}}}$$

$$F_2 = \overline{\overline{m_0} \cdot \overline{m_4} \cdot \overline{m_5} \cdot \overline{m_{11}} \cdot \overline{m_{13}} \cdot \overline{m_{15}}}$$

把 4 线—16 线译码器的输入 A_3、A_2、A_1、A_0 分别接 A、B、C、D，附加两个与非门即可实现本题要求的输出逻辑函数。逻辑图如图 3-29 所示。

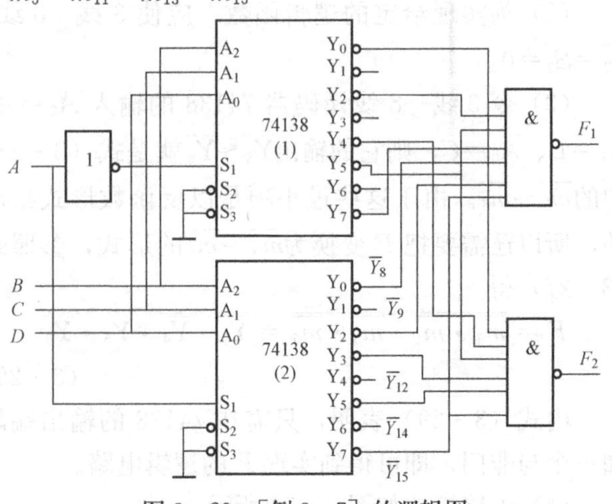

图 3-29 [例 3-7] 的逻辑图

2. 二—十进制译码器

二—十进制译码器的逻辑功能是将输入的 BCD 码译成 10 个输出信号。这种译码器有 4 个 BCD 码输入端，且有同每个输入代码对应的 10 个输出端，也可将其称为 4 线—10 线译码器。中规模集成二—十进制译码器 7442 的逻辑图和引脚图如图 3-30 所示，它的功

能表如表 3-17 所示，译码输出为低电平有效。

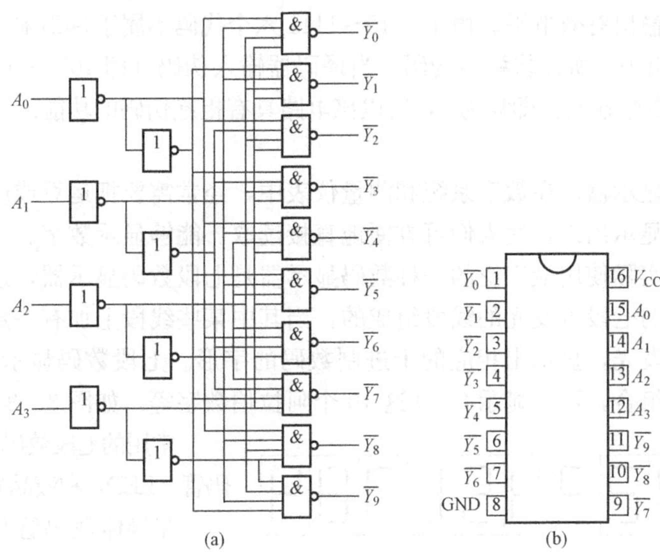

图 3-30 二—十进制译码器 7442

(a) 逻辑图；(b) 引脚图

表 3-17 二—十进制译码器 7442 的功能表

序号	输入				输出									
	A_3	A_2	A_1	A_0	$\overline{Y_0}$	$\overline{Y_1}$	$\overline{Y_2}$	$\overline{Y_3}$	$\overline{Y_4}$	$\overline{Y_5}$	$\overline{Y_6}$	$\overline{Y_7}$	$\overline{Y_8}$	$\overline{Y_9}$
0	0	0	0	0	0	1	1	1	1	1	1	1	1	1
1	0	0	0	1	1	0	1	1	1	1	1	1	1	1
2	0	0	1	0	1	1	0	1	1	1	1	1	1	1
3	0	0	1	1	1	1	1	0	1	1	1	1	1	1
4	0	1	0	0	1	1	1	1	0	1	1	1	1	1
5	0	1	0	1	1	1	1	1	1	0	1	1	1	1
6	0	1	1	0	1	1	1	1	1	1	0	1	1	1
7	0	1	1	1	1	1	1	1	1	1	1	0	1	1
8	1	0	0	0	1	1	1	1	1	1	1	1	0	1
9	1	0	0	1	1	1	1	1	1	1	1	1	1	0
伪码	1	0	1	0	1	1	1	1	1	1	1	1	1	1
	1	0	1	1	1	1	1	1	1	1	1	1	1	1
	1	1	0	0	1	1	1	1	1	1	1	1	1	1
	1	1	0	1	1	1	1	1	1	1	1	1	1	1
	1	1	1	0	1	1	1	1	1	1	1	1	1	1
	1	1	1	1	1	1	1	1	1	1	1	1	1	1

由功能表 3-17 可知，该译码器输入 $A_3A_2A_1A_0$ 是 8421 码，$\overline{Y_0}\sim\overline{Y_9}$ 为 10 个输出端，当 $A_3A_2A_1A_0=0000$ 时，输出只有 $\overline{Y_0}=0$（低电平有效），其余均为 1；当 $A_3A_2A_1A_0=0001$

时，输出只有$\overline{Y_1}=0$（低电平有效），其余均为1，以此类推。每一组BCD码输入均有唯一的1个相应输出端输出有效电平。由于1010～1111六个代码不属于8421码，在正常情况下不会在译码器输入端出现，所以将称为伪码。当译码器输入伪码（即1010～1111六个代码）时$\overline{Y_0}\sim\overline{Y_9}$均无有效低电平输出，即均为1，所以该电路具有拒绝伪码的功能。

3. 显示译码器

（1）七段数码显示器。在数字系统和测量仪表中，经常需要把运算或测量的结果用十进制数码形式直观地显示出来，使人们可方便地直接读取。能够显示数字、字母或符号的器件称为数码显示器。实际使用最广泛的一种数码显示器是七段数码显示器，这种数码显示器是由分布在同一平面的七段可发光的线段组成的，当其中某些线段上加有一定驱动电压或电流时，这些线段就会发光，显示出相应的十进制数码的字形。七段数码显示器通过利用$a\sim g$不同的发光段进行组合，可以显示0～9这10个阿拉伯数字等，如图3-31所示。

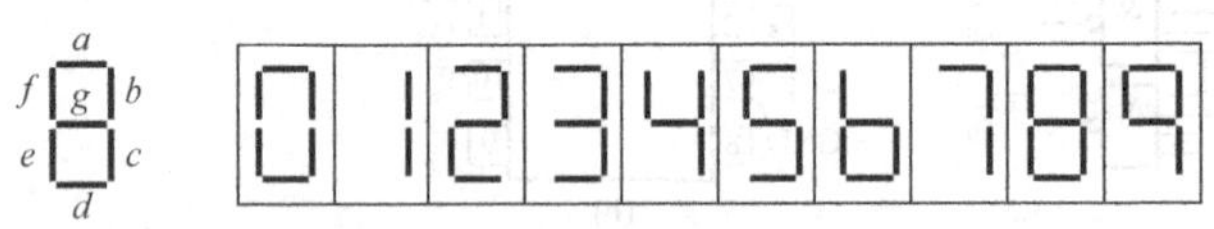

图3-31 七段数码显示器字段组合图

常用的七段数码显示器有半导体数码管（LED）和液晶显示器（LCD）等。

半导体数码管具有体积小、寿命长（大于1000h）、工作电压低（1.5～3V）、可靠性高、响应速度快（1～100ns）、显示的字形美观清晰、色彩丰富等特点，但是工作电流较大（10～40mA）使得功率损耗较大。

液晶显示器主要特点是工作电压低、工作电流小、微功耗、成本低、使用寿命长、应用极为广泛，不足之处是响应速度较慢、字形显示不够清晰、亮度较差。

半导体数码管是由条形半导体发光二极管构成的七段数码显示器。根据七段发光二极管的连接形式不同，分为共阴极显示器和共阳极显示器，如图3-32所示为其内部接线图。共阴极显示器7个发光二极管的阴极均连在一起，作为公共端。在电路中，需将公共端接于低电平（接地），当某段二极管的阳极为高电平时，相应段就会发光，所以共阴极显示器为高电平驱动。而共阳极显示器是7个发光二极管的阳极均连在一起，作为公共端。在电路中，通常需将公共端接电源正端，当某段二极管的阳极为低电平时，相应段就会发光，所以共阳极显示器为低电平驱动。使用半导体数码管时注意需在每个字段端串联限流电阻。

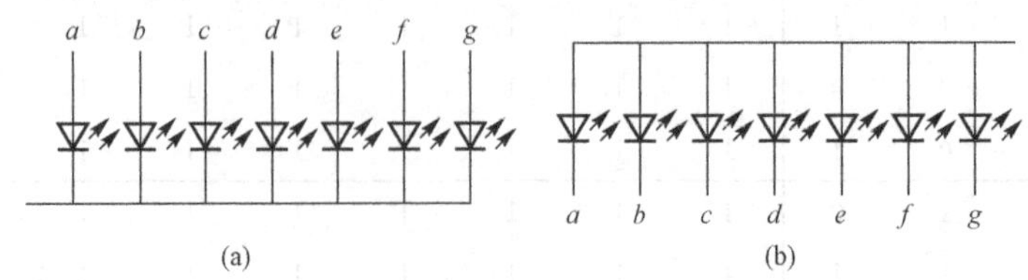

图3-32 半导体发光二极管构成的七段数码显示器

（a）共阴极显示器；（b）共阳极显示器

（2）七段显示译码器。显示译码器的功能是输入BCD码，将其转换为相应的输出信号以驱动数码显示器显示0～9这10个阿拉伯数字字形。为了使七段数码显示器能将数码所代表的数显示出来，必须将数码的BCD码经译码器译出，然后驱动对应的字段使其发光。即七段显示译码器是将十进制数的BCD码进行译码，以驱动七段显示器显示十进制数字的。

由于显示器件和显示方式不同，其显示译码器也不尽相同。半导体数码管和液晶显示器均可以用 TTL 和 CMOS 集成电路直接驱动。

中规模集成的七段显示译码器 7448 具有直接驱动共阴极显示器的能力，可对十进制数的 8421 码进行译码，以驱动七段显示器显示十进制数字。7448 的功能表如表 3 - 18 所示，$A_3A_2A_1A_0$ 是显示译码器输入的 8421 码输入端，$Y_a \sim Y_g$ 为显示译码器的 7 个输出（高电平有效），用 1 表示数码管中线段的发光状态，用 0 表示线段的熄灭状态，输出可直接驱动七段共阴极显示器。表中除列出了 8421 码的 10 个代码与 $Y_a \sim Y_g$ 状态的对应关系以外，还列出了输入为 1010～1111 这 6 个状态下显示的字形，一般情况下可不用。

7448 译码器除了译码输入、输出，还设有 3 个附加辅助控制端$\overline{LT}$、$\overline{RBI}$、$\overline{BI}/\overline{RBO}$，以完善器件的功能。现分别简要说明如下：

1）$\overline{LT}$。灯测试输入端，低电平有效。当$\overline{LT}=0$ 时，此时不论其他输入端电平如何，所有输出 $Y_a \sim Y_g$ 均为 1，显示字形 8。此输入端可用来检查译码器本身及显示器的好坏。而$\overline{BI}/\overline{RBO}$端是输出端且$\overline{RBO}=1$，此时$\overline{LT}$控制端输入信号的优先级别高于其他输入端。

2）$\overline{RBI}$。动态灭零输入端，低电平有效。在$\overline{LT}=1$ 的条件下，当$\overline{RBI}=0$，且输入代码 $A_3A_2A_1A_0=0000$ 时，输出 $Y_a \sim Y_g$ 均为低电平，即与 BCD 码相对应的字形 0 不显示，故称“灭零”。利用$\overline{LT}=1$ 与$\overline{RBI}=0$，可以实现某一位数码的 0 的“消隐”。而$\overline{BI}/\overline{RBO}$端是输出端且$\overline{RBO}=0$。

3）$\overline{BI}/\overline{RBO}$。灭灯输入 / 动态灭零输出端，是一个特殊控制端，可根据需要，选择其作为输入端或输出端。当$\overline{BI}/\overline{RBO}$作输入端使用，且$\overline{BI}=0$ 时，即低电平有效，不论其他输入端电平如何，所有输出 $Y_a \sim Y_g$ 均为 0，字形熄灭，故称“灭灯”输入端，也可称“消隐”控制端。此时$\overline{BI}$控制端输入信号的优先级别高于其他输入端。当$\overline{BI}/\overline{RBO}$作为输出端使用时，受$\overline{LT}$和$\overline{RBI}$控制，只有当$\overline{LT}=1$，$\overline{RBI}=0$，且输入代码 $A_3A_2A_1A_0=0000$ 时，输出$\overline{RBO}=0$，即低电平有效，表示“灭零”故称“动态灭零”输出端，其他输入情况下输出$\overline{RBO}=1$。当显示多位数字时，需要有多个数码显示器和多个译码器一一对应，$\overline{BI}/\overline{RBO}$端主要是用于多个译码器之间的连接。

由译码器功能表 3 - 18 可知，如果输入代码为 0000，译码条件是控制端$\overline{LT}$和$\overline{RBI}$同时为 1，而其他输入代码的译码条件仅要求$\overline{LT}$为 1，这时译码器 $Y_a \sim Y_g$ 输出的电平由输入的代码决定，此时译码器的 $Y_a \sim Y_g$ 输出的电平满足欲显示字形的要求，即译码器处于有效译码工作状态。例如$\overline{LT}$为 1 且输入代码为 0011 时，译码器输出 $Y_e=Y_f=0$ 且 $Y_a=Y_b=Y_c=Y_d=Y_g=1$ 表示其驱动的七段数码显示器的 e、f 字段不发光，其余字段均发光，显示出字形“3”。七段显示译码器 7448 的输出是 OC 方式，内有 2kΩ 上拉电阻。

表 3 - 18　　七段显示译码器 7448 的功能表

十进制或功能	输入						$\overline{BI}/$	输出							字形
	$\overline{LT}$	$\overline{RBI}$	A_3	A_2	A_1	A_0	$\overline{RBO}$	Y_a	Y_b	Y_c	Y_d	Y_e	Y_f	Y_g	
0	1	1	0	0	0	0	1	1	1	1	1	1	1	0	0
1	1	×	0	0	0	1	1	0	1	1	0	0	0	0	1
2	1	×	0	0	1	0	1	1	1	0	1	1	0	1	2

续表

十进制或功能	输入						$\overline{BI}$/	输出							字形
	$\overline{LT}$	$\overline{RBI}$	A_3	A_2	A_1	A_0	$\overline{RBO}$	Y_a	Y_b	Y_c	Y_d	Y_e	Y_f	Y_g	
3	1	×	0	0	1	1	1	1	1	1	1	0	0	1	
4	1	×	0	1	0	0	1	0	1	1	0	0	1	1	
5	1	×	0	1	0	1	1	1	0	1	1	0	1	1	
6	1	×	0	1	1	0	1	0	0	1	1	1	1	1	
7	1	×	0	1	1	1	1	1	1	1	0	0	0	0	
8	1	×	1	0	0	0	1	1	1	1	1	1	1	1	
9	1	×	1	0	0	1	1	1	1	1	0	0	1	1	
10	1	×	1	0	1	0	1	0	0	0	1	1	0	1	
11	1	×	1	0	1	1	1	0	0	1	1	0	0	1	
12	1	×	1	1	0	0	1	0	1	0	0	0	1	1	
13	1	×	1	1	0	1	1	1	0	0	1	0	1	1	
14	1	×	1	1	1	0	1	0	0	0	1	1	1	1	
15	1	×	1	1	1	1	1	0	0	0	0	0	0	0	
消隐	×	×	×	×	×	×	0	0	0	0	0	0	0	0	
脉冲消隐	1	0	0	0	0	0	0	0	0	0	0	0	0	0	
灯测试	0	×	×	×	×	×	1	1	1	1	1	1	1	1	

第六节 数据选择器与数据分配器

一、数据选择器（MUX）

数据选择器是一种能够根据需要从多路输入数据中选取其中某一路数据输出的逻辑电路。它的作用相当于多个输入的单刀多掷开关，示意图如图 3-33 所示。根据通道地址选择信号（也称地址输入），数据选择器可以有选择性地从多个输入通道中，选取其中任一个通道的数据输出到公共数据通道上。数据选择器一般有 n 个地址输入端、2^n 个数据输入端（即输入数据的路数）。因输入数据的路数不同，有 2 选 1、4 选 1、8 选 1、16 选 1 数据选择器等。

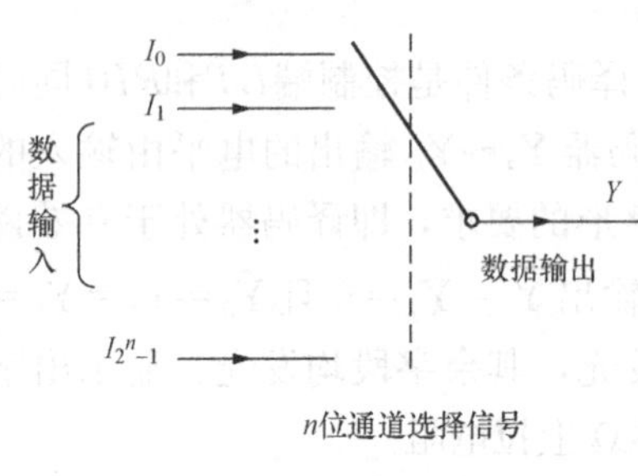

图 3-33 数据选择器示意图

1. 4 选 1 数据选择器

图 3-34 所示为 4 选 1 数据选择器的逻辑图，下面通过对它的分析来说明数据选择器的工作原理。

由图 3-34 可知该选择器有 4 个数据输入端 $D_0 \sim D_3$，1 个数据输出端 Y，2 个地址信号输入端 A_1、A_0，一个输入使能端 $\overline{S}$ 低电平有效。由逻辑图可得输出 Y 的逻辑表达式为

$$Y=\overline{\overline{\overline{\overline{S}}\,\overline{A_1}\,\overline{A_0}D_0+\overline{\overline{S}}\,\overline{A_1}A_0D_1+\overline{\overline{S}}A_1\overline{A_0}D_2+\overline{\overline{S}}A_1A_0D_3}}$$

$$=\overline{\overline{S}}(\overline{A_1}\,\overline{A_0}D_0+\overline{A_1}A_0D_1+A_1\overline{A_0}D_2+A_1A_0D_3)\qquad(3-32)$$

当$\overline{S}=1$时，所有与门都被封锁，无论地址信号码是什么，Y总是等于0；当$\overline{S}=0$时，封锁解除，由地址信号码A_1A_0决定哪一个与门打开，此时

$$Y=\overline{A_1}\,\overline{A_0}D_0+\overline{A_1}A_0D_1+A_1\overline{A_0}D_2+A_1A_0D_3\qquad(3-33)$$

任何时候A_1A_0只有一种可能的取值，所以只有一个与门打开，使对应的那一路数据通过，经Y端输出。例如，地址码A_1A_0为01时，由式（3-33）可得$Y=D_1$，即此时选取数据D_1输出。可列出该电路的功能表如表3-19所示。

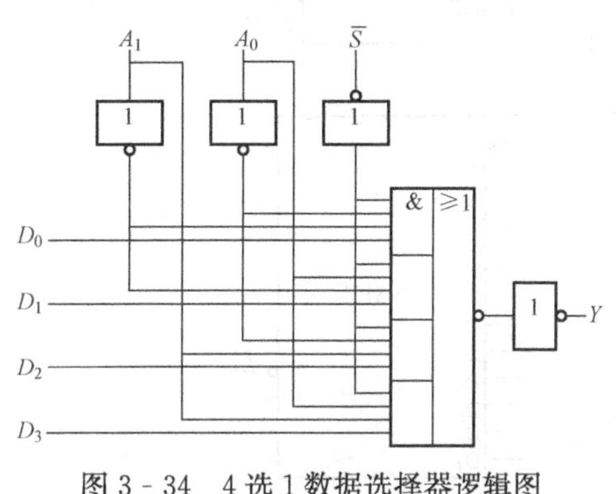

图3-34　4选1数据选择器逻辑图

表3-19　4选1数据选择器功能表

输入			输出
使能	地址		
$\overline{S}$	A_1	A_0	Y
1	×	×	0
0	0	0	D_0
0	0	1	D_1
0	1	0	D_2
0	1	1	D_3

同理，可以构成更多输入通道的数据选择器。输入通道数越多，所需地址码的位数也越多，输入通道数为2^n时，通道选择地址码为n位。

2. 集成数据选择器

（1）4选1数据选择器74LS153。74LS153是中规模集成的双4选1数据选择器，即一个74LS153集成芯片里集成了两个相同的4选1数据选择器。74LS153的引脚图和逻辑符号如图3-35所示。D_0～D_3是4个数据输入端，Y是数据输出端，A_1、A_0是两个地址信号输入端，$\overline{S}$是使能端（或称为选通端），低电平有效。74LS153的功能表如表3-19所示。

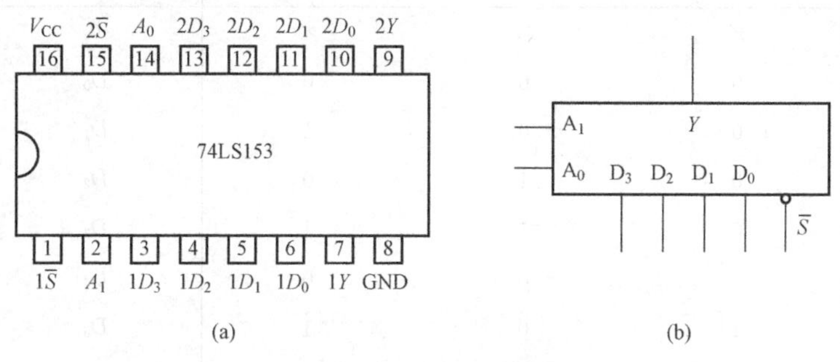

图3-35　双4选1数据选择器74LS153

(a) 引脚图；(b) 逻辑符号

（2）8选1数据选择器74LS151。中规模集成的8选1数据选择器74LS151逻辑图、引脚图和逻辑符号如图3-36所示。它有8个数据输入端D_0～D_7，3个地址信号输入端A_2、

A_1、A_0，2个互补的输出端Y和$\overline{Y}$，1个使能输入端$\overline{S}$，使能端$\overline{S}$仍为低电平有效。74LS151的功能表如表3-20所示。

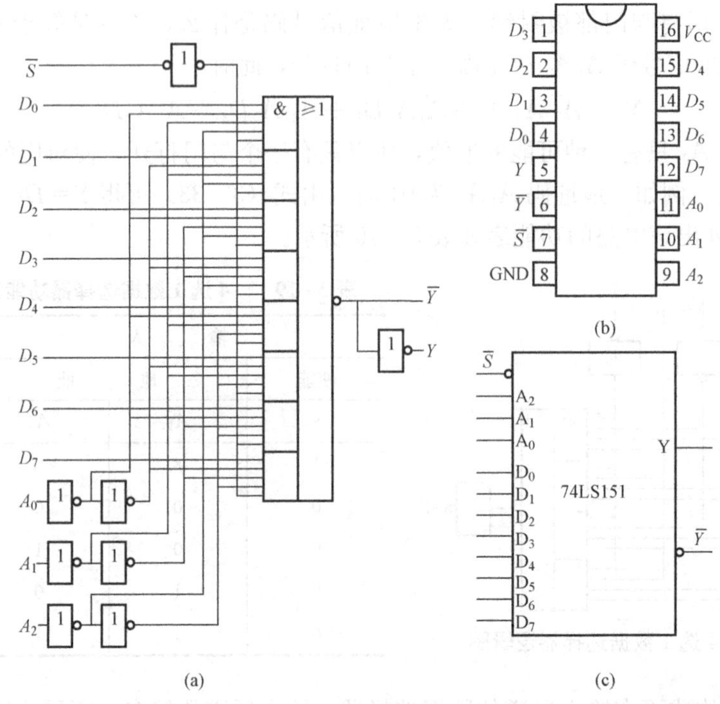

图3-36 8选1数据选择器74LS151

(a)逻辑图；(b)引脚图；(c)逻辑符号

表3-20 8选1数据选择器74LS151的功能表

输 入				输 出	
使 能	地址选择				
$\overline{S}$	A_2	A_1	A_0	Y	$\overline{Y}$
1	×	×	×	0	1
0	0	0	0	D_0	$\overline{D_0}$
0	0	0	1	D_1	$\overline{D_1}$
0	0	1	0	D_2	$\overline{D_2}$
0	0	1	1	D_3	$\overline{D_3}$
0	1	0	0	D_4	$\overline{D_4}$
0	1	0	1	D_5	$\overline{D_5}$
0	1	1	0	D_6	$\overline{D_6}$
0	1	1	1	D_7	$\overline{D_7}$

当$\overline{S}=1$时，无论地址信号码是什么，Y总是等于0，数据选择器不工作；当$\overline{S}=0$时，数据选择器选通输出。由功能表3-20可得输出Y的逻辑表达式为

$$
\begin{aligned}
Y &= \overline{A_2}\,\overline{A_1}\,\overline{A_0}\cdot D_0 + \overline{A_2}\,\overline{A_1}A_0\cdot D_1 + \overline{A_2}A_1\,\overline{A_0}\cdot D_2 + \overline{A_2}A_1A_0\cdot D_3 \\
&\quad + A_2\,\overline{A_1}\,\overline{A_0}\cdot D_4 + A_2\,\overline{A_1}A_0\cdot D_5 + A_2A_1\,\overline{A_0}\cdot D_6 + A_2A_1A_0\cdot D_7 \\
&= \sum_{i=0}^{7} m_iD_i
\end{aligned} \tag{3-34}
$$

式（3 - 34）中：m_i 为 $A_2A_1A_0$ 的最小项。例如，当 $A_2A_1A_0=011$ 时，只有 m_3 为 1，其余各最小项为 0，得 $Y=D_3$，即只有 D_3 传送到输出端。显然，任何时候 $A_2A_1A_0$ 只有一种可能的取值，所以只有对应的那一路数据通过，送至 Y 端。

（3）数据选择器的应用。

1）通道扩展。

a. 集成数据选择器的扩展。当单片数据选择器的输入数据通道数不能满足所需传输的数据个数要求时，可利用集成数据选择器的使能端$\overline{S}$，并附加一些门电路把多片数据选择器连接起来实现数据通道数的扩展，以满足所需传输的数据个数的要求。

用两片 8 选 1 数据选择器 74LS151 扩展为 16 选 1 数据选择器的连线电路图如图 3 - 37 所示。图中 74LS151(1) 是低位片，使能端$\overline{S}$作为地址输入端 A_3，8 个数据输入通道为$D_0\sim D_7$，74LS151(2) 是高位片，使能端$\overline{S}$为$\overline{A_3}$，8 个数据输入通道为 $D_8\sim D_{15}$。当 $A_3=0$ 时，高位片（2）$\overline{S}=\overline{A_3}=1$，使能无效，不工作；低位片（1）$\overline{S}=A_3=0$，使能有效，处于工作状态，地址输入 $A_3A_2A_1A_0$ 为 0000～0111 时，从数据输入 $D_0\sim D_7$ 选择输出。当$A_3=1$ 时，低位片（1）$\overline{S}=A_3=1$，使能无效，不工作；高位片（2）$\overline{S}=\overline{A_3}=0$，使能有效，处于工作状态，地址输入 $A_3A_2A_1A_0$ 为 1000～1111 时，从数据输入 $D_8\sim D_{15}$选择输出。从而实现 16 选 1 数据选择器。

b. 位扩展。当所需传输的多路数据是多位时，单片数据选择器不能满足要求，可将多片集成数据选择器连接起来实现数据位数的扩展。

用两片 8 选 1 数据选择器 74LS151 扩展为 2 位 8 选 1 数据选择器的连线电路图如图 3 - 38 所示。图中 74LS151(1) 是低位片，数据输入 $D_0\sim D_7$ 作为 8 个 2 位数据的低位输入 $I_{00}\sim I_{07}$；74LS151(2) 是高位片，数据输入 $D_0\sim D_7$作为 8 个 2 位数据的高位输入$I_{10}\sim I_{17}$。当$\overline{S}=0$ 时，数据选择器均工作。低位片（1）从低位数据输入 $I_{00}\sim I_{07}$ 选择输出 Y_0（输出低位），高位片（2）从高位数据输入 $I_{10}\sim I_{17}$选择输出 Y_1（输出高位）。例如，地址输入 $A_2A_1A_0$ 为 001 时，低位片（1）选取 $Y_0=I_{01}$，高位片（2）选取 $Y_1=I_{11}$ 使选择器从 8 个 2 位数据中选取了一个 2 位数据 $I_{11}I_{01}$ 输出，从而实现了 8 选 1 数据选择器的位扩展。

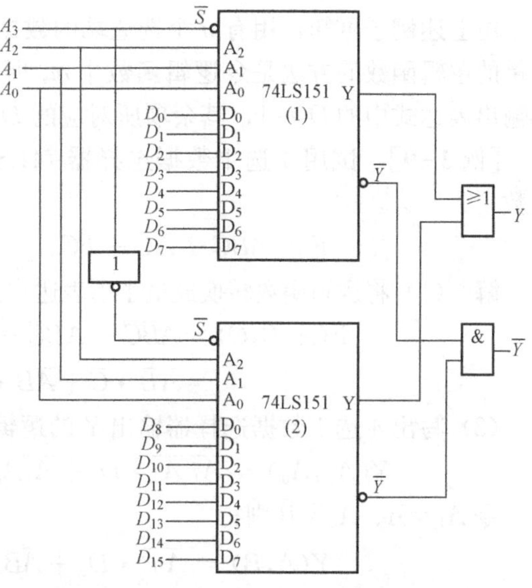

图 3 - 37 用两片 8 选 1 数据选择器连接成 16 选 1 数据选择器的逻辑图

2）用数据选择器实现组合逻辑函数。组合逻辑函数（三变量）逻辑表达式可表示成最小项之和形式为

$$F(A,B,C)=\sum m_i \quad (i\in 0\sim 7) \qquad (3-35)$$

8选1数据选择器输出Y的逻辑表达式为

$$Y(A_2,A_1,A_0)=\sum_{i=0}^{7} m_i D_i \qquad (3-36)$$

4选1数据选择器输出Y的逻辑表达式为

$$Y(A_1,A_0)=\sum_{i=0}^{3} m_i D_i \qquad (3-37)$$

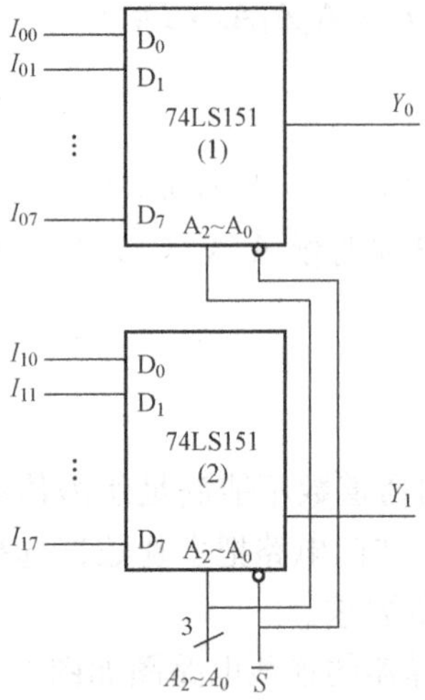

比较可知，表达式中都有最小项m_i，利用数据选择器可以实现各种组合逻辑函数。

一般来说，具有n个选通端的数据选择器可实现n变量的逻辑函数，最多可实现$n+1$个变量的逻辑函数。下面通过例题介绍用数据选择器实现组合逻辑函数的方法。

图3-38　2位8选1数据选择器

[例3-8] 试用8选1数据选择器74151实现逻辑函数

$$F=\overline{A}BC+A\overline{B}C+AB$$

解 将逻辑函数转换成最小项表达式

$$\begin{aligned}F(A,B,C)&=\overline{A}BC+A\overline{B}C+AB\overline{C}+ABC\\&=m_3+m_5+m_6+m_7\\&=m_0\cdot 0+m_1\cdot 0+m_2\cdot 0+m_3\cdot 1\\&\quad+m_4\cdot 0+m_5\cdot 1+m_6\cdot 1+m_7\cdot 1\end{aligned}$$

与式（3-36）比较可知，只要令8选1数据选择器74151中$\overline{S}=0$、$Y=F$、$A_2=A$、$A_1=B$、$A_0=C$、$D_3=D_5=D_6=D_7=1$、$D_0=D_1=D_2=D_4=0$，便可得到实现F的逻辑电路，如图3-39所示。

由上述例子可知，用有n个选通端的数据选择器实现n变量的逻辑函数的方法是令逻辑函数中m_i所对应数据选择器输出表达式中的$D_i=1$，其余项所对应的$D_i=0$。

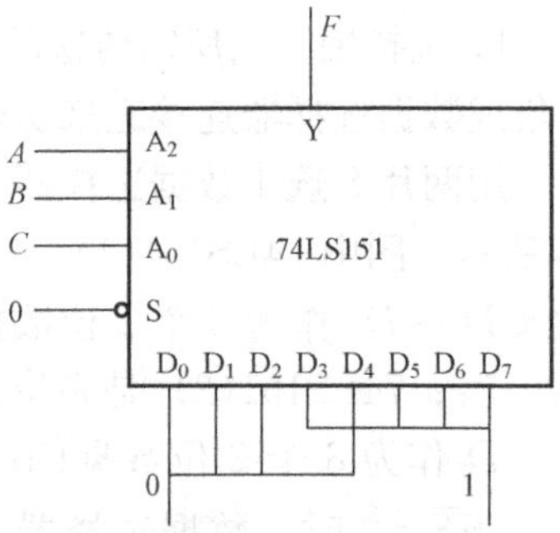

图3-39 ［例3-8］的逻辑图

[例3-9] 试用4选1数据选择器74LS153实现逻辑函数

$$F=A\overline{B}\overline{C}+\overline{A}\overline{C}+BC$$

解 （1）将逻辑函数转换成最小项表达式，并且将其变换成变量A、B的标准形式，即

$$\begin{aligned}F(A,B,C)&=A\overline{B}\overline{C}+\overline{A}\overline{B}\overline{C}+\overline{A}B\overline{C}+\overline{A}BC+ABC\\&=\overline{A}\overline{B}\cdot\overline{C}+\overline{A}B\cdot(\overline{C}+C)+A\overline{B}\cdot\overline{C}+AB\cdot C\end{aligned} \qquad (3-38)$$

（2）写出4选1数据选择器输出Y的逻辑表达式（$\overline{S}=0$时），即

$$Y(A_1,A_0)=\overline{A_1}\,\overline{A_0}\cdot D_0+\overline{A_1}A_0\cdot D_1+A_1\overline{A_0}\cdot D_2+A_1A_0\cdot D_3$$

令$A_1=A$、$A_0=B$则得

$$Y(A,B)=\overline{A}\,\overline{B}\cdot D_0+\overline{A}B\cdot D_1+A\overline{B}\cdot D_2+AB\cdot D_3 \qquad (3-39)$$

（3）对比式（3-38）和式（3-39）确定数据选择器各数据输入。令$Y(A,B)=F(A,B,C)$，比较两式可得

$$D_0=\overline{C}\quad D_1=(\overline{C}+C)=1\quad D_2=\overline{C}\quad D_3=C$$

(4) 画出逻辑图，如图 3 - 40 所示。由上述例子可知，用有 n 个选通端的数据选择器实现 $n+1$ 变量的逻辑函数的方法是将逻辑函数最小项表达式变换成 n 变量的标准形式后，将其与所对应 n 个选通端的数据选择器输出表达式比较，令数据选择器的 n 个选通端作为逻辑函数 n 变量的输入端，确定数据选择器各数据输入，且某些数据输入可能是逻辑函数第 $n+1$ 变量的输入。

[例 3 - 10] 已知图 3 - 41 所示为 8 选 1 数据选择器 74LS151 实现逻辑函数 F，试写出 F 的表达式。

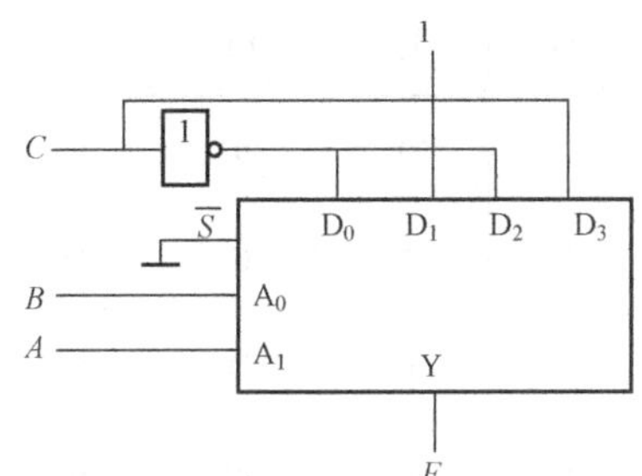

图 3 - 40 [例 3 - 9] 的逻辑图

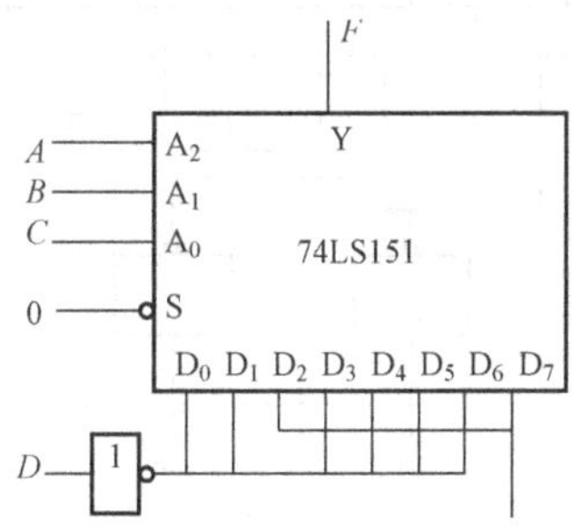

图 3 - 41 [例 3 - 10] 的逻辑图

解 (1) 写出 8 选 1 数据选择器 74LS151 输出 Y 的逻辑表达式（$\overline{S}=0$ 时）为

$$\begin{aligned}Y=&\overline{A_2}\,\overline{A_1}\,\overline{A_0}\cdot D_0+\overline{A_2}\,\overline{A_1}A_0\cdot D_1+\overline{A_2}A_1\,\overline{A_0}\cdot D_2+\overline{A_2}A_1A_0\cdot D_3\\&+A_2\,\overline{A_1}\,\overline{A_0}\cdot D_4+A_2\,\overline{A_1}A_0\cdot D_5+A_2A_1\,\overline{A_0}\cdot D_6+A_2A_1A_0\cdot D_7\end{aligned}\qquad(3-40)$$

(2) 由图 3 - 41 可知 $F=Y$，$A_2=A$，$A_1=B$，$A_0=C$，$D_0=D_1=D_3=D_4=D_5=D_6=\overline{D}$，$D_2=D_7=1$。

将其代入 8 选 1 数据选择器 74LS151 输出 Y 的逻辑表达式（3 - 40）即得 F 的表达式为

$$\begin{aligned}F=Y=&m_0\cdot\overline{D}+m_1\cdot\overline{D}+m_2\cdot1+m_3\cdot\overline{D}\\&+m_4\cdot\overline{D}+m_5\cdot\overline{D}+m_6\cdot\overline{D}+m_7\cdot1\\=&\overline{A}\,\overline{B}\,\overline{C}\overline{D}+\overline{A}\,\overline{B}C\overline{D}+\overline{A}B\,\overline{C}+\overline{A}BC\overline{D}\\&+A\overline{B}\,\overline{C}\overline{D}+A\overline{B}C\overline{D}+AB\,\overline{C}\overline{D}+ABC\end{aligned}$$

二、数据分配器（DEMUX）

数据分配器与数据选择器正好相反，它的作用相当于多个输出的单刀多掷开关，示意图如图 3 - 42 所示。它能够将一个公共通道上的数据，根据需要传送到多个不同的通道的任意一个通道输出，即可根据通道地址选择信号输出实现数据分配功能。

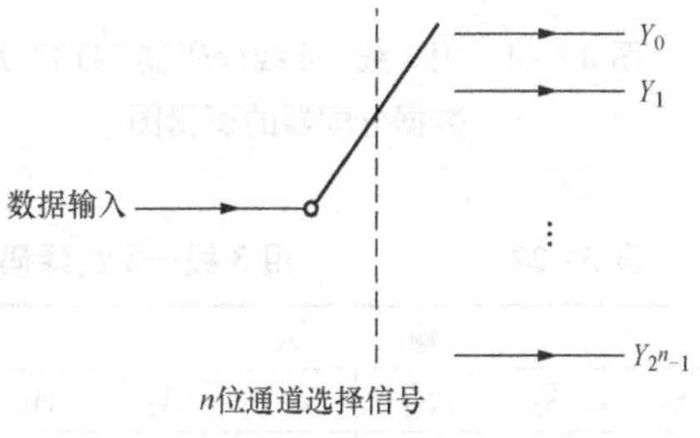

图 3 - 42 数据分配器示意图

1. 1 路—4 路数据分配器

如图 3 - 43 所示为 1 路—4 路数据分配器的逻辑图，下面通过对它的分析来说明数据分配器的工作原理。

由图 3 - 43 可知该数据分配器有 1 个数据输入端 D，2 个地址选择输入端 A_1、A_0，4 个数据输出端 Y_0～Y_3。由逻辑图 3 - 43 可得输出 Y 的逻辑表达式为

$$\begin{cases} Y_0 = D\overline{A_1}\,\overline{A_0} = D \cdot m_0 \\ Y_1 = D\overline{A_1}A_0 = D \cdot m_1 \\ Y_2 = DA_1\overline{A_0} = D \cdot m_2 \\ Y_3 = DA_1A_0 = D \cdot m_3 \end{cases} \tag{3-41}$$

根据式（3-41）可得1路—4路数据分配器的功能表3-21。

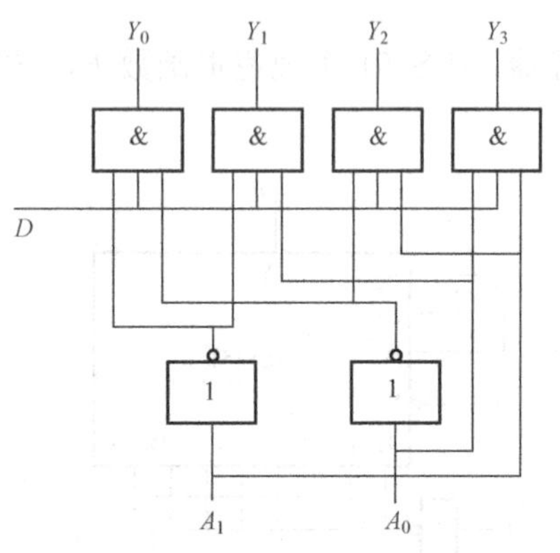

图3-43 1路—4路数据分配器的逻辑图

表3-21 1路—4路数据分配器的功能表

选择输入		输出			
A_1	A_0	Y_3	Y_2	Y_1	Y_0
0	0	0	0	0	D
0	1	0	0	D	0
1	0	0	D	0	0
1	1	D	0	0	0

由功能表3-21可知，当地址选择输入$A_1A_0=00$时，$Y_0=D$即将输入数据D分配到Y_0输出；$A_1A_0=01$时，$Y_1=D$即将输入数据D分配到Y_1输出；$A_1A_0=10$时，$Y_2=D$即将输入数据D分配到Y_2输出；$A_1A_0=11$时，$Y_3=D$即将输入数据D分配到Y_3输出。从而实现了将输入数据D分配到4路通道的某一通道输出的功能。

通常数据分配器可采用二进制译码器来实现，因为数据分配器和译码器有相同的基本电路结构形式——与门组成的阵列。由图3-43可知，在数据分配器中D是数据输入端，A_1、A_0是地址选择输入端；而在译码器中，与D对应的是输入使能端，A_1、A_0是二进制代码输入端。所以用二进制译码器来实现数据分配器时，一般可将译码器的代码输入端作为通道地址选择信号，将输入使能端作为数据输入端。

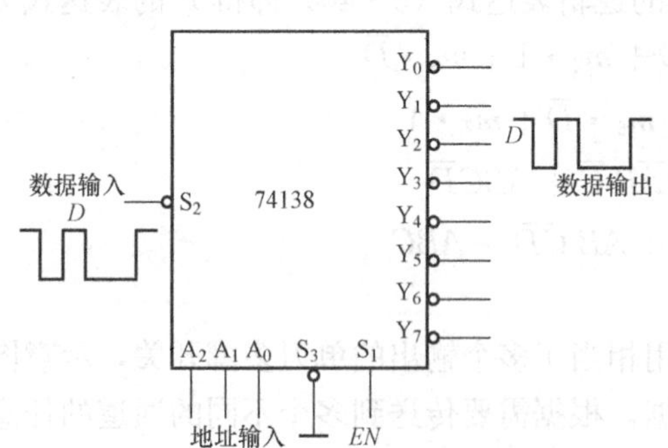

图3-44 用3线—8线译码器74138实现数据分配器的逻辑图

2. 集成数据分配器

集成数据分配器一般可以采用集成二进制译码器来实现。用3线—8线译码器74138实现数据分配器的逻辑图如图3-44所示，图中A_2、A_1和A_0作为通道地址选择信号，$\overline{S_2}$为数据输入端D，$\overline{S_3}$接低电平，S_1为使能信号EN。

表3-22 用3线—8线译码器74138作为数据分配器时的功能表

输入						输出							
S_1	$\overline{S_2}$	$\overline{S_3}$	A_2	A_1	A_0	$\overline{Y_0}$	$\overline{Y_1}$	$\overline{Y_2}$	$\overline{Y_3}$	$\overline{Y_4}$	$\overline{Y_5}$	$\overline{Y_6}$	$\overline{Y_7}$
0	×	0	×	×	×	1	1	1	1	1	1	1	1
1	D	0	0	0	0	D	1	1	1	1	1	1	1

续表

输入						输出							
S_1	$\overline{S_2}$	$\overline{S_3}$	A_2	A_1	A_0	$\overline{Y_0}$	$\overline{Y_1}$	$\overline{Y_2}$	$\overline{Y_3}$	$\overline{Y_4}$	$\overline{Y_5}$	$\overline{Y_6}$	$\overline{Y_7}$
1	D	0	0	0	1	1	D	1	1	1	1	1	1
1	D	0	0	1	0	1	1	D	1	1	1	1	1
1	D	0	0	1	1	1	1	1	D	1	1	1	1
1	D	0	1	0	0	1	1	1	1	D	1	1	1
1	D	0	1	0	1	1	1	1	1	1	D	1	1
1	D	0	1	1	0	1	1	1	1	1	1	D	1
1	D	0	1	1	1	1	1	1	1	1	1	1	D

由 3 线—8 线译码器 74138 功能表 3 - 15 可知，当 $S_1=1$ 即使能信号 $EN=1$、$\overline{S_3}=0$、$A_2A_1A_0=000$ 时，若 $D=1$ 即$\overline{S_2}=1$ 则译码器处于禁止工作状态，$\overline{Y_0}=1$；若 $D=0$ 即$\overline{S_2}=0$ 则译码器处于工作状态，$\overline{Y_0}=0$，从而实现了将输入数据 D 分配到$\overline{Y_0}$通道输出的功能。同理，改变 $A_2A_1A_0$ 可将输入数据 D 分配到其他通道。通过以上分析，可得用 3 线—8 线译码器 74138 作为数据分配器时的功能表，如表 3 - 22 所示。$S_1=0$ 即使能信号 $EN=0$ 时，所有输出均被封锁在高电平，数据分配器不工作。

第七节 组合逻辑电路中的竞争冒险

一、竞争冒险现象

前面所介绍的组合逻辑电路的分析和设计均是在理想情况下进行的，即假设电路中的连线和逻辑门电路都没有传输延迟时间，电路中多个输入信号若同时发生变化时，都是同时瞬间完成的。而实际上，信号通过连线及逻辑门都有一定的延迟时间，输入信号变化也需要一个过渡时间，多个输入信号发生变化时，也可能有先后快慢的差异。受到诸多因素影响后，可能在输入信号变化的过程中，使组合逻辑电路产生错误输出，造成电路不能正常工作。说明电路中可能存在竞争冒险现象。

“竞争冒险”现象是指在组合逻辑电路中，当输入信号的状态改变时，输出端可能产生虚假错误信号（即过渡干扰脉冲）的现象。

例如在图 3 - 45（a）所示的逻辑电路中，与门 G2 的两个输入 A 和 $\overline{A}$ 为互补信号，如果不考虑门的传输延迟时间，输出逻辑表达式为 $Y=A\cdot\overline{A}=0$，即理想情况下，输出应恒等于 0。但实际上，由于 G1 门的传输延迟时间 t_{pd}，使 $\overline{A}$ 下降沿到达 G2 门的时间比 A 信号上升沿滞后 t_{pd}，因此，使 G2 输出端出现了一个正向干扰脉冲，如图 3 - 45（b）所示。很明显，这个干扰脉冲不符合电路正常工作情况下的逻辑功能，是竞争冒险现象。

在图 3 - 46（a）所示的电路中，或门 G2 的两个输入 A 和 $\overline{A}$ 为互补信号。由于 G1 门的传输延迟时间 t_{pd}，会使 G2 输出端出现一个负向干扰脉冲，如图 3 - 46（b）所示。很明显，这个干扰脉冲也不符合电路正常工作情况下的逻辑功能 $Y=A+\overline{A}=1$，也是竞争冒险现象。

如果一个门的两个（或多个）输入信号同时向相反方向发生改变，即一个由 0 变为 1，

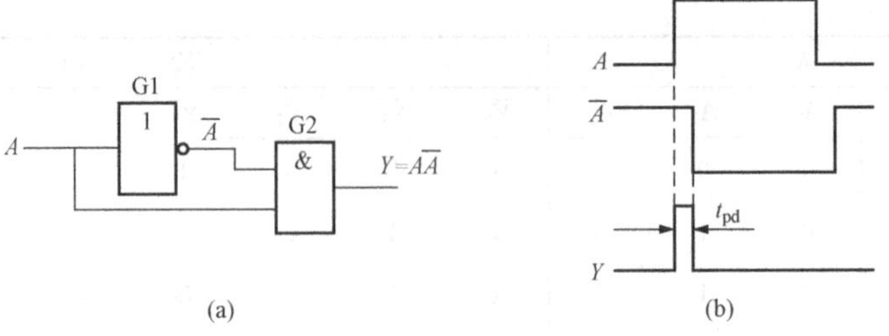

图 3-45 产生正向干扰脉冲的竞争冒险

(a) 逻辑电路；(b) 工作波形

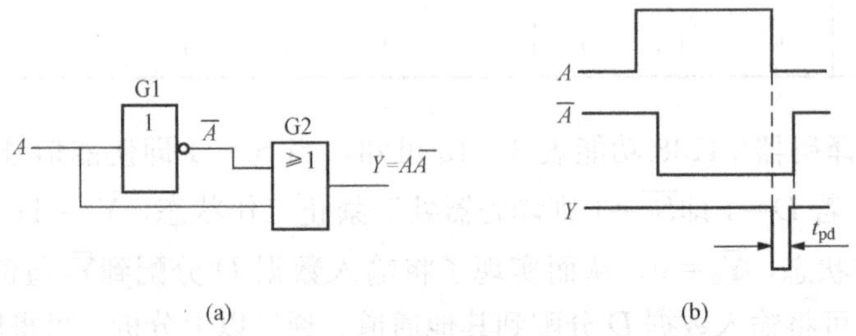

图 3-46 产生负向干扰脉冲的竞争冒险

(a) 逻辑电路；(b) 工作波形

另一个同时由 1 变为 0，通常把这种现象称为竞争，由此而产生输出干扰脉冲的现象称为冒险。如图 3-45 和图 3-46 所示的 G2 门的 2 个互补输入信号应是同时向相反方向发生改变的，即输入信号发生竞争。虽然整个电路只有一个输入信号 A，但是当 A 变化时，G2 门的两个输入信号因为分别由 G1 和 A 端导线两个路径传输，使信号状态变化在不同时刻到达，由此而产生输出干扰脉冲。

可是，存在竞争现象的电路不一定都产生过渡干扰脉冲。例如图 3-46 中，当 A 信号由 0 变为 1 时，虽然 G2 门也有向相反状态变化的两个输入信号，但因 A 先由 0 变为 1，$\overline{A}$ 后由 1 变为 0，不存在同时为 0 的情况，故 Y 恒为 1，不会产生干扰脉冲。因此，电路中有竞争现象只是存在产生过渡干扰脉冲的危险而已，故称为竞争冒险。

以上两例均是因一个输入信号改变状态引起竞争冒险现象。即当逻辑门有两个互补输入信号同时向相反状态变化时，输出端可能产生过渡干扰脉冲的现象。

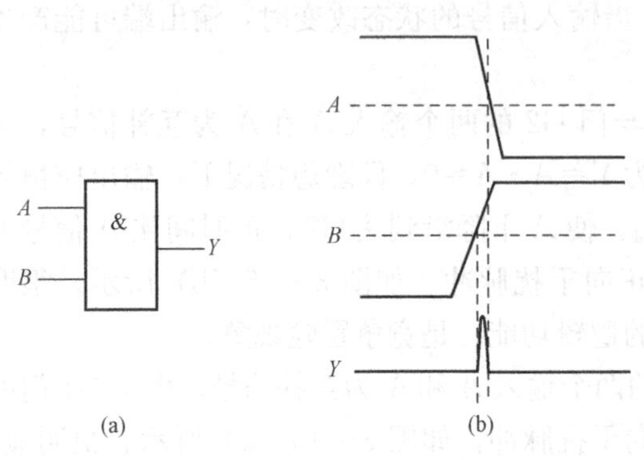

图 3-47 与门的竞争冒险

(a) 与门；(b) 工作波形

一个门的两个或多个输入信号同时向相反方向发生改变，即一个由 0 变为 1，另一个同时由 1 变为 0 时，也会引起竞争冒险现象。如图 3-47 (a) 所示与门电路，当输入变量 AB 取值为 01 或为 10 时，输出 Y 均为 0，可是电路实际工作时，当 AB 由 01 变为 10 时的过程中输出 Y 波形却是如图 3-47 (b) 所示，产生一个正向干扰脉冲，很明显该正向干扰脉冲不符合与门电路的逻辑功能，是竞争冒险现象。产生正向干扰脉冲的原因是：①信号在状态转换过程中，存在着上升和下降时间；②门电路的传输延迟时间不可能完全一样，使两个输入信号改变状态的时间有先有后。

二、竞争冒险的判断与消除

组合逻辑电路当有多个输入变量同时变化时总有竞争冒险现象存在的可能。但是这种因多个变量状态变化引起的竞争冒险可通过采用可靠性编码如格雷码（每次只有一个输入端改变）来消除竞争冒险。

当输入逻辑变量每次只有一个改变状态的情况下，可通过代数法来判断电路是否存在竞争冒险现象。

代数法是利用逻辑电路的输出逻辑表达式判断是否存在竞争冒险。如果输出逻辑表达式在一定条件下能化简为$Y=A+\overline{A}$或$Y=A\cdot\overline{A}$的形式，则可判定存在竞争冒险。

［例 3 - 11］ 已知组合逻辑电路逻辑图如图 3 - 48 所示，假设输入逻辑变量每次只有一个改变状态，试判断电路是否存在竞争冒险。

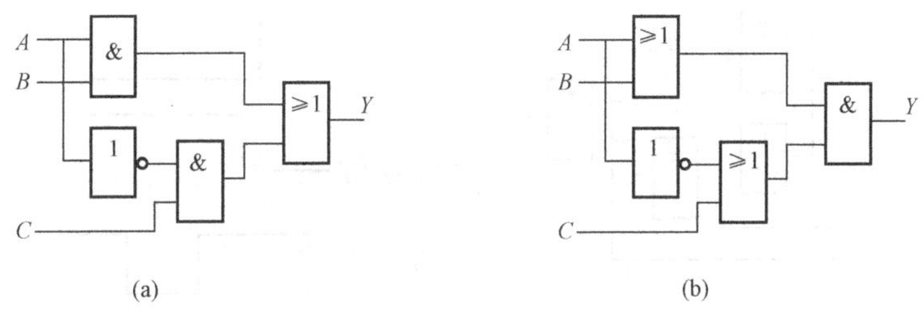

图 3 - 48 ［例 3 - 11］的逻辑图

解 (1) 写出图 3 - 48 (a) 所示的电路输出逻辑表达式为$Y=AB+\overline{A}C$，在$B=C=1$的条件下，输出逻辑表达式可化简为$Y=A+\overline{A}$，由此可得，该电路存在着竞争冒险现象。

(2) 写出图 3 - 48 (b) 所示的电路输出逻辑表达式为$Y=(A+B)(\overline{A}+C)$，在$B=C=0$的条件下，输出逻辑表达式可化简为$Y=A\overline{A}$，由此可得，该电路也存在着竞争冒险现象。

通常可用以下方法消除竞争冒险现象。

1. 修改逻辑设计

利用逻辑代数中的等式变换，对原逻辑函数式进行适当修改，以消除竞争冒险。

例如，图 3 - 48 (a) 所示电路输出逻辑表达式为$Y=AB+\overline{A}C$，可能出现竞争冒险。如在其逻辑表达式中增加乘积项（冗余项）BC，则修改后的逻辑函数为$Y=AB+\overline{A}C+BC$。修改后并未改变原电路的逻辑关系，显然$B=C=1$时，Y恒为 1，因而可以消除竞争冒险。

又如，图 3 - 48 (b) 所示电路输出逻辑表达式为$Y=(A+B)(\overline{A}+C)$，可能出现竞争冒险。如将其变换为$Y=(A+B)(\overline{A}+C)(B+C)$，或者$Y=\overline{A}B+AC+BC$，修改后并未改变原电路的逻辑关系，但在原来产生竞争冒险的条件$B=C=0$时，Y恒为 0，便可消除竞争冒险。

修改逻辑设计，可以消除一些竞争冒险现象，但是这种方法的适用范围是有限的，仅适于竞争冒险是由单个变量改变状态引起的。

2. 输出加滤波电容

因竞争冒险而产生的尖峰干扰脉冲宽度一般都很窄，在可能产生冒险的门电路的输出端并接一个容量不大的滤波电容，利用电容两端的电压不能突变的特性，使输出干扰脉冲的上升沿和下降沿都变得比较缓慢，可将尖峰干扰脉冲的峰值削弱，从而起到消除冒险现象的作用。如图 3 - 47 所示与门，若在输出端并接一个容量不大的滤波电容，可将输出的尖峰干扰脉冲的峰值削弱至门电路的阈值电压以下，从而将干扰脉冲吸收掉。但此方法会影响电路的工作速度，电容容量要合适，一般可在几十皮法至几百皮法。

3. 增加选通信号

在电路可能产生竞争冒险的门电路的输入端增加一个选通脉冲，当输入信号转换完成且稳定之后，使选通脉冲有效，将门打开，电路稳定输出。这样，输出就不会出现竞争冒险了。例如图 3 - 48（a）所示的电路，可能产生竞争冒险的或门电路的输入增加一个选通脉冲输入端 P，加入选通脉冲之后的逻辑图、波形图如图 3 - 49 所示。此方法也有局限性，必须找到可能产生竞争冒险的门电路，电路较复杂时，寻找比较繁琐，且对这个选通脉冲的宽度和产生的时间有严格要求。

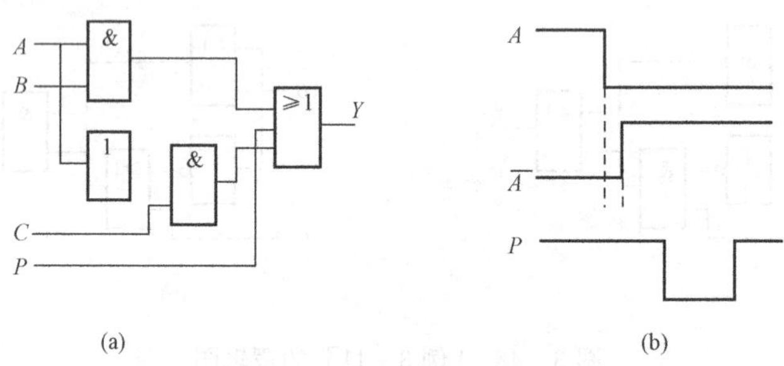

图 3 - 49 增加选通信号消除竞争冒险

（a）逻辑图；（b）工作波形

第八节 常见组合逻辑电路的 VHDL 描述实例

一、采用条件赋值语句描述的 4 选 1 多路数据选择器

采用条件赋值语句描述 4 选 1 多路数据选择器的 VHDL 语言如下。

```
LIBRARY ieee;
USEieee.std_logic_1164.ALL;
ENTITY mux41 IS
PORT(d0,d1,d2,d3,a,b:IN std_logic;
        q:OUT std_logic);
ENDmux41;
ARCHITECTURE bhv OF mux41 IS
SIGNAL sel:std_logic_vector(1 DOWNTO 0);
BEGIN
    sel<=b & a;
    q<=d0 WHEN sel="00"ELSE
        d1 WHEN sel="01"ELSE
        d2 WHEN sel="10"ELSE
```

```
        d3 WHEN sel = "11";
END bhv;
```

图 3-50 所示为程序的仿真波形，输入为不同周期的矩形波，b、a 是选择信号，当其取值为 00、01、10、11 时，输出 q 端出现 d_0～d_3 的波形。

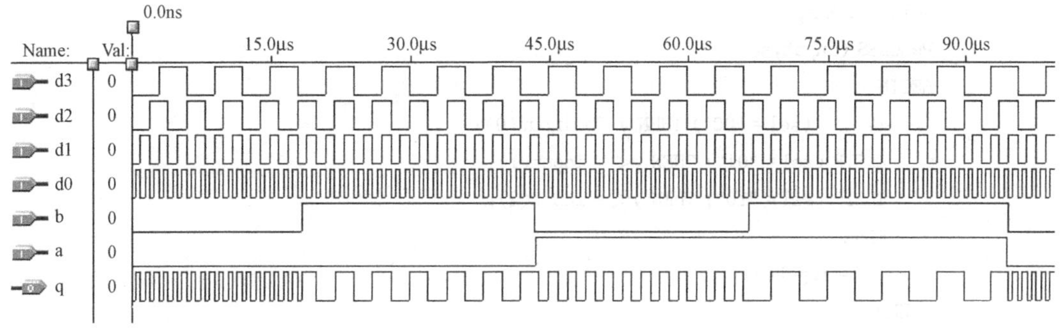

图 3-50 仿真波形

二、采用选择赋值语句描述的 4 选 1 多路选择器

采用选择赋值语句描述的 4 选 1 多路选择器的 VHDL 语言如下。

```
LIBRARY ieee;
USE ieee.std_logic_1164.ALL;
ENTITY mux4 IS
    PORT(d0,d1,d2,d3:IN std_logic;
                s1,s0:IN std_logic;
                    q   :OUT std_logic   );
END mux4;
ARCHITECTURE rtl OF mux4 IS
SIGNAL comb:std_logic_vector(1 DOWNTO 0);
BEGIN
  comb<=s1 & s0;          ——& 是并置符,以形成一个两位标准逻辑矢量信号
      WITH comb SELECT                        ——用 comb 进行选择
          q<=d0  WHEN  "00";
             d1  WHEN  "01";
             d2  WHEN  "10"
             d3  WHEN  OTHERS;       ——这 4 条语句是并行执行的
END rtl;
```

三、使用 IF 语句描述的 4 选 1 多路数据选择器

使用 IF 语句描述的 4 选 1 数据选择器的 VHDL 语言如下。

```
LIBRARY ieee;
USE ieee.std_logic_1164.ALL;
ENTITY mux4 IS
  PORT ( input: IN std_logic_vector(3 DOWNTO 0);
            a,b: IN std_logic;
```

```
          y: OUT std_logic);
   END mux4;
ARCHITECTURE be_mux4 OF mux4 IS
SIGNAL sel: std_logic_vector(1 DOWNTO 0);
BEGIN
    sel<=b & a;
    PROCESS (input,sel)
    BEGIN
        IF     (sel="00") THEN y<=input(0);
        ELSIF (sel="01") THEN y<=input(1);
        ELSIF (sel="10") THEN y<=input(2);
        ELSE
        y<=input(3);
      END IF;
    END PROCESS;
END be_mux4;
```

四、使用CASE语句描述的4选1数据选择器

使用CASE语句描述的VHDL语言如下。

```
LIBRARY ieee;
USE ieee.std_logic_1164.ALL;
ENTITY mux41  IS
    PORT (a,b,c,d : IN  std_logic;
               s : IN  std_logic_vector(1 DOWNTO 0);
               z : OUT  std_logic);
END mux41;
ARCHITECTURE one OF mux41 IS
  BEGIN
    PROCESS (s,a,b,c,d)
      BEGIN
        CASE  s  IS
            WHEN "00"  =>   z<= a;    --当s1s0=00时,z=a
            WHEN "01"  =>   z<= b;    --当s1s0=01时,z=b
            WHEN "10"  =>   z<= c;    --当s1s0=10时,z=c
            WHEN "11"  =>   z<= d;    --当s1s0=11时,z=d
            WHEN OTHERS  => z<='x';
        END CASE;
   END PROCESS;
END one;
```

图3-51所示为本程序的仿真图。为便于观察数据选择效果，输入a、b、c和d设置为周期不等的方波信号。

五、2线—4线二进制译码器的VHDL描述

2线—4线二进制译码器的VHDL语言描述如下。

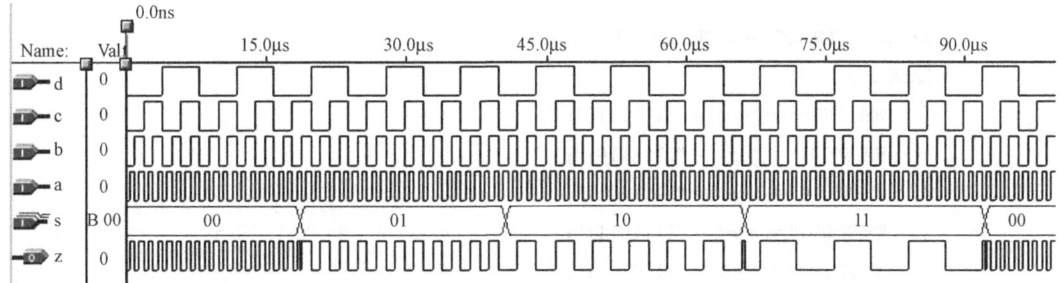

图 3-51 仿真波形

```
LIBRARY IEEE;
USE IEEE. std_logic_1164. ALL;
ENTITY decoder 24IS
    PORT(   a:IN   std_logic_vector(1DOWNTO 0);
              Y:OUT std_logic_vector(3 DOWNTO 0)   );
END decoder24;
ARCHITECTURE one OF decoder 24 IS
 BEGIN
    PROCESS(a)
     BEGIN
        CASE   a   IS
                    WHEN"00" = >y< = "0001";
                    WHEN"01" = >y< = "0010";
                    WHEN"10" = >y< = "0100";
                    WHEN"11" = >y< = "1000";
                    WHEN OTHERS = >null;
         END CASE;
    END PROCESS;
END   one;
```

六、使用 CASE 语句实现集成 3 线—8 线二进制译码器 74LS138

使用 CASE 语句描述 74LS138 如下。

```
LIBRARY ieee;
USE ieee. std_logic_1164. ALL;
ENTITY decoder3_8 IS
PORT(a,b,c,g1,g2a,g2b   :INstd_logic;
       y:OUT std_logic_vector(7 DOWNTO 0));
END decoder3_8;
ARCHITECTURE rtl OF decoder3_8 IS
  SIGNAL indata:std_logic_vector(2 DOWNTO 0);
BEGIN
  indata< =    c & b & a;
    PROCESS(indata,g1,g2a,g2b)
```

```
    BEGIN
    IF(g1 = '1'AND g2a = '0'AND g2b = '0') THEN
    CASE indata IS
        WHEN"000" => y <= "11111110";
        WHEN"001" => y <= "11111101";
        WHEN"010" => y <= "11111011";
        WHEN"011" => y <= "11110111";
        WHEN"100" => y <= "11101111";
        WHEN"101" => y <= "11011111";
        WHEN"110" => y <= "10111111";
        WHEN"111" => y <= "01111111";
        WHEN OTHERS => y <= "ZZZZZZZZ";
    END CASE;
ELSE                    ——指不满足 g1 = '1'AND g2a = '0'AND g2b = '0'情况
      y <= "11111111";
    END IF;
  END PROCESS;
END rtl;
```

七、使用 IF 语句实现的 8 线—3 线优先编码器（输出反码）

使用 IF 语句描述 8 线—3 线优先编码器如下。

```
LIBRARY ieee;
USE ieee.std_logic_1164.ALL;
ENTITY prior IS
PORT(input:IN std_logic_vector(7 DOWNTO 0);
     y:OUT std_logic_vector(2 DOWNTO 0)  );
END prior;
ARCHITECTURE be_prior OF prior IS
BEGIN
PROCESS(input)
    BEGIN
    IF  (input(0) = '0') THEN   y <= "111";              ——输出 000 的反码
        ELSIF(input(1) = '0') THEN   y <= "110";
        ELSIF(input(2) = '0') THEN   y <= "101";
        ELSIF(input(3) = '0') THEN   y <= "100";
        ELSIF(input(4) = '0') THEN   y <= "011";
        ELSIF(input(5) = '0') THEN   y <= "010";
        ELSIF(input(6) = '0') THEN   y <= "001";
        ELSIF(input(7) = '0') THEN   y <= "000";         ——输出 111 的反码
    END IF;
END PROCESS;
END be_prior;
```

八、8位加法器的VHDL描述

8位加法器的VHDL语言描述如下。

```
LIBRARY ieee;
USEieee.std_logic_1164.ALL;
USEieee.std_logic_arith.ALL;
ENTITY adder IS
    PORT(op1,op2  :IN  UNSIGNED(7 DOWNTO 0);
           result  :OUT INTEGER  );
END adder;
ARCHITECTURE maxpld OF adder IS
BEGIN
    result<=CONV_INTEGER(op1+op2);   ——使用了整数转换函数
END maxpld;
```

九、七段数码译码器的VHDL描述

七段数码译码器的VHDL语言描述如下。

```
LIBRARY ieee;
USE ieee.std_logic_1164.ALL;
ENTITY bin_7seg IS
PORT(
    data_in:IN std_logic_vector(3 DOWNTO 0);
        EN:IN std_logic;
    data_out:OUT std_logic_vector(6 DOWNTO 0)
            );
END ENTITY;
ARCHITECTURE bin_7seg_arch OF bin_7seg IS
BEGIN
PROCESS(data_in,EN)
  BEGIN
    data_out<=(others=>'1');
        IF EN='1'THEN
            CASE data_inIS
                WHEN"0000"=>data_out<="1000000";——0
                WHEN"0001"=>data_out<="1111001";——1
                WHEN"0010"=>data_out<="0100100";——2
                WHEN"0011"=>data_out<="0110000";——3
                WHEN"0100"=>data_out<="0011001";——4
                WHEN"0101"=>data_out<="0010010";——5
                WHEN"0110"=>data_out<="0000011";——6
                WHEN"0111"=>data_out<="1111000";——7
                WHEN"1000"=>data_out<="0000000";——8
                WHEN"1001"=>data_out<="0011000";——9
                WHEN"1010"=>data_out<="0001000";——A
```

```
                WHEN"1011" = >data_out< = "0000011";——b
                WHEN"1100" = >data_out< = "0100111";——c
                WHEN"1101" = >data_out< = "0100001";——d
                WHEN"1110" = >data_out< = "0000110";——E
                WHEN"1111" = >data_out< = "0001110";——F
                WHEN OTHER = >NULL;
                END CASE;
        END IF;
    END PROCESS;
END ARCHITECTURE bin_7seg_arch;
```

图 3 - 52 所示为七段数码译码器的仿真波形。

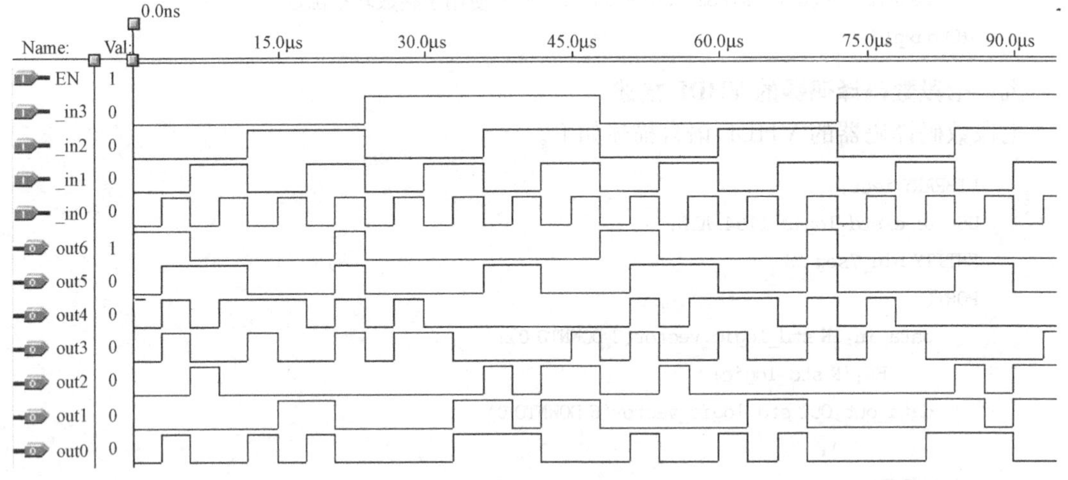

图 3 - 52 仿真波形

本章小结

(1) 组合逻辑电路特点是在逻辑功能上，任意时刻的输出仅取决于该时刻的输入，而与电路原来的状态无关；在电路结构上，只含有若干逻辑门等基本逻辑单元电路，而没有存储（记忆）单元。

(2) 组合逻辑电路的分析是指根据已知的逻辑电路确定其逻辑功能。一般分析步骤为：写出电路各输出端的逻辑表达式→化简和变换逻辑表达式→列出真值表→描述逻辑功能。

(3) 组合逻辑电路的设计。根据提出的实际逻辑问题，选择适当的逻辑器件，设计出满足相应逻辑功能要求的电路，且力求最简。基于 SSI 设计组合逻辑电路的一般步骤为：对实际逻辑问题进行逻辑抽象→列出真值表→写出逻辑表达式（或填写卡诺图）→逻辑化简和变换→画出逻辑图。

(4) 加法器、数值比较器、编码器、译码器、数据选择器等是常用的组合逻辑器件。大多数组合逻辑器件中设置了附加的控制端（或称为使能端、选通端、片选端、扩展端等），是为了扩展电路的功能和增加其使用的灵活性。合理、正确利用这些控制端，既可控制器件的工作状态，又易于构成较复杂的逻辑系统。所以读懂功能表是正确使用组合逻辑器件的基础。

(5) 上述组合逻辑器件除了具有其自身的基本功能外，还可用来设计组合逻辑电路。基于这些逻辑器件设计组合逻辑电路可以得到事半功倍的效果，一般设计步骤为：①对实际逻辑问题进行逻辑抽象→列出真值表。②写出逻辑函数式，写出的逻辑函数式一般是标准与或式。③根据逻辑函数所包含的变量数和逻辑功能选择合适的组合逻辑器件，通常单输出函数选用数据选择器，多输出函数选用译码器。④把已产生的逻辑函数式变换成与所用组合逻辑器件的输出函数式类似的形式对照比较，若所选组合逻辑器件的输出函数式包含更多的输入变量和乘积项，需对多余的变量输入端和乘积项作适当处理。若所选组合逻辑器件的输出函数式是要求产生的逻辑函数的一部分，则需增加所选组合逻辑器件的个数，利用扩展端或增加门电路获得所求逻辑函数。⑤根据对照比较的结果画出逻辑图。

(6) 竞争冒险是组合逻辑电路工作状态转换过程中可能会出现的一种现象。若负载是对尖峰脉冲敏感的电路，则必须采取措施来防止由于竞争而产生的尖峰脉冲。常用的消除冒险的方法有修改逻辑设计、引入选通脉冲、输出加滤波电容等。

思考题与习题

3 - 1 组合电路如图 3 - 53 所示，写出函数 F 的逻辑表达式和真值表。

3 - 2 已知逻辑电路如图 3 - 54 所示，分析该电路的功能。

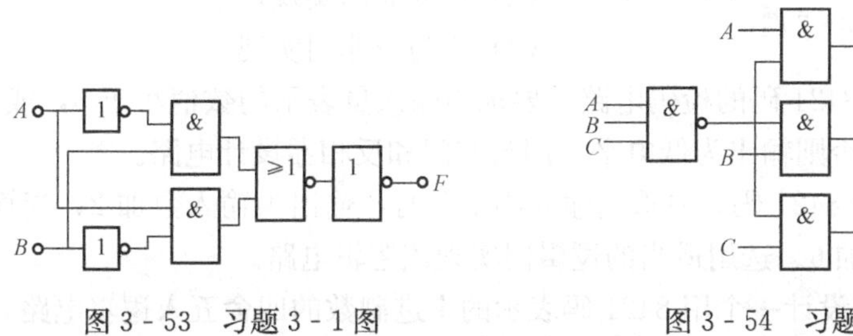

图 3 - 53 习题 3 - 1 图　　图 3 - 54 习题 3 - 2 图

3 - 3 已知图 3 - 55 所示逻辑电路及输入 A、B 的波形，试画出相应的输出波形 Y。

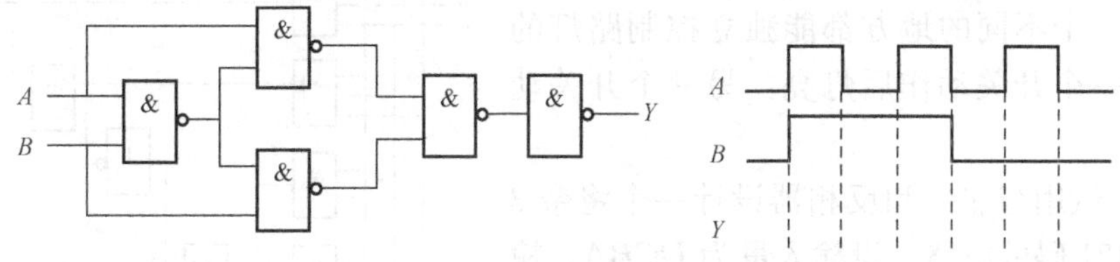

图 3 - 55 习题 3 - 3 图

3 - 4 已知逻辑电路如图 3 - 56 所示，S_2 、S_1 为功能控制输入，A 、B 为输入信号，Y 为输出。分析该电路的功能。

3 - 5 由与非门构成的某表决电路如图 3 - 57 所示。其中 A、B、C、D 表示 4 个人，Y 为 1 时表示议案通过：

(1) 试分析电路，说明议案通过的情况共有几种；

(2) 分析 A，B，C，D 四人中谁的权力最大。

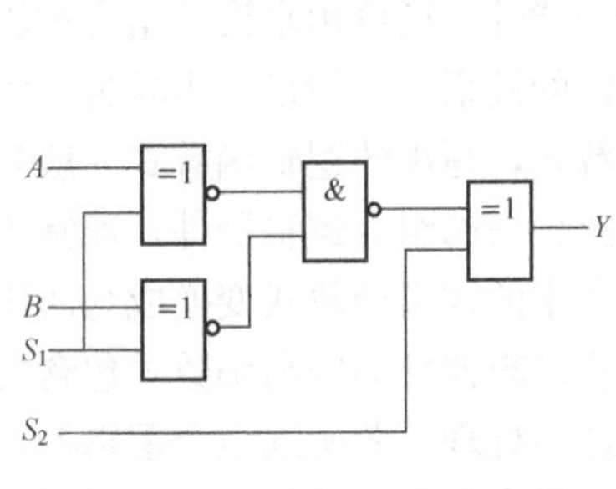

图 3 - 56 习题 3 - 4 图

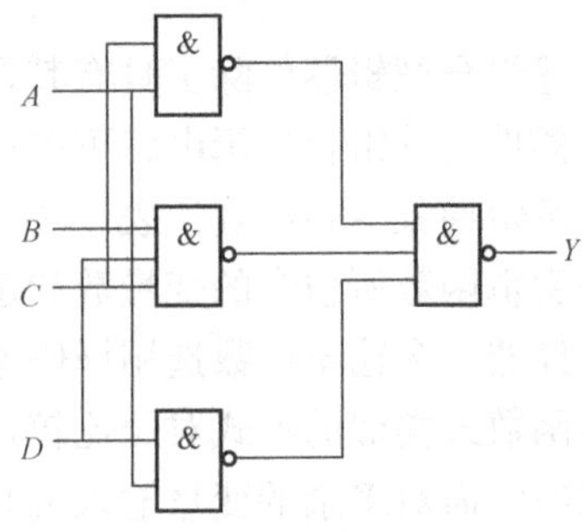

图 3 - 57 习题 3 - 5 图

3 - 6 用与非门设计一个 4 变量的表决电路。要求当输入变量 A 为 1 时，B、C、D 中只要再有一个或一个以上为 1 时输出为 1；输入变量 A 为 0 时，B、C、D 中要有两个或两个以上为 1 时输出为 1，输入为其他状态时输出为 0。

3 - 7 某组合逻辑电路的输入 ABC 和输出 Y 的波形如图 3 - 58 所示，试画出能实现此逻辑关系的等效逻辑电路，要求电路尽可能简单。

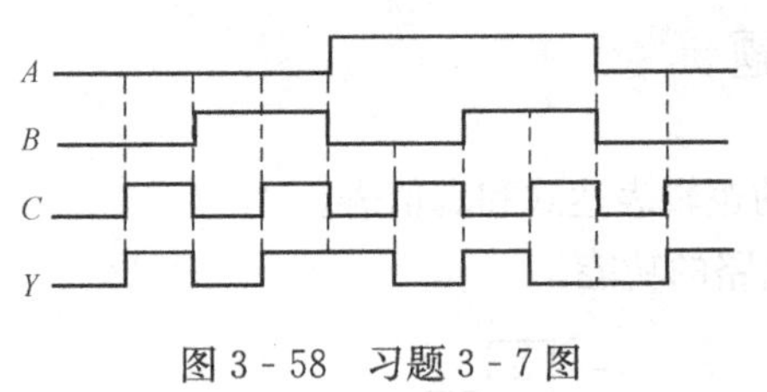

图 3 - 58 习题 3 - 7 图

3 - 8 设 $F(A,B,C,D) = \sum m(2,4,8,9,10,12,14)$，按下列要求分别实现最简单的该电路：

(1) 用与非门实现；

(2) 用或非门实现；

(3) 用与或非门实现。

3 - 9 试设计一个 8421 码的检码电路。要求当输入量表示的数值小于 3，或大于 8 时，电路输出 Y 为高电平，否则输出为低电平。用与非门和反相器设计电路。

3 - 10 已知输入为 8421 码，要求当输入小于 5 时，输出为输入数加 2，当输入大于等于 5 时，输出为输入数加 6。选用适当的逻辑门实现该逻辑电路。

3 - 11 试用与非门设计一个用 8421 码表示的十进制数的四舍五入逻辑电路。输出量为 Y，舍为 0，入为 1。

3 - 12 设计一个用 3 个开关控制的路灯电路，要求在 3 个不同的地方都能独立控制路灯的亮和灭。当一个开关动作后灯亮，另一个开关动作后灯灭。

3 - 13 试用与非门和反相器设计一个将余 3 码转换成 8421 码的电路。设输入量为 $DCBA$，输出量为 $Y_4Y_3Y_2Y_1$。

3 - 14 已知逻辑电路如图 3 - 59 所示，分析该电路的功能。

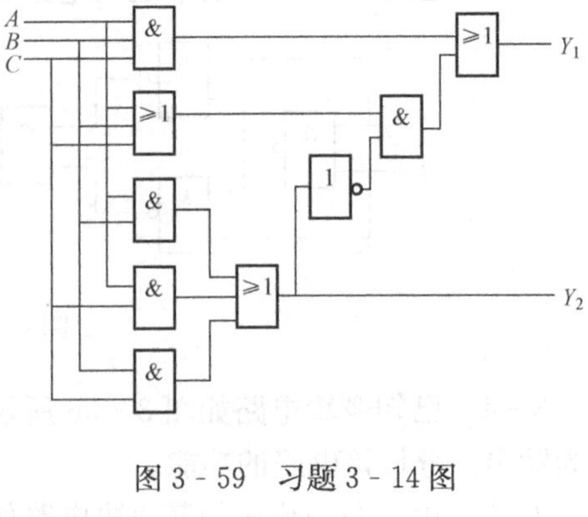

图 3 - 59 习题 3 - 14 图

3 - 15 试用半加器和适当的门电路设计一个全加器。

3 - 16 试用与非门和反相器设计一个优先编码器。输入信号的优先顺序为 $\overline{I_4}$、$\overline{I_3}$、$\overline{I_2}$、

$\overline{I_1}$、$\overline{I_0}$，它们分别代表十进制数 4～0，且低电平有效；输出为 3 位二进制数 $Y_2Y_1Y_0$。

3 - 17　试画出用 4 片 8 线—3 线优先编码器 74148 扩展为 32 线—5 线优先编码器的逻辑图。

3 - 18　8 线—3 线优先编码器 74148 在下列输入情况下，确定芯片输出端的状态：

(1) $\overline{I_0}=0$，$\overline{I_3}=0$，其余为 1；

(2) $\overline{S}=0$，$\overline{I_4}=0$，其余为 1；

(3) $\overline{S}=0$，$\overline{I_4}=0$，$\overline{I_6}=0$，其余为 1；

(4) $\overline{S}=0$，$\overline{I_0}\sim\overline{I_7}$全为 1；

(5) $\overline{S}=0$，$\overline{I_0}\sim\overline{I_7}$全为 0。

3 - 19　试用与非门设计一个译码器，译出对应输入 $ABCD$=0001、0010、0111、1010、1110 状态的 5 个信号。

3 - 20　为了使 74138 译码器的输出$\overline{I_6}$为低电平，请指出各输入端应置的逻辑电平。

3 - 21　由译码器 74138 和门电路组成的电路如图 3 - 60所示，试分别写出 Y_1、Y_2、Y_3 的最简与或表达式。

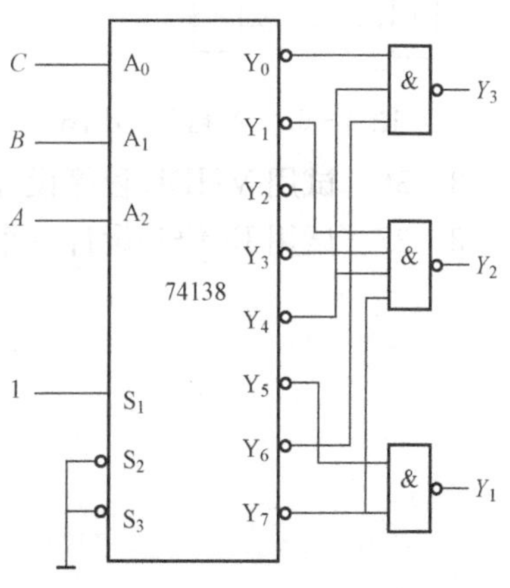

图 3 - 60　习题 3 - 21 图

3 - 22　试用 74138 译码器和适当的门电路实现下列逻辑函数：

(1) $F_1(A,B,C)=AB\overline{C}+A\overline{B}\overline{C}+\overline{A}B\overline{C}+\overline{A}\overline{B}C$；

(2) $F_2(A,B,C)=BC+\overline{A}\,\overline{B}$；

(3) $F_3(A,B,C)=\sum m(0,2,5,6,7)$。

3 - 23　试用 74138 译码器和适当的门电路实现下列多输出逻辑函数：

(1) $F_1(A,B,C)=B\overline{C}+\overline{A}BC+\overline{A}\overline{B}C$；

(2) $F_2(A,B,C)=\overline{B}\,\overline{C}+A\overline{B}$；

(3) $F_3(A,B,C)=\overline{A}\,\overline{B}+AB$。

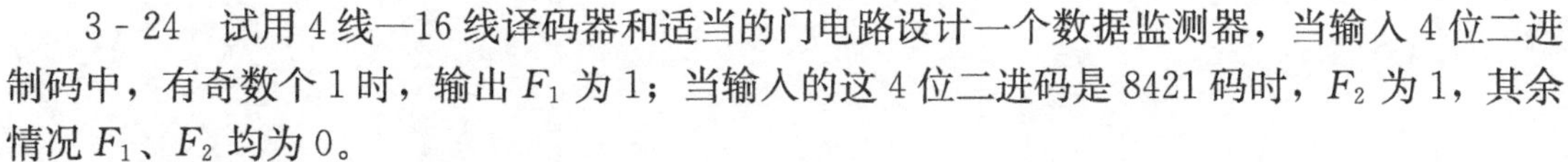

3 - 24　试用 4 线—16 线译码器和适当的门电路设计一个数据监测器，当输入 4 位二进制码中，有奇数个 1 时，输出 F_1 为 1；当输入的这 4 位二进码是 8421 码时，F_2 为 1，其余情况 F_1、F_2 均为 0。

3 - 25　试用 4 选 1 数据选择器实现下列逻辑函数：

(1) $F_1(A,B)=A+B$；

(2) $F_2(A,B,C)=AB+BC+AC$。

3 - 26　试用 8 选 1 数据选择器 74151 实现下列逻辑函数：

(1) $F_1(A,B,C)=\sum m(1,2,4,5,7)$；

(2) $F_2(A,B,C,D)=\sum m(0,2,5,7,10,11,14)$。

3 - 27　试用双 4 选 1 数据选择器 74LS153 设计 1 位全加器电路，画出连线图。

3 - 28　试用 8 选 1 数据选择器 74151 设计一个 4 变量表决电路，功能是 4 个变量中有多数个变量为 1 时，输出为 1，否则为 0。

3 - 29　试用 8 选 1 数据选择器 74151 设计一个组合逻辑电路。该电路有 3 个输入逻辑变量 A、B、C 和 1 个工作状态控制输入 E。当 $E=1$ 时电路能实现“意见一致”功能（A、B、C 状态一致时输出为 1，否则输出为 0），而 $E=0$ 时电路能实现“多数表决”功能，即输出与A、B、C中多数的状态一致。

3-30 试判断由下列逻辑函数构成的逻辑电路是否存在竞争冒险：

(1) $Y=\overline{\overline{A}B+A\overline{B}}$；

(2) $Y=A\overline{B}+B\overline{C}+A\overline{C}$；

(3) $Y=\overline{A}(A+B)$。

3-31 试分析图3-61所示电路中当A、B、C、D单独改变状态时是否存在竞争冒险现象。如果存在竞争冒险现象，则发生在其他变量为何种取值的情况下？

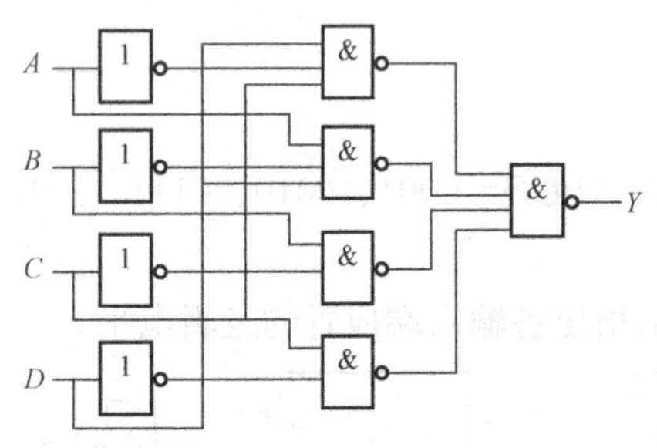

图3-61 习题3-31图

3-32 试用VHDL程序设计一个8选1的多路数据选择器，并进行功能仿真。

3-33 试用VHDL程序设计一个1位全加器。

3-34 试用VHDL程序设计一个七段数码译码器。要求输出高电平有效，且输入出现约束项时，显示“—”。

3-35 试用VHDL程序设计一个16线—4线优先编码器，输出原码。

3-36 试用VHDL程序设计一个二—十进制优先译码器。

3-37 试用IF语句设计一个三人表决电路，并进行功能仿真。

第四章 集成触发器

本章将讨论数字电路中重要的单元电路——触发器。从逻辑功能上来说，触发器分为RS触发器、D型数据锁存器、D触发器、JK触发器、T触发器和T′触发器等；从电路结构上来说，触发器分为基本型、同步型、边沿型等。学习这一章，要了解触发器的基本电路结构，掌握各触发器的逻辑功能及其表示方法。

第一节 概 述

前一章所讲组合逻辑电路没有记忆功能，而在数字系统中常需要用到有记忆、存储二进制数据功能的逻辑单元。本章所讲的电路，在输入激励信号撤销后，仍能将输入信号产生的输出状态保存下来，直到输入新的激励信号才更新。因而具有记忆、存储信息功能的单元逻辑电路，统称为触发器。触发器是构成时序逻辑电路的主要单元电路。利用触发器，可以实现数字的储存、计数、分频等过程。

人们约定，触发器的输出端标记为Q端，并将Q的状态称为触发器的状态，比如当Q由0变为1时，称触发器置1（置位），当Q由1变为0时，称触发器置0（复位）。集成电路芯片管脚够用时，还往往把与Q逻辑互补的另一个输出端$\overline{Q}$也引出来，以增加使用的灵活性。

触发器在接收输入激励信号之前的输出状态称为现态，用Q^n表示，接收输入信号之后的输出状态称为次态，用Q^{n+1}表示。其含义为Q^n和Q^{n+1}是两个相邻离散时间里的输出状态，在时间轴上，t_n对应的是Q^n，t_{n+1}对应的是Q^{n+1}，而t_n和t_{n+1}的分界，对于比较简单的RS触发器来说，是输入信号的改变时刻，对于边沿触发器来说，则是时钟脉冲CP的触发沿出现的时刻。时钟脉冲（Clock Pulse，简称CP）以周期脉冲居多，它是复杂数字系统中重要的控制信号，用来指挥众多逻辑单元协调一致有序地工作。

触发器应具有下列功能：

(1) 输出有两个稳定状态，0态和1态。

(2) 在输入信号作用下，可以改变状态。

(3) 输出状态可以保存，在下一信号输入之前，触发器状态稳定不变。

触发器逻辑功能可以用特性表、特性方程、卡诺图、状态图、时序图等方法来描述。

特性表又称状态转换真值表，它是用表格的形式描述触发器在输入信号作用下，触发器的次态Q^{n+1}与触发器的现态Q^n及输入信号状态之间的关系的。在集成芯片手册中，往往将所有的数据输入、控制输入都列于表内，以全面反映芯片功能，此时则称为功能表。

特征方程是以逻辑表达式的形式来描述触发器次态与现态及输入信号之间的关系的。它是以触发器现态和输入信号为自变量，触发器的次态为因变量的逻辑表达式，具有抽象简明的特点，根据特性表通过卡诺图化简即可得到。当然由特性表写出标准与或表达式，再辅以逻辑变换、化简也可以得到特征方程。

卡诺图是真值表的方格化结果，它在反映构成次态的各个变量最小项（输入信号和现态的组合）之间的逻辑相邻性方面具有无与伦比的优势。

状态图（状态转换图）是一个新的概念，它源自特性表，以图形的方式描述触发器欲从现态变化到次态时所需要的输入信号。

时序图以波形的形式描述触发器状态与输入信号及时钟脉冲之间的关系，它形象地描述了触发器状态变化与 CP 触发沿在时间上的先后关系，这种时间上的顺序关系在其他描述方法中表现得并不明显。

第二节　RS 触 发 器

RS 触发器是最简单的触发器，它有三种电路形式：基本 RS 触发器、同步 RS 触发器和主从 RS 触发器。R 和 S 分别表示 Reset（复位）和 Set（置位）。

一、基本 RS 触发器

用与非门和或非门均可实现基本 RS 触发器，下面以与非门组成的电路为例，讨论基本 RS 触发器的工作情况。

1. 电路结构

如图 4 - 1（a）所示，电路连接的特点是两个与非门输入、输出交叉相连，它有两个输入端和两个输出端。输入端$\overline{S}$和$\overline{R}$分别称为置位端（也叫置 1 端）和复位端（也叫置 0 端），$\overline{S}$、$\overline{R}$上的一横及图 4 - 1（b）逻辑符号输入引线上的小圆圈则用来表示该信号为低电平时起作用，称为低电平有效。两个输出端分别标记为 Q 和$\overline{Q}$，在正常工作状态下，这两个输出端状态相反。人们约定以触发器 Q 端的状态为触发器的状态，即当 $Q=1$，$\overline{Q}=0$ 时，称触发器处于 1 态；当 $Q=0$，$\overline{Q}=1$ 时，称触发器处于 0 态。

2. 工作原理

对于图 4 - 1（a），根据与非门的逻辑功能，可以按下面四种输入条件来分析电路的工作原理。

（1）$\overline{S}=1$，$\overline{R}=1$。对于与非门 G1 和 G2，已各有一个输入端为 1，则其输出还需根据另一个输入信号来判断，而 Q 的状态可能是 1，也可能是 0，$\overline{Q}$与之类似。所以需要按以下两种情况来考虑：

1）$Q=1$，则对于 G2 来说，输出$\overline{Q}=0$，而$\overline{Q}=0$ 会通过 G1 保证 Q 处于 1 态。

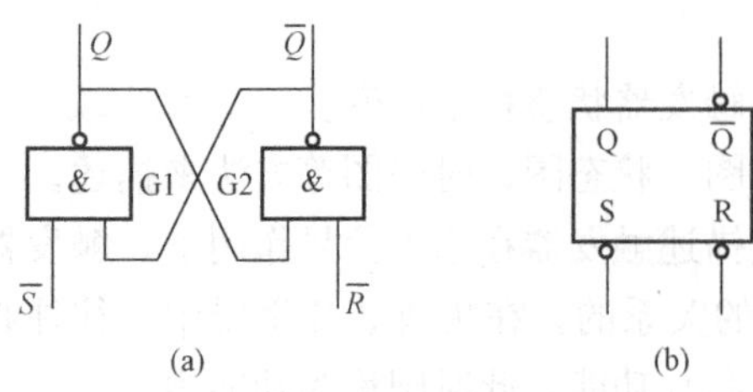

图 4 - 1　与非门组成的基本 RS 触发器及逻辑符号
（a）逻辑图；（b）逻辑符号

2）$Q=0$，则 Q 的低电平将使 G2 的输出$\overline{Q}=1$，此时 G1 的两个输入端均为高电平，所以 $Q=0$ 的状态亦不会变化。综合这两种情况可以看出，当输入$\overline{S}$、$\overline{R}$同时为 1 时，输出 Q 和$\overline{Q}$的状态不会随之而变，保持原先的状态不变。

（2）$\overline{S}=1$，$\overline{R}=0$。因为$\overline{R}=0$，所以 G2 的输出$\overline{Q}=1$。而$\overline{Q}=1$ 和$\overline{S}=1$ 将使 G1 的输出 $Q=0$。这是一个触发器置 0 的过程。在此之前，触发器 Q 的状

态可能是 1，也可能是 0，而这组输入信号加入后，触发器的状态将确定为 0 态。引发置 0 过程的是$\overline{R}$端出现了低电平，故将此输入端称为置 0 端或复位端，并将此端标注为$\overline{R}$，以示低电平有效。需要说明的是，当 $Q=0$ 后，它就接替了$\overline{R}$的作用，保证 G2 的输出$\overline{Q}=1$，此时如果置 0 信号消失（$\overline{R}$由低电平变为高电平），$Q=0$ 的状态是不会变的，0 状态被触发器保存了起来。

（3）$\overline{S}=0$，$\overline{R}=1$。当$\overline{S}=0$ 时，G1 的输出 $Q=1$，而且 $Q=1$ 和$\overline{R}=1$ 会使 G2 输出$\overline{Q}=0$，$\overline{Q}$端的低电平出现后，将保证即使$\overline{S}$端的低电平消失回到高电平，$Q=1$ 的状态也不会变化。这是一个触发器置 1 的过程。在此过程中，$\overline{S}$ 端出现低电平是导致触发器置 1 的关键，所以此输入端称为置 1 端或置位端，用符号$\overline{S}$ 标记，以示低电平有效。

（4）$\overline{S}=0$，$\overline{R}=0$。因为$\overline{R}$、$\overline{S}$ 端同时为 0，所以 G1 和 G2 的输出将同时为 1，即 $Q=1$，$\overline{Q}=1$，破坏了两个输出端的逻辑互补关系，显然这不是触发器正常的工作状态。如果随后两个输入端的低电平又同时变为高电平，则两个输出端都有回到低电平的趋势，因 G1、G2 的 t_{pd}的差异性，将导致我们无法确定触发器的状态，此现象称为触发器输出状态不定。这是基本 RS 触发器的一个缺点。显然为使其正常工作，就要避免在输入端同时施加低电平，这就是与非门组成的基本 RS 触发器对输入信号的限制（约束）条件。此约束条件的逻辑表达式为$\overline{R}+\overline{S}=1$。

由上面的讨论可知，该电路有如下特点：

（1）基本 RS 触发器具有置位（置 1）、复位（置 0）和保持（记忆）的功能。

（2）与非门组成的基本 RS 触发器的触发信号是低电平有效，属于电平触发方式。即无触发信号时，各输入端为高电平，如欲置 0 或置 1 时，需在相应的输入端施加低电平（这种无信号时为高电平，有信号时为低电平的波形可以称为负脉冲）。具体来说，当置 0 时，需在$\overline{R}$ 端加负脉冲；当置 1 时，则需在$\overline{S}$ 端加负脉冲。读者可以结合门电路的平均传输延迟时间 t_{pd}，判断这种置 0、置 1 负脉冲的宽度至少是多少。

（3）一个触发器可以记忆 1 位二进制数。

（4）该触发器对输入信号有约束，两个输入端禁止同时出现低电平。

（5）当输入信号发生变化时，输出即刻就会发生相应的变化，即抗干扰性能较差。

3. 电路逻辑功能的描述

触发器逻辑功能的表示方法有逻辑符号、特性表、特性方程、状态图、时序图等。该电路的逻辑符号见图 4 - 1（b）。下面介绍其特性表和时序图。

如果将接收输入信号之前触发器的输出状态称为现态，用符号 Q^n表示，将接收信号之后触发器的状态称为次态，用符号 Q^{n+1}表示。则根据上述四种情况列出其状态转换真值表（也称触发器的特性表或状态表），如表 4 - 1 所示。

表 4 - 1　　由与非门组成的基本 RS 触发器的特性表

$\overline{S}$	$\overline{R}$	Q^n	Q^{n+1}	说　明
1	1	0	0	$Q^n=Q^{n+1}$ 状态不变
		1	1	
1	0	0	0	$Q^n=0$　置 0
		1	0	

续表

$\overline{S}$	$\overline{R}$	Q^n	Q^{n+1}	说　　明
0	1	0	1	$Q^n=1$　　置 1
		1	1	
0	0	0	1	输入端低电平同时消失后，Q 状态不定，不允许出现此情况
		1	1	

图 4－2 所示为基本 RS 触发器电路在给定输入信号作用下的时序图，设 Q 的初始状态为 0。

触发器的时序图反映了触发器状态变化和输入信号之间的逻辑关系，这种关系在时间上是对应的。在画波形图时，常用垂直虚线来表示这种时间上的对应关系。

当触发器状态不定时，用虚线表示触发器可能的高、低两种逻辑电平。注意图 4－2 状态不定的前一个时间段，此时两输入$\overline{S}$、$\overline{R}$ 均为 0，相应的 Q 和$\overline{Q}$ 同为 1，随后输入同时上跳成高电平，Q 才状态不定。两个输入信号在后面再次出现同时为 0 的情况，只是低电平先后变为高电平，输出状态自然由后消失的有效电平决定。

4. 用或非门组成的基本 RS 触发器

用两个或非门同样可以组成基本 RS 触发器，与与非门不同的是，或非门只要输入有高电平，输出就是低电平，所以该电路将是输入高电平有效，即输入低电平将使电路输出状态变化。电路原理图和逻辑符号如图 4－3 所示。

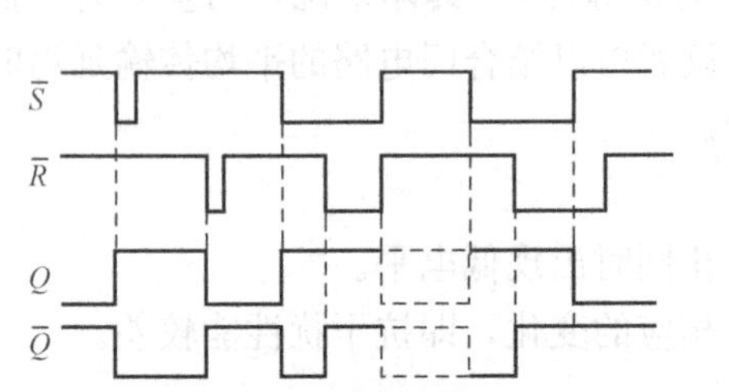

图 4－2　基本 RS 触发器的工作波形

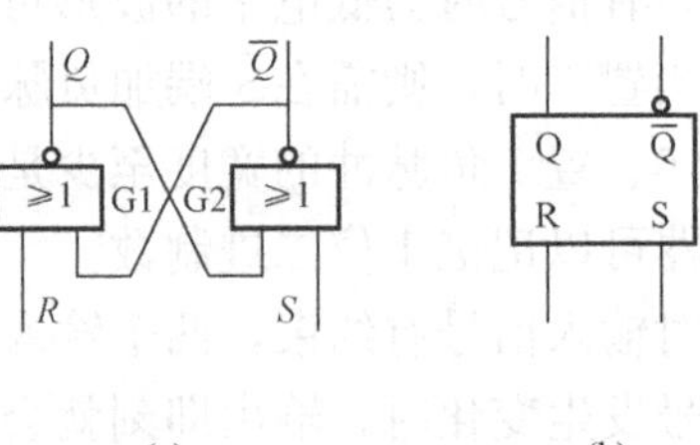

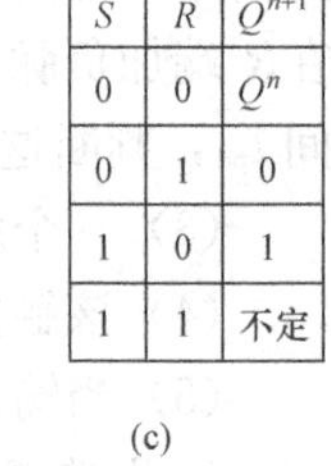

S	R	Q^{n+1}
0	0	Q^n
0	1	0
1	0	1
1	1	不定

(c)

图 4－3　用或非门组成的基本 RS 触发器、逻辑符号及特性表

(a) 电路；(b) 逻辑符号；(c) 简化特性表

读者可以根据或非门的逻辑功能分析图 4－3 (a) 所示电路的工作原理，可以得出如图 4－3 (c) 所示的特性表，由该表可知，该电路输入全为 0 时电路保持状态不变，当在 R 或 S 分别加高电平时，电路将被置 0 或置 1，电路为输入高电平有效，所以图 4－3 (a) 和图 4－3 (b) 所示输入端 R 和 S 上都没有一横，逻辑符号输入端也没有小圆圈，这些均表示输入高电平有效。它的约束条件是输入不能同时为 1，所以约束条件表达式应为 $RS=0$。

以上分析可知，基本 RS 触发器有输入低电平有效和输入高电平有效两种结构。当输入端所加为无效信号时，电路保持状态不变；若单独在置 0 端施加有效电平时置 0，在置 1 端施加有效电平时则置 1；不能在两个输入端同时施加有效信号。

5. 应用

基本 RS 触发器由于对输入信号有约束，而且没有公共的控制输入端，所以在其电路的基础上进行改进，演变出后面要介绍的其他触发器，基本 RS 触发器也就成为其他触发器的一个组成部分。也有单独使用基本 RS 触发器的情况，比如键盘开关消抖应用。图 4 - 4（a）所示的是一个利用键盘开关产生低电平信号的电路。在机械开关触点动作时，因触点机械弹性或氧化层的原因而发生时通时断的情况，造成输出波形出现短暂高低变化，这在数字电路中是不允许的。采用图 4 - 4（c）所示的消抖电路，可以利用基本 RS 触发器的逻辑关系克服开关触点抖动。

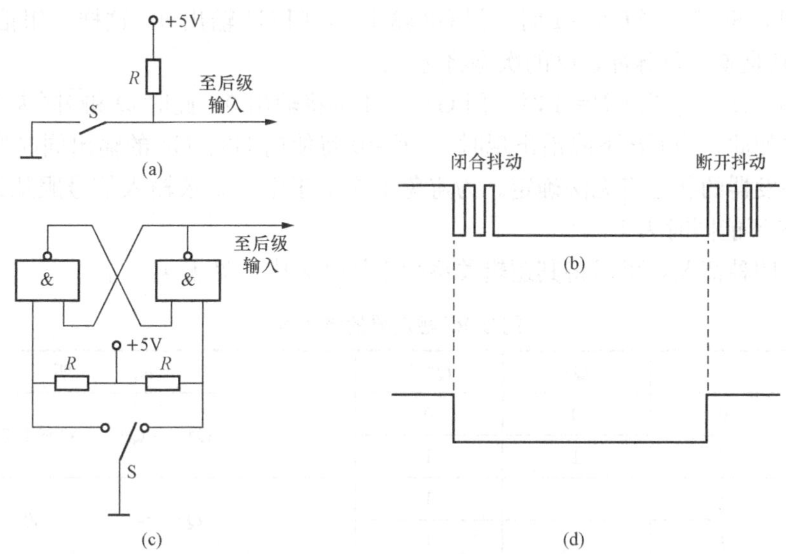

图 4 - 4　开关消抖电路及波形

（a）机械开关电路；（b）机械开关电路波形；（c）消抖电路；（d）消抖电路波形

二、同步 RS 触发器

1. 电路结构

在基本 RS 触发器的基础上，增加一个时钟输入端和两个门组成的 CP 脉冲引导电路，就构成了同步 RS 触发器（亦称钟控 RS 触发器）。它的特点是输入信号 R、S 需要在时钟脉冲 $CP=1$ 的情况下才能起作用，即触发器状态更新与时钟脉冲的出现同步。在逻辑符号上增加了 CP 输入端，对于 RS 触发器电路，其含义是电路的逻辑功能在 $CP=1$ 期间有效，如果 $CP=0$，则 Q 状态不会变化。

2. 工作原理及逻辑功能描述

由与非门组成的同步 RS 触发器的电路如图 4 - 5（a）所示。图中 G1、G2 构成基本 RS 触发器，G3、G4 构成时钟控制电路。图4 - 5（b）、（c）所示为其逻辑符号。CP 脉冲通常是周期脉冲，当 $CP=0$ 时，不论 R、S 状态如何，都无法影响 G3、G4 的输出状态，门 G3、G4 都将输出高电平（此现象称为门 G3、G4 被 CP 的低电平封锁），所以基本 RS 触发器将保持状态不

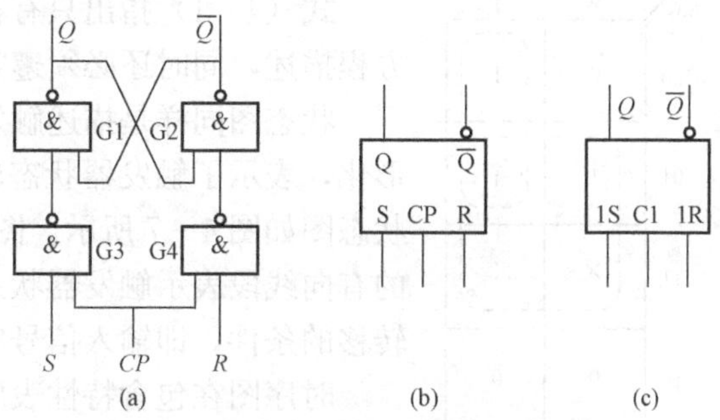

图 4 - 5　同步 RS 触发器及逻辑符号

（a）逻辑电路；（b）曾用符号；（c）国标符号

变。而当 $CP=1$ 时，门 G3、G4 接收 R、S 信号，基本 RS 触发器的状态将受其影响。按四种情况分析工作原理：

(1) $R=0$，$S=0$。当 $CP=1$ 时，门 G3、G4 仍将输出 1，所以 G1、G2 组成的基本 RS 触发器将保持状态不变。

(2) $R=0$，$S=1$。当 $CP=1$ 时，门 G3 输出 0，门 G4 输出 1。这样一组信号对于 G1、G2 组成的电路是置 1 负脉冲，Q 的次态将是 1。

(3) $R=1$，$S=0$。当 $CP=1$ 时，门 G3 输出 1，门 G4 输出 0。这样一组信号对于 G1、G2 组成的电路是置 0 负脉冲，Q 的次态将是 0。

(4) $R=1$，$S=1$。当 $CP=1$ 时，门 G3、G4 都将输出 0，此时 Q 和$\overline{Q}$同为 1，互补关系被破坏。不仅如此，当 CP 下降沿出现时，$CP=0$ 将使门 G3、G4 的输出同时变为 1，在这种情况下，触发器的状态将无法确定。为避免工作不正常，要求输入信号服从约束条件 $RS=0$，即 R、S 不能同时为 1。

综合上述四种情况，可以将其逻辑关系列于特性表中，见表 4 - 2。

表 4 - 2　　同步 RS 触发器的特性表

R	S	Q^n	Q^{n+1}	说　明
0	0	0	0	$Q^{n+1}=Q^n$　状态不变
0	0	1	1	
0	1	0	1	$Q^{n+1}=1$　置 1
0	1	1	1	
1	0	0	0	$Q^{n+1}=0$　置 0
1	0	1	0	
1	1	0	1	当 CP 下降沿出现时，Q 状态不定
1	1	1	1	

根据同步 RS 触发器的特性表填写卡诺图，如图 4 - 6 所示。可以写出同步 RS 触发器的逻辑表达式，称为同步 RS 触发器的特性方程，即

$$Q^{n+1}=S+\overline{R}Q^n \quad (CP=1\text{ 期间有效}) \tag{4-1}$$
$$RS=0 \quad (\text{约束条件})$$

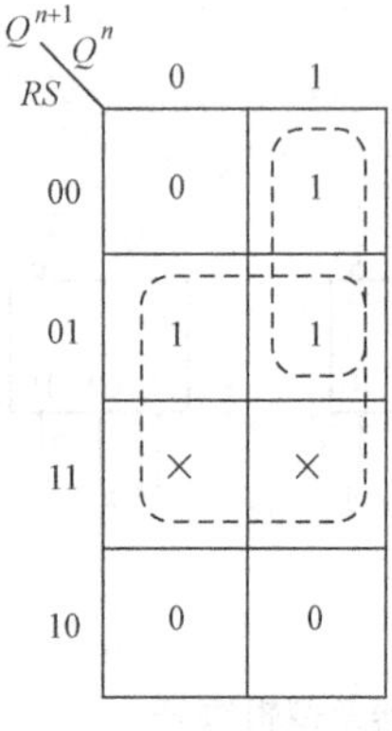

图 4 - 6　同步 RS 触发器卡诺图

式 (4 - 1) 指出只有在 $CP=1$ 期间，触发器的逻辑关系可由特性方程描述，同时还必须遵守输入约束条件。

状态图同样是描述触发器逻辑功能的方法之一，它是特性表的图形化，表示了触发器状态转移所需要的输入要求。同步 RS 触发器的状态图如图 4 - 7 所示。图中两个圆圈代表触发器的两个状态；带箭头的有向线段表示触发器状态转移的方向；有向线段旁边列出的是状态转移的条件，即输入信号应取的值。

时序图在包含特性表所有输入组合的情况下也可以反映触发器的逻辑关系，画触发器的时序图时，应根据触发器的逻辑关系和输入信号画出输出波形。同步 RS 触发器在给定输入 R、S 信号作用下的时序图，如图 4 - 8 所示。

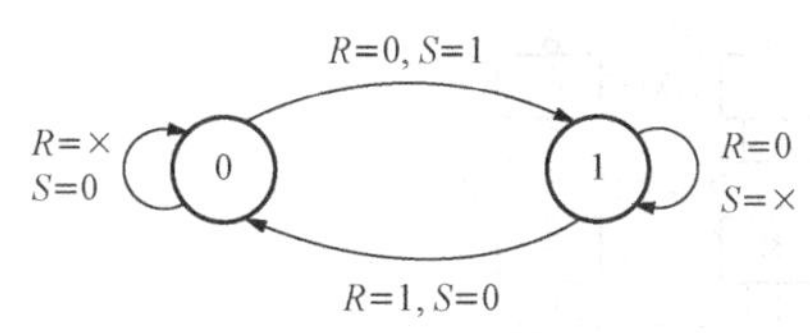

图 4-7　同步 RS 触发器的状态图

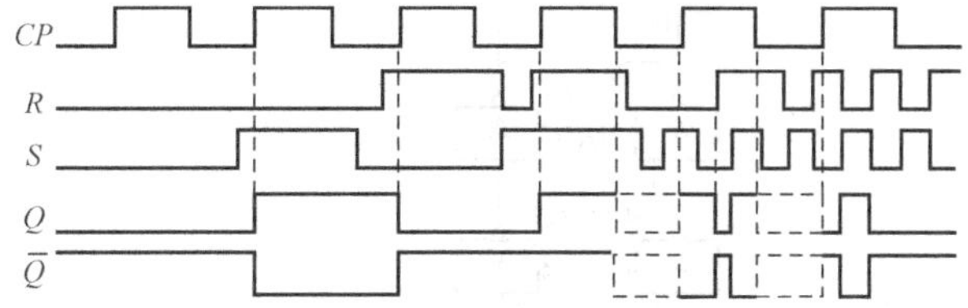

图 4-8　同步 RS 触发器的时序图

在图 4-8 中，Q 的初始状态为 0 态，前三个 CP 周期输入信号电平满足约束条件，属于同步 RS 触发器正常的保持状态，以及置 1、置 0 操作。第四个 CP 周期则违反了约束条件，在 $CP=1$ 期间，触发器输出的互补关系被破坏，而在随后的 $CP=0$ 期间，触发器状态不定。第五、六个 CP 周期则反映了同步 RS 触发器的另一个问题，那就是在 $CP=1$ 期间，如果输入信号多次变化，则输出亦将改变多次，此现象被称为同步 RS 触发器的直通现象。导致直通现象的原因是该电路的结构特点。图 4-5（a）所示电路在 $CP=1$ 期间，门 G3、G4 处于开门状态，R、S 信号的任何变化都会直接影响基本 RS 触发器的输出状态。前面对电路工作原理的分析，所得出的特性表、特性方程，都是在 $CP=1$ 的条件下作出的。当 R、S 信号在 $CP=1$ 期间发生多次变化时，根据特性表，同样可以判断输出波形的变化情况。如图 4-8 所示，在第五个 CP 高电平期间，触发器经历了置 1、保持、置 0 和输入同时为 1（所以第五个 CP 下降沿之后出现了状态不定）四种情况，在第六个 CP 高电平期间，触发器经历了置 0、置 1、置 0 三种过程。

3. 同步 RS 触发器存在的问题

（1）对输入信号有约束，两输入端不能同时输入有效电平。

（2）存在直通现象。在 $CP=1$ 期间，输入信号应保持稳定，否则输出将随之而变。这说明同步 RS 触发器在 $CP=1$ 期间无抗干扰能力。

（3）由于存在直通现象，同步 RS 触发器无法用于计数。如果将同步 RS 触发器连成计数触发器（计数触发器就是后面要介绍的 T′触发器，特性方程为 $Q^{n+1}=\overline{Q^n}$，即每来一个 CP 脉冲，触发器状态翻转一次），则在 $CP=1$ 期间，触发器状态会自动多次翻转，称为空翻现象。

三、主从 RS 触发器

为了解决空翻问题，用两个同步 RS 触发器级联起来形成主从结构的电路。两个同步 RS 触发器分为主触发器和从触发器，利用 CP 脉冲的上升沿和下降沿让主触发器和从触发器交替工作，这样就形成了主从 RS 触发器，如图 4-9 所示。进而，为了解决输入信号约束的问题，稍加改动输入端部分接线，可设计出主从 JK 触发器，如图 4-10 所示。但是，主从 RS 触发器仍然有着输入被约束和存在直通现象的缺点，而主从 JK 触发器虽然输入不再有约束，却存在一个严重缺点，即存在一次变化现象。为避免此问题，只能要求主从 JK 触发器的输入信号在 $CP=1$ 期间保持不变。这种抗干扰能力低下的缺点导致主从 JK 触发器无法用于工程实践。实际上，集成主从 JK 触发器品种较少且无人使用，故这里不再加以讨论，若读者对此有兴趣，可研究本书书后所列参考资料相关内容。

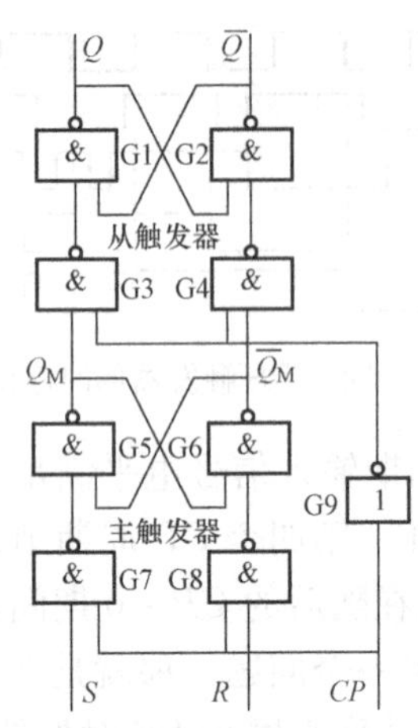

图 4-9　主从 RS 触发器

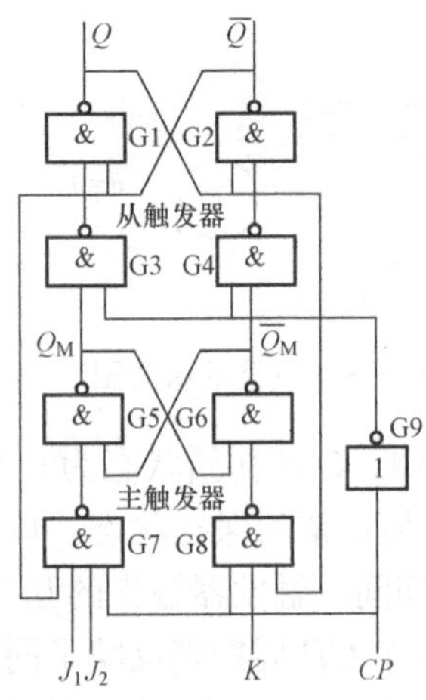

图 4-10　主从 JK 触发器

四、D 型数据锁存器

从同步 RS 触发器特性表可以发现，当 R、S 信号状态相反时，触发器次态 Q^{n+1} 总是跟随 S 信号而变。根据这一特点对电路加以改造，使 R 端信号始终与 S 端相反，实现的电路如图 4-11 所示。此时电路的逻辑关系已经与同步 RS 触发器不同，输入改称 D(Data) 信号，其工作原理分析如下：

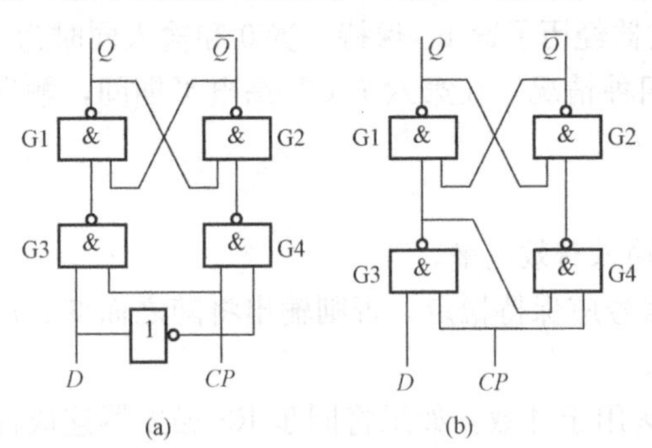

图 4-11　D 型数据锁存器

(a) D 型锁存器原理图；(b) 实际电路

(1) 当 $CP=0$ 时，门 G3、G4 输出高电平，基本 RS 触发器状态保持不变。

(2) 当 $CP=1$ 时，G3 输出 $\overline{D}$，G4 输出 D。若 $D=0$，基本 RS 触发器被置 0；若 $D=1$，则基本 RS 触发器被置 1。即 Q 状态与 D 相同。由于此期间门 G3、G4 始终处于开门状态，所以若 D 信号有多次变化，则 Q 状态亦跟随而变。

(3) 当 CP 下降沿出现时，门 G3、G4 被封锁，一方面隔绝 D 信号于门 G3、G4 之前，另一方面基本 RS 触发器将保持 CP 下降沿之前 D 端数据不再变化。所以该电路的特点是 CP 高电平期间跟随，CP 下降沿时锁存。

根据同步 RS 触发器的特性方程和该电路输入关系 $S=D$、$R=\overline{D}$，可推导出 D 型数据锁存器的特性方程为

$$Q^{n+1}=S+\overline{R}Q^n=D+DQ^n=D\quad (CP=1\text{ 期间有效})\tag{4-2}$$

注意特性方程有效条件，它恰恰反映了该电路在 $CP=1$ 期间的跟随现象。当有效条件消失时，电路将最后一刻的 D 端状态锁存于 Q 端，故得名数据锁存器。

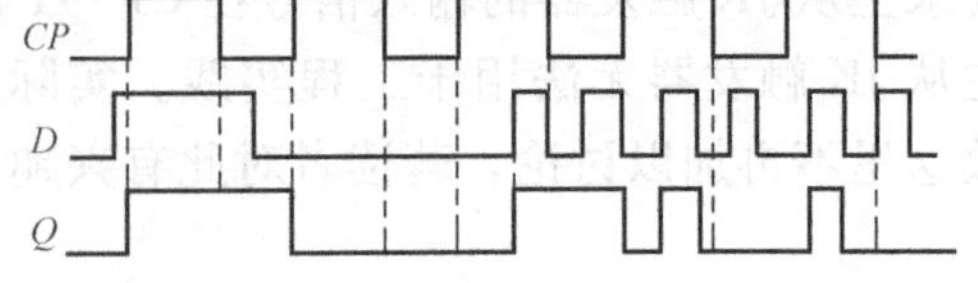

图 4-12　D 型数据锁存器的工作波形

图 4-12 所示为 D 型数据锁存器在给定输入波形作用下的工作波形。

在图 4-12 中，CP 高电平期间，Q 波形跟

随输入 D 的变化。在 CP 下降沿到达时，Q 锁存 D 端数据（CP 下降沿之前瞬间的 D 状态），$CP=0$ 期间，Q 状态不再变化。

第三节 D 触 发 器

从本节开始，将介绍目前普遍使用的边沿触发器。它的特点是触发器仅在 CP 触发沿出现的瞬间（一个很小时间段）接受输入信号和更新状态，故具有很高的抗干扰能力和较快的工作速度。边沿型电路有多种，这里选一些有代表性的电路进行介绍。

一、单极型边沿 D 触发器

1. 电路结构

用 CMOS 传输门和 CMOS 非门构成的边沿 D 触发器如图 4 - 13（a）所示。图中非门 G1、G2 和传输门 TG1、TG2 组成主触发器，非门 G3、G4 和传输门 TG3、TG4 组成从触发器。TG1 和 TG3 分别为主触发器和从触发器的输入控制门，CP 和 $\overline{CP}$ 为互补的时钟脉冲。由于引入了传输门，该电路虽为主从结构，却没有一次翻转现象，具有边沿触发器的特点。图 4 - 13（b）和图 4 - 13（c）所示为其逻辑符号。

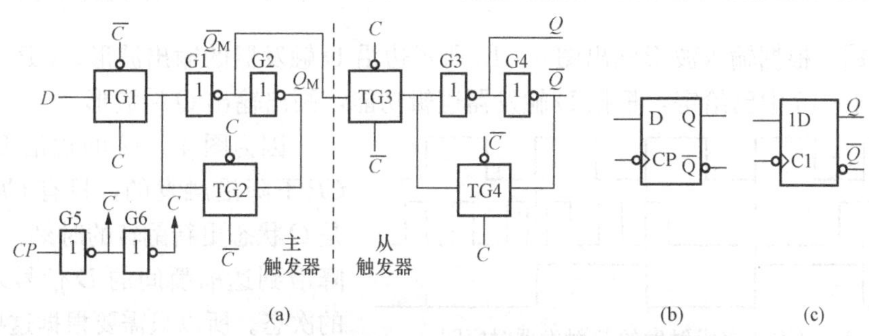

图 4 - 13 用 CMOS 传输门组成的边沿 D 触发器

（a）边沿 D 触发器逻辑图；（b）曾用符号；（c）国标符号

2. 工作原理

当 $CP=1$ 时，$C=1$，$\overline{C}=0$，则 TG1 导通，D 端输入信号进入主触发器中，使 $Q_M=D$。但此时 TG2 截止，Q_M 无法与 G1 形成反馈连接，不能自行保持，Q_M 将随 D 端状态变化。同时，由于 TG3 截止、TG4 导通，关闭了主触发器输出与从触发器之间的通道，并维持从触发器状态不变。

当 CP 的下降沿到达时，$C=0$、$\overline{C}=1$，则使得 TG1 截止、TG2 导通。D 输入到 G1 的信号由 Q_M 接替，由于门 G1 输入电容的电荷存储效应，G1 输入端的电压不会在 TG1、TG2 状态切换过程中消失，于是 Q_M 在 TG1 切断前的状态被保存下来。同时，由于 TG3 导通、TG4 截止，主触发器的状态通过 TG3 和 G3 送到了输出端，触发器次态与 CP 的下降沿到达前瞬间 D 端状态相同。所以这是一个下降沿触发的边沿触发器，边沿触发器指的是利用脉冲边沿触发。

3. 逻辑功能描述

（1）逻辑符号。如图 4 - 13（b）和图 4 - 13（c）所示，该电路是 CP 下降沿触发的边沿触发器，逻辑符号要体现出这一特点，CP 输入端的“＞”表示边沿触发，小圆圈表示 CP

脉冲下降沿触发。如果触发器为 CP 上升沿触发，则无小圆圈。

(2) 特性方程。D 触发器的特性方程为

$$Q^{n+1}=D \quad (CP\text{ 下降沿到达时有效}) \tag{4-3}$$

需要注意的是，此特性方程虽与前面介绍的 D 型数据锁存器相同，但所附有效条件却完全不同。D 型数据锁存器在 $CP=1$ 期间都可能触发翻转，而该电路只在 CP 下降沿触发翻转。如果将传输门的控制信号 C 和 $\overline{C}$ 互换，可使触发器变为 CP 上升沿触发，特性方程的有效条件就变成"CP 上升沿到达时有效"，相应逻辑符号的 CP 端也不能再有小圆圈（没有小圆圈表示 CP 上升沿触发），见后面关于 CD4013 电路的介绍。

(3) 特性表和状态图。D 触发器的特性表和状态转换图见表 4 - 3 和图 4 - 14。

表 4 - 3　　D 触发器特性表

D	Q^n	Q^{n+1}
0	0	0
0	1	0
1	0	1
1	1	1

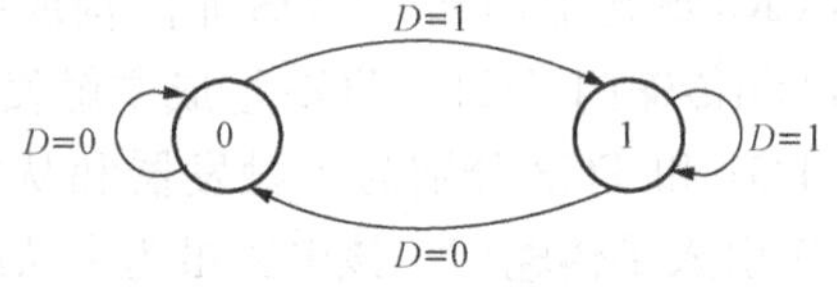

图 4 - 14　D 触发器状态图

［例 4 - 1］ 根据输入波形画出图 4 - 13 所示边沿 D 触发器的输出波形。CP、输入 D 信号波形在图 4 - 15 中已给定，根据 D 触发器逻辑功能，画出输出 Q 端波形。

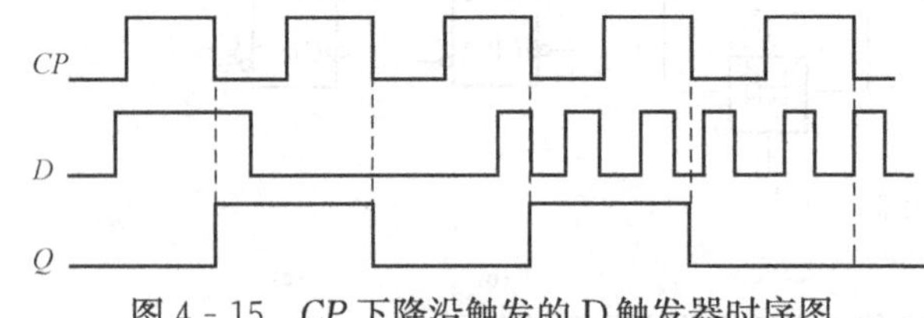

图 4 - 15　CP 下降沿触发的 D 触发器时序图

因为图 4 - 12 的边沿 D 触发器是 CP 下降沿触发的，只有 CP 下降沿才是 Q 状态更新翻转的时刻，只有 CP 下降沿到达前瞬间的 D 信号才能决定 Q 的次态。所以只需要根据这些特殊时刻之前的 D 端状态就可以确定 Q 的次态。

二、维阻 D 触发器

维持—阻塞结构（简称维阻）的触发器仅在 CP 上升沿到来的一瞬间接收输入信号，在 $CP=0$ 或 $CP=1$ 的持续时间内，以及 CP 从 1 到 0 的下降沿，依靠触发器内部的维持阻塞功能，使触发器状态不变。

1. 电路结构

维阻结构 D 触发器见图 4 - 16（a），门 G1、G2 组成基本 RS 触发器。$\overline{S_D}$ 和 $\overline{R_D}$ 是直接置 1 端和直接置 0 端，低电平有效，在实际使用的触发器中一般都有这两个端子，其特点是当 $\overline{S_D}=0$、$\overline{R_D}=1$ 时，不论输入 D 信号和 CP 是何种状态，都会立即将触发器置 1；类似地，当 $\overline{S_D}=1$、$\overline{R_D}=0$ 时，就会直接将触发器置 0。这种置位、复位操作具有优先性，这就是将其称为直接置 1 端和直接置 0 端的原因。D 端信号同样能完成触发器的置 1 和置 0 操作，但其操作需要 CP 触发沿的控制，属于同步置 1、置 0 操作。所以 D 端是同步输入端，$\overline{S_D}$ 和 $\overline{R_D}$ 属于异步（直接）输入端。当不使用这两个端子时，应将其接固定的高电平，不能悬空，更不能接低电平或接地。

图 4 - 16（c）和图 4 - 16（d）所示为维阻结构 D 触发器的逻辑符号，CP 端不带小圆圈，表示电路是 CP 上升沿触发，$\overline{S_D}$ 和 $\overline{R_D}$ 端上带小圆圈表示低电平有效。

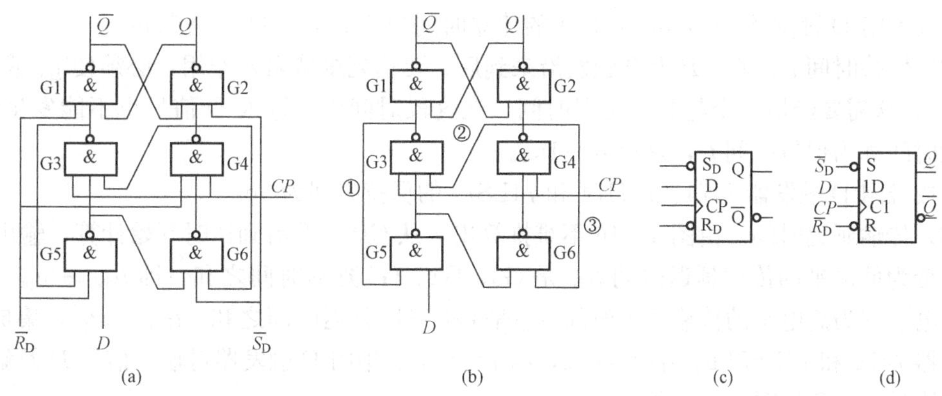

图 4-16 维阻结构 D 触发器及逻辑符号

(a) 维阻结构 D 触发器；(b) 不考虑$\overline{S_D}$和$\overline{R_D}$的情况；(c) 曾用符号；(d) 国标符号

2. 工作原理

下面分析同步输入过程，为看图方便，图 4-16（b）所示电路略去了直接置 1、置 0 端，并对三条重要连线标注以数字。

(1) 在 $CP=0$ 时，与非门 G3 和 G4 被封锁，输出均为 1，触发器的状态不变。同时，由于连线①和连线③的反馈，将 G5、G6 打开接收输入信号 D，G5 的输出 $g_5=\overline{D}$，G6 的输出 $g_6=D$（为叙述方便，门 G5 的输出信号表示为 g_5，其余依此类推）。

(2) 当 CP 上升沿到达时，CP 由 0 变 1，触发器翻转。这时 G3 和 G4 打开，接收 G5 和 G6 的输出信号。G4 的输出为 $g_4=\overline{g_6}=\overline{D}$，G3 的输出 $g_3=\overline{g_5 g_4}=\overline{\overline{D}\,\overline{D}}=D$。如果 $D=0$，则 $g_3=0$ 将使触发器置 0，若 $D=1$，则 $g_4=0$ 将使触发器置 1。总之，$Q^{n+1}=D$。

(3) 在触发器翻转的同时输入 D 信号被封锁。这是因为 G3 和 G4 打开后，它们的输出 g_3 和 g_4 的状态是互补的，即必定有一个是 0。若 $g_3=0$，则经反馈线①将 G5 封锁，即封锁了 D 通往基本 RS 触发器的路径，此时 $g_5=1$，可以起到维持 g_3 这个置 0 信号不消失的作用，同时使 $g_6=0$，可以阻塞 g_6 可能出现的置 1 信号。该反馈线起到了使触发器维持在 0 状态和阻止触发器变为 1 状态的作用，故反馈线①称为置 0 维持线和置 1 阻塞线。若 g_4 为 0，则通过连线②和③将 G3 和 G6 封锁，D 端通往基本 RS 触发器的路径也被封锁。而且 $g_4=0$ 通过反馈线③封锁 G6 后，防止了 D 信号对 $g_4=0$ 这个置 1 信号的影响。反馈线③起到维持基本 RS 触发器置 1 信号不消失的作用，称为置 1 维持线；反馈线②则起到阻止在 g_3 端出现低电平的可能，反馈线②起到了阻塞触发器置 0 信号出现的作用，称为置 0 阻塞线。因此，该结构的触发器被称为维持—阻塞触发器。总之，该触发器是在 CP 上升沿前接收输入信号的，上升沿时触发翻转，上升沿后输入即被封锁，所以属于边沿触发器。

3. 脉冲特性

触发器的脉冲特性研究触发器在被触发翻转过程中的时间关系。

(1) 建立时间 t_{set}。维阻 D 触发器的工作分为两个阶段，在 CP 上升沿到达前是准备阶段，CP 上升沿出现时刻是 Q 状态更新阶段。为使电路可靠工作，要求在 CP 上升触发沿到来之前，G5 和 G6 输出端 g_5 和 g_6 应已达到电平状态稳定。由于 g_5 和 g_6 稳定状态的建立需要经历两个与非门的延迟时间，所以建立时间 $t_{set}=2t_{pd}$。在这段时间内要求输入 D 信号不能发生变化。所以 $CP=0$ 的持续时间应满足 $t_{CPL}\geqslant t_{set}=2t_{pd}$。

集成维阻 D 触发器 7474 和 74LS74 的建立时间为 20ns，74H74 是 10ns。

(2) 保持时间 t_h。在 CP 上升触发沿来到后，要达到维持阻塞作用，必须使 g_4 或 g_3 由 1 变为 0，这需要经历一个与非门延迟时间。在这段时间内，输入 D 信号也不能发生变化，将这段时间称为保持时间 t_h，这里 $t_h=1t_{pd}$。

集成维阻 D 触发器 7474、74H74 和 74LS74 的保持时间为 5ns。

(3) 传输延迟时间。由图 4-16 不难推算出，从 CP 上升沿到达时开始计算，输出 Q 由高电平变为低电平的传输延迟时间 t_{PHL} 是 G3、G1、G2 延迟时间之和，即 $t_{PHL}=3t_{pd}$。输出 Q 由低电平变为高电平的传输延迟时间 t_{PLH} 是 G4、G2 延迟时间之和，$t_{PLH}=2t_{pd}$。集成维阻 D 触发器 7474 和 74LS74 的 $t_{PHL}=40$ns，$t_{PLH}=25$ns。维阻 D 触发器对输入信号 D 及触发脉冲 CP 的要求示意如图 4-17 所示。

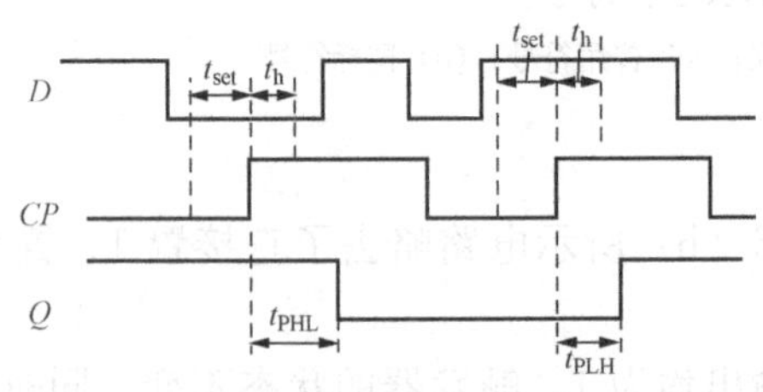

图 4-17 对输入信号和 CP 信号的要求

(4) 最高时钟频率。为保证触发器能可靠地翻转，$CP=1$ 的持续时间 t_{CPH} 必须大于 t_{PHL}，所以时钟信号高电平的宽度 t_{WH} 应大于 t_{PHL}。而为了在下一个 CP 上升沿到达之前确保门 G5 和 G6 新的输出电平得以稳定地建立，CP 低电平的持续时间不应小于门 G4 的传输延迟时间和 t_{set} 之和，即时钟信号低电平的宽度 $t_{WL}\geqslant t_{set}+t_{pd}$，因此得到 CP 脉冲的最高工作频率为

$$f_{CP\max}=\frac{1}{t_{WH}+t_{WL}} \tag{4-4}$$

集成维阻 D 触发器 7474 的最高时钟频率为 15MHz，74LS74 的最高时钟频率则为 25MHz。

三、常用集成 D 触发器电路

集成 D 触发器有多个品种，采用 TTL、CMOS 和高速 CMOS 工艺等。

1. 双 D 触发器 7474

该类触发器包括 74F74、74ALS74、74L74、74LS74A、74S74、74HC74 等型号。7474 采用维阻结构，CP 上升沿触发，带低电平有效的直接置 1、置 0 端（直接置 1 端和直接置 0 端又称为预置端和清除端）。双 D 触发器是指一个集成电路芯片中有 2 个 D 触发器单元。双 D 触发器 7474 特性表（集成电路手册中往往将所有输入量列于表中，又称功能表）见表 4-4，管脚排列见图 4-18。

表 4-4 双 D 触发器 7474 的功能表

输入				输出		说明
$\overline{S_D}$	$\overline{R_D}$	CP	D	Q	$\overline{Q}$	H——高电平
L	H	×	×	H	L	L——低电平
H	L	×	×	L	H	↑——低到高的电平跳变
L	L	×	×	H*	H*	×——任意
H	H	↑	H	H	L	Q_0——该行所示输入条件建立前 Q 的电平
H	H	↑	L	L	H	$\overline{Q_0}$——该行所示输入条件建立前 $\overline{Q}$ 的电平
H	H	L	×	Q_0	$\overline{Q_0}$	*——$\overline{S_D}$ 和 $\overline{R_D}$ 同时变为高电平时，状态不定

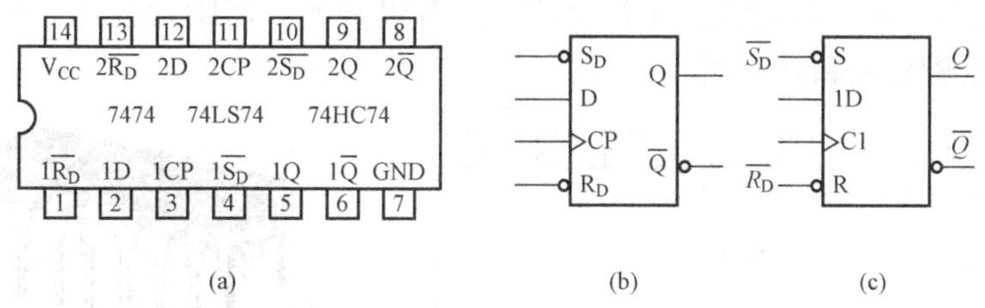

图 4-18 7474、74LS74、74HC74 管脚排列及逻辑符号

(a) 管脚排列；(b) 曾用符号；(c) 国标符号

2. CMOS 双 D 触发器 CD4013

CD4013 是 CMOS 正边沿双 D 触发器，内部单元逻辑图见图 4-19，功能表见表 4-5，管脚排列和逻辑符号见图 4-20。与图 4-13 对比，可知两者电路结构相同，但 4 个 CMOS 传输门所接控制信号的极性不同，所以 CD4013 是 CP 上升沿触发的。另外还增加了直接置 1 端 S_D 和直接置 0 端 R_D，高电平有效。输出端增加了 2 个缓冲门，用于提高触发器的带负载能力。

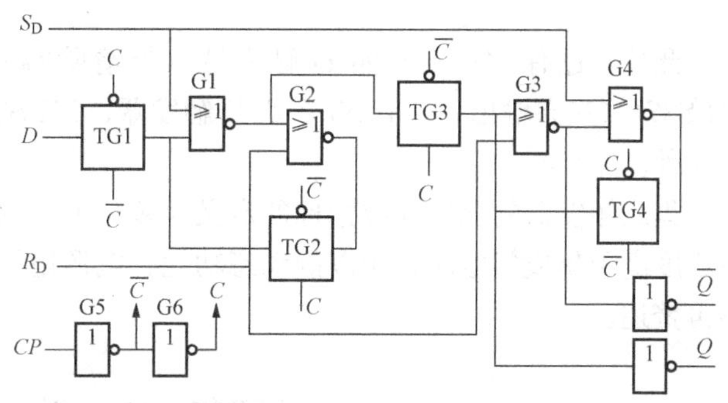

图 4-19 CD4013 单元逻辑图

表 4-5 CD4013 的功能表

CP	D	R_D	S_D	Q^{n+1}	说明
↑	0	0	0	0	↑和↓——CP 的上升沿和下降沿 ×——任意 1*——当 R_D 和 S_D 的高电平同时为 0 后状态不定
↑	1	0	0	1	
↓	×	0	0	Q^n	
×	×	1	0	0	
×	×	0	1	1	
×	×	1	1	1*	

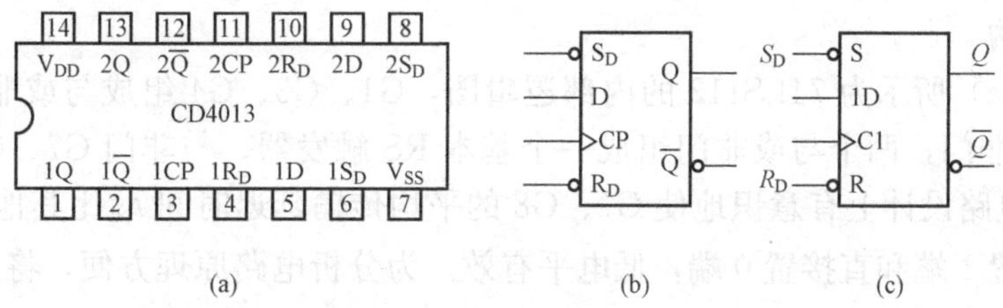

图 4-20 CD4013 的逻辑符号和管脚排列图

(a) 管脚排列图；(b) 曾用符号；(c) 国标符号

3. 六 D 触发器 74LS174

包括 74174、74F174、74ALS174、74S174、74HC174、74C174 等型号，在芯片内部包

含了6个D触发器，6个D触发器*CP*公用，上升沿触发，清除端公用，低电平有效。图4-21所示为其管脚排列和外形图。

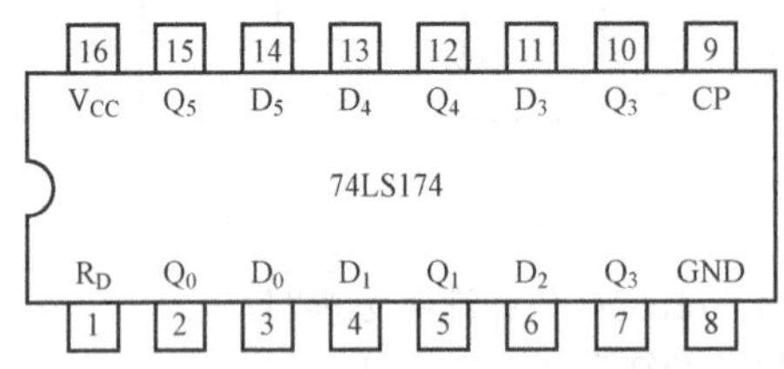

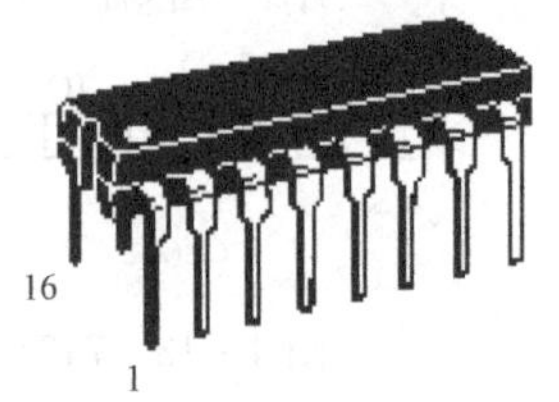

图4-21 74LS174的管脚排列和外形

此外，还有74LS175四D触发器（带清除端），74LS273八D触发器（带清除端），74LS374（三态输出）、74LS377八D触发器，74LS378六D触发器，74LS379八D触发器等品种。

集成触发器的电气参数指标的定义大多与第二章集成门电路相同或相似（因触发器电路集成度高于集成门电路，所以静动态功耗、电源电流、延迟时间等指标会有所增大），这里不再赘述。

第四节 JK 触 发 器

JK触发器具有置0、置1、保持和翻转功能，是各类集成触发器中功能最为齐全的。它使用灵活，通用性强，功能完善，而且能灵活地转换其他类型的触发器，是使用最多的品种。JK触发器有主从型和边沿型两种结构。因主从结构的JK触发器工作速度慢，易受噪声干扰，尤其是要求输入信号在*CP*=1期间不能变化，否则会产生逻辑出错的一次变化问题，使其很快被边沿型JK触发器取代，目前实际使用的集成JK触发器均为边沿触发型的。

一、负边沿JK触发器

这里选取常用的负边沿JK触发器74LS112、74LS114来介绍，74LS112和74LS114都是双JK触发器，*CP*下降沿触发。不同之处是74LS114内部两个触发器单元清零端公用，*CP*端公用。这里负边沿触发是*CP*下降沿触发方式的另一种说法，当然正边沿指的是*CP*上升沿触发。

1. 电路结构

图4-22（a）所示为74LS112的内部逻辑图，G1、G3、G4组成与或非门，G2、G5、G6也组成与或非门，两个与或非门组成一个基本RS触发器。与非门G7、G8是触发引导电路，在内部电路设计上有意识地使G7、G8的平均传输延迟时间t_{pd}比其他门都长。$\overline{S_D}$和$\overline{R_D}$分别是直接置1端和直接置0端，低电平有效。为分析电路原理方便，将直接置1、置0端略去，得到图4-22（b）。

2. 工作原理

（1）*CP*=0时，触发器保持原状态不变。*CP*=0时，G3、G6被封锁，$g_3=0$、$g_6=0$。另一方面，G7、G8也被*CP*封锁，不论*J*、*K*为何种状态，都无法通过G7、G8影响由与或非门组成的触发器，触发器输出状态维持不变。

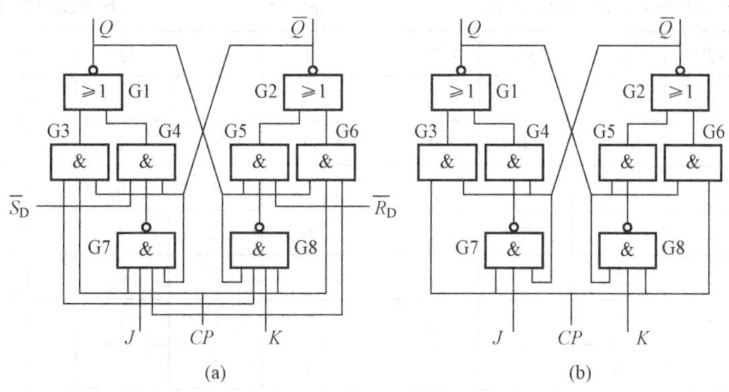

图 4 - 22 74LS112 的内部逻辑图

(a) 74LS112 逻辑图；(b) 简化逻辑图

(2) CP 由 0 变 1 时，触发器不翻转，为接收输入信号作准备。CP 由 0 变 1 后，与门 G3、G6 打开，与非门 G7、G8 也打开，输入 J、K 信号就有可能经过 G7、G8 和与门 G4、G5 影响触发器输出状态。但是，由于 J、K 信号要经过路径信号传输延迟较大，与门 G3、G6 的输出将抢先保证触发器状态不变，并封锁 J、K 信号的传递通道。例如触发器原状态为 $Q=0$，$\overline{Q}=1$。CP 由 0 变 1 时，G3 的输出 g_3 首先由 0 变 1，此后无论 g_4 为何种状态（即无论 J 端为何状态），都不会改变 $Q=0$ 的状态。由于 $Q=0$ 同时封锁了 G5、G6，隔绝了 K 端信号，并使 G2 的输出$\overline{Q}$保持 1 不变。同理，若原状态为 $Q=1$，同样在 CP 上升沿出现后保持不变。$CP=1$ 后，G7 和 G8 打开，输入信号 J、K 出现在 G7、G8 的输出端，$g_7=\overline{J\,\overline{Q^n}}$，$g_8=\overline{KQ^n}$，这就为下一步接收触发信号作好了准备。

(3) CP 由 1 变 0 时，触发器状态更新。当 CP 下降沿到来时，将封锁与门 G3、G6 和与非门 G7、G8，由于与非门的延迟时间比与门长，G3、G6 的输出首先变为 0，而 G7、G8 仍会保持原状态一段时间不变，在这段时间里，仍有 $g_7=\overline{J\,\overline{Q^n}}$，$g_8=\overline{KQ^n}$。因为 $g_3=0$、$g_6=0$ 对或非门无效，所以此时可以把 G3、G4 相关电路略去，只剩下 G1、G2、G4、G5 组成的基本 RS 触发器，见图 4 - 23。基本 RS 触发器的输入信号就是 g_7 和 g_8。在 G7、G8 保持原状态不变的这段时间里，g_7、g_8 中保留的 J、K 信号和现态 Q^n将决定触发器的次态 Q^{n+1}。根据 g_7、g_8 表达式和基本 RS 触发器的逻辑功能，可以将所有输入状态组合对应的次态计算出来，其计算过程见表 4 - 6。

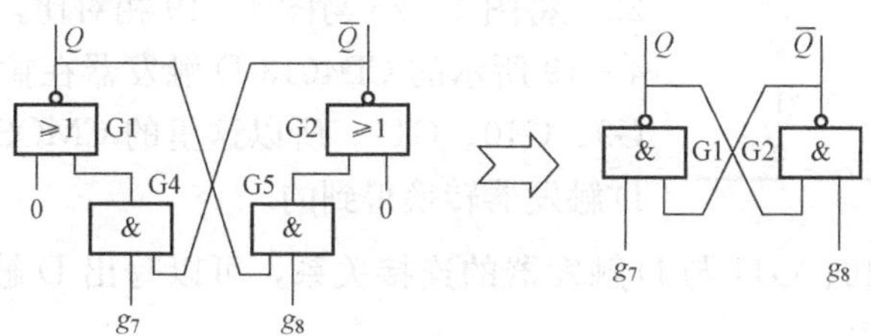

图 4 - 23 G3、G6 略去后的等效电路

将表 4 - 6 中的过渡变量 g_7、g_8 去掉，就得到了 JK 触发器特性表，见表 4 - 7。

表 4-6　图 4-23 等效电路计算过程

J	K	Q^n	g_7	g_8	Q^{n+1}
0	0	0	1	1	0
0	0	1	1	1	1
0	1	0	1	1	0
0	1	1	1	0	0
1	0	0	0	1	1
1	0	1	1	1	1
1	1	0	0	1	1
1	1	1	1	0	0

表 4-7　JK 触发器特性表

J	K	Q^n	Q^{n+1}	说　明
0	0	0	0	$Q^{n+1}=Q^n$
0	0	1	1	
0	1	0	0	置 0
0	1	1	0	
1	0	0	1	置 1
1	0	1	1	
1	1	0	1	$Q^{n+1}=\overline{Q^n}$
1	1	1	0	

综上所述，该触发器在 CP 下降沿到达前接受信息，在下降沿出现时触发更新状态，在下降沿后触发器被封锁。

(4) 逻辑功能描述。根据特性表 4-7 可以求出 JK 触发器的特性方程［式 (4-5)］。逻辑符号和状态图见图 4-24。

$$Q^{n+1}=J\overline{Q^n}+\overline{K}Q^n \quad (CP\text{ 下降沿出现时有效}) \tag{4-5}$$

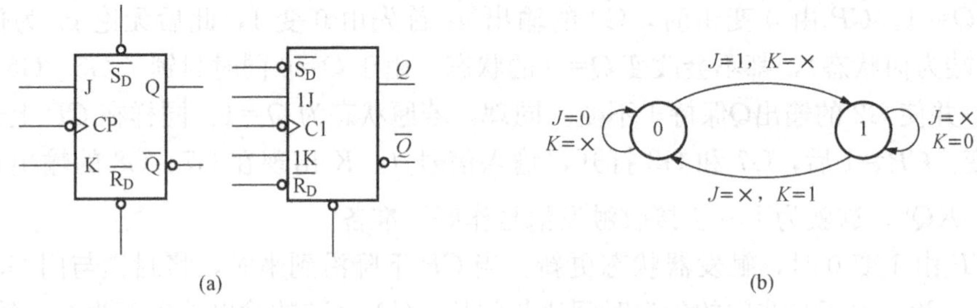

图 4-24　负边沿 JK 触发器的逻辑符号和状态图
(a) 曾用符号和国标符号；(b) JK 触发器状态图

状态图反映的是当触发器从现态翻转到次态所需要的输入条件，出于相同目的，将状态图表格化，得到的是触发器的激励表，见表 4-8。

表 4-8　JK 触发器的激励表

$Q^n\to Q^{n+1}$		J	K
0	0	0	×
0	1	1	×
1	0	×	1
1	1	×	0

二、CMOS 边沿 JK 触发器

CMOS 边沿 JK 触发器 CD4027 的单元逻辑图见图 4-25，将图 4-25 与图 4-19 相对比，就可以发现它仅比图 4-19 所示的 CD4013 D 触发器在输入端多了 3 个门，即 G9、G10、G11。所以这里的 CMOS 边沿 JK 触发器是由 D 触发器转换得到的。

根据图中 G9、G10、G11 与 D 触发器的连接关系，可以写出 D 触发器输入端 D 与 J、K 输入端的逻辑关系为

$$D=\overline{\overline{J+Q^n}+KQ^n}=(J+Q^n)\,\overline{KQ^n}=(J+Q^n)(\overline{K}+\overline{Q^n})=J\overline{Q^n}+\overline{K}Q^n$$

将上式代入 D 触发器的特性方程，即可得此 JK 触发器的特性方程为

$$Q^{n+1}=D=J\overline{Q^n}+\overline{K}Q^n \quad (CP\text{ 上升沿有效}) \tag{4-6}$$

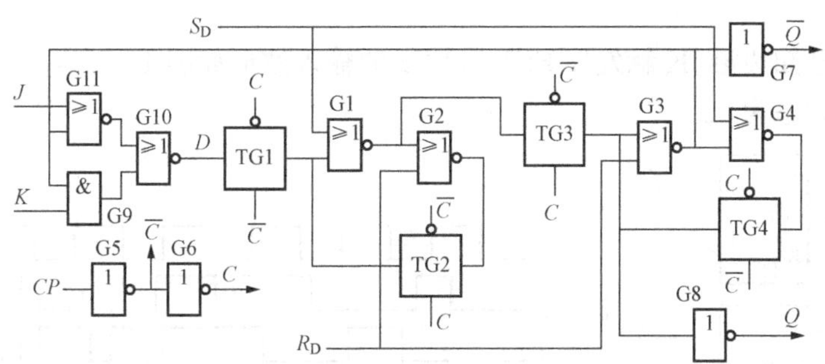

图 4 - 25　CD4027 JK 触发器单元逻辑图

至于直接置 1 端 S_D 和直接置 0 端 R_D 则与 CD4013 完全相同，高电平有效。其置 1、置 0 过程读者可自行分析。CD4027 对应的逻辑符号、管脚排列图见图 4 - 26，其功能表见表 4 - 9。

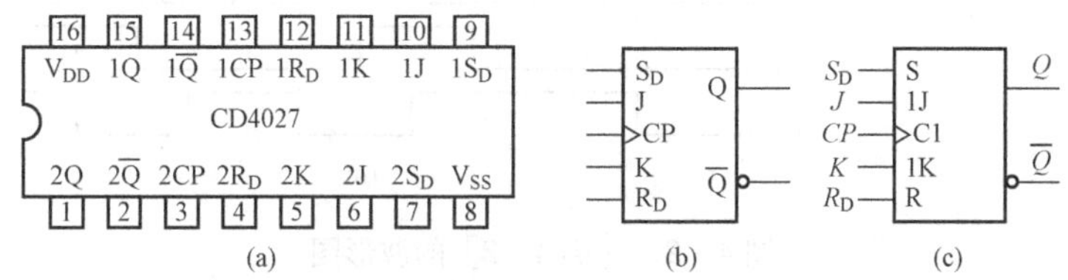

图 4 - 26　CD4027 的管脚排列图和逻辑符号

(a) 管脚排列图；(b) 曾用符号；(c) 国标符号

表 4 - 9　　CD4027 JK 触发器的功能表

CP	J	K	S_D	R_D	Q^n	Q^{n+1}	$\overline{Q^{n+1}}$
↑	1	×	0	0	0	1	0
↑	×	0	0	0	1	1	0
↑	0	×	0	0	0	0	1
↑	×	1	0	0	1	0	1
↓	×	×	0	0	×	Q^n	$\overline{Q^n}$
×	×	×	1	0	×	1	0
×	×	×	0	1	×	0	1
×	×	×	1	1	×	1	1

综上所述，对边沿 JK 触发器可以归纳为以下几点：

(1) 边沿 JK 触发器具有置位、复位、保持（记忆）和计数功能。

(2) 边沿 JK 触发器触发所引起的状态更新只在时钟脉冲的触发沿发生，有 CP 上升沿触发的，也有 CP 下降沿触发的，区别就在逻辑符号 CP 端是否有小圆圈。

(3) 由于接收输入信号的工作在 CP 触发沿前完成，在触发沿触发翻转，在触发沿后触发器被封锁，所以不存在一次变化的现象，抗干扰性能好，工作速度快。

(4) JK 触发器输入信号没有约束条件。

(5) JK 触发器的特性表可以归纳为“高变低不变，一高一低随 J 端”或“00 不变，相异同J，11翻转”。

［**例4-2**］ 已知边沿JK触发器FF1和FF2的输入波形如图4-27（a）所示，画出其输出波形，设初始状态为0。

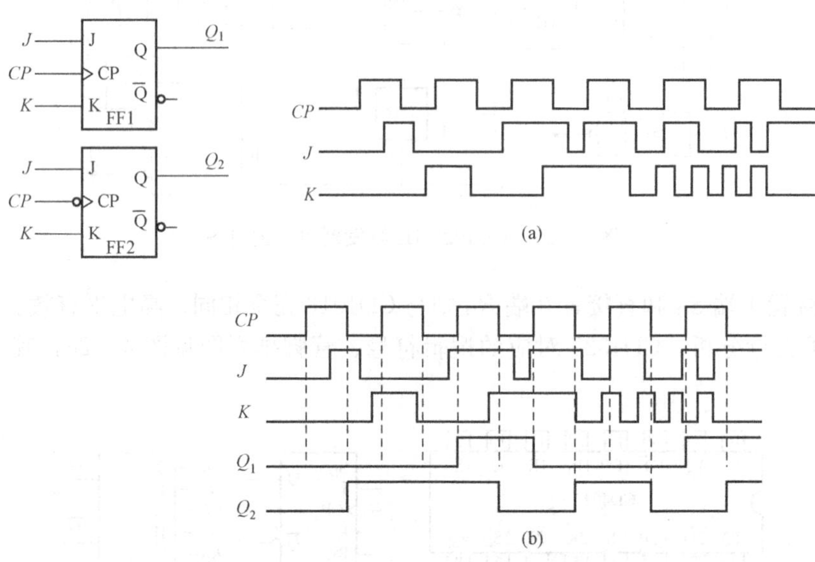

图4-27 ［例4-2］的波形图

解 由触发器逻辑符号可知，FF1是*CP*上升沿触发的，FF2是*CP*下降沿触发的。所以对于FF1来说，*CP*上升沿之前的输入信号将决定*Q*的次态，对于FF2来说，是*CP*下降沿之前的输入决定次态。其他时间段触发器状态不会改变。根据JK触发器的逻辑关系即可画出Q_1、Q_2的波形，见图4-27（b）。

［**例4-3**］ 已知集成电路74LS112的一个单元电路的输入波形如图4-28所示，画出其输出波形。

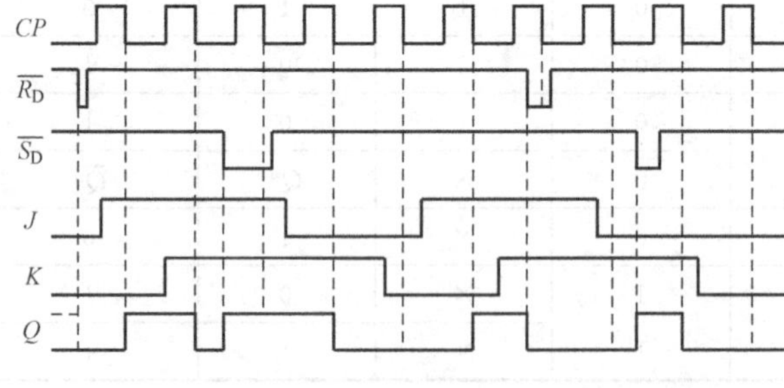

图4-28 集成电路74LS112的波形图

解 74LS112是*CP*下降沿触发的双JK边沿触发器。它带有低电平有效的直接置1端和直接置0端，当这两个端子为低电平时（不允许同时为0），不论*CP*、*J*、*K*信号为何状态，触发器将直接被置1或置0。只有这两个端子为高电平时，触发器才按正常的逻辑关系运行。

在波形时间起点（相当于电路刚刚接通电源），*Q*的状态可能为1，也可能为0。当$\overline{R_D}$的第一个负脉冲出现时，*Q*状态确定为0。为节省篇幅，*Q*的波形已画在图4-28中。

［**例4-4**］ 一电路如图4-29（a）所示，为判断电路是否正常，测得输入、输出波形如图4-29（b）所示，试分析电路有无故障。

解 该电路使用了两个*CP*下降沿触发的JK触发器。根据JK触发器的逻辑关系可知，FF0的输入$J_0=1$，$K_0=1$，所以只要*CP*出现下降沿，其输出Q_0就将翻转。从Q_0、*CP*两波形之间的时间关系可以证实，FF0逻辑功能正常。FF1的输入$J_1=1$，$K_1=1$，故只要它

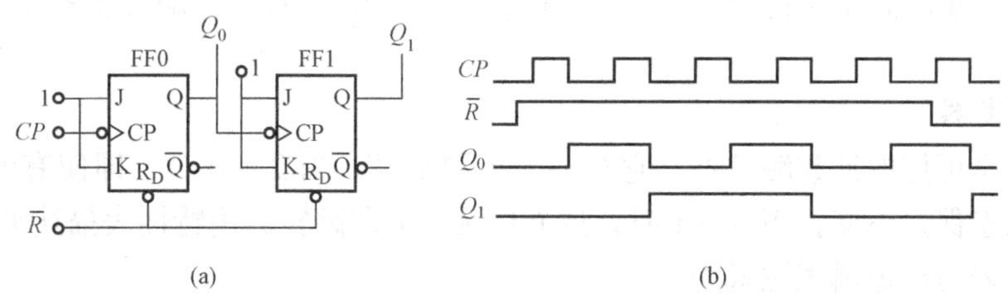

图 4 - 29　[例 4 - 4] 的逻辑图和波形图

(a) 电路逻辑图；(b) 测得波形图

的 CP 源 Q_0 出现下降沿，Q_1 也将翻转，即 Q_1 逢 Q_0 下跳即翻转。在测出的波形上，Q_0 一共有 3 个下跳，Q_1 都相应地发生了翻转，说明 FF1 的逻辑功能也正常。但是，注意波形中的清零信号$\overline{R}$，当它由 1 变为 0 时，并没有起到整个电路清零的作用，正确的波形应如图 4 - 30 所示。说明从清零信号接入端到触发器清零端必有开路性故障，或集成触发器内部清零端失效。

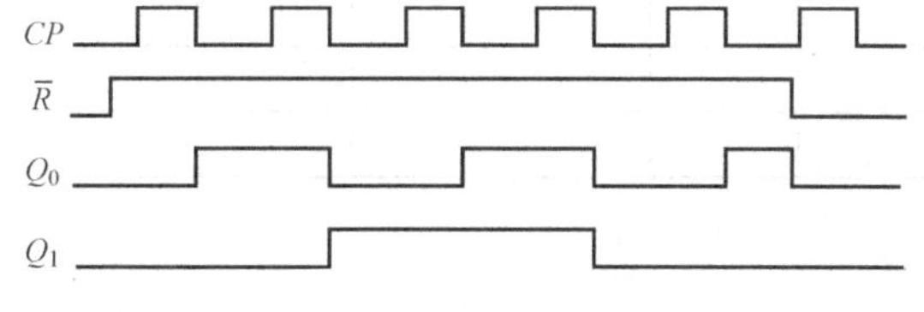

图 4 - 30　正确波形

三、其他 JK 触发器电路

除了前面介绍的 74LS112、CD4027 之外，JK 触发器还有其他多种型号，比如 74LS73、74LS76、74LS78、74LS109、74LS276、CD4095 等，这里只是列出一些有代表性的型号。实际上，同一个序号又有多种系列，以 74LS73 为例，有 7473、74H73、74L73、74LS73、74HC73、74HCT73 六种逻辑功能相同的芯片，其中后两种是高速 CMOS 电路，它们属于 CMOS 电路，内部电路与 CD4027 相似，但管脚排列、逻辑功能、电气技术指标参数都与同序号的 TTL 电路兼容。74HC××的电源电压为 2～6V，74HCT××的电源电压范围是 4.5～5.5V。

第五节　T′触发器和 T 触发器

T′触发器和 T 触发器是概念性的触发器，没有与之对应的集成电路。用 D 触发器或 JK 触发器就可以实现它们的逻辑功能。

一、T′触发器

T′触发器又称为计数触发器，它的逻辑功能很简单，即遇时钟触发沿就翻转。特性方程为

$$Q^{n+1}=\overline{Q^n}\quad (CP\text{ 触发沿到达时有效})\qquad (4-7)$$

它的特性表见表 4 - 10，逻辑符号见图 4 - 31。

表 4 - 10　T′触发器特性表

Q^n	Q^{n+1}
0	1
1	0

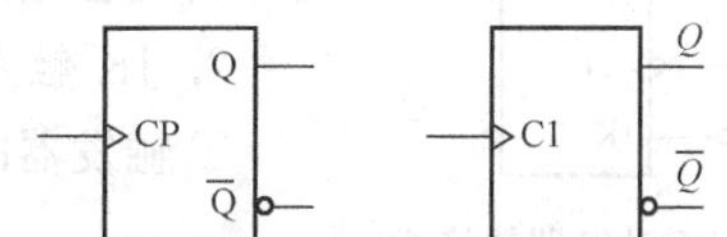

图 4 - 31　T′触发器的曾用符号和国标符号

显然当JK触发器 $J=1$，$K=1$ 时，就是一个T′触发器。D触发器也可以实现T′触发器。

二、T触发器

T触发器是可控的计数触发器。它有一个控制端 T，当 $T=0$ 时，即使有触发沿也不计数，触发器状态保持不变；当 $T=1$ 时，遇 CP 触发沿即翻转。用特性表描述见表4-11。

根据特性表写出逻辑表达式为

$$Q^{n+1}=\overline{T}Q^{n}+T\overline{Q^{n}}\quad (CP\text{ 触发沿有效}) \tag{4-8}$$

逻辑符号与图4-31中的符号相比，多了一个 T 输入端，见图4-32。

表4-11 T触发器特性表

T	Q^{n}	Q^{n+1}
0	0	0
0	1	1
1	0	1
1	1	0

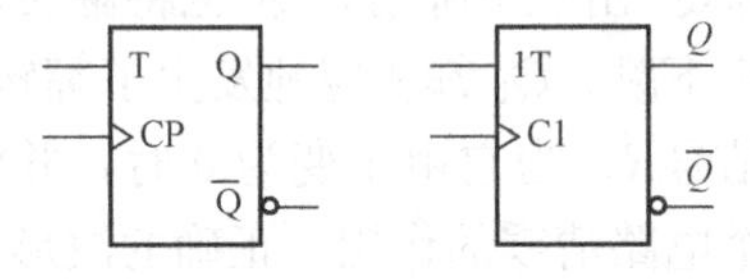

图4-32 T触发器的曾用符号和国标符号

第六节 触发器逻辑功能的转换

在实际电子电路设计中，经常会碰到不同触发器之间逻辑功能转换的问题，比如用最常见的JK触发器和D触发器实现T触发器或T′触发器。一般来说，不同功能的触发器之间，在一定条件下是可以相互转换的。这种转换的关键是根据目标触发器的逻辑功能找出被转换触发器输入端的逻辑表达式。这个逻辑表达式可以通过比对两种触发器的特性方程得到，也可以通过比对两者的特性表或卡诺图来得到。前一种称为代数法，第二种是图表法。下面介绍用代数法把JK触发器和D触发器转换成其他功能的触发器。

一、用JK触发器转换成其他功能的触发器

1. JK触发器转换成D触发器

JK触发器的特性方程为

$$Q^{n+1}=J\overline{Q^{n}}+\overline{K}Q^{n}$$

将D触发器的特性方程变换成与上式相似的结构，即

$$Q^{n+1}=D=D(\overline{Q^{n}}+Q^{n})=D\overline{Q^{n}}+DQ^{n}$$

比较以上两式得

$$J=D,\quad K=\overline{D}$$

画出用JK触发器转换成D触发器的逻辑图如图4-33所示。

这种转换需要一个非门，如果在JK触发器安装位置附近有空闲非门，这种转换是合适的，否则会增加电路成本。

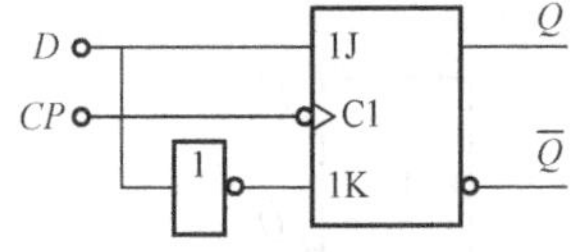

图4-33 JK触发器转换成D触发器的逻辑图

2. JK触发器转换成T触发器

T触发器的特性方程为

$$Q^{n+1}=T\overline{Q^{n}}+\overline{T}Q^{n}$$

与JK触发器的特性方程比较得

$$J=T,\quad K=T$$

画出用JK触发器转换成T触发器的逻辑图如图4-34所示。

3. JK触发器转换成T′触发器

JK触发器的特性方程为

$$Q^{n+1}=J\overline{Q^n}+\overline{K}Q^n$$

T′触发器的特性方程为

$$Q^{n+1}=\overline{Q^n}$$

与JK触发器的特性方程比较得

$$J=1,\quad K=1$$

即令$J=1$，$K=1$即可实现T′触发器，如图4-35所示。

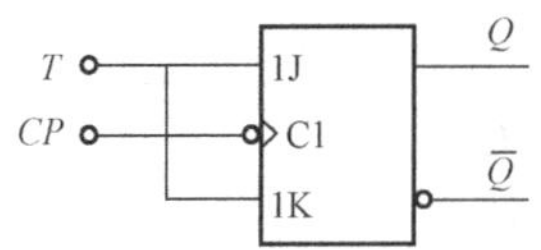

图4-34　用JK触发器实现T触发器

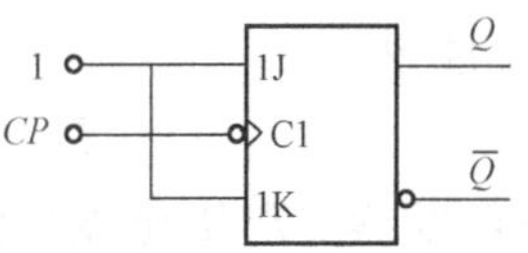

图4-35　用JK触发器实现T′触发器

[例4-4] 电路中两个JK触发器就接成了T′触发器。

4. JK触发器转换成RS触发器

分别列出RS触发器和JK触发器的特性表，如表4-12和表4-13所示。

表4-12　RS触发器特性表

S	R	Q^{n+1}
0	0	Q^n
0	1	0
1	0	1
1	1	不定

表4-13　JK触发器特性表

J	K	Q^{n+1}
0	0	Q^n
0	1	0
1	0	1
1	1	$\overline{Q^n}$

对比两特性表可以发现，前三行输入取值及Q的次态完全相同，仅第四行不一样，注意到RS触发器的第四行是输入不允许出现的约束条件，所以可知用JK触发器实现RS触发器功能的方法是令$J=S$，$K=R$。这就是说，JK触发器本来就有RS触发器的功能，而且还有输入没有约束、脉冲边沿触发的优点。画出用JK触发器转换成RS触发器的逻辑图如图4-36所示。

二、用D触发器转换成其他功能的触发器

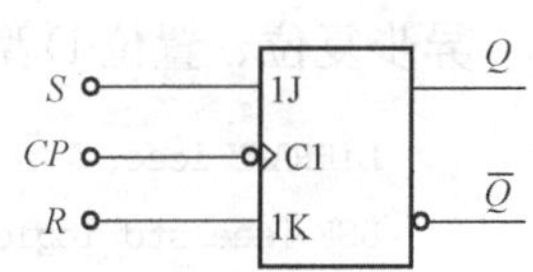

图4-36　JK触发器实现RS触发器的逻辑图

1. D触发器转换成JK触发器

写出D触发器和JK触发器的特性方程分别为

$$Q^{n+1}=D\quad Q^{n+1}=J\overline{Q^n}+\overline{K}Q^n$$

比较以上两式得

$$D=J\overline{Q^n}+\overline{K}Q^n$$

如果用上式来画转换电路，需要一个非门、两个与门和一个或门，如图4-37所示。如果对其进行如下变换：

$$D = J\overline{Q^n} + \overline{K}Q^n = \overline{\overline{\overline{\overline{J}+Q^n}+\overline{K}Q^n}} = \overline{(\overline{J}+Q^n)(K+\overline{Q^n})}$$
$$= \overline{\overline{J}\,\overline{Q^n}+KQ^n} = \overline{\overline{J+Q^n}+KQ^n}$$

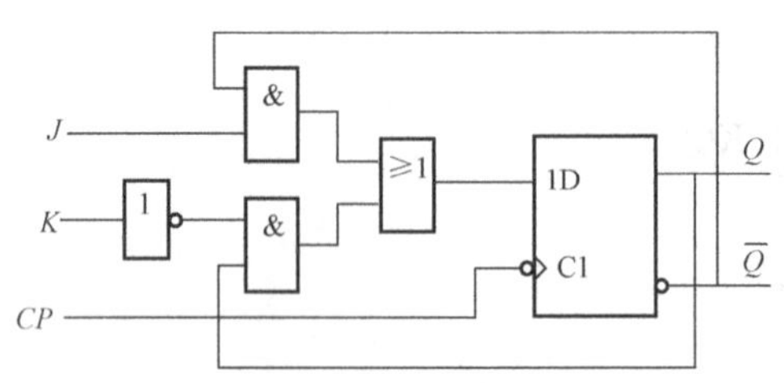

图 4 - 37　D触发器实现 JK 触发器的逻辑图

则转换电路只需要一个与门、两个或非门，需用门的种类和数量都有所减少。具体例子可见图 4 - 25 所示 CD4027 的单元电路。

2. D 触发器转换成 T 触发器

写出 D 触发器和 T 触发器的特性方程分别为

$$Q^{n+1} = D$$
$$Q^{n+1} = T\overline{Q^n} + \overline{T}Q^n$$

比较以上两式得

$$D = T\overline{Q^n} + \overline{T}Q^n = T \oplus Q^n$$

画出用 D 触发器实现 T 触发器的逻辑图如图 4 - 38 所示。

3. D 触发器转换成 T′触发器

写出 D 触发器和 T′触发器的特性方程分别为

$$Q^{n+1} = D$$
$$Q^{n+1} = \overline{Q^n}$$

比较以上两式得

$$D = \overline{Q^n}$$

画出用 D 触发器实现 T′触发器的逻辑图如图 4 - 39 所示。

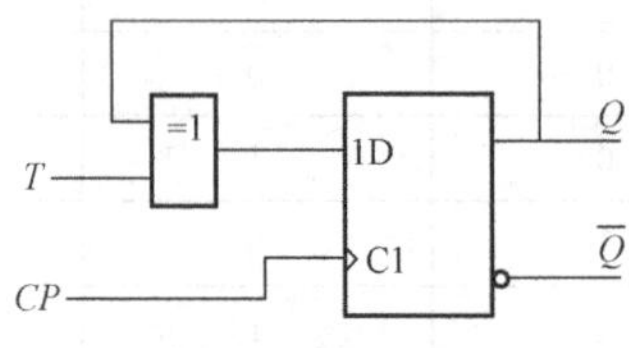

图 4 - 38　D触发器实现 T 触发器的逻辑图

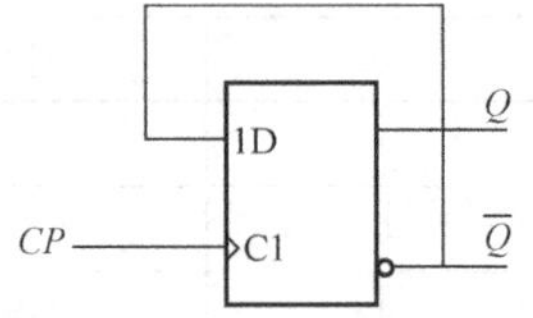

图 4 - 39　D触发器实现 T′触发器的逻辑图

第七节　常见触发器的 VHDL 描述实例

一、异步复位、置位 D 型数据锁存器的 VHDL 描述

异步复位、置位 D 型数据锁存器的 VHDL 语言描述如下。

```
LIBRARY ieee;
USE ieee.std_logic_1164.ALL;
ENTITY dff1 IS
PORT (clk,d,reset,set: IN std_logic;
            q: OUT std_logic);
END dff1;
ARCHITECTURE behave OF dff1 IS
```

```
BEGIN
  PROCESS(clk,reset,set)
    BEGIN
      IF set = '0' THEN   q<= '1';           ——首先判断是否置位,优先级最高
        ELSIF reset = '0' THEN   q<= '0';     ——再判断是否清零
          ELSIF clk = '1' THEN   q<= d;      ——CP = 1 期间接收信号
      END IF;
  END PROCESS;
END behave;
```

该程序仿真波形见图 4-40，由波形图可知具有 D 型数据锁存器在 clk=1 期间跟随，clk=0 时锁存的特点。

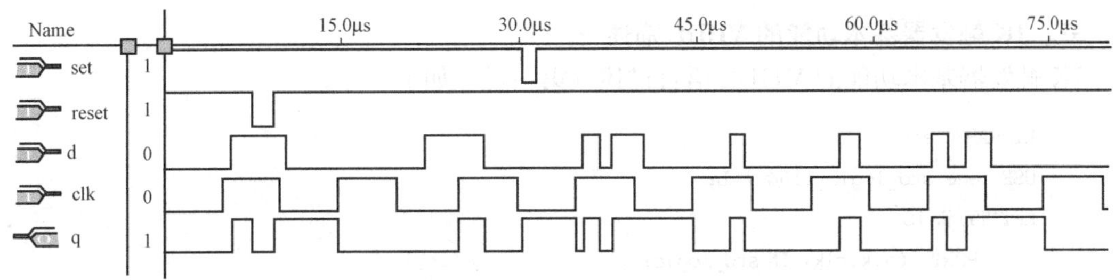

图 4-40 异步复位、置位 D 型数据锁存器程序仿真波形

二、具有同步复位、同步置位 D 触发器的 VHDL 描述

具有同步复位、同步置位 D 触发器的 VHDL 描述。

```
LIBRARY ieee;
USE ieee. std_logic_1164. ALL;
ENTITY dff2 IS
    PORT (clk,d,reset,set: IN std_logic;
                        q: OUT std_logic);
END dff2;
ARCHITECTURE behave OF dff2 IS
BEGIN
PROCESS (clk)
    BEGIN
        IF (clk'event and clk = '1') THEN
          IF (set = '0') THEN   q<= '1';
            ELSIF (reset = '0') THEN   q<= '0';
        ELSE
            q<= d;
        END IF;
      END IF;
    END PROCESS;
END behave;
```

图 4-41 所示为同步复位、置位 D 触发器的仿真波形图，从图中可知，程序具有 clk 上升沿触发的特点，且置位及复位操作均发生于 clk 上升沿。

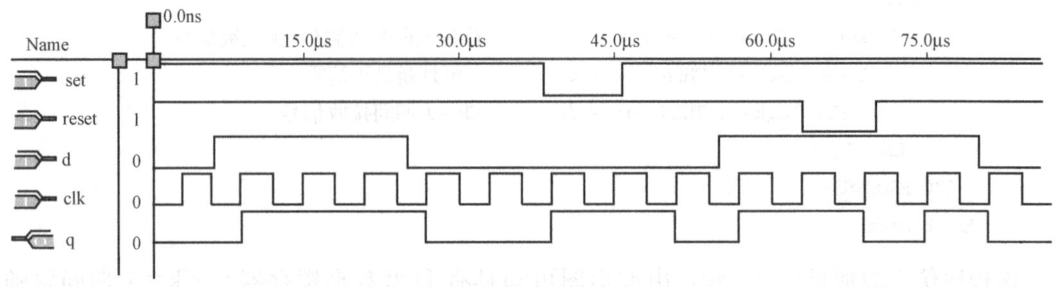

图 4-41　同步复位、置位 D 触发器的程序仿真波形

三、JK 触发器基本功能的 VHDL 描述一

JK 触发器基本功能的 VHDL 语言描述（第一类）如下。

```
LIBRARY ieee;
USE ieee.std_logic_1164.ALL;
ENTITY jk IS
    PORT  (j,k,clk: IN std_logic;
              q,qn: OUT std_logic);
END jk;
ARCHITECTURE a OF jk IS
SIGNAL q_s:std_logic;
BEGIN
    PROCESS (clk)
    BEGIN
        IF (clk'event AND clk = '1') THEN
            q_s< = (j AND(NOT q_s))OR((NOT k)AND q_s);
        END IF;
    END PROCESS;
q< = q_s;
qn< = not q_s;
END a;
```

该程序仿真波形如图 4-42 所示。

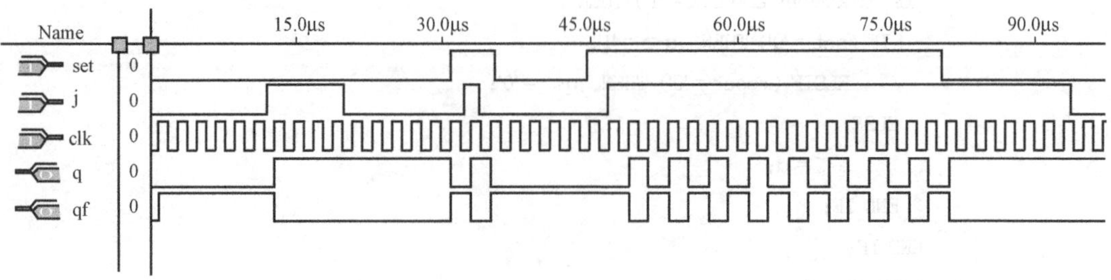

图 4-42　JK 触发器基本功能 VHDL 程序的仿真波形

四、JK 触发器基本逻辑功能 VHDL 描述二

JK 触发器基本逻辑功能 VHDL 语言描述（第二类）如下。

```
LIBRARY ieee;
USE ieee.std_logic_1164.ALL;
ENTITY jk_ff   IS
  PORT (j,k,clk : IN   std_logic;
      q,qn   : OUT   std_logic   );
END jk_ff;
ARCHITECTURE one OF jk_ff   IS
   SIGNAL q_s : std_logic;
    BEGIN
      PROCESS (clk)
      BEGIN
          IF clk'EVENT AND clk = '0' THEN
                IF j = '0'   AND k = '0' THEN   q_s<= q_s;
               ELSIF j = '0' AND   k = '1' THEN    q_s<= '0';
               ELSIF j = '1' AND   k = '0' THEN   q_s<= '1';
               ELSIF j = '1' AND   k = '1' THEN   q_s<= NOT   q_s;
            END IF;
          END IF;
     END PROCESS;
        q<= q_s;
       qn<= not q_s;
END one;
```

五、具有异步置位、复位功能的 JK 触发器描述

具有异步置位、复位功能的 JK 触发器 VHDL 语言描述如下。

```
LIBRARY ieee;
USE ieee.std_logic_1164.ALL;
ENTITY jk_ff   IS
    PORT (j,k,clk : IN   std_logic;
        Set,reset : IN   std_logic;
        q,qn   : OUT   std_logic   );
END jk_ff;
ARCHITECTURE one OF jk_ff   IS
  SIGNAL q_s : std_logic;
    BEGIN
     PROCESS (clk)
       BEGIN
          IF set = '0'THEN q_s<= '1';
            ELSIF reset = '0' THEN q_s<= '0';
              ELSIF clk'EVENT AND clk = '0' THEN
                  IF   j = '0'   AND k = '0'   THEN   q_s<= q_s;
```

```
                ELSIF j = '0' AND  k = '1' THEN  q_s<= '0';
                ELSIF j = '1' AND  k = '0' THEN  q_s<= '1';
                ELSIF j = '1' AND  k = '1' THEN  q_s<= NOT  q_s;
            END IF;
        END IF;
    END PROCESS;
     q<= q_s;
    qn<= not q_s;
END one;
```

图 4-43 所示为该程序的仿真波形，从波形图可知上述程序具有 clk 下降沿触发的特点，且当置位 set 为 0 或复位 reset 为 0 时，不论 clk 为何种状态，均立即置位或复位。

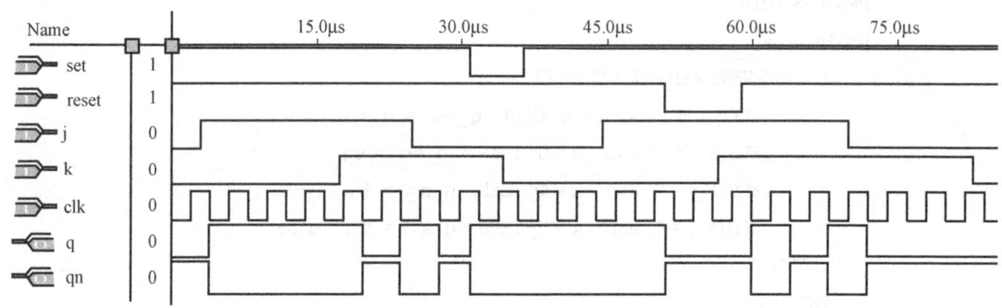

图 4-43 具有异步置位、复位功能的 JK 触发器 VHDL 程序仿真波形

本章小结

触发器是具有记忆功能的逻辑电路，每个触发器能存储 1 位二进制数，是时序逻辑电路的基本单元电路。

(1) 触发器分类及特点

按电路结构分为基本 RS 触发器、同步触发器、主从触发器、边沿触发器。

1) 基本 RS 触发器虽然简单，但它是其他所有触发器的核心。

2) 同步触发器在 $CP=1$ 期间跟随输入，$CP=0$ 期间保存 CP 下跳前 Q 端数据。

3) 主从触发器要求 $CP=1$ 期间输入信号不变。

4) 边沿触发器只要求输入信号在 CP 触发沿前后的一小段时间内（10～20ns）不变，抗干扰能力最强。

按逻辑功能分为 RS 触发器、JK 触发器、D 触发器、T 触发器和 T′触发器。

1) RS 触发器输入有约束限制，即输入不能同时为有效电平。

2) D 触发器功能简单，适合用于储存数据。

3) JK 触发器没有输入约束条件，功能完善，使用灵活，可以直接替代 RS 触发器，也可方便地转换成 D 触发器、T 触发器和 T′触发器。

按触发方式分为电平触发、脉冲触发、脉冲边沿触发（含上升沿、下降沿触发）。

1）基本 RS 触发器属于电平触发，输入电平直接控制。

2）同步 RS 触发器和主从触发器属于脉冲触发，输入在 CP 脉冲高电平期间起作用。

3）边沿触发器属于脉冲边沿触发，输入在 CP 触发脉冲的上升沿或下降沿起作用。

（2）触发器逻辑功能描述

触发器的逻辑功能是指触发器次态 Q^{n+1} 与输入信号及现态 Q^n 之间的逻辑关系。它是本章的中心问题。描述触发器逻辑功能的方法有状态转换表（特性表）、特性方程、卡诺图、状态转换图、时序图。

同步 RS 触发器的特性方程为

$$Q^{n+1}=S+\overline{R}Q^n \quad (CP=1\text{ 期间有效})$$

$$RS=0 \quad (\text{约束条件})$$

同步 D 触发器（D 型数据锁存器）的特性方程为

$$Q^{n+1}=D \quad (CP=1\text{ 期间有效})$$

边沿 D 触发器的特性方程为

$$Q^{n+1}=D \quad [CP\text{ 上升沿(或下降沿)有效}]$$

边沿 JK 触发器的特性方程为

$$Q^{n+1}=J\overline{Q^n}+\overline{K}Q^n \quad [CP\text{ 上升沿(或下降沿)有效}]$$

T 触发器和 T′触发器的特性方程为 $Q^{n+1}=T\oplus Q^n$ 和 $Q^{n+1}=\overline{Q^n}$，有效条件则取决于实现它们的触发器。

（3）了解集成触发器的动态特性有助于正确理解边沿触发器的工作过程，描述动态特性的参数一般是 t_{set}、t_h、t_{PHL}、t_{PLH}、f_{CPmax} 等。

（4）利用特性方程可实现不同逻辑功能触发器之间逻辑功能的相互转换。

思考题与习题

4-1 已知图 4-1 所示的基本 RS 触发器的输入波形如图 4-44 所示，试画出输出 Q 和 $\overline{Q}$ 对应的波形，设触发器的初始状态为 $Q=0$。

4-2 已知图 4-3 所示的基本 RS 触发器输入波形如图 4-45 所示，试画出输出 Q 和 $\overline{Q}$ 对应的波形，设触发器的初始状态为 $Q=0$。

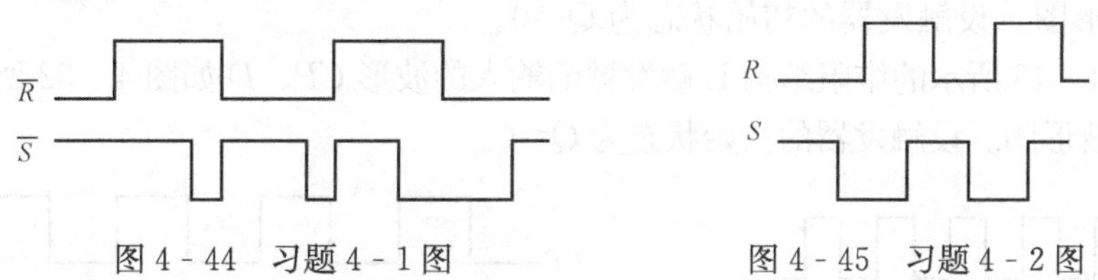

图 4-44 习题 4-1 图　　图 4-45 习题 4-2 图

4-3 已知图 4-5 所示同步 RS 触发器 CP、R、S 的波形如图 4-46 所示，试画出输出 Q 对应的波形图。设触发器的初始状态为 $Q=0$。

4-4 在图 4-5 所示的同步 RS 触发器中，已知 CP、R、S 的波形如图 4-47 所示，试画出输出 Q 对应的波形图。设触发器的初始状态为 $Q=0$。

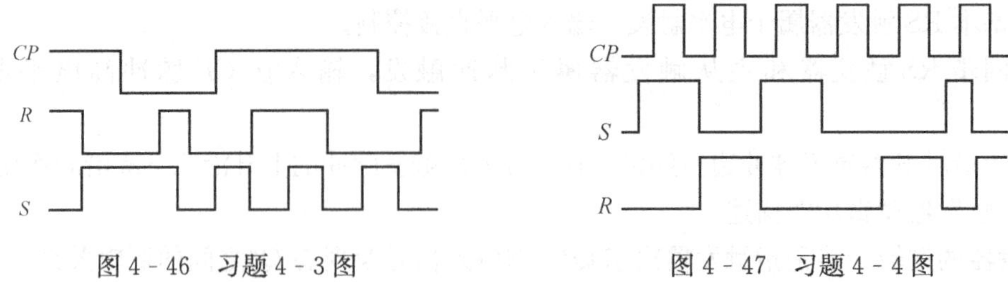

图 4 - 46　习题 4 - 3 图　　　图 4 - 47　习题 4 - 4 图

4 - 5　图 4 - 11 所示的 D 型数据锁存器输入 CP、D 的波形如图 4 - 48 所示，试画出输出 Q 对应的波形图。设触发器的初始状态为 $Q=0$。

4 - 6　同步 RS 触发器的电路及 CP 波形如图 4 - 49 所示，分析该电路能否正常工作，输出 Q 可能出现的波形及原因。

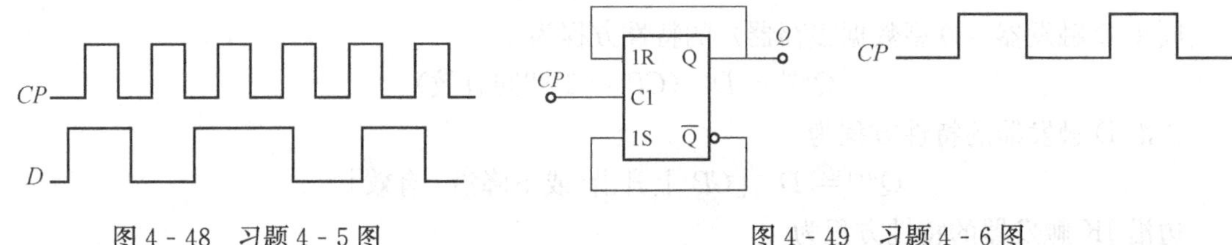

图 4 - 48　习题 4 - 5 图　　　图 4 - 49　习题 4 - 6 图

4 - 7　电路及信号 A、B、C 的波形如图 4 - 50 所示，试写出 Q_1、Q_2、Q_3、Q_4 的次态逻辑表达式，画出它们的波形图。

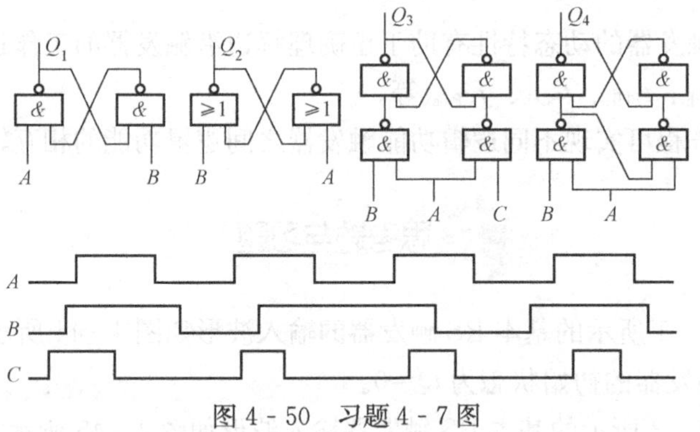

图 4 - 50　习题 4 - 7 图

4 - 8　图 4 - 13 所示的边沿 D 触发器的输入的波形 CP、D 如图 4 - 51 所示，试画出输出 Q 对应的波形图。设触发器的初始状态为 $Q=0$。

4 - 9　图 4 - 16 所示的维阻结构 D 触发器的输入的波形 CP、D 如图 4 - 52 所示，试画出输出 Q 对应的波形图。设触发器的初始状态为 $Q=0$。

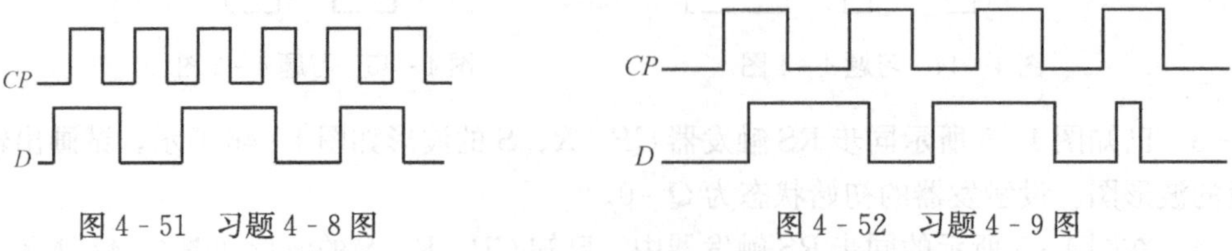

图 4 - 51　习题 4 - 8 图　　　图 4 - 52　习题 4 - 9 图

4 - 10　在图 4 - 16 所示的维阻结构 D 触发器中，已知输入波形如图 4 - 53 所示，试画

出输出 Q 对应的波形图。设触发器的初始状态为 $Q=0$。

4-11 已知图 4-22 所示负边沿 JK 触发器的输入波形如图 4-54 所示，试画出输出 Q 对应的波形图。设触发器的初始状态为 $Q=0$。

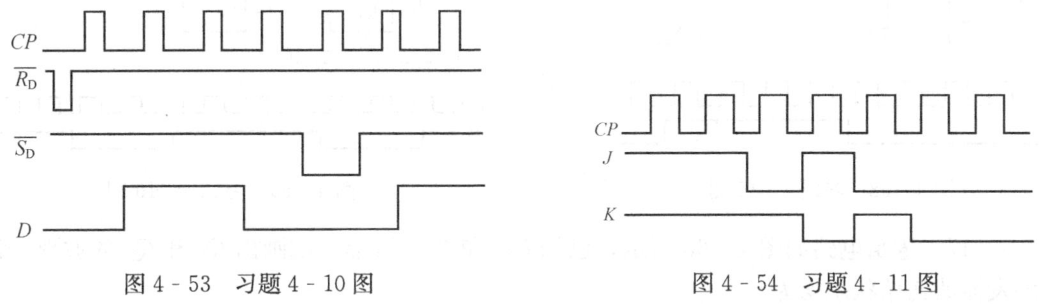

图 4-53 习题 4-10 图　　图 4-54 习题 4-11 图

4-12 已知正边沿 JK 触发器和负边沿 JK 触发器输入端波形如图 4-55 所示，试画出它们各自的输出波形。

4-13 已知图 4-22 所示负边沿 JK 触发器的输入波形如图 4-56 所示，试画出输出 Q 对应的波形图。设触发器的初始状态为 $Q=0$。

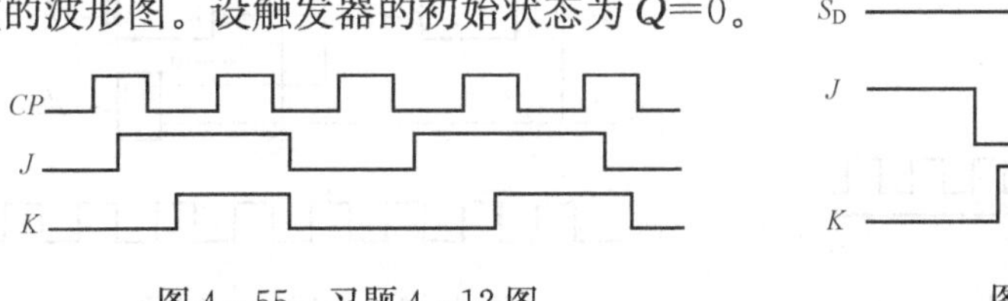

图 4-55 习题 4-12 图

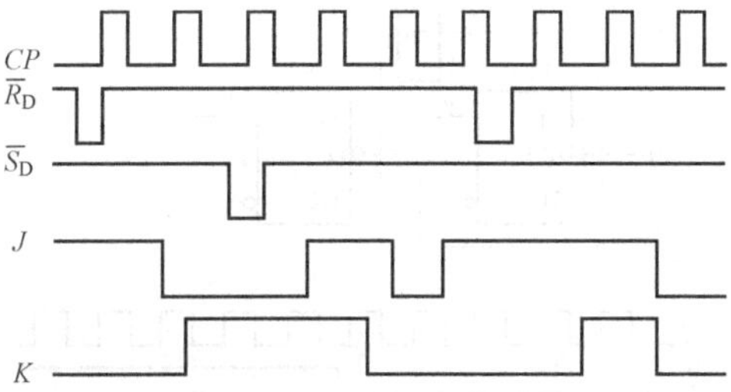

图 4-56 习题 4-13 图

4-14 设图 4-57 中各触发器的初始状态皆为 0，写出各次态函数（即次态与现态和输入变量之间的函数式），画出在 CP 脉冲作用下 Q 端的波形。

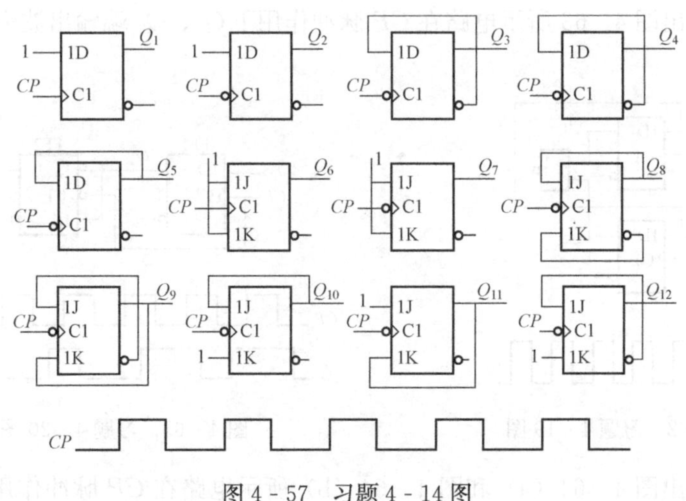

图 4-57 习题 4-14 图

4-15 设图 4-58 中触发器的初始状态皆为 0，写出各次态函数，画出在 CP 脉冲作用下 Q 端的波形。

4-16 试画出图 4-59 所示电路中输出端 OUT 的波形，触发器初始状态皆为 0，IN

是输入信号。比较输出、输入波形，说明此电路的功能。

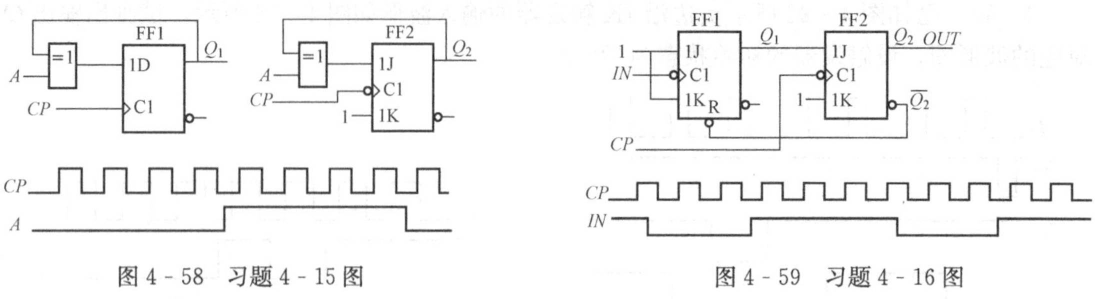

图 4 - 58　习题 4 - 15 图　　　图 4 - 59　习题 4 - 16 图

4 - 17　逻辑电路如图 4 - 60 所示，已知 CP 和 X 的波形，试画出 Q_1 和 Q_2 的波形。设各触发器的初始状态均为 0。

4 - 18　图 4 - 61 所示为用边沿 D 触发器和或非门组成的脉冲分频电路。试画出在 CP 作用下 Q_1、Q_2 和 Y 端对应的输出波形。设各触发器的初始状态均为 0。

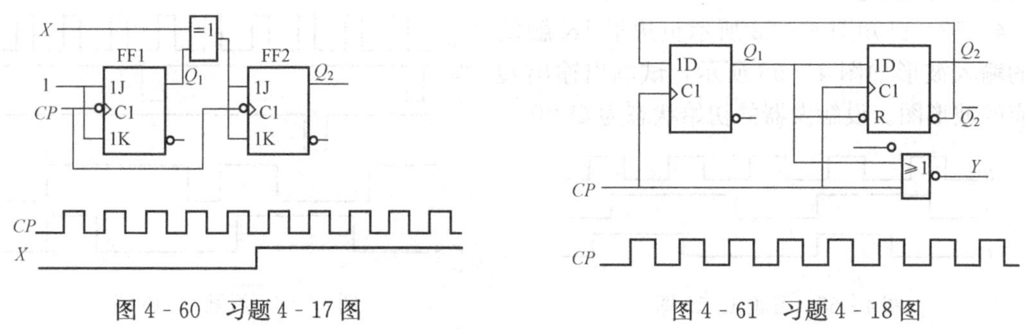

图 4 - 60　习题 4 - 17 图　　　图 4 - 61　习题 4 - 18 图

4 - 19　图 4 - 62 所示为用边沿 D 触发器和或非门组成的脉冲分频电路。试画出在 CP 作用下 Q_1、Q_2 和 Z 端对应的输出波形。设各触发器的初始状态均为 0。

4 - 20　试画出图 4 - 63 所示电路在 CP 脉冲作用下 Q_1、Q_2 端输出波形。设各触发器的初始状态均为 0。

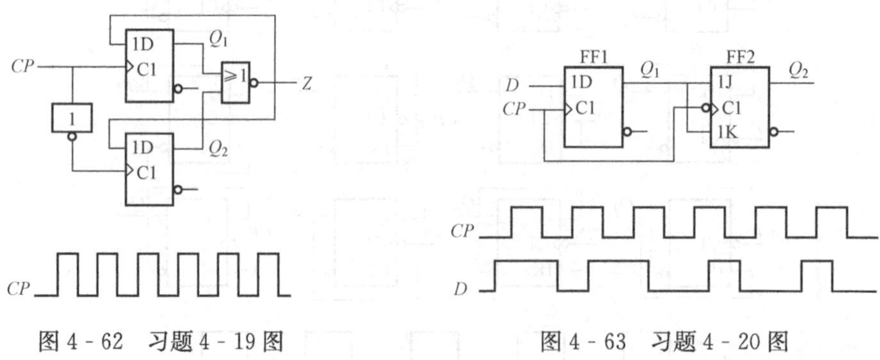

图 4 - 62　习题 4 - 19 图　　　图 4 - 63　习题 4 - 20 图

4 - 21　试画出图 4 - 64（a）和图 4 - 64（b）所示电路在 CP 脉冲作用下 Q_1、Q_2 端输出波形。设各触发器的初始状态均为 0。

4 - 22　试画出图 4 - 65（a）和图 4 - 65（b）所示电路在 CP 脉冲作用下 Q_1、Q_2 端输出波形。设各触发器的初始状态均为 0。

4 - 23　画出图 4 - 66 所示电路在 CP 脉冲作用下 Q、$\overline{Q}$、Y_1、Y_2 端波形。设触发器的

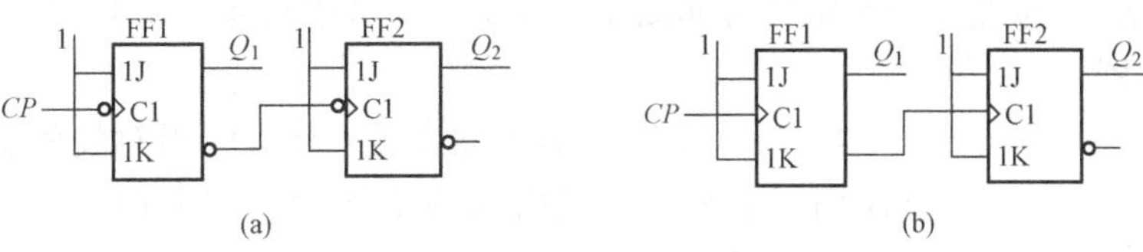

图 4 - 64　习题 4 - 21 图

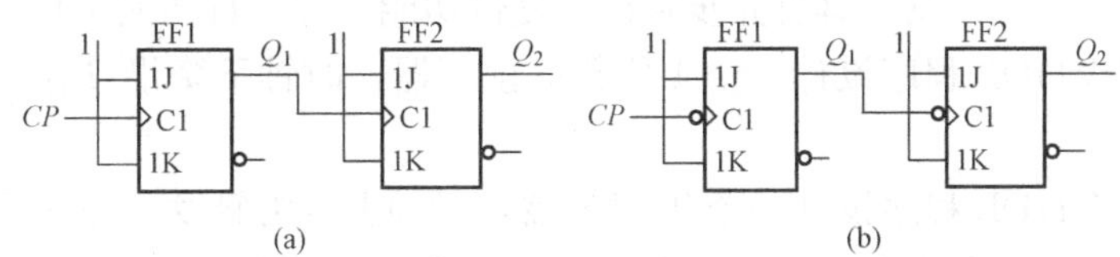

图 4 - 65　习题 4 - 22 图

初态为 0。

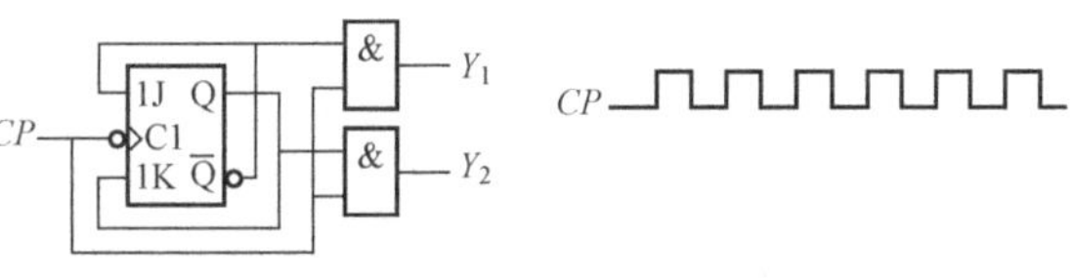

图 4 - 66　习题 4 - 23 图

4 - 24　CMOS 正边沿 D 触发器组成的单稳态电路如图 4 - 67 所示，设触发器电源电压 V_{DD}=10V，R=100kΩ，C=0.1μF，清零端 R 电平达到 0.5V_{DD}时清零，画出电路在单脉冲 A 作用下电容 C 的电压 u_C 和 Q 端波形，并计算输出脉宽 t_{WH}。A 信号是非周期单脉冲，脉冲间隔大于 t_{WH}。

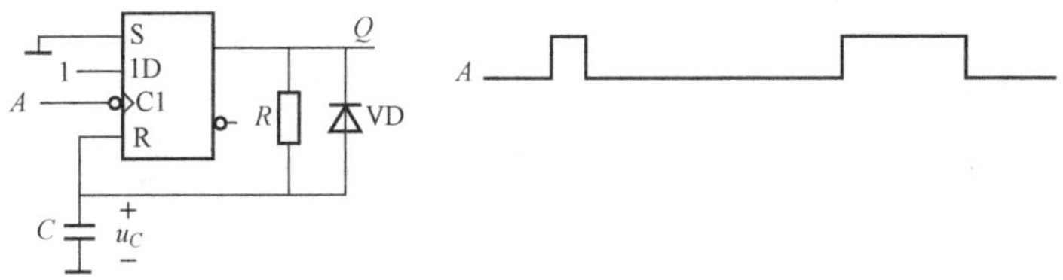

图 4 - 67　习题 4 - 24 图

4 - 25　在图 4 - 68 所示电路中，已知输入信号 u_I 的电压波形如图所示，试画出与之对应的输出电压 u_O 的波形。触发器为维阻结构，设初始状态为 Q=0，输入 u_I 的 $t_{WH}=t_{WL}$=100ns，触发器的 t_{PHL}=30ns，t_{PLH}=20ns，异或门的 t_{PD}=10ns。（提示：应考虑触发器和异或门的传输延迟时间。）

4 - 26　由负边沿 JK 触发器组成的电路如图 4 - 69 所示，写出各触发器次态方程，电路在 CP 信号作用下 Q_1、Q_2、Q_3 端输出电压的波形，触发器为边沿触发结构，初始状态为 Q=0。

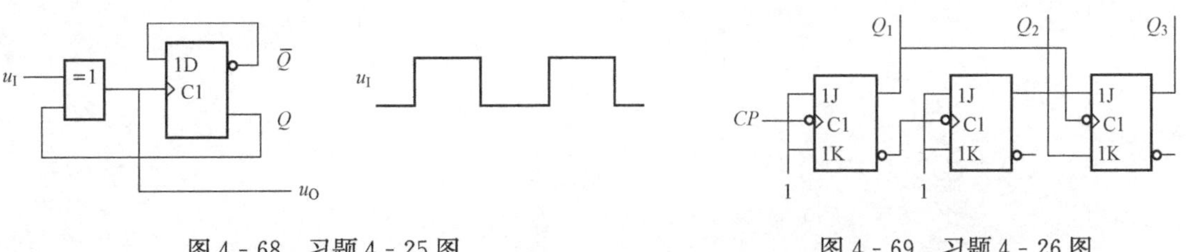

图 4 - 68　习题 4 - 25 图　　图 4 - 69　习题 4 - 26 图

4 - 27 边沿D触发器的逻辑符号如图4 - 70所示，试用与非门将D触发器转换成T触发器和JK触发器。

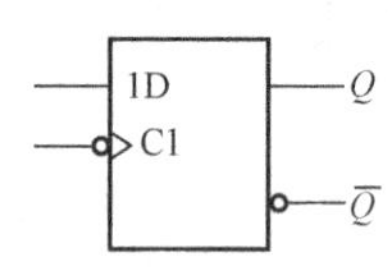

图4 - 70 习题4 - 27图

4 - 28 试用D触发器实现CP下降沿触发的JK触发器，只能使用一个2输入或门和两个2输入与非门。写出转换表达式，画出逻辑图。

4 - 29 试用VHDL程序设计一个T触发器，时钟上升沿触发，具有异步置位、复位功能，并进行功能仿真。

4 - 30 试用VHDL程序设计一个4位数据锁存器，时钟下降沿锁存，具有同步置位、复位功能。

4 - 31 试用VHDL程序设计一个T′触发器，时钟上升沿触发。并进行功能仿真。

4 - 32 试用CASE语句编写一个时钟下降沿触发的JK触发器。并进行功能仿真。

第五章　时 序 逻 辑 电 路

本章首先介绍时序逻辑电路特点、分类和描述方法，其次讲解了时序逻辑电路的基本分析和设计方法，以及计数器、寄存器、顺序脉冲发生器等时序逻辑电路的电路结构特点、工作原理、分析过程等内容，最后简要介绍部分时序逻辑电路的VHDL描述及其仿真结果。

第一节　概　　述

一、时序逻辑电路的特点和描述方法

一般来说，数字电路可分为组合逻辑电路和时序逻辑电路两大类。

1. 电路组成特点

在组合逻辑电路中，某一时刻的输出信号仅与当时的输入信号有关。而时序逻辑电路在某一时刻的输出信号不仅与该时刻的输入信号有关，而且还取决于电路原来的状态。原因是时序逻辑电路中含有具有记忆存储功能的触发器，由它将某一时刻之前的电路状态保存下来。所以通常时序逻辑电路含有组合逻辑和存储电路两部分。实际上，时序逻辑电路的输出状态就是依靠触发器来记忆和表示的。

在一些简单时序逻辑电路中，可能没有组合逻辑部分，只有触发器构成的存储部分。

时序逻辑电路的组成框图如图 5-1 所示。

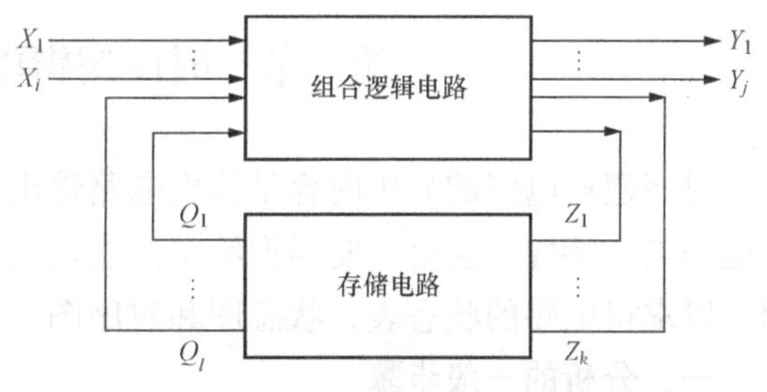

图 5-1　时序逻辑电路的组成框图

2. 逻辑功能描述方法

(1) 逻辑表达式。在图 5-1 中，$X(X_1,X_2,\cdots,X_i)$、$Y(Y_1,Y_2,\cdots,Y_j)$、$Z(Z_1,Z_2,\cdots,Z_\kappa)$和 $Q(Q_1,Q_2,\cdots,Q_l)$ 分别为时序逻辑电路的输入信号、输出信号，以及时序逻辑电路存储电路的输入和输出信号。则这些信号之间的逻辑关系可用下面的三个向量函数表示，即

$$Y(t_n)=F_1[X(t_n),Q(t_n)] \tag{5-1}$$

$$Z(t_n)=F_2[X(t_n),Q(t_n)] \tag{5-2}$$

$$Q(t_{n+1})=F_3[Z(t_n),Q(t_n)] \tag{5-3}$$

式中：t_n、t_{n+1}为先后两个相邻的离散时间；$Q(t_{n+1})$ 是指触发器的次态；$Q(t_n)$ 是指触发器的现态。由于向量Y是电路的输出信号，所以称式（5-1）为输出方程。Z是存储电路的输入激励信号，故称式（5-2）为驱动方程。式（5-3）反映了电路中触发器次态与现态，以及输入信号之间的逻辑关系，所以称为状态方程。由此可知，时序逻辑电路的逻辑功能可用电路的输出方程、驱动方程和状态方程这三组逻辑关系来描述。

(2) 状态转换真值表、状态转换图和时序图。状态转换真值表简称状态表，用它来描述时序逻辑电路的输出 Y、触发器次态 Q^{n+1}、电路输入 X、现态 Q^n之间的逻辑关系。状态转换图简称状态图，它以图形来表示电路状态转换规律及相应输入控制条件和输出响应值。时序图则反映在输入信号和时钟脉冲作用下，电路的状态和输出随时间变化的波形图。

二、时序逻辑电路的分类

根据电路中触发器状态变化是否与时钟同步，可分为同步时序逻辑电路和异步时序逻辑电路。

在同步时序逻辑电路中，所有触发器的时钟输入端都受同一个时钟源的控制，当时钟脉冲触发沿出现时，触发器状态更新是与时钟脉冲触发沿同步的。

在异步时序逻辑电路中，有的触发器的时钟输入来自时钟源，有的触发器的时钟输入则来自其他触发器的输出，所以状态更新有先有后，是异步进行的。图 5 - 2 所示为这两种电路的时钟源接法上的差异。

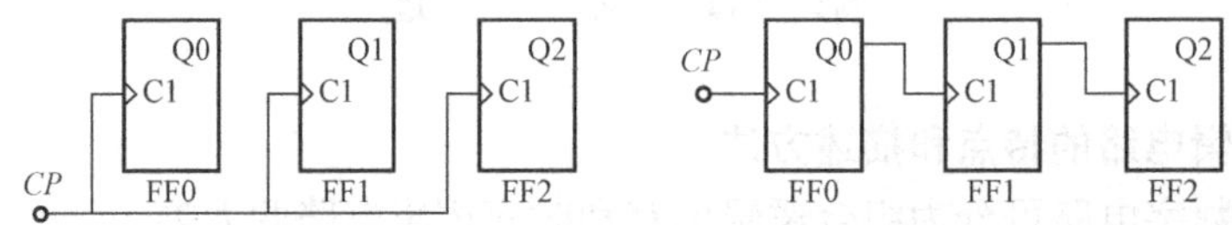

图 5 - 2 同步时序逻辑电路和异步时序逻辑电路的时钟接法举例

此外，还有根据逻辑功能、输出信号的特点等来进行分类的，这里不再赘述。

第二节 时序逻辑电路的基本分析方法

时序逻辑电路的分析内容是找出电路输出信号和状态的变换规律，进而得出电路的逻辑功能和工作特性。这就需要根据给定的逻辑电路，分析电路的时钟方程、驱动方程和输出方程，以求得电路的状态表、状态图和时序图，并对其规律加以归纳总结。

一、分析的一般步骤

1. 根据给定的逻辑图写出需要的方程

(1) 时钟方程。各触发器时钟信号的逻辑表达式。

(2) 驱动方程。各触发器同步输入信号的逻辑表达式。

(3) 输出方程。时序逻辑电路各输出端的逻辑表达式。

2. 求状态方程

将驱动方程代入到相应触发器的特性方程中，求得各触发器次态表达式，即电路的状态方程。它反映了电路次态与现态，以及输入信号之间的逻辑关系。

3. 计算状态表

根据输出方程和状态方程计算状态表。将电路输入和现态的各种取值组合代入状态方程和输出方程，求出相应的次态和输出。

4. 画出状态图或时序图

根据状态表，将在时钟脉冲作用下从现态到次态变化的所有情况用状态图表示出来（包括输入和输出变量的相应取值)，时序图则更有利于观察输出、输入信号之间的时序关系。

5. 分析电路功能

对状态表或状态图、时序图进行分析，用文字描述时序逻辑电路的逻辑功能。

二、同步时序逻辑电路分析举例

［例 5-1］ 画出图 5-3 所示时序逻辑电路的状态图和时序图，分析其逻辑功能。

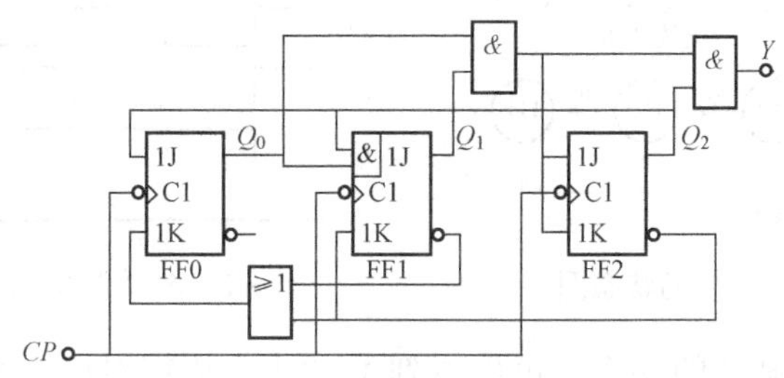

图 5-3 ［例 5-1］逻辑图

解 （1）根据逻辑图列出电路的驱动方程和输出方程。

驱动方程

$$J_0 = Q_2 \qquad K_0 = \overline{Q_2} + \overline{Q_1}$$

$$J_1 = Q_2 Q_0 \quad K_1 = \overline{Q_2}$$

$$J_3 = Q_1 Q_0 \quad K_3 = Q_1 Q_0$$

输出方程

$$Y = Q_2 Q_1 Q_0$$

时钟方程

$$CP_0 = CP_1 = CP_2 = CP$$

因其为同步结构，每当时钟脉冲触发沿出现，下面得出的所有状态方程将同时有效，故时钟方程可省略。

（2）将驱动方程代入 JK 触发器的特性方程，求出状态方程。

$$Q_0^{n+1} = Q_2^n \overline{Q_0^n} + Q_2^n Q_1^n Q_0^n$$

$$Q_1^{n+1} = Q_2^n Q_0^n \overline{Q_1^n} + Q_2^n Q_1^n$$

$$Q_2^{n+1} = Q_1^n Q_0^n \overline{Q_2^n} + \overline{Q_1^n Q_0^n} Q_2^n$$

（3）根据状态方程计算状态表，如表 5-1 所示。

表 5-1 **［例 5-1］时序逻辑电路状态表**

现态			次态			输出
Q_2^n	Q_1^n	Q_0^n	Q_2^{n+1}	Q_1^{n+1}	Q_0^{n+1}	Y
0	0	0	0	0	0	0
0	0	1	0	0	0	0
0	1	0	0	0	0	0
0	1	1	1	0	0	0
1	0	0	1	0	1	0
1	0	1	1	1	0	0
1	1	0	1	1	1	0
1	1	1	0	1	1	1

（4）画出状态图和时序图（见图 5-4 和图 5-5）。

（5）由状态图可知，3 个触发器的所有 8 个状态组成了两个循环，其中有效循环含有 5

个状态，即计数长度 $M=5$，所以该电路的功能是一个五进制计数器，Y 是进位信号。因电路一旦落入无效循环将无法回到计数循环，所以电路不能自启动。

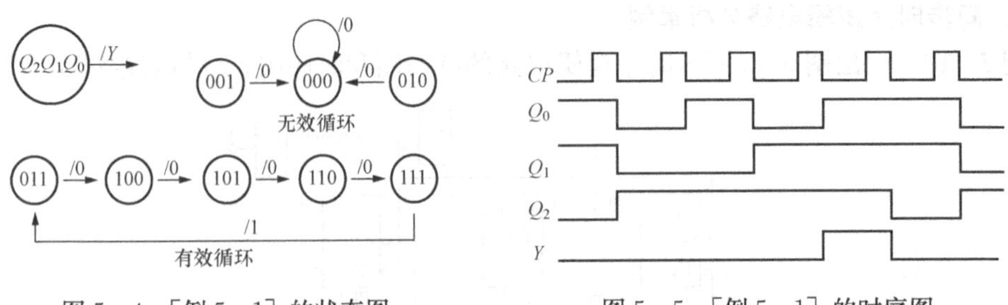

图 5-4 ［例 5-1］的状态图　　　　图 5-5 ［例 5-1］的时序图

考察输出 Y 和时钟脉冲的关系，可以看到 Y 的 1 个周期对应 5 个 CP 周期，即 Y 的周期为 $T_Y=5T_{CP}$，脉宽为 $1T_{CP}$。所以还可以把该电路看作 1 个五分频电路，输出 Y 的频率是输入频率（CP 的频率）的 1/5。若 CP 脉冲的频率为 5kHz，则输出 Y 的频率为 1kHz。

说明：

（1）有效状态、无效状态、有效循环、无效循环的概念。在时序逻辑电路中，凡是用作工作循环的即为有效循环，所有构成有效循环的状态为有效状态。有效状态之外的是无效状态，若无效状态亦形成循环，则为无效循环（如本例）。

（2）能否自启动的概念。若时序逻辑电路除有效循环之外还有无效循环，则称电路不能自启动。若无效循环均指向有效循环，并未形成无效循环，则称其为能够自启动。原因是当电路因各种原因进入无效状态时，只需经过几个 CP 脉冲周期，电路即可进入有效循环。

（3）计数器的模、计数长度、计数容量的概念。计数器工作时总是从某个起始状态出发，依次经过所有有效状态后完成一次循环的，其中所包含的有效状态数称为计数器的模，用 M（Modulus）表示。计数长度、计数容量的含义相同。

（4）自然态序、非自然态序。计数器有效循环中相邻有效状态编码若是按二进制数递增或递减，则称有效状态按二进制自然态序编码。若仅以 0 和 1 的不同组合表示状态编码，相邻有效状态并无二进制递增或递减关系，那就是非自然态序。

需要注意的事项如下：

（1）驱动方程表示触发器输入端所接驱动信号来源，表达式乘积项由输入信号和其他触发器输出组成。

（2）状态方程仅在时钟脉冲触发沿出现时有效，无触发沿则触发器不会更新状态。

（3）计算状态表时，不能漏掉任何可能的现态和输入取值。电路的次态和现态，就是该电路中所有触发器的次态和现态。输出信号 Y 是现态和输入的函数，不能用次态计算输出信号的值。若初始状态已定，应从给定值开始依次计算，倘若未指定初始状态，则可自行设定。

（4）状态图中有向线段表示状态变化方向，箭头指向表示从现态转换到次态。在有向线段上方以 X/Y 表示状态转换前的输入 X、输出 Y 的取值。在本例中，状态 000 有一个始于它，又终于它的有向线段，其含义是状态不变，见状态表的第一行。

（5）状态表和状态图中触发器输出应按由高到低顺序排列，既符合读数习惯，又不易出错。

（6）画时序图时，触发器仅在时钟脉冲触发沿来到时更新状态，否则只会保持原状态不变。

［例 5-2］ 画出图 5-6 所示时序电路的状态图和时序图，分析其逻辑功能。

解 (1) 列出驱动方程和输出方程。

$$J_0 = \overline{X\overline{Q_1 \overline{Q_0}}} = \overline{X} + Q_1\overline{Q_0} \quad K_0 = 1$$

$$J_1 = K_1 = \overline{Q_0}$$

$$Y = \overline{Q_1}Q_0CP$$

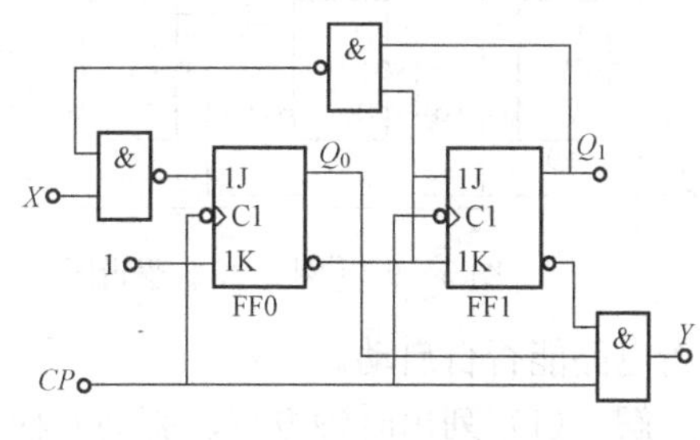

图 5-6 ［例 5-2］逻辑图

(2) 求电路的状态方程。

$$Q_0^{n+1} = \overline{X}\,\overline{Q_0^n} + Q_1^n\overline{Q_0^n}$$

$$Q_1^{n+1} = \overline{Q_0^n}\,\overline{Q_1^n} + Q_0^nQ_1^n$$

(3) 计算状态表（见表 5-2）。

表 5-2　［例 5-2］状态表

输 入	现 态		次 态		输 出
X	Q_1^n	Q_0^n	Q_1^{n+1}	Q_0^{n+1}	Y
0	0	0	1	1	0
0	0	1	0	0	1
0	1	0	0	1	0
0	1	1	1	0	0
1	0	0	1	0	0
1	0	1	0	0	1
1	1	0	0	1	0
1	1	1	1	0	0

(4) 画出状态图和时序图（如图 5-7 和图 5-8 所示）。

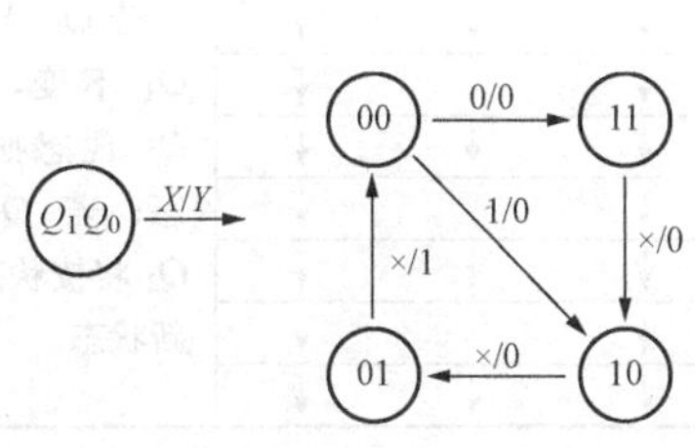

图 5-7 ［例 5-2］的状态图

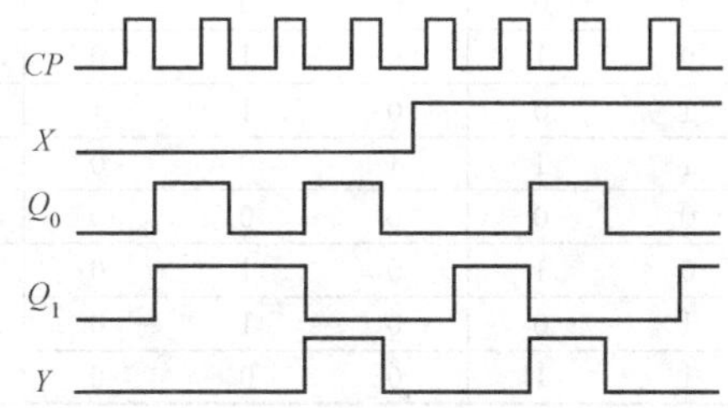

图 5-8 ［例 5-2］的时序图

在状态图中，有些状态转换不论输入 X 取何值，均有一致的变换方向，此时在 X 的位置标以×。

(5) 由状态图可知，此电路为可以自启动的变模减法计数器。当 $X=0$ 时，电路作两位二进制减法计数，也可称为是一位四进制计数；当 $X=1$ 时，电路作三进制减法计数。电路在 $X=0$ 时是四分频电路，在 $X=1$ 时是三分频电路。

三、异步时序逻辑电路分析举例

异步时序逻辑电路由于触发器分别受不同时钟源的控制，触发器只有当 CP 端出现触发脉冲时才有可能改变状态。所以，异步时序逻辑电路的分析方法与同步时序逻辑电路不同的是触发器

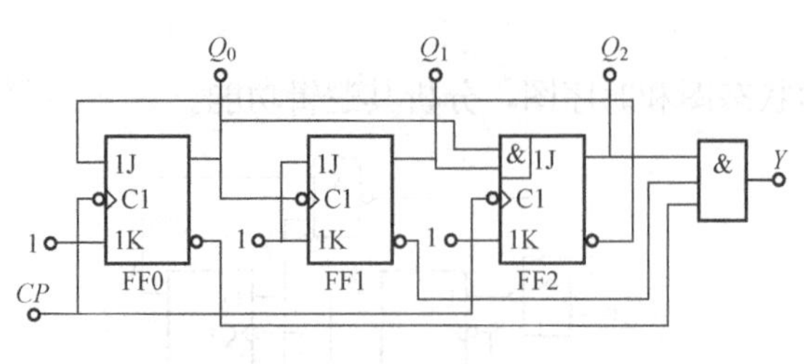

图 5-9 ［例 5-3］逻辑图

的状态是否翻转，除了要考虑驱动方程外，还必须考虑时钟脉冲输入端的触发脉冲是否出现。若时钟脉冲触发沿出现，则根据状态方程计算次态。若没有出现，则触发器状态保持不变。

［例 5-3］ 分析图 5-9 所示电路的逻辑功能，并画出电路的状态图和时序图，分析电路能否自启动。

解 (1) 列出时钟方程、驱动方程和输出方程。

时钟方程 $CP_0 = CP_2 = CP \quad CP_1 = Q_0$

驱动方程

$$J_0 = \overline{Q_2} \qquad K_0 = 1$$

$$J_1 = K_1 = 1$$

$$J_2 = Q_1 Q_0 \qquad K_2 = 1$$

输出方程 $Y = Q_2 \overline{Q_1}\,\overline{Q_0}$

(2) 将驱动方程代入 JK 触发器的特性方程，求状态方程。

$$Q_0^{n+1} = \overline{Q_2^n}\,\overline{Q_0^n} \qquad (CP\text{ 下降沿出现时有效})$$

$$Q_1^{n+1} = \overline{Q_1^n} \qquad (Q_0\text{ 下降沿出现时有效})$$

$$Q_2^{n+1} = \overline{Q_2^n}\,\overline{Q_1^n}\,\overline{Q_0^n} \qquad (CP\text{ 下降沿出现时有效})$$

(3) 计算状态表（每次先计算 Q_0 的次态）见表 5-3。

表 5-3 **［例 5-3］状态表**

现态			次态			输出	触发条件			说明
Q_2^n	Q_1^n	Q_0^n	Q_2^{n+1}	Q_1^{n+1}	Q_0^{n+1}	Y	CP_2	CP_1	CP_0	
0	0	0	0	0	1	0	↓		↓	若 Q_0 无下降沿，Q_1 不变，只需将 Q_1 现态照搬到次态；若 Q_0 下跳，Q_1 将按状态方程更新状态
0	0	1	0	1	0	0	↓	↓	↓	
0	1	0	0	1	1	0	↓		↓	
0	1	1	1	0	0	0	↓	↓	↓	
1	0	0	0	0	0	1	↓		↓	
1	0	1	0	1	0	0	↓	↓	↓	
1	1	0	0	1	0	0	↓		↓	
1	1	1	0	0	0	0	↓	↓	↓	

注 表中触发条件用↓表示下降沿。

(4) 画状态图和时序图（如图 5-10 和图 5-11 所示）。

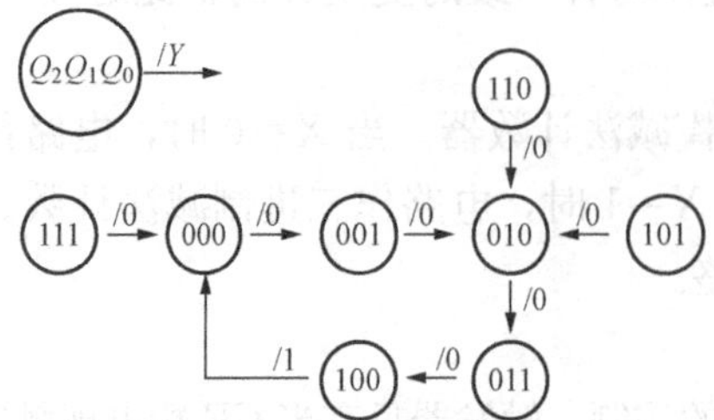

图 5-10 ［例 5-3］的状态图

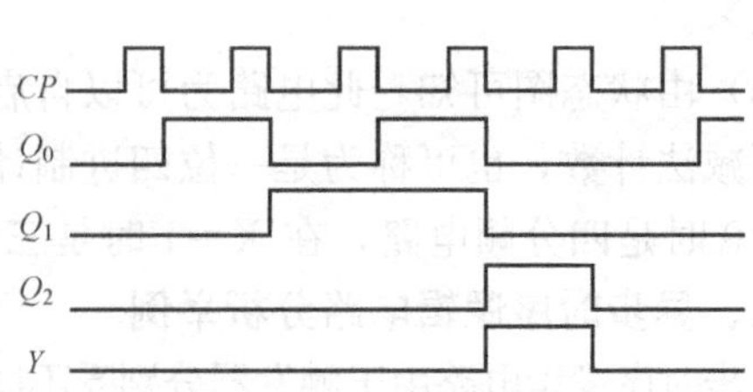

图 5-11 ［例 5-3］的时序图

(5) 此电路是一个按自然态序进行计数的异步五进制加法计数器，输出 Y 是进位信号，三个无效状态均指向有效状态，即使电路落入无效状态，只需经过一个 CP 脉冲，即可进入有效循环，所以电路可以自启动。

说明：

(1) 异步时序逻辑电路的每个状态方程都要标注方程有效条件。

(2) 本例在计算状态表时，每行都先计算 Q_0 的次态。当 Q_0 从现态 1 变化到次态 0 时，CP_1 即出现一个下降沿，此时 Q_1 将按状态方程更新状态。否则不变。

(3) 时序图要包含所有有效状态，可以不考虑无效状态。

第三节 同步时序逻辑电路的基本设计方法

时序逻辑电路的设计是分析的逆过程，设计要求或是一段逻辑功能的文字描述，或是状态图，设计结果是符合要求的时序逻辑电路。

一、设计的一般步骤

(1) 对要求的逻辑功能进行逻辑抽象，建立原始状态图。

1) 分析给定的逻辑问题，确定输入变量、输出变量、电路内部状态间的关系，以及电路的状态数，以给定逻辑功能中的原因（或条件）作为输入变量，取其结果作为输出变量。

2) 定义输入、输出逻辑状态和每个电路状态的含义，进行状态赋值，并对电路状态编号。

3) 分别以每个状态为现态，考察在每一个可能的输入组合作用下应转入哪个状态（次态）及相应的输出，便可得到符合题意的原始状态图。

这种直接从实际问题的逻辑功能出发建立的状态转换图称为原始状态图。这一步很重要，因为原始状态转换图建立的正确与否，将决定着所设计的电路能否实现预定的逻辑功能。

(2) 进行状态化简，求最简状态图。原始状态图不一定是最简的，可能含有多余可合并的状态，因此需要进行状态化简或状态合并。

1) 分析等价状态。在原始状态图中，凡是在输入相同时，不仅输出相同，而且将转换到同一个次态的状态，都是等价状态。

2) 凡是等价状态都可以合并。多个等价状态合并成一个，就可以得到最简状态图。

电路的状态数越少，设计出来的电路也越简单。状态化简的目的就在于将等价状态合并，以求得最简的状态转换图。

(3) 对状态进行二进制编码、画出编码后的状态图。

1) 确定二进制代码的位数。如果二进制代码的位数（对应触发器的个数）为 n，电路的状态个数为 M，则必须满足 $2^{n-1}<M\leqslant 2^n$。

2) 对电路状态进行编码。用二进制代码表示状态图中的各状态，即状态编码（也称状态分配）。n 位二进制代码有 2^n 种取值，用来对 M 个状态编码，方案有多种。方案不同，设计出的电路结构也就不同，有繁有简。

3) 画出编码后的状态图。这是进行下一步设计工作的依据，在这种状态图中，电路次态、输出与现态、输入之间的逻辑关系均较明确。此时应再次与设计要求对照，以避免错误。

(4) 选定触发器类型，求状态方程、驱动方程和输出方程。

1) 选择触发器。可选的触发器有JK触发器和D触发器，JK触发器功能全、输入端多、使用灵活，D触发器功能简单，输入端少。选用类型不同，设计出的电路也不一样。

2) 关于时钟方程。同步时序逻辑电路的时钟方程很简单，所有触发器的CP输入端都由输入CP脉冲驱动。

3) 求状态方程和驱动方程。状态方程的得出既可以由状态图直接写出次态的标准与或式，再用公式法得到与所选触发器相匹配的最简式，也可以利用次态卡诺图求得各触发器的次态方程——电路的状态方程。再与触发器的特性方程比较，即可求得各触发器的驱动方程。在状态方程化简过程中，可以将电路无效状态对应的最小项当作约束项使其最简。

需要指出的是，此时不论是利用卡诺图还是公式法，目的是求出与触发器特性方程相同结构的状态方程，以方便地得到最简驱动方程，使电路最简，而不仅仅是用它来进行单纯的函数化简。所以与触发器特性方程中现态对应的变量不应被化简掉。

4) 求出输出方程。根据状态图中输出、现态和输入的关系列出输出卡诺图，即可得到输出表达式。同样，可以利用约束项使表达式最简。

另外，根据状态表及触发器的驱动表也可求得电路的输出方程和各触发器的驱动方程。

(5) 根据得到的方程式画出逻辑图。根据求出的驱动方程和输出方程画出逻辑图。注意标注触发器编号和输入输出端名称。

(6) 检查设计的电路能否自启动。根据求得的各触发器的状态方程，求出每个无效状态的次态，并观察它们的次态是否能全部进入电路的有效循环中。若能全部进入，称电路能自启动；反之，电路不能自启动。

如果电路不能自启动，则需采取措施加以解决。具体方法包括修改设计重新调整状态分配，尝试改变对约束项的利用，还可以利用触发器的异步输入端强行将触发器预置到有效状态。在前两种方法中，在得到新的状态方程后，要再检查其自启动能力，直到能够自启动为止。

如果设计要求是状态图，那设计过程就相对简单了，直接进行状态编码以后的工作即可。

二、同步时序逻辑电路设计举例

[例5-4] 设计一个按自然态序计数的同步六进制递增计数器，采用负边沿触发的JK触发器实现。

解 (1) 分析设计要求，画出编码状态图。计数器的特点是在被计数脉冲（图中的CP脉冲）作用下依次转换状态，没有其他输入控制，所以整个电路只有CP输入。根据$2^{n-1}<M\leqslant 2^n$可知$M=6$，$n=3$，即采用三位二进制代码对6个有效状态编码，触发器亦要用3个，编码规律是000→001→010→011→100→101→000，在现态为101时进位输出信号Y输出高电平，编码后的状态图如图5-12所示。

(2) 求输出方程和状态方程。触发器题中已给定，时钟方程亦因同步结构而明确，即$CP_0=CP_1=CP_2=CP$。根据状态图列出次态/输出卡诺图（见图5-13）。

图5-13可分解成各触发器的次态卡诺图，如图5-14所示。

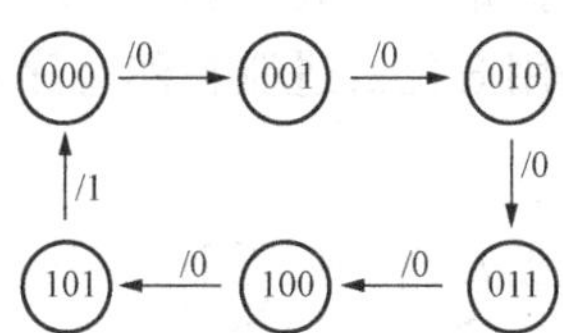

图 5-12 编码后的状态图

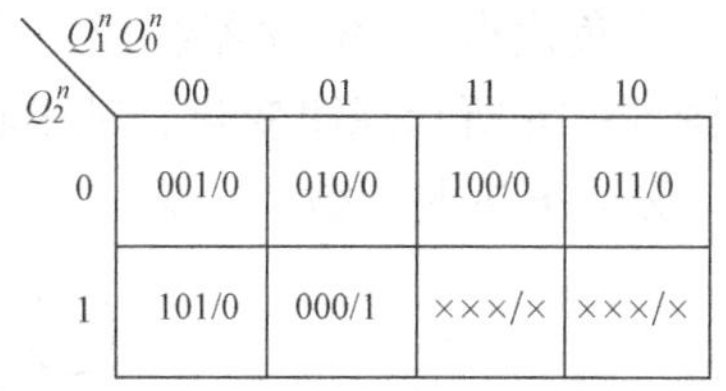
图 5-13 次态/输出卡诺图

Q_2^n \ $Q_1^nQ_0^n$	00	01	11	10
0	001/0	010/0	100/0	011/0
1	101/0	000/1	×××/×	×××/×

由图 5-14 所示卡诺图可得状态方程和输出方程为

$$Q_2^{n+1}=Q_1^nQ_0^n\overline{Q_2^n}+\overline{Q_0^n}Q_2^n$$

$$Q_1^{n+1}=\overline{Q_2^n}Q_0^n\overline{Q_1^n}+\overline{Q_0^n}Q_1^n$$

$$Q_0^{n+1}=\overline{Q_0^n}$$

$$Y=Q_2^nQ_0^n$$

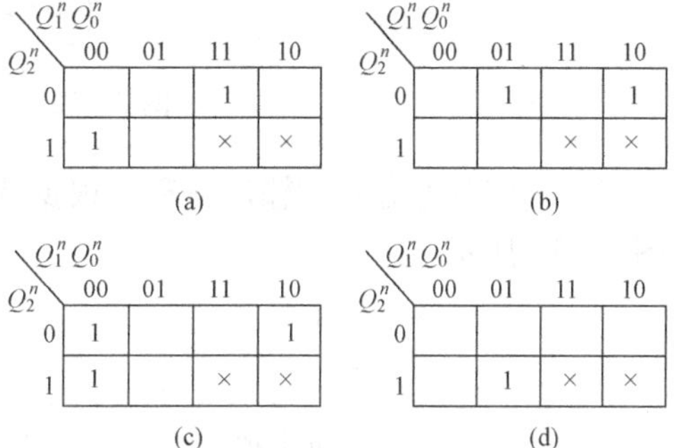
图 5-14 分解后的卡诺图

(a) Q_2^{n+1}卡诺图；(b) Q_1^{n+1}卡诺图；(c) Q_0^{n+1}卡诺图；(d) 输出卡诺图

(a)

Q_2^n \ $Q_1^nQ_0^n$	00	01	11	10
0			1	
1	1		×	×

(b)

Q_2^n \ $Q_1^nQ_0^n$	00	01	11	10
0		1		1
1			×	×

(c)

Q_2^n \ $Q_1^nQ_0^n$	00	01	11	10
0	1			1
1	1		×	×

(d)

Q_2^n \ $Q_1^nQ_0^n$	00	01	11	10
0				
1		1	×	×

(3) 求驱动方程。与 JK 触发器的特性方程 $Q^{n+1}=J\overline{Q^n}+\overline{K}Q^n$相比较，可得驱动方程为

$$J_2=Q_1Q_0 \qquad K_2=Q_0$$

$$J_1=\overline{Q_2}Q_0 \qquad K_1=Q_0$$

$$J_0=1 \qquad K_0=1$$

需要特别指出的是，在从卡诺图化简合并最小项时，有目的地把包含因子$\overline{Q^n}$和Q^n的最小项分开进行合并，这样就能得到与特性方程形式一致的表达式，从而有利于求出触发器的驱动方程。在本例中，$Q_2^{n+1}=Q_1^nQ_0^n\overline{Q_2^n}+\overline{Q_0^n}Q_2^n$就是这样得出的，见图 5-15。这里并未将最小项 011 与下面的约束项合并以使其最简，而是该最小项单独画圈，目的是避免$\overline{Q_2^n}$被化简掉，以便于和 JK 触发器的特性方程对应。否则还需事后将所谓最简式进行变换。

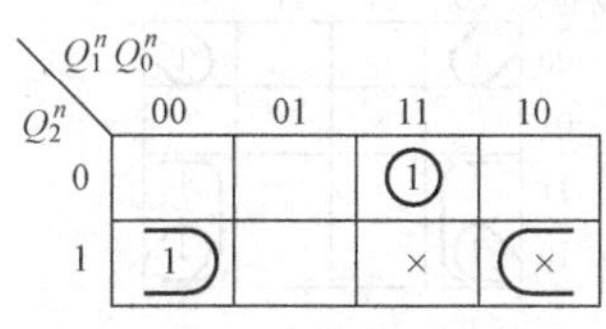

图 5-15 Q_2^{n+1}的化简

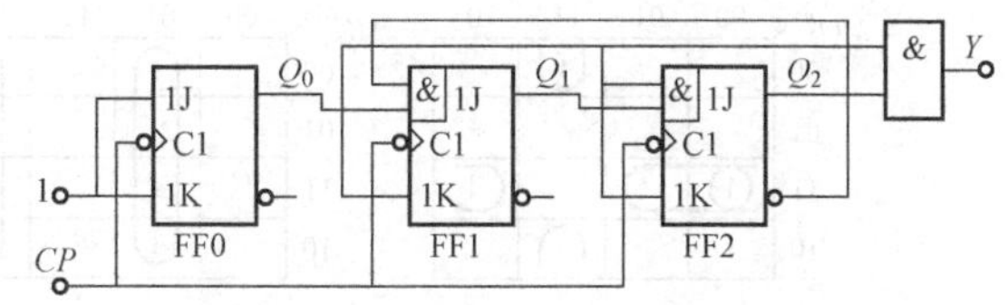

图 5-16 [例 5-4] 的逻辑图

(4) 画逻辑图，检查能否自启动。逻辑图如图 5-16 所示，将无效状态对应的最小项取值代入状态方程，计算观察次态的变化情况为

$$110\rightarrow111\rightarrow000$$

说明两个无效状态最终指向了有效状态 000，电路可以自启动，电路完整的状态图如图 5-17 所示。

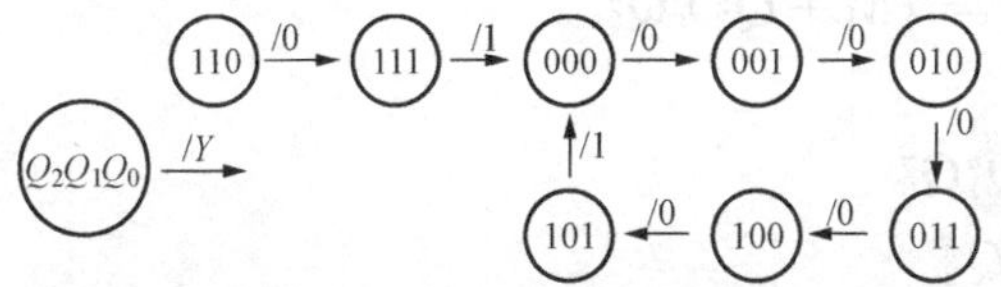

图 5-17 [例 5-4] 的状态图

[例 5-5] 设计一个双模同步计数器，当控制端 $M=0$ 时，作五进制加法计数；当 $M=1$ 时，作八进制加法计数。

解 (1) 确定状态图和状态编码。根据题意，电路由 3 个负边沿 JK 触发器组成，计数输入端就是 CP 端，随着 CP 脉冲的输入，电路状态应按图 5-18 所示规律变化。其中状态编码采用 3 位二进制自然态序，Y 是八进制计数进位输出，Z 是五进制计数进位输出。

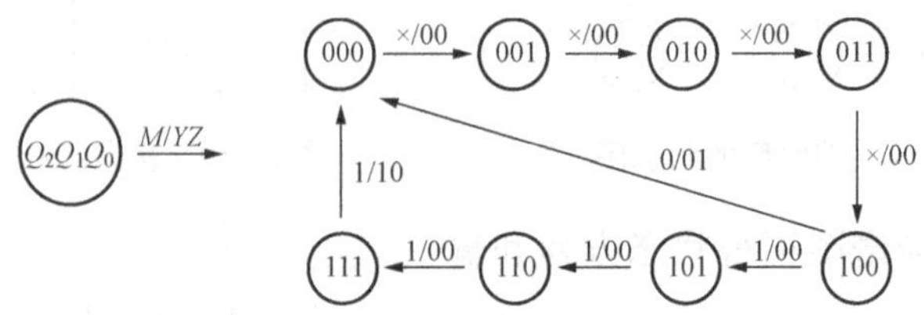

图 5-18 ［例 5-5］的状态图

（2）确定状态方程和输出方程。根据状态图，填写电路次态卡诺图和输出函数卡诺图，如图 5-19 所示。

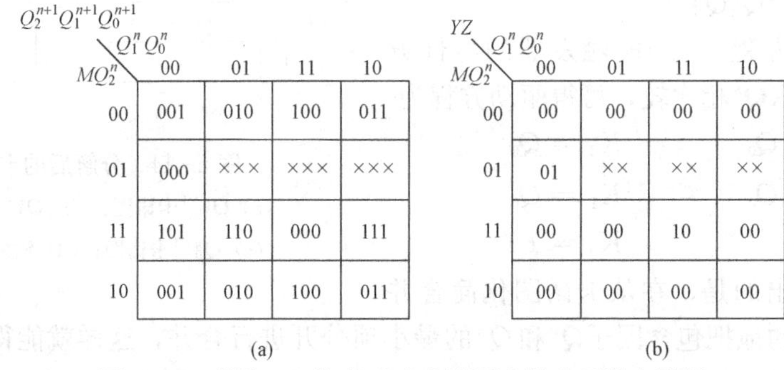

(a) $Q_2^{n+1}Q_1^{n+1}Q_0^{n+1}$

MQ_2^n \ $Q_1^nQ_0^n$	00	01	11	10
00	001	010	100	011
01	000	×××	×××	×××
11	101	110	000	111
10	001	010	100	011

(b) YZ

MQ_2^n \ $Q_1^nQ_0^n$	00	01	11	10
00	00	00	00	00
01	01	××	××	××
11	00	00	10	00
10	00	00	00	00

图 5-19 ［例 5-5］的次态卡诺图和输出函数卡诺图

(a) 次态卡诺图；(b) 输出函数卡诺图

分解成各触发器的次态卡诺图如图 5-20 所示。

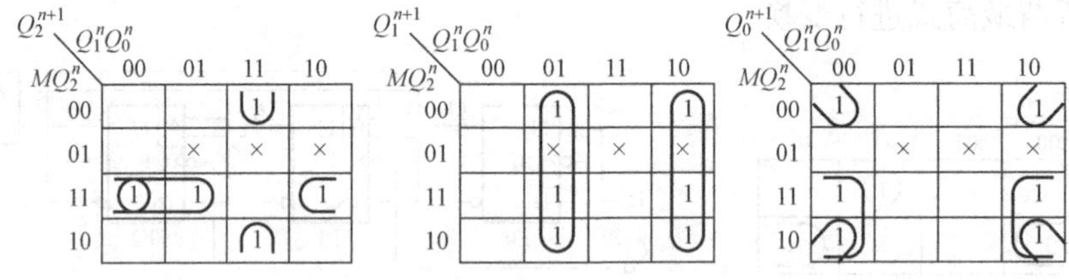

Q_2^{n+1}

MQ_2^n \ $Q_1^nQ_0^n$	00	01	11	10
00			1	
01		×	×	×
11	1	1		1
10			1	

Q_1^{n+1}

MQ_2^n \ $Q_1^nQ_0^n$	00	01	11	10
00		1		1
01		×	×	×
11		1		1
10		1		1

Q_0^{n+1}

MQ_2^n \ $Q_1^nQ_0^n$	00	01	11	10
00	1			1
01		×	×	×
11	1			1
10	1			1

图 5-20 各触发器的次态卡诺图

由图 5-20 写出状态方程为

$$
\begin{aligned}
Q_2^{n+1} &= Q_1^nQ_0^n\overline{Q_2^n} + M\overline{Q_1^n}Q_2^n + M\overline{Q_0^n}Q_2^n \\
&= Q_1^nQ_0^n\overline{Q_2^n} + M(\overline{Q_1^n} + \overline{Q_0^n})Q_2^n \\
Q_1^{n+1} &= Q_0^n\overline{Q_1^n} + \overline{Q_0^n}Q_1^n \\
Q_0^{n+1} &= M\overline{Q_0^n} + \overline{Q_2^n}\,\overline{Q_0^n} = (M + \overline{Q_2^n})\,\overline{Q_0^n}
\end{aligned}
$$

由图 5-19 (b) 写出输出方程为

$$
Y = Q_2^nQ_1^nQ_0^n
$$

$$
Z = \overline{M}Q_2^n
$$

（3）确定驱动方程，画逻辑图。与 JK 触发器特性方程对比，可得各触发器驱动方程为

$$J_2 = Q_1Q_0 \qquad K_2 = M(\overline{Q_1} + \overline{Q_0})$$
$$J_1 = K_1 = Q_0$$
$$J_0 = M + \overline{Q_2} \qquad K_0 = 1$$

根据驱动方程和输出方程，采用负边沿 JK 触发器画出逻辑图，如图 5 - 21 所示。

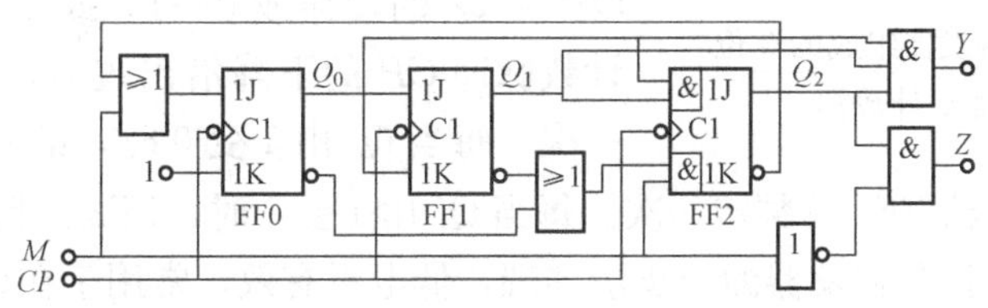

图 5 - 21 五/八双模计数器逻辑图

(4) 检查能否自启动。电路在 $M=0$ 的情况下有无效状态 101、110 和 111。将其代入状态方程，经计算得次态的变化情况为

$$101 \rightarrow 010 \quad Y=0 \quad Z=1$$
$$110 \rightarrow 010 \quad Y=0 \quad Z=1$$
$$111 \rightarrow 000 \quad Y=1 \quad Z=1$$

在作五进制计数时，3 个无效状态均指向有效状态，电路可自启动，完整的状态图如图 5 - 22 所示。

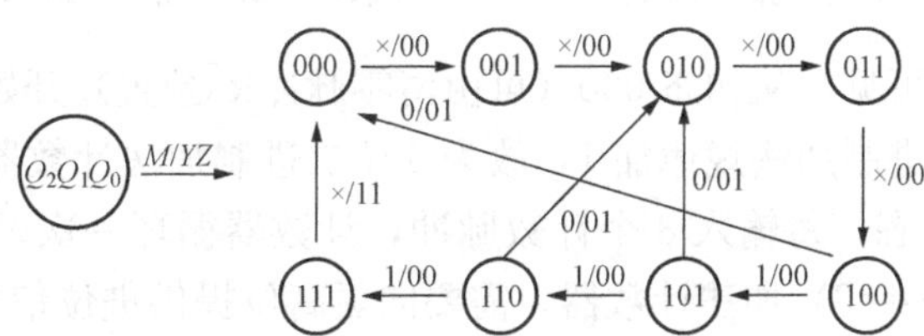

图 5 - 22 [例 5 - 5] 的状态图

第四节 计 数 器

计数器是一种常用时序逻辑电路，其基本功能是对被计数脉冲（作为 CP）进行计数。在数字系统中，除计数外还可用于测时、定时、分频，以及产生节拍脉冲和脉冲序列等。

计数器有多种分类，按数的进制分为二进制、十进制和任意进制计数器；按计数过程中数字的增减趋势分为加法、减法和可逆计数器；按触发器翻转是否同步分为同步、异步计数器等。

一、二进制计数器

当输入时钟脉冲到来时，按二进制数规律进行计数的电路称为二进制计数器。

1. 二进制异步计数器

(1) 二进制异步加法计数器。图 5 - 23 所示为一个 3 位二进制异步加法计数器，由下降沿触发的 JK 触发器组成。其中 JK 触发器都接成 T′触发器（即 $J=K=1$）。最低位触发器 FF0 的时钟脉冲输入端接计数脉冲 CP，其他触发器的时钟脉冲输入端接相邻低位触发器的 Q 端。显

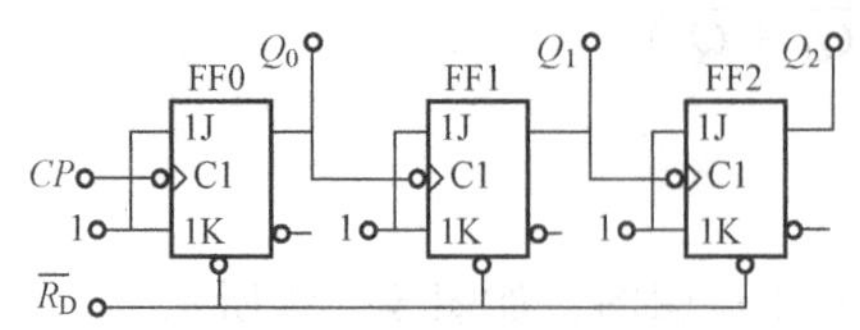

图 5-23 由 JK 触发器组成的 3 位二进制异步加法计数器

然，这是一个异步时序逻辑电路。因其电路简单，工作原理可以直接分析出来，不必使用前面介绍的分析方法。

由于 T′触发器在时钟脉冲作用下，状态将按 $Q^{n+1}=\overline{Q^n}$ 的规律或 0→1，或 1→0 翻转。所以每当计数脉冲 CP 的下降沿出现时，触发器 FF0 就翻转一次。每当 Q_0 由 1 变 0 时，给 FF1 的时钟脉冲输入端一个下降沿，触发器 FF1 就翻转一次。每当 Q_1 由 1 变 0 时，FF2 的情况与 FF1 相同。$\overline{R_D}$ 端是外接清零信号，接各触发器的异步清零端，低电平有效，常用于在计数开始前将计数器清零。

根据 T′触发器的翻转规律，即可画出 CP 计数脉冲信号作用下 Q_0、Q_1、Q_2 的时序波形图，如图 5-24 所示。由时序波形图可画出该电路的状态图，如图 5-25 所示。

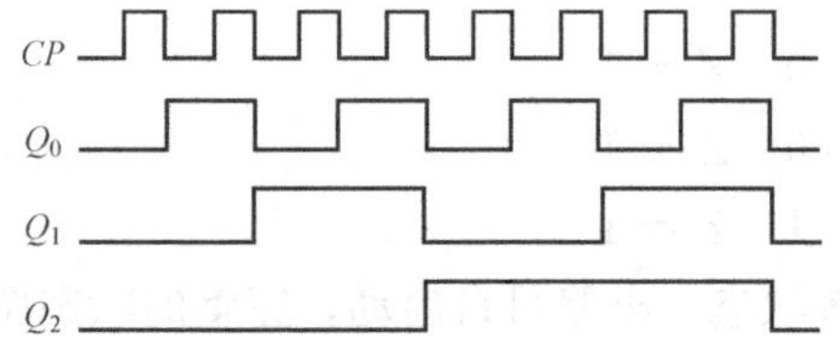

图 5-24 图 5-23 所示电路的时序图

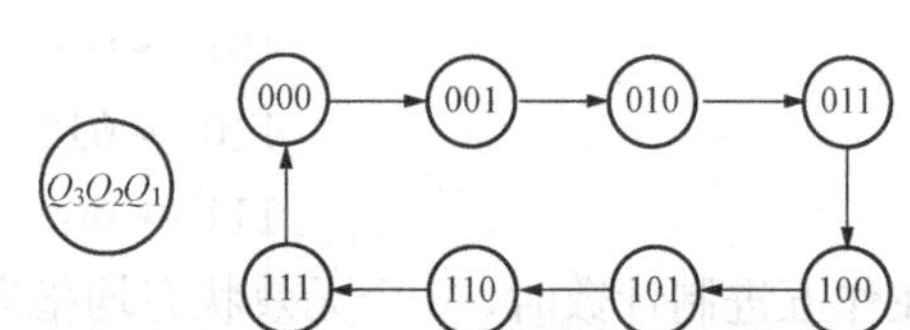

图 5-25 图 5-23 所示电路的状态图

由时序图和状态图可见，从初态 000（可由清零脉冲$\overline{R_D}$预置）开始，每输入一个计数脉冲，计数器的状态按二进制加法规律加 1，故为 3 位二进制加法计数器。又因为该计数器有 000～111 共 8 个有效状态，每输入 8 个计数脉冲，计数器循环一次，所以可称为 1 位八进制加法计数器或模 8（$M=8$）加法计数器。需要向更高位提供进位信号时，可直接用 Q_2 作为进位输出，因为 Q_2 的下降沿在一个计数循环中仅在从 111→000 的转换中出现一次。

另外，由时序图可以看出，该电路输出端 Q_0、Q_1 和 Q_2 输出脉冲的频率分别是输入 CP 频率的 1/2、1/4 和 1/8，即可实现二分频、四分频和八分频。如果按该电路接连规律增加触发器，组成模更大的计数器，n 个触发器可构成 n 位二进制计数器或模 2^n 计数器，最大分频数是 $1/2^n$。

由本例可看出，这里触发器接成了 T′触发器，因此，下降沿触发的 D 触发器只要也接成 T′触发器，就可以直接替换图 5-23 中的 JK 触发器。而对于上升沿触发的 D 触发器，组成二进制加法计数器的方法如下。图 5-26 所示为采用上升沿触发的 T′触发器组成的 3 位二进制加法计数器及其时序图。这里 FF1 的触发脉冲来自$\overline{Q_0}$，当$\overline{Q_0}$出现上升沿时（Q_0 此时下跳），FF1 翻转，所以画时序图时，凡是 Q_0 下跳，FF1 就改变状态。FF2 同理。

通过这个例子可以看到，在分析一些比较简单的异步时序逻辑电路时，可以采取直接观察画波形图及状态图的方法分析它的功能，而不一定要按前面介绍的异步时序逻辑电路的分析方法去写方程式。

（2）二进制异步减法计数器。将图 5-23 所示电路中 FF1 和 FF2 的时钟脉冲输入端改接到相邻低位触发器的$\overline{Q}$端就可构成二进制异步减法计数器，见图 5-27。清零端$\overline{R_D}$用来将电路起始状态预置到 000。在计数开始之前，在清零端施加一短暂的负脉冲，将所有触发器清零。FF0 的触发脉冲就是外接计数脉冲 CP，每当 CP 出现下降沿时，FF0 将翻转。FF1 的触发脉冲来自$\overline{Q_0}$，每当$\overline{Q_0}$出现下降沿（Q_0 出现上升沿），FF1 将翻转，FF2 的工作情况与 FF1 类似。所以 Q_1、Q_2 均在前一级触发器 Q 端波形上跳时翻转。据此即可画出状态图如图 5－28 所示。

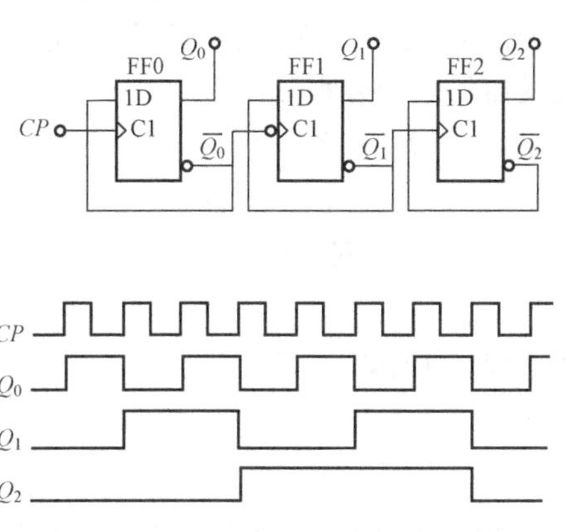

图 5－26 上升沿触发的 T′触发器组成的 3 位二进制加法计数器及时序图

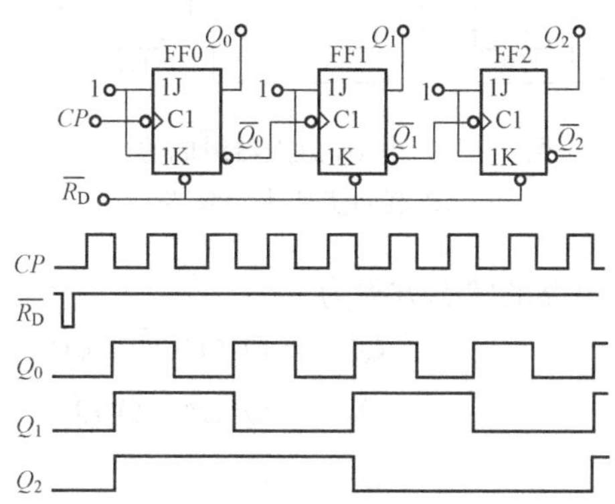

图 5－27 3 位二进制异步减法计数器及时序图

图 5－29 所示为用上升沿触发的 D 触发器组成的 3 位二进制异步减法计数器及时序波形图。图中 D 触发器也都接成 T′触发器（即 $D=\overline{Q^n}$），由于是上升沿触发，则应将低位触发器的 Q 端与相邻高位触发器的时钟脉冲输入端相连，即从 Q 端取借位信号。它也同样具有分频作用。

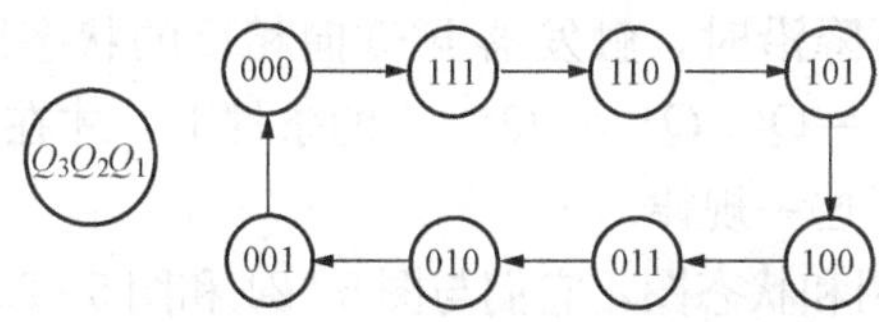

图 5－28 图 5－27 所示电路的状态图

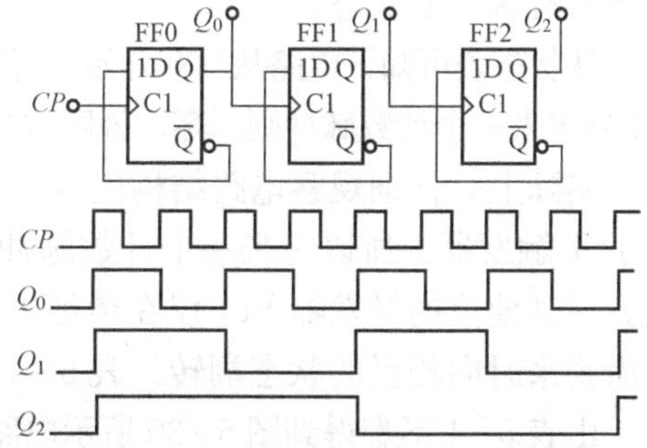

图 5－29 上升沿触发的 D 触发器组成的 3 位二进制异步减法计数器及时序图

综上所述，可对二进制异步计数器的组成归纳如下：

(1) n 位二进制异步计数器由 n 个 T′触发器组成。

(2) 各触发器之间的连接方式（除最低位触发器的时钟输入端接计数脉冲外）。加计数时，$CP_{i+1}=\overline{Q_i}$（上升沿触发），$CP_{i+1}=Q_i$（下降沿触发）；减计数时，与上述连接规律相反。

在二进制异步计数器中，高位触发器的状态翻转必须在相邻低位触发器产生进位信号（加计数）或借位信号（减计数）之后才能实现，所以异步计数器的工作速度较低，不能用于高速数字系统中。这种类型的计数器又称为串行计数器。

2. 二进制同步计数器

同步计数器可以具有很高的计数速度。其特点是计数脉冲同时接至各位触发器的时钟脉冲输入端，当计数脉冲到来时，应该翻转的触发器是同时翻转的，没有各级延迟时间的累积。同步计数也称为并行计数器。

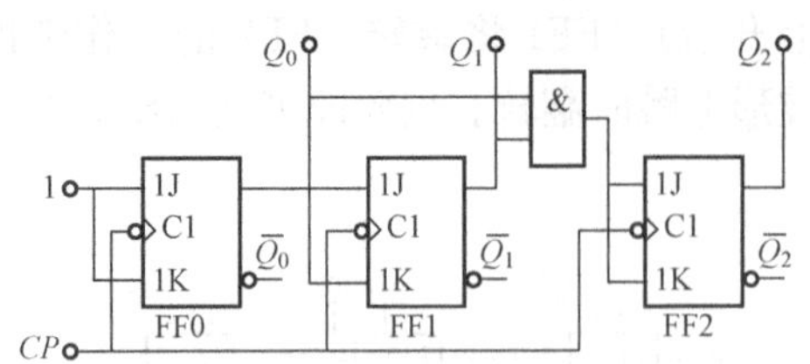

图 5 - 30　由 JK 触发器组成的 3 位二进制同步加法计数器

(1) 二进制同步加法计数器。图 5 - 30 所示为由 JK 触发器组成的 3 位二进制同步加法计数器。图中各触发器的时钟脉冲输入端接同一计数脉冲 CP，显然，这是一个同步时序逻辑电路。

各触发器的驱动方程分别为

$$J_0 = K_0 = 1$$
$$J_1 = K_1 = Q_0^n$$
$$J_2 = K_2 = Q_0^n Q_1^n$$

电路的状态方程为

$$Q_2^{n+1} = Q_1^n Q_0^n \overline{Q_2^n} + \overline{Q_1^n Q_0^n} Q_2^n = \overline{Q_2^n} Q_1^n Q_0^n + Q_2^n \overline{Q_1^n} + Q_2^n \overline{Q_0^n}$$
$$Q_1^{n+1} = \overline{Q_1^n} Q_0^n + Q_1^n \overline{Q_0^n}$$
$$Q_0^{n+1} = \overline{Q_0^n}$$

可计算出电路的状态表如表 5 - 4 所示。这是计数器状态表的一种简化形式，表中电路状态前一行是后一行的现态，后一行是前一行的次态。该表的计算方法是从初始状态开始，依次计算下一行的状态，逐行进行，直到出现前面已有的状态（构成计数循环）。如果还有剩余状态（无效状态），则从编号最小的无效状态再次算起，求其次态及其变化趋势，直至求出所有状态的次态。

从状态表可知，电路从 000 开始，每来一个在计数脉冲，电路状态按二进制加法加 1，加到 111 后再来一个计数脉冲则回零，说明这是个 3 位二进制加法计数器，或称为模 8 加法计数器。

实际上，仔细观察电路结构就可以发现，除最低位 FF0 是 T′触发器外，其他触发器接成了 T 触发器。所以每来一个计数脉冲 CP 的下降沿时，触发器 FF0 向相反的状态翻转一次。而其他位的触发器 FFi 仅在满足 $T_i = J_i = K_i = Q_{i-1}^n Q_{i-2}^n \cdots Q_0^n = 1$ 的条件下，才在 CP 下降沿到来时向相反的状态翻转。表 5 - 4 正反映了这一规律。

由表 5 - 4 不难得到图 5 - 30 所示电路的时序图和状态图，它们与图 5 - 24 和图 5 - 25 相同。

(2) 二进制同步减法计数器。二进制同步减法计数器的计数规律与加法计数器相反，每来一个计数脉冲，计数器的数值减 1，二进制同步减法计数器的状态表见表 5 - 5。

表 5 - 4　图 5 - 30 所示电路的状态表

输入 CP 数	电路状态 Q_2	Q_1	Q_0	对应十进制数
0	0	0	0	0
1	0	0	1	1
2	0	1	0	2
3	0	1	1	3
4	1	0	0	4
5	1	0	1	5
6	1	1	0	6
7	1	1	1	7
8	0	0	0	0

表 5 - 5　二进制同步减法计数器的状态表

输入 CP 数	电路状态 Q_2	Q_1	Q_0	对应十进制数
0	0	0	0	0
1	1	1	1	7
2	1	1	0	6
3	1	0	1	5
4	1	0	0	4
5	0	1	1	3
6	0	1	0	2
7	0	0	1	1
8	0	0	0	0

观察表 5-5，Q_0 每来一个 CP 下降沿都将翻转，所以 FF0 应接成 T′触发器；而 Q_1 只在 Q_0 现态为 0 时，才在 CP 触发沿作用下翻转；Q_2 只在 Q_1、Q_0 现态同时为 0 时才在 CP 触发沿作用下翻转。所以应将图 5-30 中除 FF0 之外的 T 触发器输入端改成 $J_1=K_1=\overline{Q_0^n}$，$J_2=K_2=\overline{Q_1^n Q_0^n}$，即可实现 3 位二进制同步减法计数器，逻辑图见图 5-31。读者可自行分析。

(3) 二进制同步可逆计数器。具有加法和减法计数两种功能的计数器称为可逆计数器。将前面介绍的 3 位二进制同步加法计数器和减法计数器合二为一，并增加一个加/减控制信号$\overline{U}/D$，便构成 3 位二进制同步可逆计数器，如图 5-32 所示。

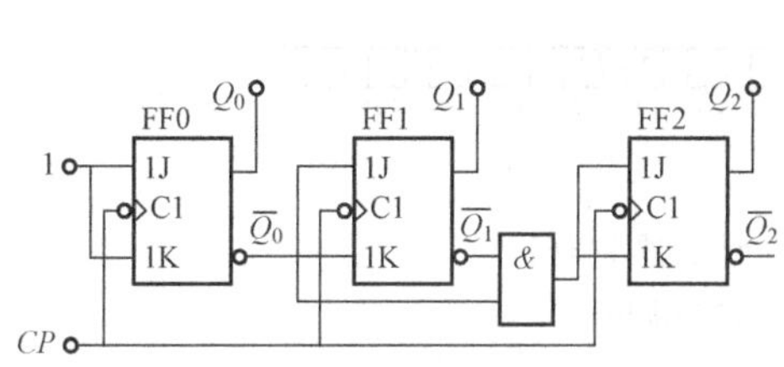

图 5-31 3 位二进制同步减法计数器

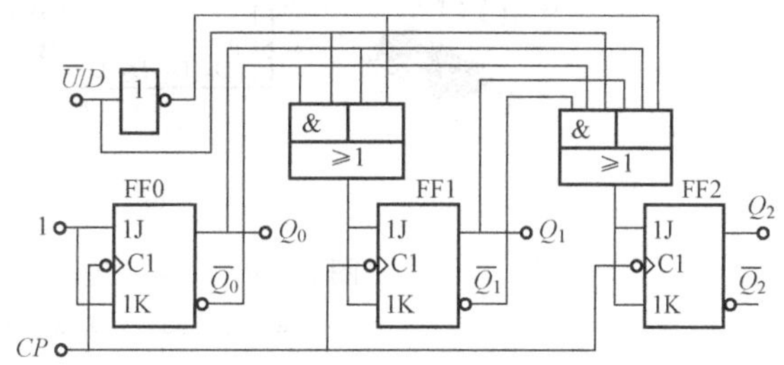

图 5-32 3 位二进制同步可逆计数器

由图可知，各触发器的驱动方程为

$$J_0 = K_0 = 1$$

$$J_1 = K_1 = \overline{\overline{U}/D}Q_0^n + \overline{U}/D\,\overline{Q_0^n}$$

$$J_2 = K_2 = \overline{\overline{U}/D}Q_1^n Q_0^n + \overline{U}/D\,\overline{Q_1^n}\;\overline{Q_0^n}$$

当加/减控制信号$\overline{U}/D=0$ 时，各触发器的 $J_1=K_1=Q_0^n$，$J_2=K_2=Q_1^n Q_0^n$，执行加法计数；当$\overline{U}/D=1$ 时，各触发器的 $J_1=K_1=\overline{Q_0^n}$，$J_2=K_2=\overline{Q_1^n}\;\overline{Q_0^n}$，执行减法计数，从而实现了可逆计数器的功能。

另外，还有一种双时钟可逆计数器，如图 5-33 所示电路。它有两个时钟脉冲输入端 CP_U 和 CP_D，分别为加计数和减计数脉冲输入端。当 CP_U 出现脉冲输入时（此时 CP_D 不能有脉冲输入，CP_U 和 CP_D 相互排斥），电路作加计数，反之作减计数。它实际上也是根据上述二进制同步加法、减法计数器 FF1 和 FF2 组成的 T 触发器的连接规律，用像上例中一样的与或门作为电子开关，以控制在加法、减法计数状态下触发器的时钟有效条件，第 i 位触发器的时钟方程为 $CP_i = CP_U Q_{i-1}^n Q_{i-2}^n \cdots Q_0^n + CP_D \overline{Q_{i-1}^n}\;\overline{Q_{i-2}^n}\cdots\overline{Q_0^n}$。作加法计数时 $CP_D=0$，当前几位的 Q 均为 1 时，第 i 位的触发器的时钟有效，Q_i 翻转。作减法计数时 $CP_U=0$，当前几位的 Q 均为 0 时，第 i 位的触发器的时钟有效，Q_i 翻转。

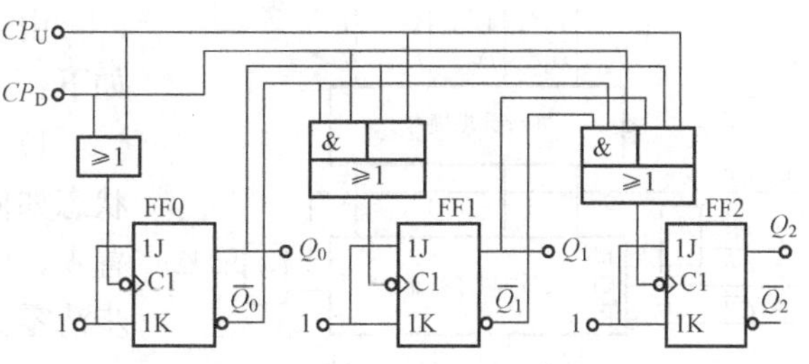

图 5-33 双时钟 3 位二进制同步可逆计数器

3. 集成二进制计数器

(1) 4 位二进制同步加法计数器 74161。图 5-34 所示为 4 位二进制同步加法计数器

74161 的外形图、逻辑符号和引脚图。该电路除了具有二进制加法计数功能外，还具有同步并行置数、异步清零、计数保持等功能。图中 $D_0 \sim D_3$ 是预置数据输入端；$\overline{LD}$是预置数控制端，低电平有效；$\overline{CR}$是异步清零端，低电平有效；EP 和 ET 是计数使能控制端；CP 是时钟脉冲输入端，上升沿触发；C_O 是进位输出端，用于组成更大计数容量的计数器时实现多片 161 级联。表 5 - 6 所示为 4 位二进制同步加法计数器 74161 的功能表。图 5 - 35 所示为其内部结构框图。

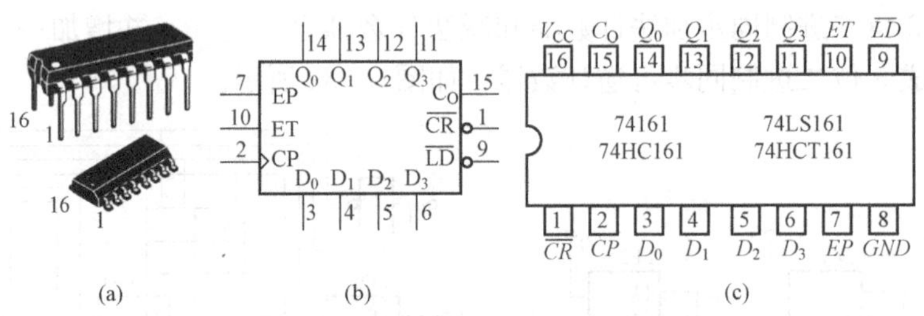

图 5 - 34　4 位二进制同步加法计数器 74161

(a) 外形图；(b) 逻辑符号；(c) 引脚图

表 5 - 6　4 位二进制同步加法计数器 74161 的功能表

输入									输出					备注
$\overline{CR}$	$\overline{LD}$	EP	ET	CP	D_3	D_2	D_1	D_0	Q_3	Q_2	Q_1	Q_0	C_O	
0	×	×	×	×	×	×	×	×	0	0	0	0	0	清零
1	0	×	×	↑	d_3	d_2	d_1	d_0	d_3	d_2	d_1	d_0		置数 $C_O=ETQ_3Q_2Q_1Q_0$
1	1	1	1	↑	×	×	×	×	计数					$C_O=Q_3Q_2Q_1Q_0$
1	1	0	×	×	×	×	×	×	保持					$C_O=ETQ_3Q_2Q_1Q_0$
1	1	×	0	×	×	×	×	×	保持				0	

注　CP 栏中↑表示上升沿。

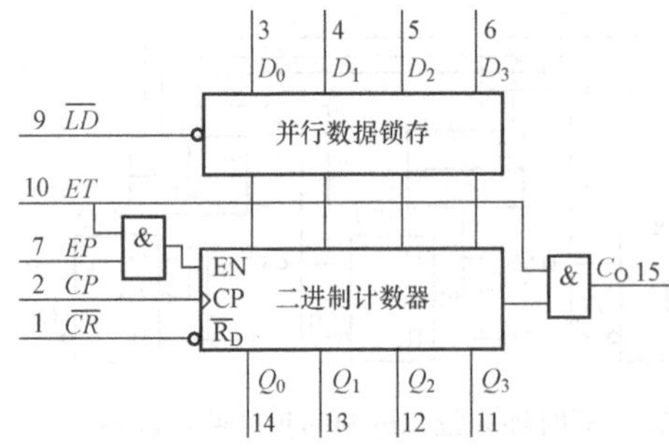

图 5 - 35　4 位二进制同步加法计数器 74161 内部结构框图

由表 5 - 6 可以清楚地看到电路的逻辑功能如下：

1）异步清零。若$\overline{CR}=0$，则不论其他输入端状态如何（包括 CP），4 个触发器输出将同时被置零，由于此清零过程与 CP 无关，所以称为异步清零。

2）同步并行置数。当$\overline{CR}=1$、$\overline{LD}=0$ 时，4 个预置输入端数据 $d_3d_2d_1d_0$ 进入 161，出现在内部触发器的输入端。当 CP 上升沿出现时，并行数据 $d_3d_2d_1d_0$ 同时置入计数器的输出端，即 $Q_3Q_2Q_1Q_0=d_3d_2d_1d_0$。由于此置数过程与 CP 上升沿同步，所以称为同步并行预置。

3）计数。当$\overline{CR}=\overline{LD}=EP=ET=1$ 时，则对计数脉冲 CP 实现 4 位二进制同步加法计数。即电路可从 0000 状态开始，连续输入 16 个计数脉冲后，将从 1111 返回到 0000 状态，同时进位输出端 C_O 将在 1111 状态变为高电平，在返回 0000 状态时跳变到低电平。所以可以利用 C_O 端输出的高电平或下降沿作为进位输出信号。

4）保持。若$\overline{CR}=\overline{LD}=1$，且$EP \cdot ET=0$时，则$CP$信号作用时计数器保持状态不变。此时进位输出信号$C_O$有两种情况，如$ET=1$，则$C_O=Q_3Q_2Q_1Q_0$；如$ET=0$，则$C_O=0$。

与74161逻辑功能、外形和尺寸、引脚排列顺序相同的还有74LS161、74HC161、74HCT161（高速CMOS集成电路）。

4位二进制同步加法计数器74163除了清零方式采用同步清零之外，其他逻辑功能、引脚名称与排列、外形等都与74161相同，其功能表见表5-7。

表5-7　　4位二进制同步加法计数器74163的功能表

输入									输出					备注
$\overline{CR}$	$\overline{LD}$	EP	ET	CP	D_3	D_2	D_1	D_0	Q_3	Q_2	Q_1	Q_0	C_O	
0	×	×	×	↑	×	×	×	×	0	0	0	0	0	清零
1	0	×	×	↑	d_3	d_2	d_1	d_0	d_3	d_2	d_1	d_0		置数$C_O=ETQ_3Q_2Q_1Q_0$
1	1	1	1	↑	×	×	×	×	计数					$C_O=Q_3Q_2Q_1Q_0$
1	1	0	×	×	×	×	×	×	保持					$C_O=ETQ_3Q_2Q_1Q_0$
1	1	×	0	×	×	×	×	×	保持				0	

注　CP栏中↑表示上升沿。

（2）可预置4位二进制同步可逆计数器74191。图5-36所示为可预置4位二进制同步可逆计数器74191的逻辑符号和引脚图。图中$\overline{LD}$是异步预置数控制端，低电平有效；$D_3 \sim D_0$是预置数据输入端；$\overline{EN}$是计数使能（控制）端，低电平有效；CP_I是时钟脉冲输入端，上升沿触发；$\overline{U}/D$是加/减控制端（Up/Down），为0时作加计数，为1时作减计数；C/B是进位/借位输出端；$\overline{CP_O}$是串行时钟输出端，低电平有效。表5-8所示为74191的功能表。

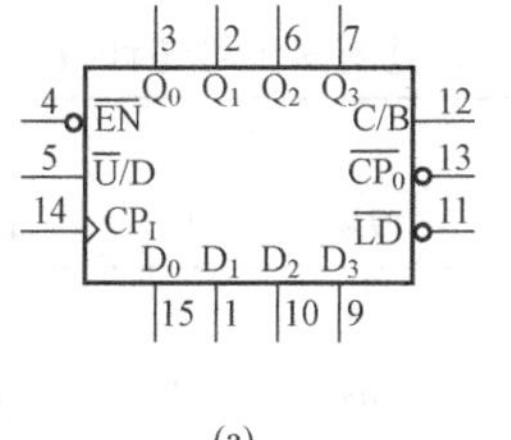

(a)

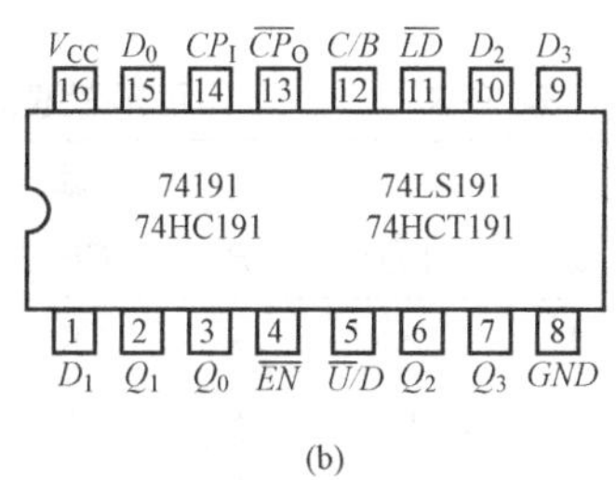

(b)

图5-36　可预置4位二进制同步可逆计数器74191
（a）逻辑符号；（b）引线排列图

表5-8　　计数器74191的功能表

输入								输出			
$\overline{LD}$	$\overline{EN}$	$\overline{U}/D$	CP_I	D_3	D_2	D_1	D_0	Q_3	Q_2	Q_1	Q_0
0	×	×	×	d_3	d_2	d_1	d_0	d_3	d_2	d_1	d_0
1	1	×	×	×	×	×	×	保持			
1	0	0	↑	×	×	×	×	加法计数			
1	0	1	↑	×	×	×	×	减法计数			

根据功能表对该电路逻辑功能说明如下：

1）异步置数。当$\overline{LD}=0$时，不管其他输入端（包括时钟输入CP_I）的状态如何，并行输入端的数据$d_3d_2d_1d_0$被直接置入计数器的输出端，即$Q_3Q_2Q_1Q_0=d_3d_2d_1d_0$。由于该操作不受时钟输入信号$CP_I$控制，所以称为异步置数。此计数器需清零时可用预置零的方法置零。

2）保持。当$\overline{LD}=1$且$\overline{EN}=1$时，则计数器停止工作，保持状态不变。

3）计数。当$\overline{LD}=1$且$\overline{EN}=0$时，在CP_I端输入计数脉冲，计数器进行二进制计数。当计数器作加法计数（$\overline{U}/D=0$），且$Q_3Q_2Q_1Q_0=1111$时，$C/B=1$，有进位输出；当计数器作减法计数（$\overline{U}/D=1$），且$Q_3Q_2Q_1Q_0=0000$时，$C/B=1$，有借位输出。$\overline{CP_O}$是串行时钟输出端，当$C/B=1$时，在下一个CP_I上升沿到达前$\overline{CP_O}$有一个负脉冲输出。

74LS191、74HC191、74HCT191的逻辑功能及引脚图与74191完全相同。

（3）可预置双时钟4位二进制同步可逆计数器74193。图5-37所示为可预置双时钟4位二进制同步可逆计数器74193的逻辑符号和引脚图。图中CR是异步清零端，高电平有效；$\overline{LD}$是异步预置数控制端，低电平有效；D_3～D_0是预置数据输入端；CP_U、CP_D是时钟脉冲输入端，上升沿触发；$\overline{C_O}$、$\overline{B_O}$分别为进位、借位输出端，皆为低电平有效。表5-9所示为74193的功能表。

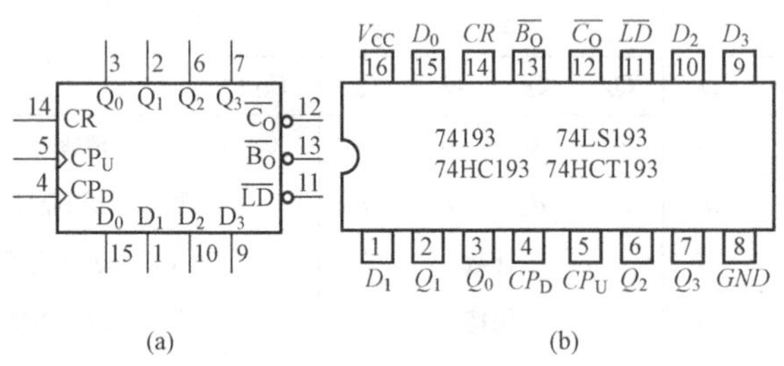

图5-37 可预置双时钟4位二进制同步可逆计数器74193

（a）逻辑符号；（b）引线排列图

表5-9 可预置双时钟4位二进制同步可逆计数器74193的功能表

输入								输出			
CR	$\overline{LD}$	CP_U	CP_D	D_3	D_2	D_1	D_0	Q_3	Q_2	Q_1	Q_0
1	×	×	×	×	×	×	×	0	0	0	0
0	0	×	×	d_3	d_2	d_1	d_0	d_3	d_2	d_1	d_0
0	1	↑	1	×	×	×	×	加法计数			
0	1	1	↑	×	×	×	×	减法计数			

由功能表5-9可知，74193具有异步清零和异步预置数功能。当清零信号$CR=1$时，不论$\overline{LD}$和时钟脉冲的状态如何，计数器的输出将被置零。当$CR=0$、$\overline{LD}=0$时，不论时钟脉冲的状态如何，将立即把预置数据输入端D_3～D_0的状态置入计数器的输出端Q_1～Q_4，即$Q_3Q_2Q_1Q_0=d_3d_2d_1d_0$。

74193有两个时钟脉冲（计数脉冲）输入端CP_U和CP_D。在清零、置数信号均无效，即$CR=0$、$\overline{LD}=1$的条件下，计数脉冲从CP_U输入时作加法计数，此时必须令$CP_D=1$，计数脉冲从CP_D输入时作减法计数，此时必须令$CP_U=1$。即CP_U和CP_D信号相互排斥，不能同时出现。

74LS193、74HC193、74HCT193及CD40193的逻辑功能及引脚图与74193完全相同。

（4）4位二进制异步计数器74293。图5-38所示为4位二进制异步计数器74293的逻辑符号和引线排列图，图5-39所示为它的内部逻辑电路图。该电路内部4个触发器组成2个计数器。由FF0触发器组成1位二进制计数器，CP_0是FF0的时钟脉冲，由FF1～FF3组成八进制计数器，CP_1是FF1的时钟输入端。而所有触发器的异步清零端经与非门受CR_0和CR_1的控制，其功能表见表5-10。结合其功能表和内部电路可知电路功能如下：

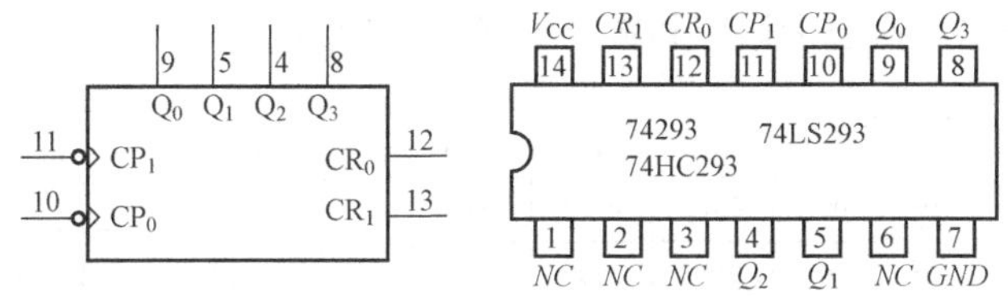

图 5-38　4 位二进制异步计数器 74293 的逻辑符号和引线排列图

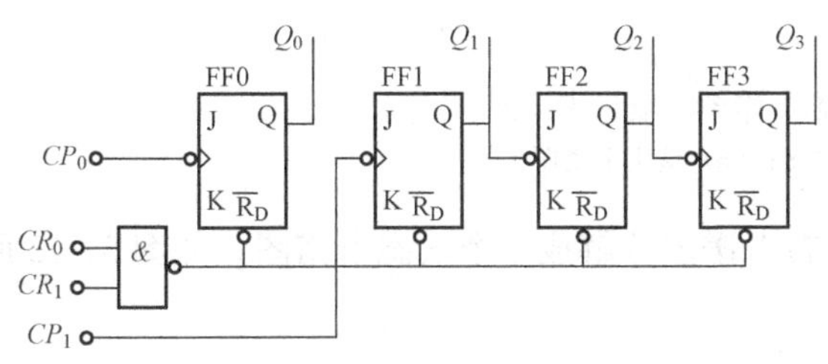

图 5-39　4 位二进制异步计数器 74293 的内部逻辑电路图

表 5-10　4 位二进制异步计数器 74293 的功能表

输入		输出			
CR_0	CR_1	Q_3	Q_2	Q_1	Q_0
1	1	0	0	0	0
1	0	计数			
0	1	计数			
0	0	计数			

1）清零功能。当 CR_0 和 CR_1 同时为 1 时，计数器直接清零。

2）计数。电路可以实现 1 位二进制计数、1 位八进制计数和十六进制计数。当将计数脉冲分别接到 CP_0 和 CP_1 时，可实现前两项功能，将 CP_1 接 Q_0，计数脉冲接 CP_0，可实现十六进制加计数，此时电路就是一个 4 位二进制异步加法计数器。由于上述原因，4 位二进制异步计数器 74293 又可称作二—八—十六进制计数器。

74LS293、74HC293 的逻辑功能和引线排列与 74293 相同，7493、74LS93、74HC93 与 74293 逻辑功能相同，仅引线排列不同。与 74293 同属二—八—十六进制计数器的还有 74177、74197、74LS197。而二进制异步计数器还有 74393、74LS393（双 4 位二进制加法计数器）、CD4024、CD4040、CD4060（CMOS7 位、12 位、14 位二进制计数器/分频器）等芯片。

二、十进制计数器

十进制计数器最小单元是 1 位十进制计数器，集成十进制计数器也是如此。下面按同步、异步计数器的顺序介绍。

1. 十进制同步计数器

（1）十进制同步加法计数器。十进制同步加法计数器的有效状态有 10 个，且常用 8421 码对有效状态编码。在输入脉冲 CP 的作用下，电路状态按照 8421 码递增计数，输出 C 是向高位输出的进位信号。所以电路的状态图如图 5-40 所示。

排列顺序 $Q_3Q_2Q_1Q_0$ /C
0000 →/0 0001 →/0 0010 →/0 0011 →/0 0100 ↓/0 0101 →/0 0110 →/0 0111 →/0 1000 →/0 1001 →/1 0000

图 5-40　十进制加法计数器状态图

至于触发器的种类，因 JK 触发器功能全面，使用灵活，故可选 4 个 JK 触发器组成电路。而时钟方程自然是 $CP_0=CP_1=CP_2=CP_3=CP$。

根据状态图填写电路次态卡诺图和输出卡诺图，如图 5-41 所示。

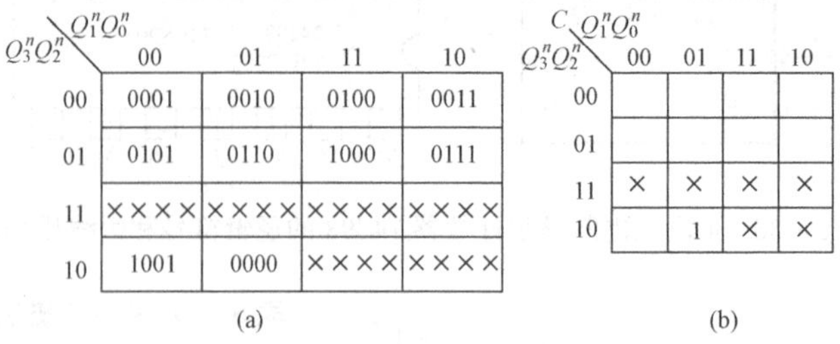

图 5-41 电路次态卡诺图和输出卡诺图

(a) 电路次态卡诺图；(b) 输出卡诺图

由输出卡诺图可得 $C=Q_3^nQ_0^n$，将电路次态卡诺图分解成 4 个次态卡诺图，如图 5-42 所示。

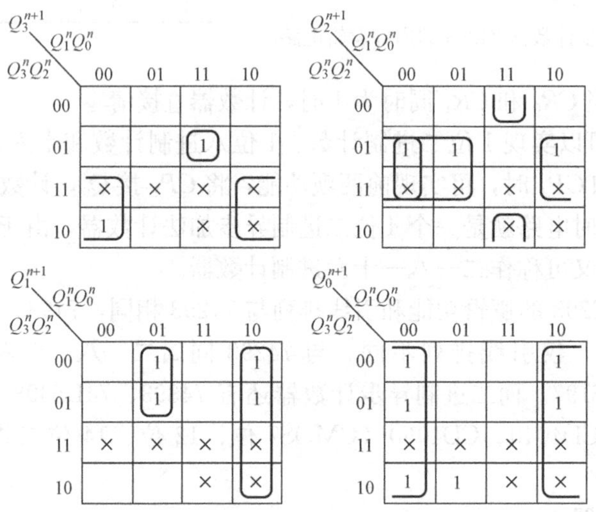

图 5-42 各 JK 触发器的次态卡诺图

由图 5-42 可写出电路的状态方程为

$$Q_3^{n+1}=Q_2^nQ_1^nQ_0^n\overline{Q_3^n}+\overline{Q_0^n}Q_3^n$$

$$Q_2^{n+1}=Q_1^nQ_0^n\overline{Q_2^n}+\overline{Q_1^n}Q_2^n+\overline{Q_0^n}Q_2^n=Q_1^nQ_0^n\overline{Q_2^n}+\overline{Q_1^nQ_0^n}Q_2^n$$

$$Q_1^{n+1}=\overline{Q_3^n}Q_0^n\overline{Q_1^n}+\overline{Q_0^n}Q_1^n$$

$$Q_0^{n+1}=\overline{Q_0^n}$$

将状态方程与第 i 位（$i=0$，1，2，3）JK 触发器的特性方程 $Q_i^{n+1}=J_i\overline{Q_j^n}+\overline{K_i}Q_i^n$ 比对，可得各触发器的驱动方程为

$$J_3=Q_2Q_1Q_0 \qquad K_3=Q_0$$

$$J_2=Q_1Q_0 \qquad K=Q_1Q_0$$

$$J_1=\overline{Q_3}Q_0 \qquad K_1=Q_0$$

$$J_0=1 \qquad K_0=1$$

根据输出方程、时钟方程、驱动方程画逻辑图，如图 5-43 所示。

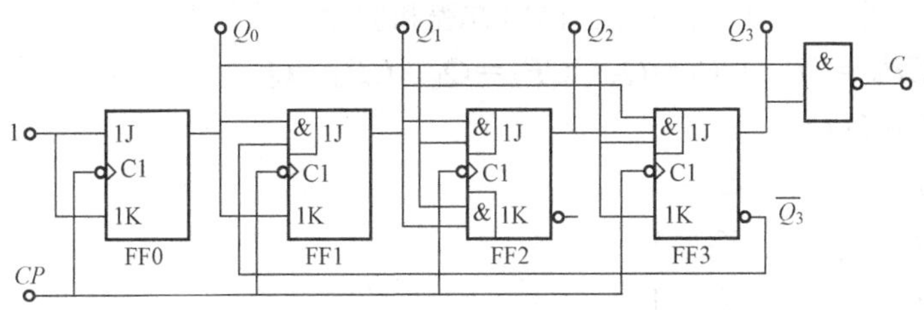

图 5-43 十进制同步加法计数器逻辑图

检查能否自启动，将无效状态 1010～1111 代入状态方程，观察无效状态的变化趋势，得到的结果为

$$1010 \xrightarrow{/0} 1011 \xrightarrow{/1} 0100$$

$$1100 \xrightarrow{/0} 1011 \xrightarrow{/1} 0100$$

$$1110 \xrightarrow{/0} 1111 \xrightarrow{/1} 0000$$

说明在 CP 脉冲作用下，所有无效状态均指向有效状态，电路可以自启动。画出电路完整状态图如图 5-44 所示。

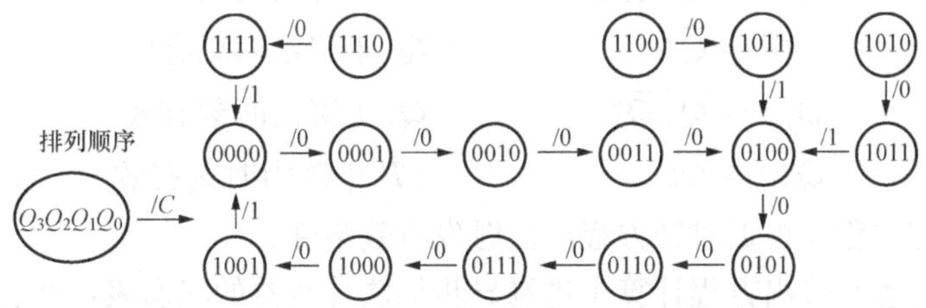

图 5-44 十进制同步加法计数器的状态图

(2) 十进制同步减法计数器。电路如图 5-45 所示，十进制同步减法计数脉冲加在 CP 端，B 是借位输出。随着 CP 脉冲的输入，电路状态按 8421 码递减，当状态为 0000 时，借位输出 $B=1$，CP 下降沿到达后，电路状态变为 1111，同时 B 端出现下降沿，向高位计数器发出借位信号。电路详细的工作原理读者可自行分析，这里不再赘述。

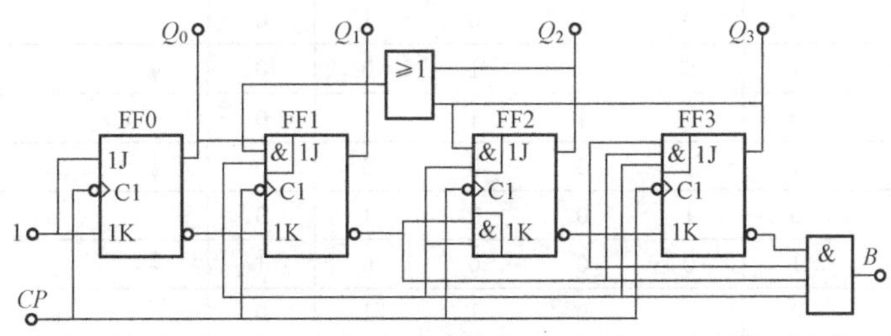

图 5-45 十进制同步减法计数器逻辑图

2. 十进制异步计数器

十进制异步计数器同样有加法、减法计数之分，下面以十进制异步加法计数器为例介绍，电路如图 5-46 所示，逻辑功能分析如下。

(1) 根据逻辑图，写出时钟方程、输出方程和驱动方程如下。

时钟方程 $CP_0=CP \quad CP_1=Q_0 \quad CP_2=Q_1 \quad CP_3=Q_0$

输出方程 $C=Q_3Q_0$

驱动方程
$$\begin{cases} J_0=1 & K_0=1 \\ J_1=\overline{Q_3} & K_1=1 \\ J_2=1 & K_2=1 \\ J_3=Q_2Q_1 & K_3=1 \end{cases}$$

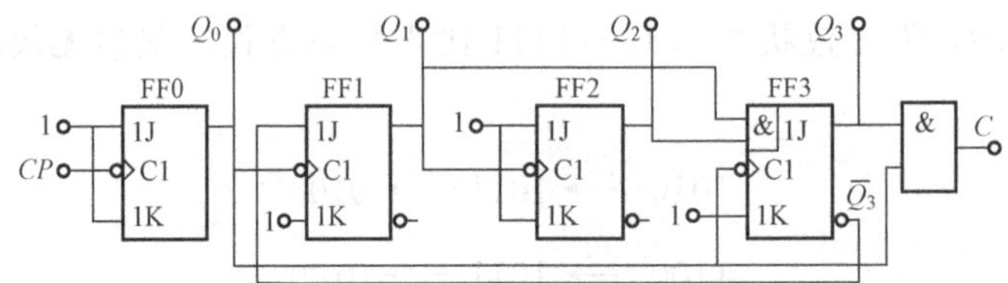

图 5-46 十进制异步加法计数器逻辑图

(2) 将驱动方程代入 JK 触发器的特性方程，求电路的状态方程如下。

$$Q_3^{n+1}=Q_2^nQ_1^n\overline{Q_3^n} \qquad Q_0\ \text{下降沿时刻有效}$$

$$Q_2^{n+1}=\overline{Q_2^n} \qquad Q_1\ \text{下降沿时刻有效}$$

$$Q_1^{n+1}=\overline{Q_3^n}\ \overline{Q_1^n} \qquad Q_0\ \text{下降沿时刻有效}$$

$$Q_0^{n+1}=\overline{Q_0^n} \qquad CP\ \text{下降沿时刻有效}$$

注意，各状态方程要根据时钟方程标注触发有效条件。

(3) 由状态方程和输出方程计算十进制异步加法计数器的状态表，如表 5-11 所示。

表 5-11 **十进制异步加法计数器状态表**

现态				次态和进位					有效条件			
Q_3^n	Q_2^n	Q_1^n	Q_0^n	Q_3^{n+1}	Q_2^{n+1}	Q_1^{n+1}	Q_0^{n+1}	C	CP_3	CP_2	CP_1	CP_0
0	0	0	0	0	0	0	1	0				↓
0	0	0	1	0	0	1	0	0	↓		↓	↓
0	0	1	0	0	0	1	1	0				↓
0	0	1	1	0	1	0	0	0	↓	↓	↓	↓
0	1	0	0	0	1	0	1	0				↓
0	1	0	1	0	1	1	0	0	↓		↓	↓
0	1	1	0	0	1	1	1	0				↓
0	1	1	1	1	0	0	0	0	↓	↓	↓	↓
1	0	0	0	1	0	0	1	0				↓
1	0	0	1	0	0	0	0	1	↓		↓	↓
1	0	1	0	1	0	1	1	0				↓
1	0	1	1	0	1	0	0	1	↓	↓	↓	↓
1	1	0	0	1	1	0	1	0				↓
1	1	0	1	0	1	0	0	1	↓		↓	↓
1	1	1	0	1	1	1	1	0				↓
1	1	1	1	0	0	0	0	1	↓	↓	↓	↓

此处应注意以下方面：

1）计算状态表时要注意每一个方程有效的时钟条件，有触发沿出现的按状态方程计算次态，不具备者相应触发器将保持原来状态不变。

2）输出信号 C 是现态和输入信号（假如有输入信号的话）的函数，不是次态的函数。

（4）画出状态图（见图 5 - 47）。

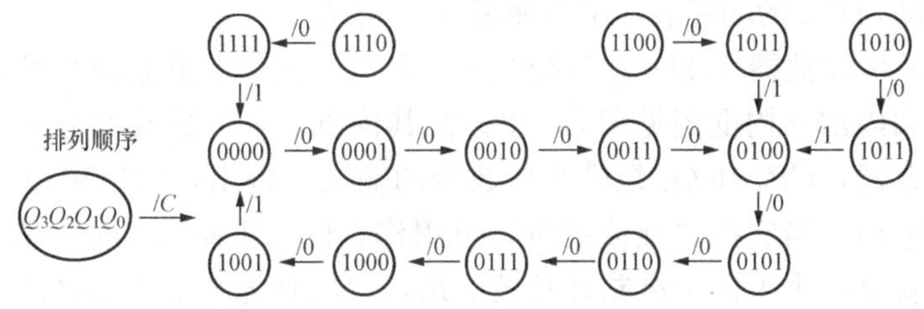

图 5 - 47　十进制异步加法计数器的状态图

状态图中有效循环按 8421 码递增计数，当第 10 个计数脉冲输入后，电路状态回到起始状态 0000，同时进位输出一下降沿作为向高位的进位信号。6 个无效状态均可回到有效循环，电路可以自启动。

3. 集成十进制计数器

集成十进制计数器的品种很多，常见的集成十进制计数器以加法计数和可逆计数居多，其编码方式均为 8421 码。这里简单介绍几个比较典型的芯片。

（1）集成十进制同步加法计数器 74160、74162。74160、74162 的外形、引线排列、逻辑符号等都与 74161、74163 相同，见图 5 - 34。区别仅为 74160 和 74162 是十进制加法计数，74161 和 74163 是 4 位二进制（十六进制）加法计数。74160 和 74161 都是异步清零、同步置数的，而 74162 和 74163 是同步清零、同步置数的。十进制同步加法计数器 74160 的功能表见表 5 - 12。

表 5 - 12　　十进制同步加法计数器 74160 的功能表

输入									输出					备注
$\overline{CR}$	$\overline{LD}$	EP	ET	CP	D_3	D_2	D_1	D_0	Q_3	Q_2	Q_1	Q_0	C_O	
0	×	×	×	×	×	×	×	×	0	0	0	0	0	清零
1	0	×	×	↑	d_3	d_2	d_1	d_0	d_3	d_2	d_1	d_0		置数 $C_O=ETQ_3Q_0$
1	1	1	1	↑	×	×	×	×	计数					$C_O=Q_3Q_0$
1	1	0	×	×	×	×	×	×	保持					$C_O=ETQ_3Q_0$
1	1	×	0	×	×	×	×	×	保持				0	

由功能表可知，十进制同步加法计数器 74160 具有以下功能：

1）异步清零功能，当$\overline{CR}=0$ 时，电路被直接置零，与 CP 状态无关。

2）同步置数功能，在清零信号消失，$\overline{LD}$信号有效的条件下，在 CP 上升沿作用下，并行数据输入端的信号 $d_3d_2d_1d_0$ 被置入 Q 端，随后在 CP 作用下，电路将在预置数据的基础上递增计数。

3）保存数据功能，当 EP 或 ET 变为 0 时，电路保持此前状态不再变化。

(2) 可预置十进制同步可逆计数器 74190、74192。74190 的引线排列、逻辑符号与 74191 相同，见图 5-36。它们都是异步置数、采用加减控制方式的同步可逆计数器，两者在逻辑功能上的区别是 74190 是十进制计数，74191 是 4 位二进制计数。类似地，74192 的引线排列、逻辑符号与 74193 相同，见图 5-37。它们都是异步清零、异步置数的双 CP 同步可逆计数器，两者的区别是 74192 是十进制计数，74193 是 4 位二进制计数。所以，这里不再列出 74190 和 74192 的功能表，可参照表 5-8 和表 5-9。

(3) 十进制异步计数器 74290。74290 是一个二—五—十进制异步计数器，其逻辑符号、引线排列图和内部结构框图见图 5-48。在其内部，4 个触发器分成两部分，分别组成模 2 和模 5 计数器，CP_0 和 Q_0 是模 2 计数器的输入、输出，CP_1 和 Q_1、Q_2、Q_3 是模 5 计数器的输入、输出，当它们单独使用时，可用作 1 位二进制和 1 位五进制计数器。当它们级联使用时，就是一个 1 位十进制计数器。R_{0A}、R_{0B}是异步清零端，S_{9A}、S_{9B}是置 9 端。在电路内部，R_{0A}、R_{0B}是清零控制与门的输入端，S_{9A}、S_{9B}是置 9 控制与门的输入端，其功能表见表 5-13。

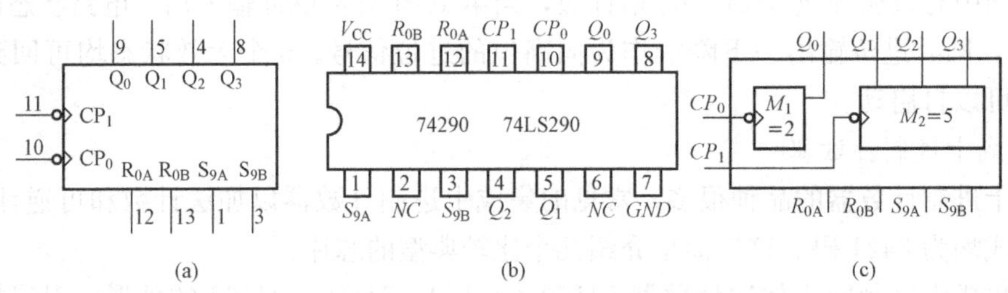

图 5-48 74290、74LS290

(a) 逻辑符号；(b) 引线排列图；(c) 结构框图

表 5-13 74290 的功能表

输入					输出				备注
R_{0A}	R_{0B}	S_{9A}	S_{9B}	CP	Q_3	Q_2	Q_1	Q_0	
1	1	0	×	×	0	0	0	0	清零
1	1	×	0	×	0	0	0	0	清零
×	×	1	1	×	1	0	0	1	置 9
0	×	0	×	↓	计数				$CP_0=CP$ $CP_1=Q_0$
×	0	×	0	↓					
0	×	×	0	↓					
×	0	0	×	↓					

由其功能表可知电路有如下功能：

1) 异步清零，在 $S_{9A}\cdot S_{9B}=0$ 的条件下，当 R_{0A}和 R_{0B}同时为 1 时，电路被复位，回到 0000。注意清零条件是 R_{0A}和 R_{0B}同时为 1。

2) 异步置 9，当 S_{9A}和 S_{9B}同时为 1 时，电路被预置成 1001。对比这两种功能，可以发现置 9 功能优先于清零功能。

3) 按 8421 码递增计数，当按照 $CP_0=CP$、$CP_1=Q_0$ 连接后，电路在 CP 作用下，按

0000→0001→0010→…1001→0000 的规律循环。

与 74290 同属二—五—十进制计数器的还有 7490、74LS90、74196、74S196、74LS196、74LS290。其中 74196、74S196 和 74LS196 还有预置数功能。

(4) CMOS 双十进制同步计数器 CD4518。CD4518 与 CD4520 的引线名称、排列顺序、逻辑符号均相同，见图 5-49。在一个芯片内部有两个相同的计数器单元。两者的区别是 CD4518 是十进制计数，CD4520 是 4 位二进制计数。表 5-14 所示为这两个芯片的功能表。由其功能表可知，*CR* 是异步清零端，高电平有效。该电路的 *CP* 和 *EN* 端可以功能互换，即可以从 *CP* 端输入计数脉冲，*CP* 上升沿有效，此时 *EN* 端必须接高电平；还可以从 *EN* 端输入计数脉冲，*EN* 下降沿有效，此时 *CP* 端必须接低电平。而当 *EN*=0 或 *CP*=1 时，都将使计数器停止计数，保持此前数据不变。形成此特点的原因可参考图 5-50。

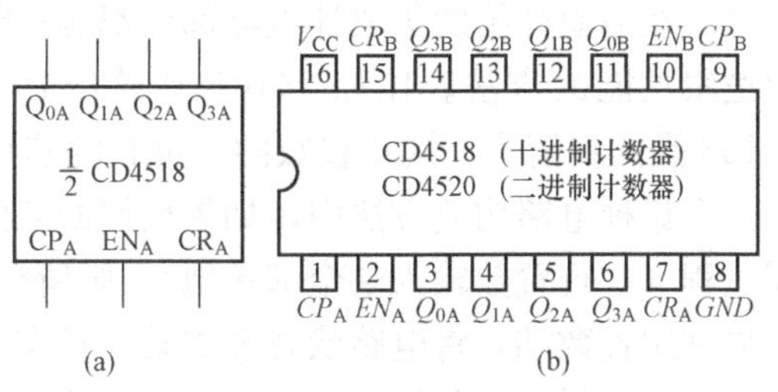

图 5-49 CD4518、CD4520
(a) 逻辑符号；(b) 引线排列图

表 5-14 CD4518、CD4520 功能表

输入			输出				备注
CR	*EN*	*CP*	Q_3	Q_2	Q_1	Q_0	
1	×	×	0	0	0	0	清零
0	1	↑	加法计数				上升沿有效
0	↓	0	加法计数				下降沿有效
0	0	×	保持				
0	×	1	保持				

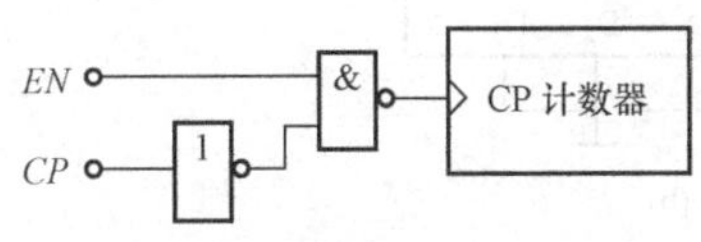

图 5-50 CD4518 *CP*、*EN* 的内部电路

三、N 进制计数器

一般来说，除了二进制和十进制以外的计数器成为 *N* 进制计数器，这种计数器可以用触发器和逻辑门根据本章前面介绍的时序逻辑电路设计方法实现，也可以利用现成的集成计数器来实现。集成计数器的逻辑功能是固定的，其内部电路结构、状态编码、计数规律、控制信号（诸如清零复位、置数等）均已固化在芯片中，当处于计数状态时，芯片会沿着它自己的状态图运行。可以设想，当芯片运行到某一状态时，利用逻辑门产生一合适的电平信号，并反馈送至清零或置数端，强迫芯片跳过一些状态，便可构成 *N* 进制计数器。

集成计数器的清零、置数输入端有同步、异步操作之分，当属于同步方式时，只有 *CP* 触发沿到达时，清零或置数信号才能完成操作。所以对于采用同步方式的计数器，利用逻辑门反馈回来的清零或置数信号会在下一个时钟触发沿到达时才起作用，用来产生清零或置数信号的计数器状态会停留一个完整的 *CP* 周期。这也是计数器的有效状态，在选择有效状态时要考虑这一因素。对于采用异步方式的计数器，反馈回来的清零或置数信号会立即起作用，将计数器的状态复位或置成某一状态，此操作动作与 *CP* 无关。随着计数器这一动作，用来产生清零或置数信号的计数器状态亦将消失。所以在采用异步清零和异步置数方式组成的 N 进制计数器中，产生清零或置数信号的状态是一个极短暂的过渡状态，不是电路的有效状态。

集成计数器有无清零或置数功能，是同步方式还是异步方式，从芯片的功能表就可以看出来。在前面介绍的集成计数器部分都有功能表的说明，希望读者能够掌握从芯片功能表了解逻辑功能的方法。比如 74161 是异步清零（复位）、4 位二进制同步置数加法计数器，74163 是同步清零、同步置数的，也有的芯片像 74293 有两个相与的异步清零端等。

在这种电路构造方法中，如果反馈回来的信号接清零端，或虽接置数端，但完成的是置零过程（并行置数输入端全部接地），则所得到的是按自然态序进行计数的 N 进制计数器。如果利用置数端，将电路状态置成某一状态 S_i，同样可以获得 N 进制计数器，只不过此时计数器计数循环的起始状态是 S_i。下面介绍利用反馈归零法实现 N 进制计数器的方法。

1. 清零或置数端为同步方式

74LS163 的清零是同步方式，计数范围从 0000～1111。当欲用其实现十一进制计数时，应该在状态为 1010 时产生清零信号，即此时反馈清零逻辑为$\overline{CR}=\overline{Q_3Q_1}$，电路见图 5-51 (a)。当电路状态变为 1010 时，芯片$\overline{CR}$端出现低电平，在此之前$\overline{CR}$端是不会变为 0 的。当第 11 个 CP 脉冲触发沿出现时，电路被复位。再来 CP，电路将从 0000 重新计数。如果利用同步置数端，将电路置零，则和使用清零端复位效果相同。图 5-51（b）所示为利用同步置数端构成的十一进制计数器，其反馈置零逻辑是$\overline{LD}=\overline{Q_3Q_1}$。74LS161 的置数端也是同步方式的，所以当使用 74LS161 的置数控制端来组成十一进制计数器时，接法与 74LS163 是一样的。

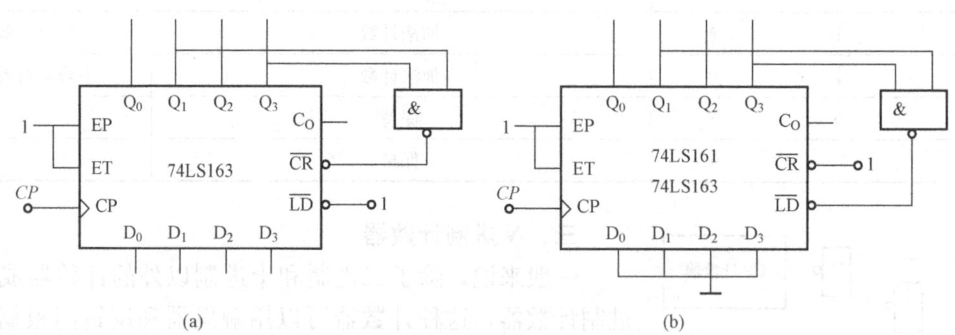

图 5-51 用 74LS163 构成的十一进制计数器

（a）使用同步清零端；（b）使用同步置数端置零

由此可见，当利用同步清零、同步置数方式构成 N 进制计数器时，其方法如下：

（1）写出状态 S_{N-1} 的二进制代码。

（2）用其中状态为 1 的 Q 信号，组成归零逻辑乘积项。若清零端、置数端为低电平有效，就使用与非门组成归零电路，若是高电平有效，则用与门组成归零电路。

（3）画连线图，注意不使用的控制端要适当处理，不能悬空。例如，用 74LS163 实现十进制计数器时，$S_{N-1}=1001$，所以使用清零端时的反馈逻辑就是$\overline{CR}=\overline{Q_3Q_0}$。电路如图 5-52 所示。置数端不使用，将其接高电平。

2. 清零或置数端为异步方式

当芯片清零端或置数控制端为异步方式时，则控制有效信号一旦出现，电路将立即执行清零或置数操作。所以，这种情况下构成 N 进制计数器，需要将同步操作方式构成 N 进制计数器的方法中的第一条改为写出状态 S_N 的二进制代码，其余两条不变。

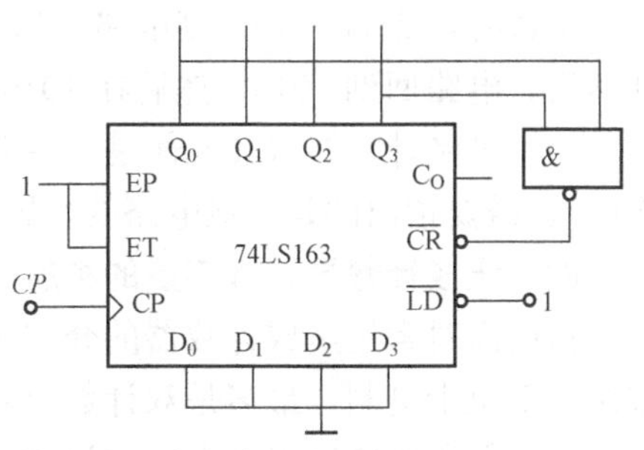

图 5-52 用 74LS163 实现十进制计数器

例如 74LS290 是一个二—五—十进制计数器，具有两个相与的异步清零端和两个相与的异步置 9 端，现用其实现六进制计数。首先将其连成十进制计数器，即 $CP_1=Q_0$，$CP_0=CP$，则电路状态按 8421 码运行。因 $N=6$，对应的 $S_6=Q_3Q_2Q_1Q_0=0110$。所以清零反馈逻辑是 $CR=R_{0A}\cdot R_{0B}=Q_2Q_1$，只需将 Q_2、Q_1 与 R_{0A}、R_{0B} 相连就行。电路如图 5-53 所示。

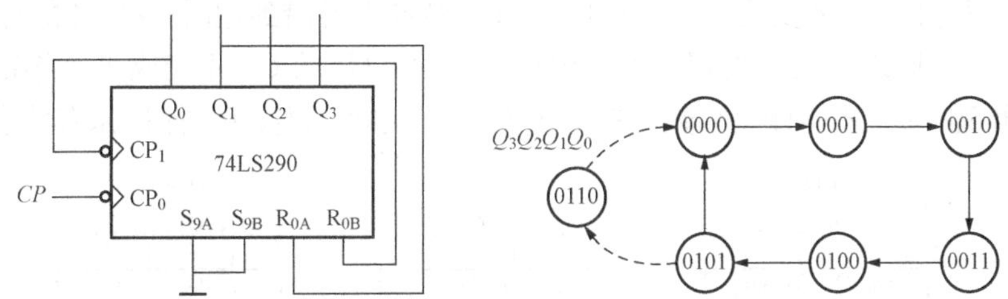

图 5-53 用 74290 实现六进制计数器及状态图

六进制计数器有 6 个有效状态，当电路按状态图运行到 0101 时，应该在下一个 CP 下降沿到达时直接回到 0000，但实际上电路并非立即归零，而是先进入 0110 状态。利用 Q_2Q_1 首次同时为 1 的特点产生清零信号，而电路一旦归零，清零信号也就消失。所以这种方法存在着一个短暂的过渡状态 S_6，它是清零信号的产生来源，却又会随着电路复位而消失。其持续时间相当于一个触发器的平均传输延迟时间，大约几十纳秒。与正常的有效状态相比，这个过渡状态持续时间极短暂，在多数情况下可以忽略不计，所以电路仍是六进制的。

由于异步清零的这种特点，还可能带来了一个问题，即清零不可靠。由于各触发器清零速度各异，清零速度慢的触发器还来不及将清零操作进行到底，清零信号已然消失，使得清零失败。如果出现这种现象，可以利用一个 RS 触发器，将清零信号保存半个时钟周期，以保证可靠清零。具体电路可查阅相关参考资料，这里不再赘述。

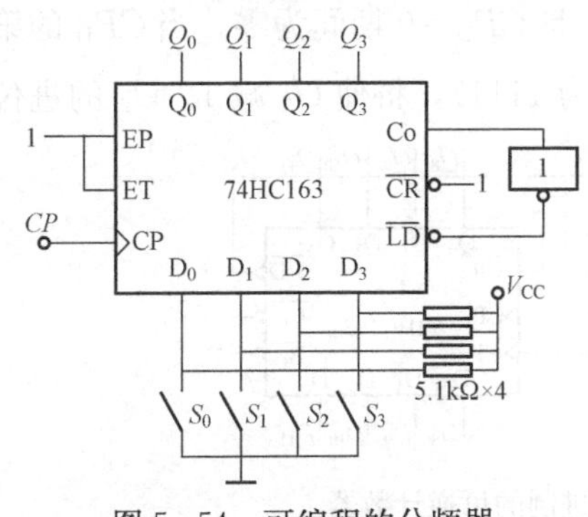

图 5-54 可编程的分频器

图 5-54 所示为利用反馈置数法组成的一个实用电路，它利用了预置数功能可以实现2～16 之间的任意分频或 2～16 之间的任意进制计数。S_3～S_0 是数据预置开关，S_i 开关闭合时，D_i 输入低电平，S_i 断开时，D_i 输入高电平。当 $D_3D_2D_1D_0=1110$ 时，电路状态 $Q_3Q_2Q_1Q_0$ 在 1110 和 1111 之间转换，Q_3 或 C_O 波形频率是 CP 的 1/2，当 $D_3D_2D_1D_0=0000$ 时，电路状态 $Q_3Q_2Q_1Q_0$ 在 0000 到 1111 之间循环，C_O 波形频率是 CP 的 1/16。而当 $D_3D_2D_1D_0$ 为 0000 和 1110 之间的

某一个数时，比如 1010，则电路每当计到 1111 时，C_O 都将输出高电平，下一个 CP 上升沿到达后，电路回到 1010，然后在 1010 的基础上递增计数。此时一个计数循环有 6 个状态，是一个六进制计数器（其规律是 $N=16-P_N$，P_N 是预置数），也是一个六分频电路（从 C_O 输出）。需要指出的是，该电路的预置数不能是 1111，该电路的首次循环是 16 个状态。

四、集成计数器计数容量的扩展

从前面对常用集成计数器的介绍可知，单片集成计数器的计数容量都不大，常为 4 位二进制或 1 位十进制，最多是双计数单元。而现实中常有较大计数容量的需要，这就需要用多片集成计数器级联以得到更大的计数容量。集成计数器一般都具有级联用的输入、输出端，只要正确地把它们连接起来，就可以得到较大的计数容量。

图 5 - 55 所示为用 3 片十进制计数器 74160 组成的 3 位十进制加法计数器（采用 8421 码的一千计数器）。计数脉冲 CP 虽然同时加到 U_1、U_2、U_3 的 CP 输入端，但只有 U_1 状态变成 1001 时，U_1 的 C_O 才变成 1，当第 10 个计数脉冲上升沿到达时，U_2 才能计 1 个数，同时 U_1 回到 0000。同理，只有当 U_2 状态变到 1001 时，U_2 的 C_O 才变成 1，当第 100 个计数脉冲上升沿出现时 U_3 才能计一个数。在低位 $C_O=0$ 期间，U_2、U_3 保持原有状态不变。

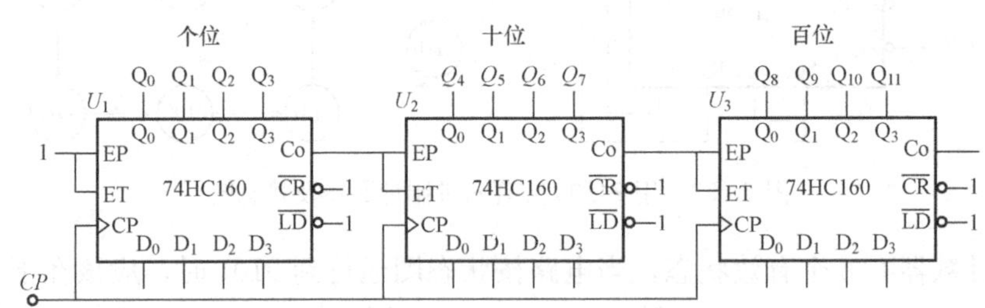

图 5 - 55 用 74160 组成的 3 位十进制加法计数器

如果将 74160 换成 74161，则电路就是一个计数容量为 4096 的 12 位二进制加法计数器。此外，还可以将 3 片 74160 的清零端利用起来，实现整个电路的清零功能，利用置数端 LD 实现预置数功能。

图 5 - 56 所示为用 3 片 74193 组成的双时钟 12 位二进制的可逆计数器，计数容量为 4096。74193 的进位输出 $\overline{C_O}=\overline{Q_3Q_2Q_1Q_0\,\overline{CP_U}}$，借位输出 $\overline{B_O}=\overline{\overline{Q_3}\,\overline{Q_2}\,\overline{Q_1}\,\overline{Q_0}\,\overline{CP_D}}$。对于 U_1 来说，在作加法计数时，当输出状态变为 1111，且 CP_U 为低电平期间，$\overline{C_O}=0$。在第 16 个脉冲上升沿到达时，$\overline{C_O}$ 由 0 变为 1（同时 $Q_3Q_2Q_1Q_0$ 回到 0000），此上升沿将使 U_2 加 1（在此过程中 $\overline{B_O}=1$）。作减法计数时，$\overline{B_O}$ 仅在输出状态为 0000 且 $CP_D=0$ 期间为零，当 CP_D 的第 16 个上升沿到达时，$\overline{B_O}$ 出现上升沿（同时 $Q_3Q_2Q_1Q_0$ 变为 1111），将使 U_2 减 1。U_2 的进位

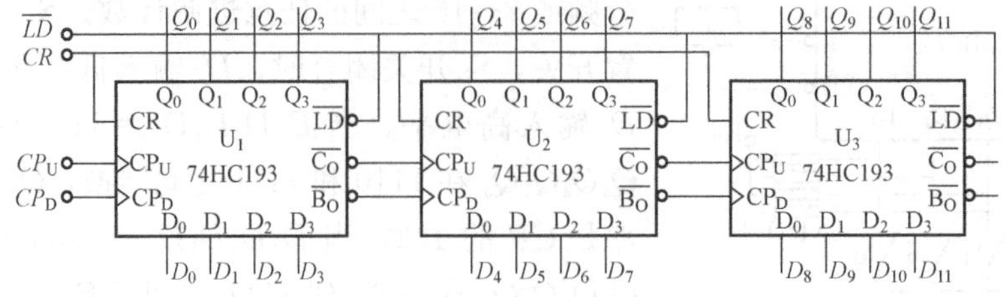

图 5 - 56 用 74193 组成的双时钟 12 位二进制的可逆计数器

借位信号对 U_3 的控制与此类似。

如果将图中的 74193 换成 74192，则电路的功能变成 3 位十进制双时钟可逆计数器。

图 5 - 57 所示为用两片 74LS290 组成的采用 8421 码的六十进制计数器，两个 74LS290 各自接成十进制计数器（均按 $CP_1=Q_0$，$CP_0=CP$ 接线）。如果这样的 2 个十进制计数器级联将组成一百进制计数器。2 个集成计数器之间采用串行进位方式，个位计数器的 Q_3 仅在 1000 和 1001 状态时为高电平，当第 10 个计数脉冲 CP 下降沿到达时，个位计数器回到 0000 状态，Q_3 此时出现唯一的一个下降沿，此下降沿恰好可以作为十位计数器的 CP 触发沿，使十位计数器加一。不过这里十位计数器利用反馈归零法接成了六进制计数器，所以整个电路就是一个六十进制计数器。

从以上电路可以总结出一个计数器级联的规律，当分别用 N_1 进制计数器和 N_2 进制计数器级联时，可以获得 $N=N_1\times N_2$ 进制计数器，如图 5 - 58 所示。

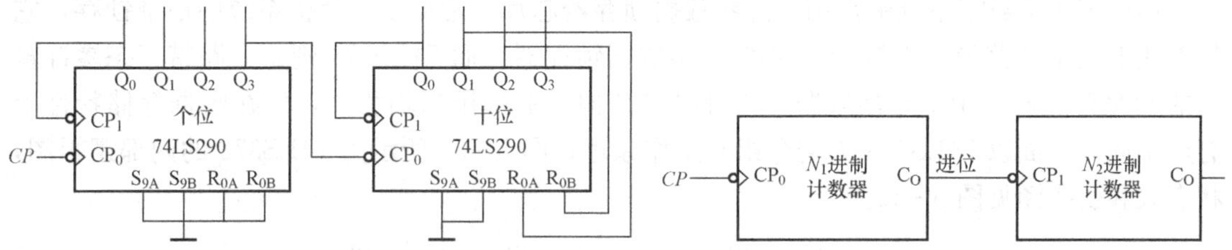

图 5 - 57 74LS290 组成的六十进制计数器　　图 5 - 58 $N=N_1\times N_2$ 进制计数器示意框图

图 5 - 59 所示为用 2 个 74HC160 连成 2 位十进制（一百进制）计数器后，利用其同步置数端在状态 00100011 后置零，构成的二十四进制计数器。

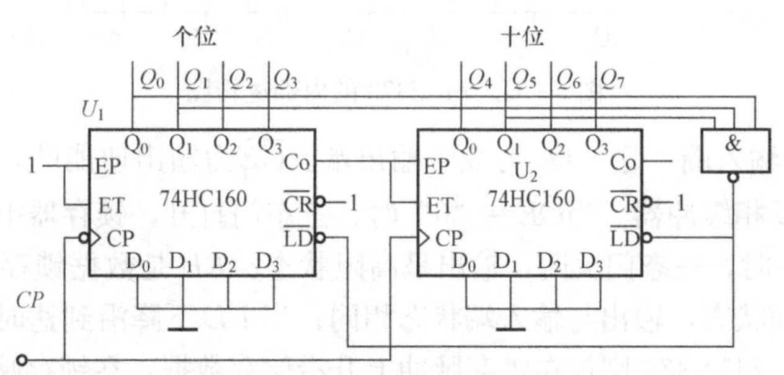

图 5 - 59 用 74HC160 组成的二十四进制计数器

图 5 - 60 所示为用集成二进制计数器 74HC163 级联组成一个采用二进制编码的二百五十六

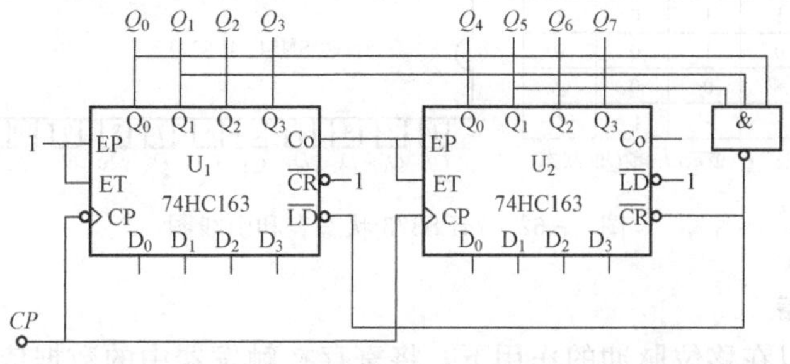

图 5 - 60 用 74HC163 组成的二百进制计数器

(16×16）进制计数器，并用反馈归零法组成了二百进制计数器。因 $N=200$，所以 $S_{N-1}=S_{199}=11000111$。使用同步清零端，反馈逻辑为$\overline{CR_1}=\overline{CR_2}=\overline{Q_7Q_6Q_2Q_1Q_0}$。

第五节　寄存器和移位寄存器

在数字电路中常会遇到需要把数据、指令代码先寄存起来，以便随时读出的情况。用于数字系统中暂存数据的单元电路就是寄存器，它主要由触发器组成。因为一个触发器能记忆1位二进制数或代码，所以用 N 个触发器组成的寄存器能储存一组 N 位二进制数或代码。如果储存在寄存器中的数据或代码在移位脉冲的操作下，可以依次逐位移动，那就是移位寄存器。

一、8D 寄存器 74LS373、74LS374

74LS373 是数字系统中常用的总线数据锁存器芯片。常见于单片机系统的地址锁存，它从本质上说是 8 路带三态缓冲输出的 D 型数据锁存器，而 74LS374 则是 8 路带三态缓冲输出的 D 型触发器，用于储存数据。两者电路结构、引脚排列均相同，仅在数据存储特性上有所不同。下面以 74LS373 为例介绍其工作原理，图 5-61 所示为 74LS373 的内部逻辑图，状态表和引线图见图 5-62。

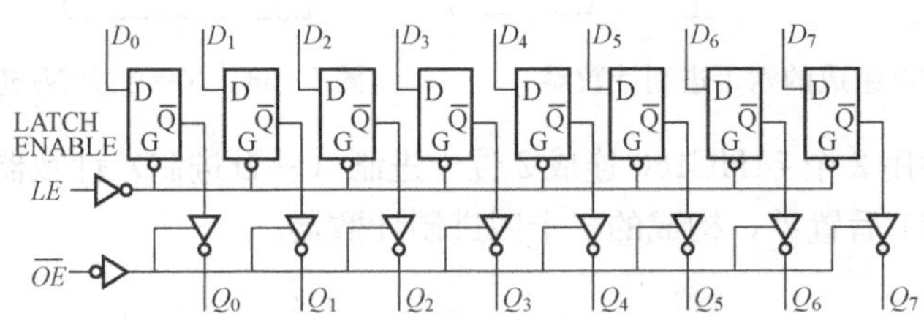

图 5-61　74LS373 的内部逻辑图

$D_7 \sim D_0$ 是 8 个输入端，$Q_7 \sim Q_0$ 为 8 个输出端。$\overline{OE}$为输出使能端，低电平有效，它控制着 8 个输出三态反相缓冲器。当$\overline{OE}=$“0”时，三态门打开，锁存器中储存的数据输出到 Q 端；当$\overline{OE}=$“1”时，三态门关闭，输出呈高阻状态。LE 是数据锁存控制端，当 $LE=1$ 时，锁存器处于跟随状态，输出与输入端状态相同；当 LE 下降沿到达时，此时刻前输入的数据存入锁存器中。74LS374 则仅在锁存脉冲上升沿储存数据，在锁存脉冲的其他情况下状态均不变。

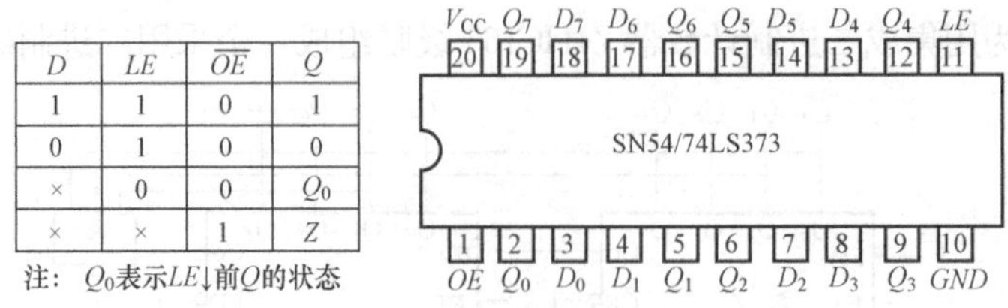

D	LE	$\overline{OE}$	Q
1	1	0	1
0	1	0	0
×	0	0	Q_0
×	×	1	Z

注：Q_0表示LE↓前Q的状态

图 5-62　74LS373 状态表和引线图

二、移位寄存器

移位寄存器可以在移位脉冲的作用下，将寄存在触发器中的数据依次向高位或低位移动，以实现处理数据时的需要。根据移位操作情况的不同，还分为单向移位寄存器和双向移位寄存器。

1. 单向移位寄存器

图 5-63 所示为一个 4 位单向移位寄存器的电路，$\overline{CR}$是整个电路的直接清零端，低电平时，触发器全部清零。CP 就是移位脉冲，D_I 是串行数据输入端。要寄存的数据应按移位脉冲的节拍依次出现在 D_I 端（串行输入方式）。工作原理分析如下。

当$\overline{CR}=0$ 时，电路直接清零，此过程与 CP、D_I 状态无关。

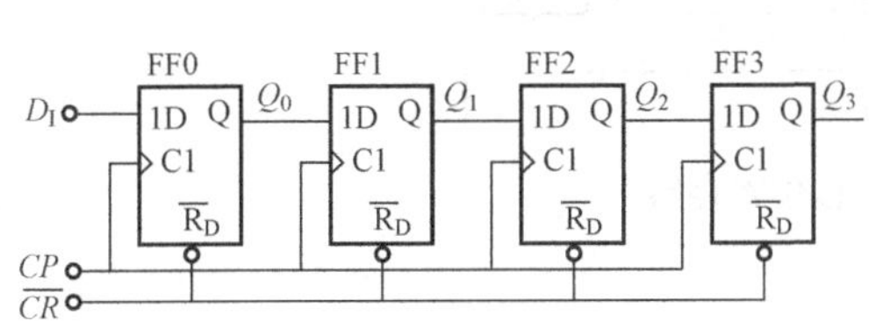

图 5-63　4 位单向移位寄存器

表 5-15　单向移位寄存器真值表

$\overline{CR}$	D_I	CP	Q_0	Q_1	Q_2	Q_3
0	×	×	0	0	0	0
1	D_3	↑	D_3	0	0	0
1	D_2	↑	D_2	D_3	0	0
1	D_1	↑	D_1	D_2	D_3	0
1	D_0	↑	D_0	D_1	D_2	D_3
1	0	↑	0	D_0	D_1	D_2
1	0	↑	0	0	D_0	D_1
1	0	↑	0	0	0	D_0
1	0	↑	0	0	0	0

当$\overline{CR}=1$ 后，电路的状态方程为

$$\left.\begin{aligned} Q_0^{n+1} &= D_I \\ Q_1^{n+1} &= Q_0^n \\ Q_2^{n+1} &= Q_1^n \\ Q_3^{n+1} &= Q_2^n \end{aligned}\right\} \quad (CP\uparrow \text{ 出现时有效})$$

此状态方程说明，在 CP 的统一指挥下，D_I 和 $Q_0 \sim Q_2$ 中的数据会向高位移动，比如在第一个 CP 上升沿到达前，D_I 端应准备好数据 D_3，当 CP 上升沿出现时，D_3 存进 FF0，即 $Q_0=D_3$，原来 $Q_0 \sim Q_2$ 中的 0 同时向高位移动，随后 D_I 端出现数据 D_2，在第二个 CP 上升沿作用下，D_2 进入 FF0，而 FF0～FF2 中的数据均向高位移动 1 位。经过 4 个 CP 上升沿后，4 位串行数据 $D_3 \sim D_0$ 全部进入寄存器。此时可从 4 个 Q 端输出并行数据 $D_3 \sim D_0$。也可以再来 4 个 CP 脉冲，将 $D_3 \sim D_0$ 以串行数据输出的方式从 Q_3 端移出。表 5-15 反映了这一过程。

若将状态方程修改为

$$\left.\begin{aligned} Q_3^{n+1} &= D_I \\ Q_2^{n+1} &= Q_3^n \\ Q_1^{n+1} &= Q_2^n \\ Q_0^{n+1} &= Q_1^n \end{aligned}\right\} \quad (CP\uparrow \text{ 出现时有效})$$

即相应驱动方程为 $D_3=D_I$，$D_2=Q_3$，$D_1=Q_2$，$D_0=Q_1$，则可以实现串行数据由高位向低位（FF3→FF0）的移动。

2. 双向移位寄存器

根据前述内容，单向移位寄存器的移位模式为由低位向高位移动时，第 i 位 D 触发器的输入连接规律是 $D_i=Q_{i-1}$，由高位向低位移动时，连接规律是 $D_i=Q_{i+1}$。如果用门电路组成电子开关，来实现 $D_i=\overline{M}Q_{i-1}+MQ_{i+1}$，就可以组成双向移位寄存器。电路如图 5-64 所示，其中 M 信号是移位模式控制的。当 $M=0$ 时，数据由 $Q_{i-1}\rightarrow Q_i$，当 $M=1$ 时，数据由 $Q_{i+1}\rightarrow Q_i$。D_{I0} 和 D_{I3} 分别是两个方向的串行输入信号，CP 是移位脉冲，$\overline{CR}$ 是异步清零信号。

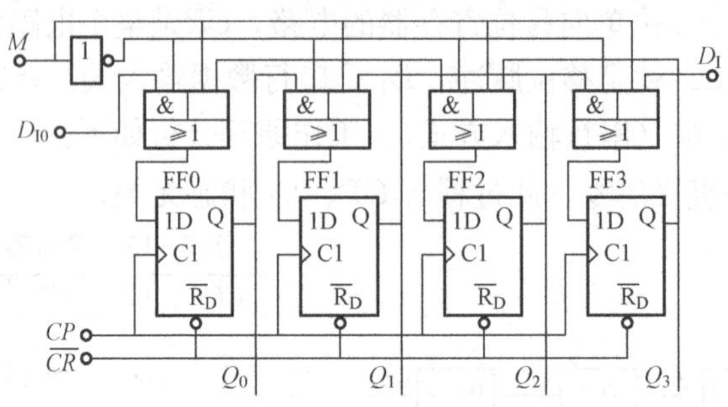

图 5-64 双向移位寄存器

3. 集成移位寄存器

(1) 集成单向移位寄存器 74LS164。74LS164 的内部等效逻辑图见图 5-65。图 5-66 所示为 74LS164 的逻辑符号和引线排列图。

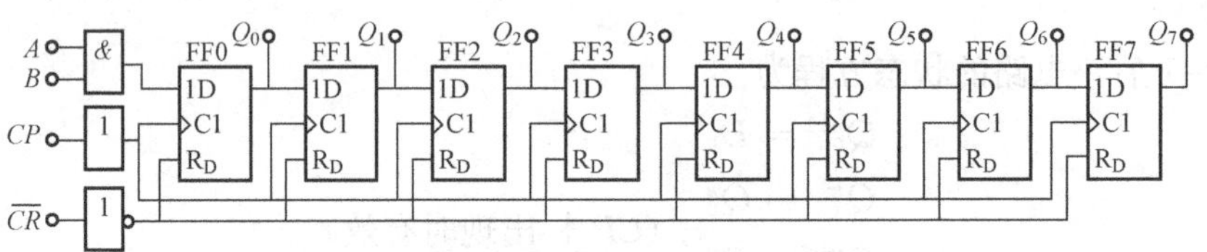

图 5-65 74LS164 的内部等效逻辑图

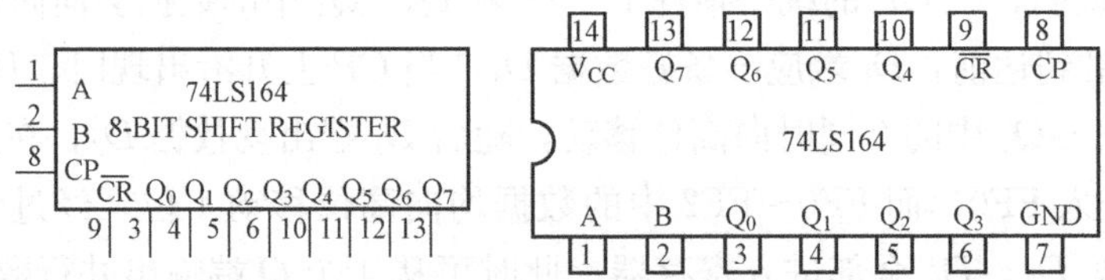

图 5-66 74LS164 的逻辑符号和引线排列图

74LS164 是 8 位移位寄存器，数据输入、输出方式为串行输入，并行输出。$\overline{CR}$ 是异步清零端，低电平有效，逻辑功能见表 5-16。电路功能如下：

表 5-16　　74LS164 的功能表

$\overline{CR}$	CP	A	B	Q_0^{n+1}	Q_1^{n+1}	…	Q_7^{n+1}
0	×	×	×	0	0	…	0
1	0	×	×	Q_0^n	Q_1^n	…	Q_7^n
1	↑	1	D	D	Q_0^n	…	Q_6^n
1	↑	D	1	D	Q_0^n	…	Q_6^n
1	↑	×	0	0	Q_0^n	…	Q_6^n
1	↑	0	×	0	Q_0^n	…	Q_6^n

1）异步清零，当$\overline{CR}=0$时，整个电路清零。

2）保存数据，当$\overline{CR}=1$，$CP=0$时，电路数据保持不变。

3）数据移位，在$\overline{CR}=1$的条件下，串行数据在CP上升沿作用下移入Q_0，$Q_0\sim Q_6$原数据（现态）逐位移入$Q_1\sim Q_7$。输入端A、B之间是与关系。当任一个为高电平时，允许另一个输入数据，如果A、B中有低电平，则数据无法输入，在CP脉冲上升沿作用下，$Q_0=0$，经过8个CP后，也能将寄存器置零。

（2）集成双向移位寄存器74LS198。74LS198可以实现两个方向的移位操作，如图5-67所示为其外引线排列图。

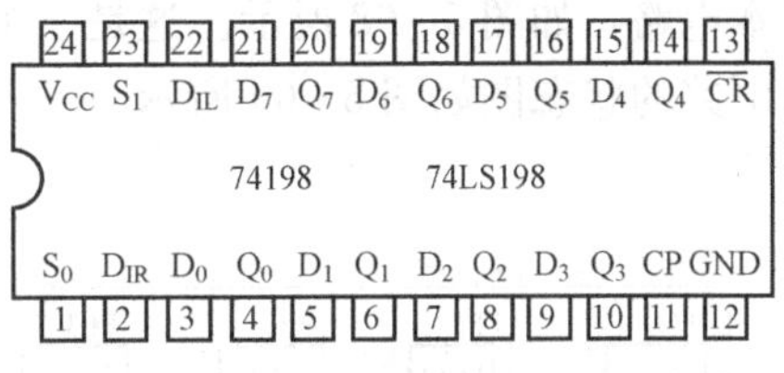

图5-67　74LS198的外引线排列图

除了电源端和接地端外，CP是移位时钟脉冲，$\overline{CR}$是清零信号输入端，低电平有效；D_{IL}和D_{IR}是两个方向的串行输入端；$Q_0\sim Q_7$是电路内触发器的输出端；$D_0\sim D_7$是预置数输入端；S_1、S_0是电路工作模式选择端。根据表5-17所列其功能表，可知74LS198具有下列功能：

1）异步清零，当$\overline{CR}=0$时，整个电路立即清零，不清零时，$\overline{CR}$应为高电平。

2）同步置数，当$S_1S_0=11$时，在CP上升沿作用下，事先准备好的并行数据$d_0\sim d_7$被置入$Q_0\sim Q_7$中。

3）数据右移，当$S_1S_0=01$时，在CP上升沿作用下，串行输入端D_{IR}的数据进入Q_0，而Q_0此前的现态进入Q_1，即$Q_i^{n+1}=Q_{i-1}^n$，$Q_0\sim Q_6$中的数据均在CP上升沿操作下向高位移动一位，而Q_7的现态数据将丢失（溢出）。

4）数据左移，当$S_1S_0=10$时，在CP上升沿作用下，串行输入端D_{IL}的数据进入Q_7，同时$Q_7\sim Q_1$的现态数据均向低位移动一位，即$Q_i^{n+1}=Q_{i+1}^n$。

5）数据保持，当$S_1S_0=00$时，寄存器中的数据不再移位，被存储在电路中。

表5-17　　74LS198的功能表

输入							输出				
清零	模式		CP	串行		并行	Q_0^{n+1}	Q_1^{n+1}	…	Q_6^{n+1}	Q_7^{n+1}
$\overline{CR}$	S_1	S_0		D_{IL}	D_{IR}	$D_0\cdots D_7$					
0	×	×	×	×	×	×	0	0	…	0	0
1	×	×	0	×	×	×	Q_0^n	Q_1^n	…	Q_6^n	Q_7^n
1	1	1	↑	×	×	$d_0\cdots d_7$	d_0	d_1	…	d_6	d_7
1	0	1	↑	×	1	×	1	Q_0^n	…	Q_5^n	Q_6^n
1	0	1	↑	×	0	×	0	Q_0^n	…	Q_5^n	Q_6^n
1	1	0	↑	1	×	×	Q_1^n	Q_2^n	…	Q_7^n	1
1	1	0	↑	0	×	×	Q_1^n	Q_2^n	…	Q_7^n	0
1	0	0	×	×	×	×	Q_0^n	Q_1^n	…	Q_6^n	Q_7^n

由上可知，74LS198除了寄存、双向移位外，还可用于数据传输方式的转换，它可以将8位并行数据转换成串行数据，也可以将串行数据转换成并行数据。

三、移位型计数器

将移位寄存器的输出状态反馈到串行输入端，使移位寄存器中的数据在 CP 脉冲作用下不断循环，同样可以组成计数器的计数循环，根据其反馈逻辑的不同，移位计数器可分为环形计数器、扭环计数器和最大长度计数器三种。

1. 环形计数器

将移位寄存器的最高位 Q 端与最低位触发器的 D 输入端相连，就组成了环形计数器的基本电路，如图 5-68 所示。这是一个结构简单的同步时序电路，可利用直接观察法直接得出电路的状态图如图 5-69 所示。

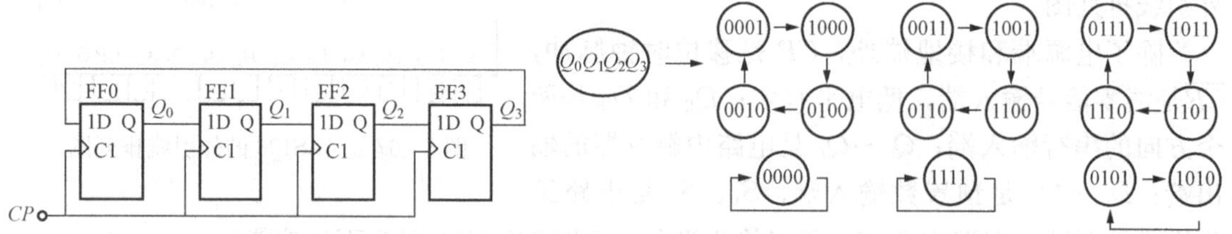

图 5-68 环形计数器的基本电路　　图 5-69 环形计数器的状态图

此电路 16 个状态形成了 6 个循环，当选用其中一个作为有效循环时，其他即为无效循环，所以电路不能自启动。其解决办法一方面可以利用触发器的异步置 1 端和置零端，将电路开始计数前强行置成某个有效状态；另一方面可以修改反馈逻辑，将无效状态指向有效状态，图 5-70 所示就是一个修改后的环形计数器电路及其状态图。

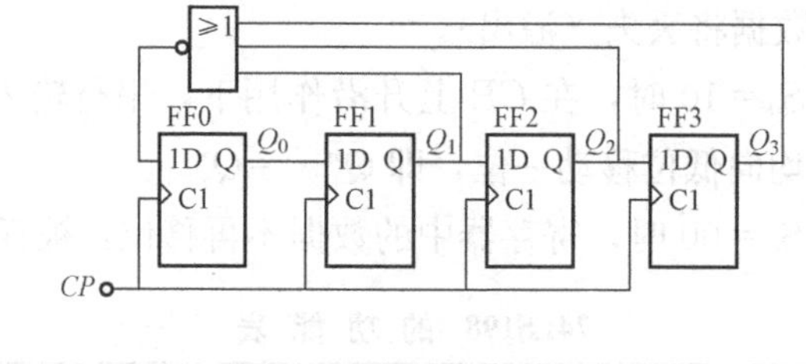

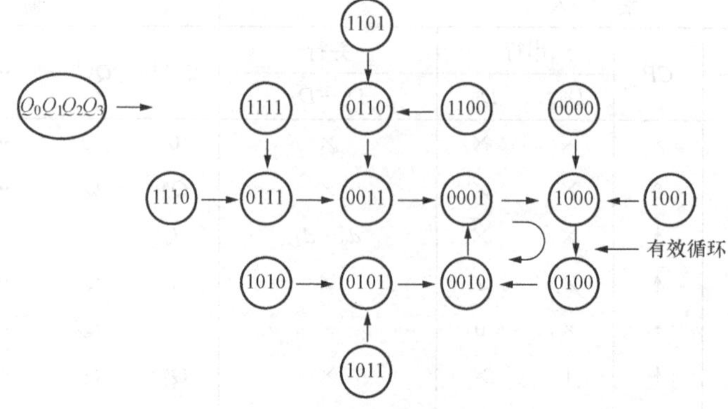

图 5-70 可以自启动的环形计数器及状态图

在图 5-70 中，有效循环对应的时序图具有下列特点：所有触发器输出端按顺序依次出现高电平，电路对一个 1 进行循环移位；每个 Q 端高电平持续时间为 $1T_{CP}$，周期是 4 个 T_{CP}。如果是 n 个触发器组成的电路，则周期为 n 个 T_{CP}。具有上述特点的电路称为顺序脉冲发生器。

2. 扭环计数器

用 4 个 D 触发器组成的扭环计数器见图 5 - 71，其状态图可直接写出，见图 5 - 72。

从扭环计数器状态图可知，4 个 D 触发器 16 个状态分为两个循环，每个循环 8 个有效状态，触发器的利用率大为提高，但仍然不能自启动。同样，可以利用修改反馈逻辑的办法将电路修改成可以自启动的，具体电路和方法读者可以查阅相关参考资料，这里不再赘述。

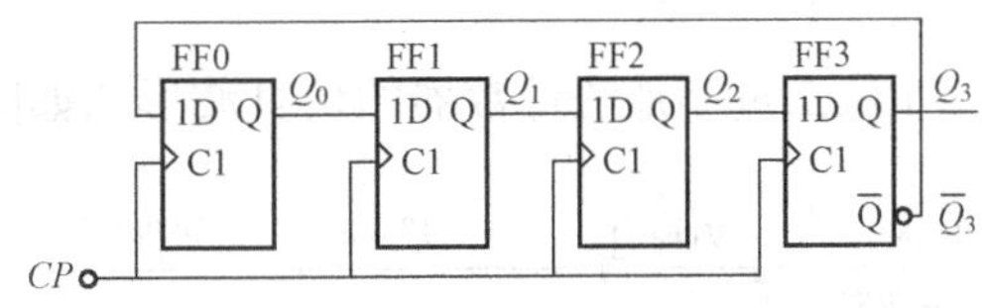

图 5 - 71 4 位扭环计数器基本电路

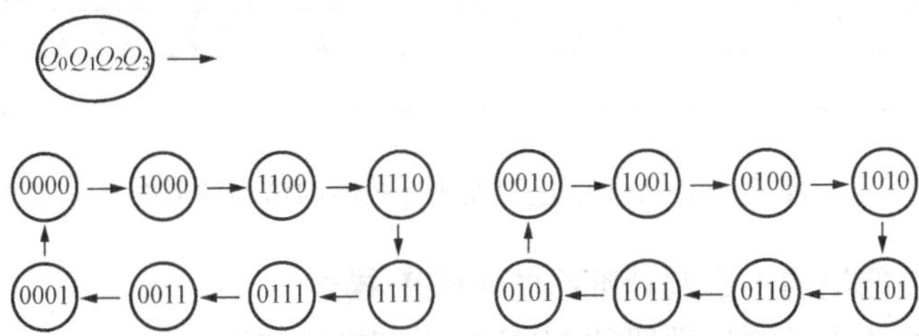

图 5 - 72 4 位扭环计数器的状态图

第六节 常用计数器 VHDL 语言示例

一、4 位二进制加法计数器的 VHDL 描述

4 位二进制加法计数器的 VHDL 语言描述如下。

```
LIBRARY ieee;
USE ieee.std_logic_1164.ALL;
USE ieee.std_logic_unsigned.ALL;
ENTITY cnt4b IS
PORT(clk,reset,en:IN std_logic;                    ——clk 为时钟,reset 为复位,en 为使能
        q:OUT std_logic_vector(3 DOWNTO 0);          ——计数器状态输出
        cout:OUT std_logic   );                      ——进位输出
END cnt4b;
ARCHITECTURE bhv OF cnt4b IS
SIGNAL qt:std_logic_vector(3 DOWNTO 0);
BEGIN
    PROCESS(clk,reset,en)
    BEGIN
        IF reset = '1' THEN   qt< = (OTHERS = >'0');
            ELSIF clk'EVENT AND clk = '1' THEN
              IF en = '1' THEN   qt< = qt + 1;       ——en = 1 时,在 clk 操作下累加
              ELSE qt< = qt;                         ——当 en = 0 时,保持计数器状态不变
              END IF;
        END IF;
```

```
    END PROCESS;
    COUT<='1'  WHEN qt="1111"  ELSE '0';          ——产生进位信号
    Q<=qt;
END bhv;
```

4 位二进制加法计数器的仿真波形图如图 5-73 所示。

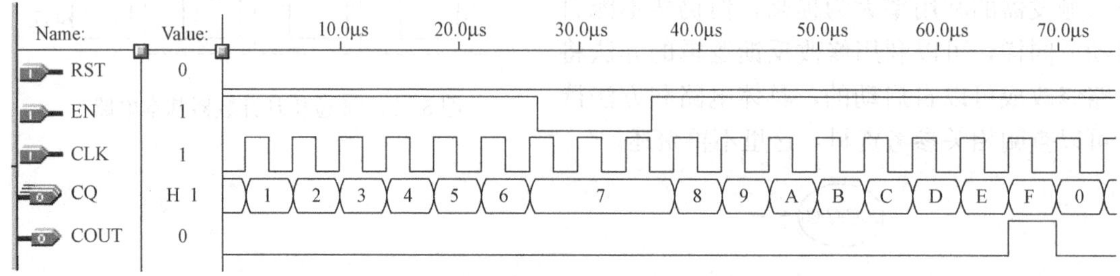

图 5-73　4 位二进制加法计数器的仿真波形图

二、带复位和使能端的十进制计数器的 VHDL 描述

带复位和使能端的十进制计数器的 VHDL 语言描述如下。

```
LIBRARY ieee;
USE ieee.std_logic_1164.ALL;
USE ieee.std_logic_unsigned.ALL;
ENTITY cntm10 IS
  PORT(clk,reset,en:IN std_logic;                ——clk 为时钟,reset 为复位,en 为使能
      q:OUT std_logic_vector(3 DOWNTO 0);      ——q 计数器状态输出
      cout:OUT std_logic   );                  ——cout 进位输出
END cntm10;
ARCHITECTURE bhv OF cntm10 IS
SIGNAL qs :std_logic_vector(3 DOWNTO 0);
BEGIN
    cout<='1'  WHEN qs="1001"  ELSE  '0';
    q<=qs;
    PROCESS(clk,reset,en)
        BEGIN
          IF reset='1' THEN  qs<=(OTHERS=>'0');
            ELSIF clk'EVENT AND clk='1' THEN
              IF en='1' THEN
                IF qs<"1001" THEN  qs<=qs+1;
                  ELSE qs<=(OTHERS=>'0');
                END IF;
              END IF;
          END IF;
      END PROCESS;
END bhv;
```

图 5-74 所示为带复位和使能端十进制计数器仿真波形图。由图可知，复位高电平立即生效，属于异步复位。

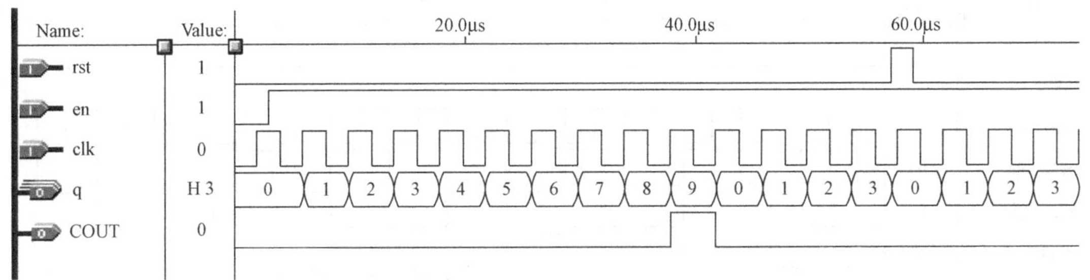

图 5-74 带复位和使能端的十进制计数器仿真波形图

三、十二进制同步计数器

十二进制同步计数器的 VHDL 语言描述如下。

```
LIBRARY ieee;
USE ieee. std_logic_1164. ALL;
USE ieee. std_logic_unsigned. ALL;
ENTITY count12 IS
PORT(clk,reset,en:IN std_logic;          ——clk 为时钟,reset 为复位,en 为计数控制
    qa,qb,qc,qd:OUT std_logic);          ——qa,qb,qc,qd 计数器输出
END count12;
ARCHITECTURE behave OF count12 IS
SIGNAL count_4:std_logic_vector(3 DOWNTO 0);
BEGIN
   qa<=count_4(0);
   qb<=count_4(1);
   qc<=count_4(2);
   qd<=count_4(3);
  PROCESS(clk,reset)
    BEGIN
      IF(reset='0')THEN
        count_4<="0000";
      ELSIF(clk'event and clk='1')THEN
        IF(en='1')THEN
          IF(count_4="1011")THEN
            count_4<="0000";
          ELSE
            count_4<=count_4+'1';
          END IF;
          END IF;
        END IF;
  END PROCESS;
END behave;
```

图 5-75 所示为十二进制计数器的仿真波形图。

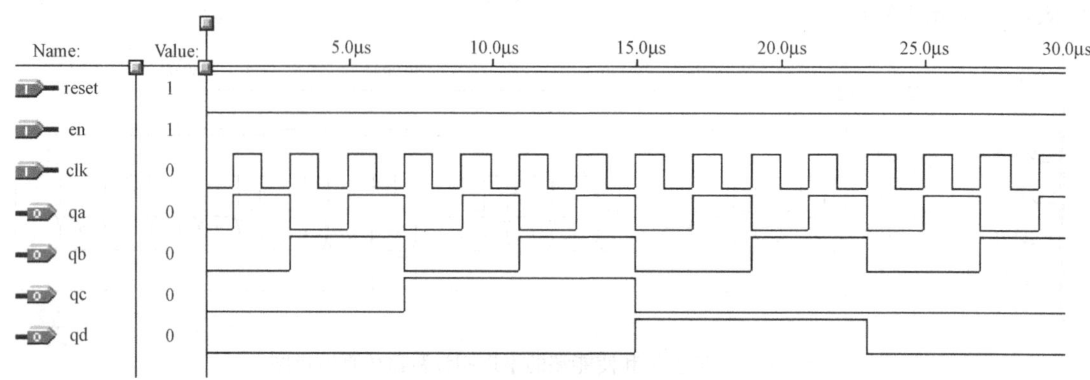

图 5-75　十二进制计数器的仿真波形图

四、4 位二进制可逆计数器

4 位二进制可逆计数器的 VHDL 语言描述如下。

```
LIBRARY ieee;
USE ieee.std_logic_1164.all;
USE ieee.std_logic_unsigned.all;
ENTITY updowncnt IS
PORT(clk,reset,updn:IN std_logic;          ——clk 为时钟,reset 为复位,updn 为加减控制
    qa,qb,qc,qd:OUT std_logic);            ——qa,qb,qc,qd 计数器状态输出
END updowncnt;
ARCHITECTURE behave OF updowncnt IS
SIGNAL count:std_logic_vector(3 DOWNTO 0);
BEGIN
   qa<=count(0);
   qb<=count(1);
   qc<=count(2);
   qd<=count(3);
    PROCESS(clk,reset)
    BEGIN
      IF(reset='1')THEN
        count<="0000";
      ELSIF(clk'event and clk='1')THEN
          IF(updn='1')THEN
            count<=count+'1';              ——updn=1 时递增计数
          ELSE
            count<=count-'1';              ——updn=0 时递减计数
          END IF;
      END IF;
  END PROCESS;
END behave;
```

图 5 - 76 所示为 4 位二进制可逆计数器的仿真波形图。

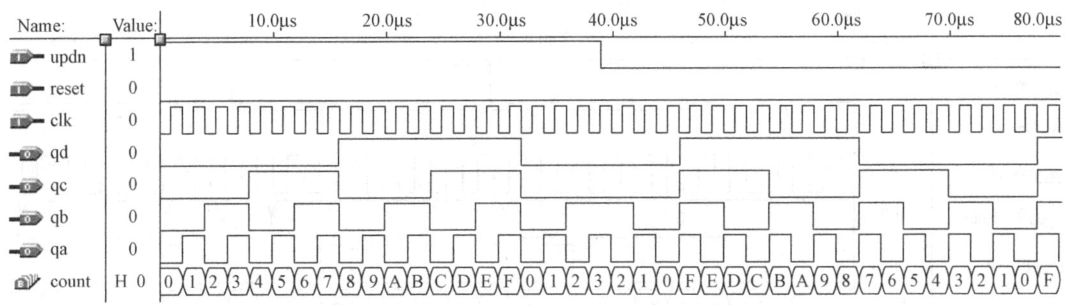

图 5 - 76 4 位二进制可逆计数器的仿真波形图

五、可预置数的十进制计数器的 VHDL 描述

可预置数的十进制计数器的 VHDL 语言描述如下。

```
LIBRARY ieee;
USE ieee.std_logic_1164.all;
USE ieee.std_logic_unsigned.all;
ENTITY count10 IS
  PORT(clk,ld:IN std_logic;                  ——clk 为时钟,ld 为预置数控制
  co:OUT std_logic;                              ——co 进位输出
  datain:IN std_logic_vector(3 DOWNTO 0);        ——datain 预置数据
    q:OUT std_logic_vector(3 DOWNTO 0));         ——数据输出
END count10;
ARCHITECTURE behave OF count10 IS
SIGNAL qs:std_logic_vector(3 DOWNTO 0);
BEGIN
   q< = qs;
   co< = '1' WHEN qs = "1001" ELSE '0';
  PROCESS(clk,ld)
    BEGIN
      IF(clk'event AND clk = '0')THEN
          IF(ld = '1')THEN   qs< = datain;
            ELSIF(en = '1')THEN
              IF(qs = "1001")THEN
                qs< = "0000";
              ELSE
                qs< = qs + '1';
              END IF;
          END IF;
      END IF;
  END PROCESS;
END behave;
```

图 5 - 77 所示为可预置数的十进制计数器的仿真波形，由图可知，ld 属于同步预置数，

在 ld=1 期间，在 clk 下降沿完成置数操作。

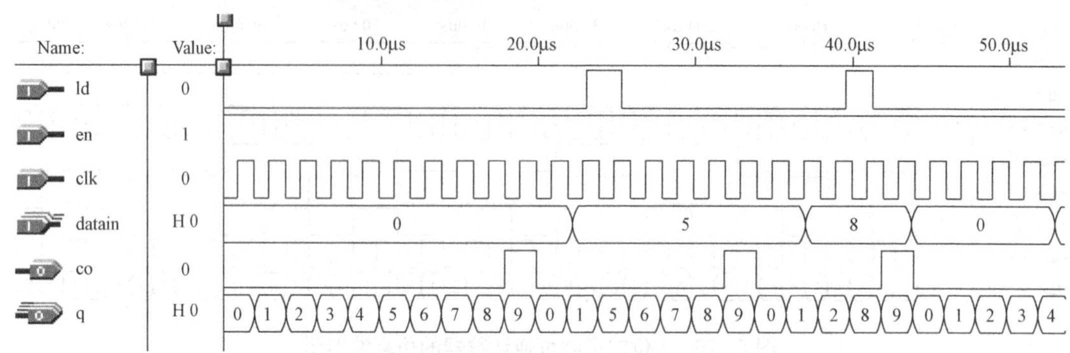

图 5-77 可预置数的十进制计数器的仿真波形图

六、多位数据寄存器的 VHDL 描述

多位数据寄存器的 VHDL 语言描述如下。

```
ENTITY reg12 IS
PORT(
        d    :IN  bit_vector(11 DOWNTO 0);      ——12 位数据寄存输入
        clk  :IN  bit;                          ——寄存指令
        q    :OUT bit_vector(11 DOWNTO 0));     ——寄存输出
END reg12;
ARCHITECTURE a OF reg12 IS
BEGIN
PROCESS
BEGIN
    WAIT UNTIL clk = '1';
    q< = d;
  END PROCESS;
END a;
```

图 5-78 所示为 12 位数据寄存器的仿真波形。

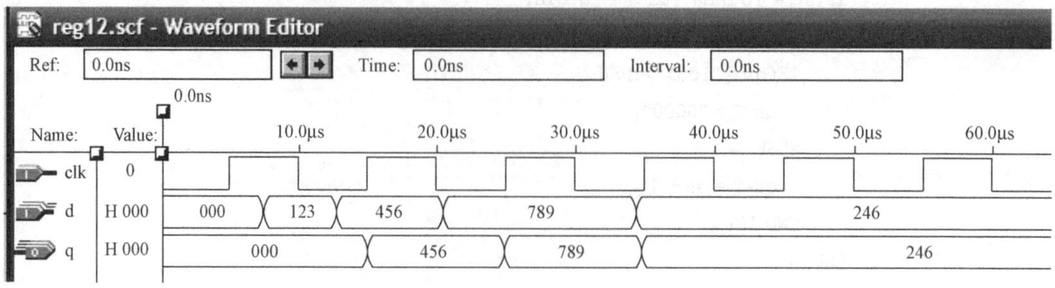

图 5-78 12 位数据寄存器的仿真波形图

本章小结

(1) 时序逻辑电路在任意时刻的输出不仅取决于该时刻的输入，而且还和电路原来的状态有关。其电路结构通常是由存储电路及组合电路两部分组成的，其中由触发器构成的存储电路将电路的状态记忆下来，并和当前的输入信号一起决定电路的输出信号。

(2) 根据电路中触发器的状态变化特点，时序逻辑电路可分为同步时序逻辑电路和异步时序逻辑电路两大类。在同步时序逻辑电路中，所有触发器状态的变化都是在同一时钟信号的控制下同时发生的；而在异步时序逻辑电路中，触发器的状态变化不是同时发生的。

(3) 描述时序逻辑电路逻辑功能的方法有逻辑图、逻辑方程组（含输出方程、驱动方程和状态方程）、状态转换表、次态卡诺图、状态转换图和时序图等。它们各有特点，但实质相通，可以相互转换。

(4) 时序逻辑电路的逻辑功能就是电路的次态与现态及输入信号之间的关系。时序逻辑电路的分析与设计都是围绕这一点进行的。时序逻辑电路的分析过程就是由逻辑图转换成状态图、时序图的过程，时序逻辑电路的设计过程就是由状态图转换到逻辑图的过程。

分析步骤为：写出电路的时钟方程（异步）、输出方程、驱动方程→求得状态方程→列出状态转换表→画出状态转换图和时序图→描述逻辑功能。

设计步骤为：由给定的逻辑功能求出原始状态图→状态化简→状态编码后的状态图及状态表→选定触发器的类型、求出电路的驱动方程和输出方程→画逻辑图→检查能否自启动。

(5) 计数器是数字系统中应用最广的一种时序逻辑电路，不仅可以计数，还能用于分频、定时、产生节拍脉冲等。计数器种类繁多，就数制而言，有二进制、十进制和任意进制计数器；就计数过程中数字的增减趋势而言，有加法、减法和可逆计数器；就进位方式而言，有串行（异步）、并行（同步）和串并行计数器。

(6) 现有的集成计数器计数容量多为 4 位二进制（1 位十六进制）和十进制的，当需要的计数容量较大时，可以用集成计数器级联的方法实现，其连接有串行进位、并行进位两种方式。

(7) 使用集成计数器实现任意进制（N 进制）计数器可以采用反馈清零法或反馈置数法。利用集成计数器的清零端或预置数端，跳过不需要的某些状态，改变集成计数器原先的状态运行便可实现。对于集成计数器多片级联的情况，同样可以采用整体反馈清零或整体反馈置数的方式实现较大 N 进制计数器。

(8) 寄存器也是一种常用的时序逻辑器件，具有存储二进制数的功能。移位寄存器不仅可以存储数据，还具有在 CP 脉冲操作下数据移位的功能。移位寄存器分为单向移位寄存器和双向移位寄存器。利用移位寄存器可以实现数据的串行—并行转换、数值的运算，以及数据处理等。

思考题与习题

5-1 组合逻辑电路和时序逻辑电路在逻辑功能和电路结构上各有什么特点？

5-2 描述时序逻辑电路逻辑功能需要几组方程？它们各表示什么含义？

5-3 有人说同步RS触发器结构简单，存储信号有时钟控制，可用于数据锁存，但不能用于移位寄存器和计数器，为什么？

5-4 为可靠触发，边沿触发器对接收信号在时间上有什么要求？与其对应的是哪些技术指标？

5-5 4位二进制计数器能对输入 CP 信号实现几种分频？分频数各是多少？十进制计数器的最大分频数是多少？16级二分频和16分频是不是一个意思？

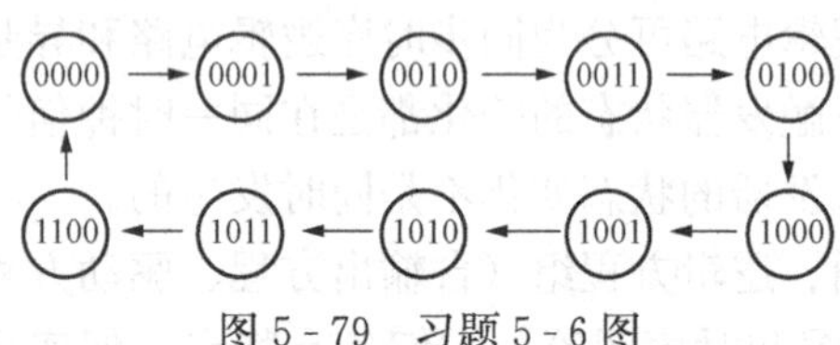

图5-79 习题5-6图

5-6 某计数器的状态转换图如图5-79所示，试问它是几进制加法计数器？采用什么编码？

5-7 某计数器的输出波形如图5-80所示，试确定该计数器有几个有效状态，并画出状态转换图。

5-8 电路如图5-81所示，试分析它是几进制计数器，画出它的状态转换图。

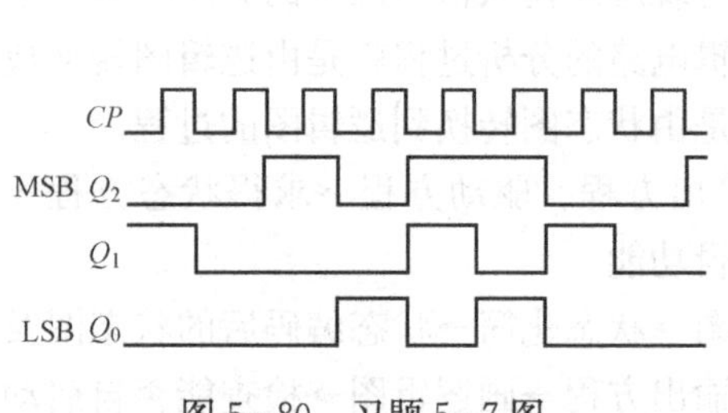

图5-80 习题5-7图

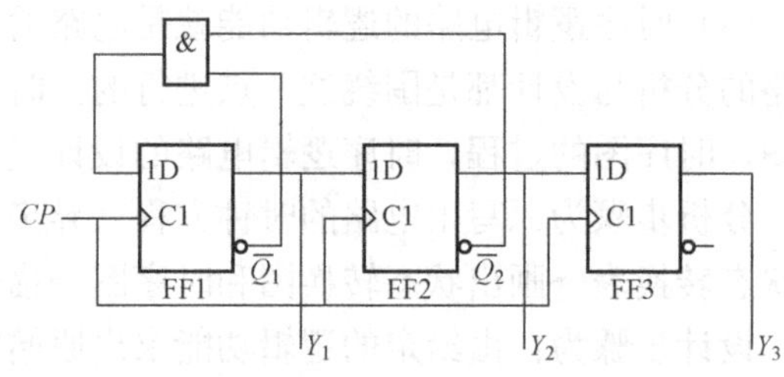

图5-81 习题5-8图

5-9 边沿JK触发器构成的计数器如图5-82所示，试说明其功能，并画出与 CP 波形对应的各输出端波形。

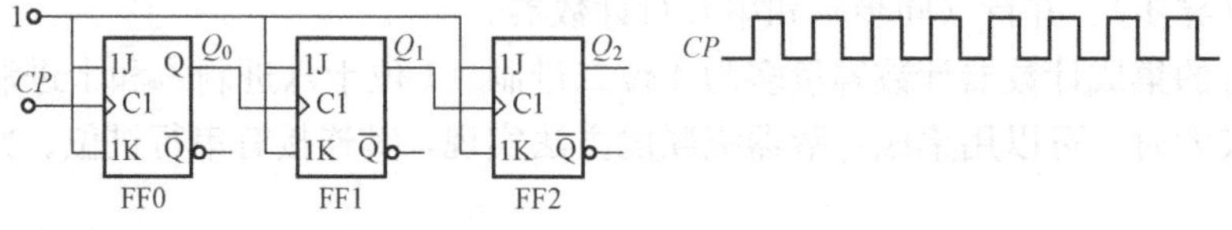

图5-82 习题5-9图

5-10 试分析图5-83所示的逻辑电路，写出电路的驱动方程、输出方程和状态方程，列出电路的状态表，画出状态图和时序图，说明电路能否自启动。设各触发器的初始状态均为0。

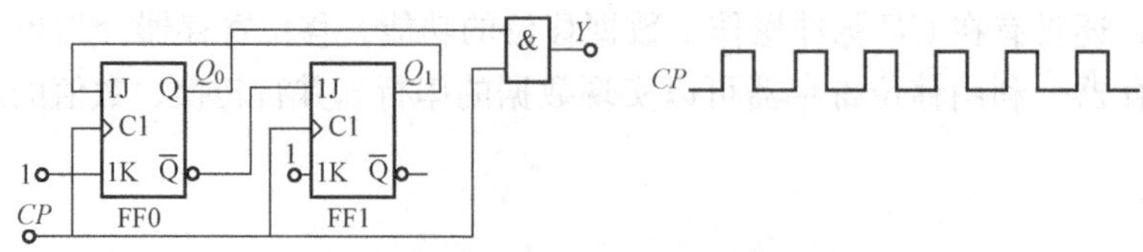

图5-83 习题5-10图

5-11 试分析图5-84所示时序逻辑电路，画出电路的状态图。

5-12 试分析图5-85所示同步时序逻辑电路的逻辑功能，写出电路的驱动方程、状态方程和输出方程，列出状态表，画出状态图，指出其功能。

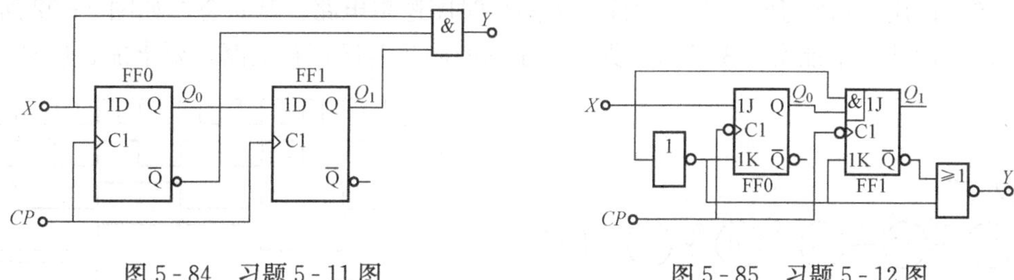

图 5-84　习题 5-11 图　　图 5-85　习题 5-12 图

5-13　分析图 5-86 所示时序逻辑电路的逻辑功能。

5-14　逻辑电路及输入端 CP、D 的波形如图 5-87 所示，触发器的初态均为 0，试画出在 CP、D 作用下，输出端 Q_0、Q_1、Q_2 的波形，并说明电路功能。

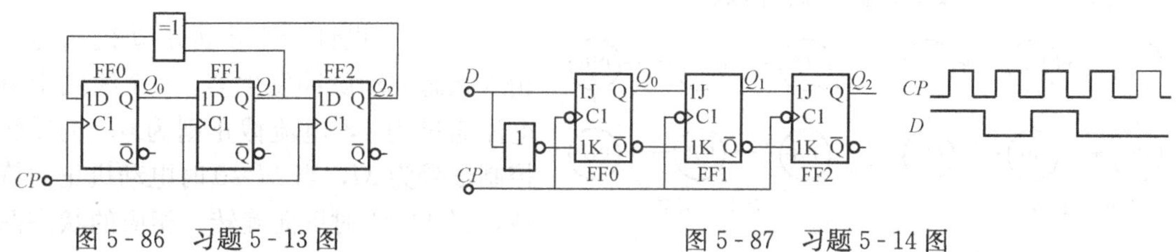

图 5-86　习题 5-13 图　　图 5-87　习题 5-14 图

5-15　分析图 5-88 所示时序逻辑电路的逻辑功能。推导电路的状态方程，计算状态表，画出状态图和时序图。

5-16　分析图 5-89 所示的时序逻辑电路。写出电路的驱动方程、状态方程和输出方程，画出电路的状态表、状态图和时序图，说明电路能否自启动（设各触发器的初始状态均为 0）。

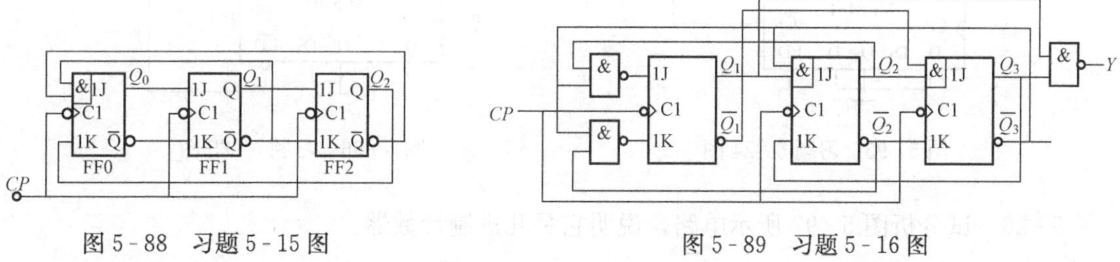

图 5-88　习题 5-15 图　　图 5-89　习题 5-16 图

5-17　分析图 5-90 所示时序逻辑电路，写出电路的时钟方程、输出方程和驱动方程，推导电路的状态方程，计算状态表，画出状态图和时序图，说明电路功能。

5-18　试分析题 5-91 所示时序逻辑电路的逻辑功能。

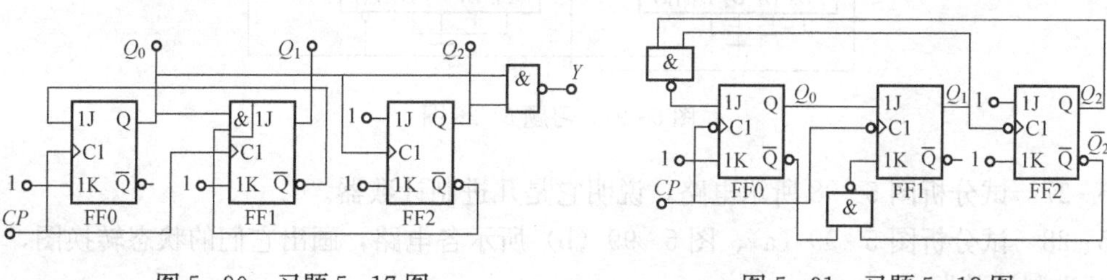

图 5-90　习题 5-17 图　　图 5-91　习题 5-18 图

5-19　设计一个按自然态序进行计数的同步五进制加法计数器。

5-20　试用负边沿 JK 触发器设计一个同步时序逻辑电路，其状态图如图 5-92 所示。

5-21　设计一个能实现图 5-93 所示时序图的同步时序逻辑电路，要求能自启动。

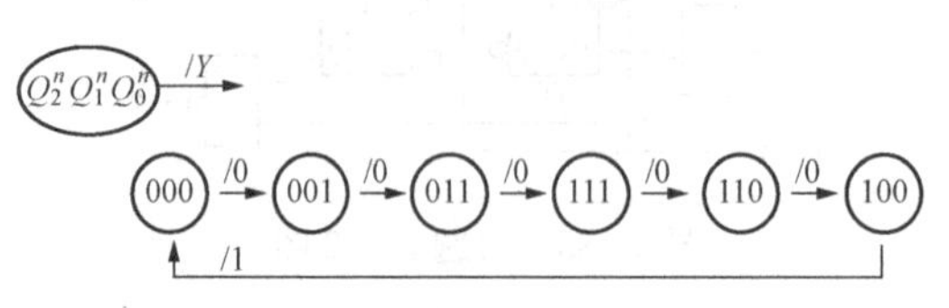

图 5-92　习题 5-20 图

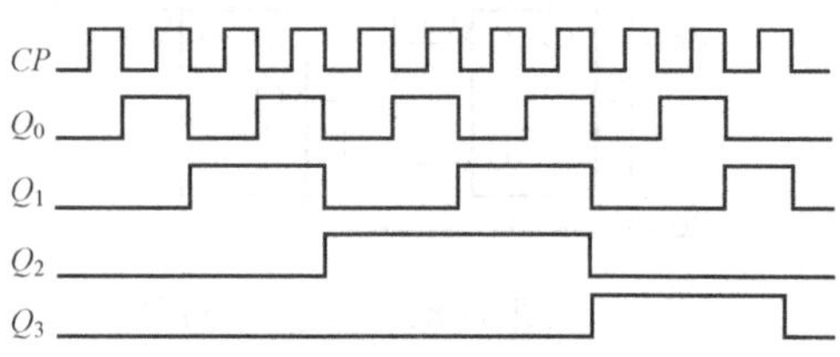

图 5-93　习题 5-21 图

5-22　试设计一个同步时序逻辑电路，当输入控制信号 $X=0$ 时，按 2 位二进制递增计数；当 $X=1$ 时，按 2 位循环码计数。

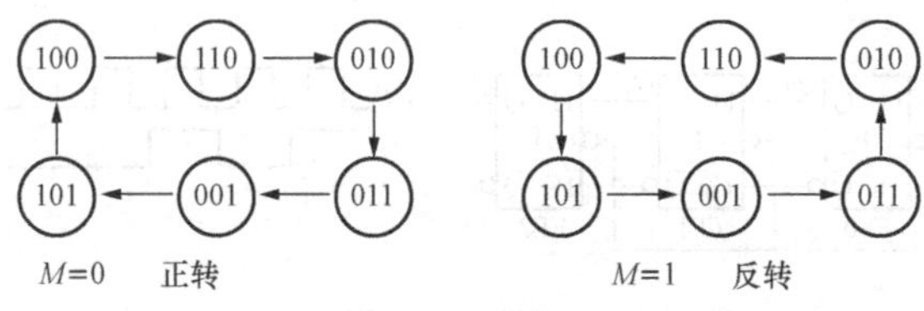

图 5-94　习题 5-23 图

5-23　设计一个步进电动机用的三相六状态驱动脉冲发生器，3 个线圈中有电流通过为 1，电流截止则为 0。正反转控制信号为 M，当 $M=0$ 时电动机正向旋转，当 $M=1$ 时反向旋转。相应的状态图如图 5-94 所示。

5-24　试分析图 5-95 所示电路，画出它的状态转换图，说明它是几进制计数器。

5-25　试分析图 5-96 所示电路，画出它的状态转换图，说明它是几进制计数器。

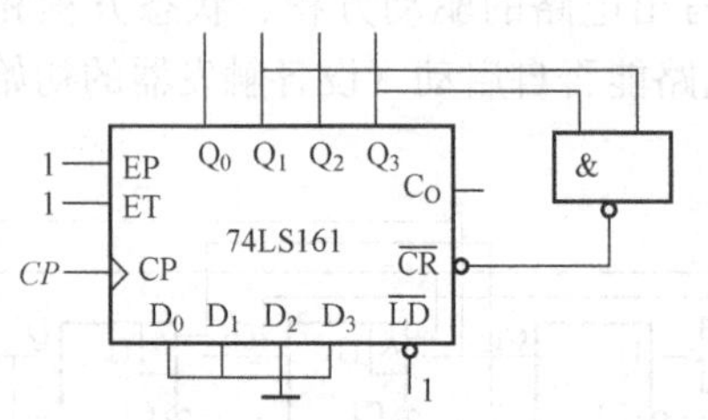

图 5-95　习题 5-24 图

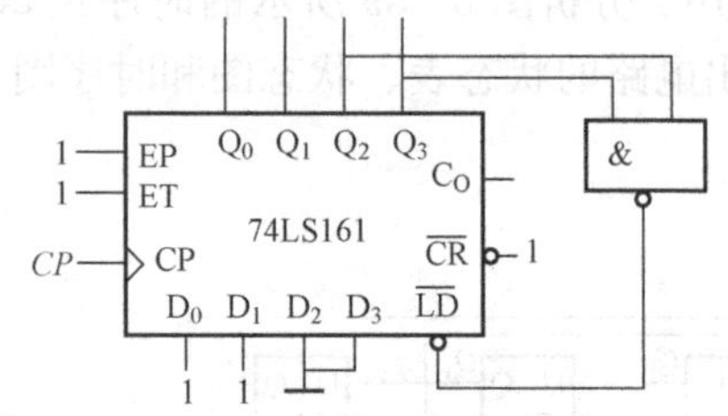

图 5-96　习题 5-25 图

5-26　试分析图 5-97 所示电路，说明它是几进制计数器。

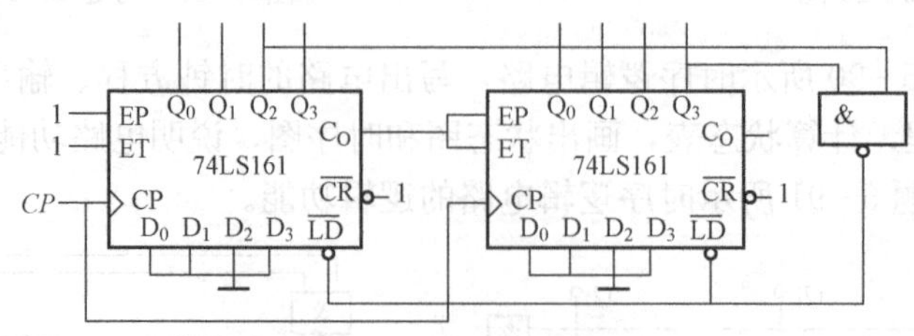

图 5-97　习题 5-26 图

5-27　试分析图 5-98 所示电路，说明它是几进制计数器。

5-28　试分析图 5-99（a）、图 5-99（b）所示各电路，画出它们的状态转换图，说明各是几进制计数器。

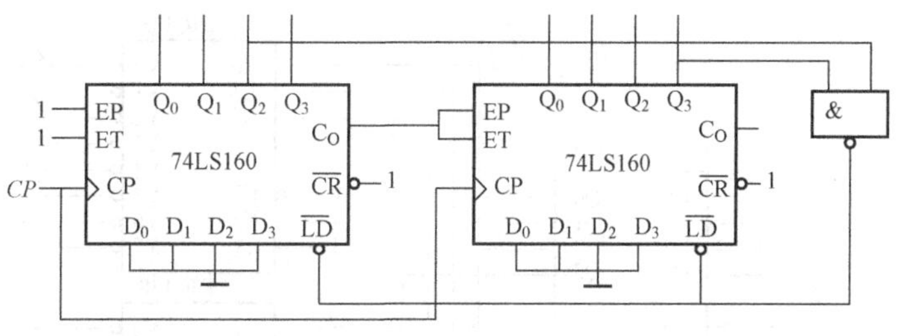

图 5-98 习题 5-27 图

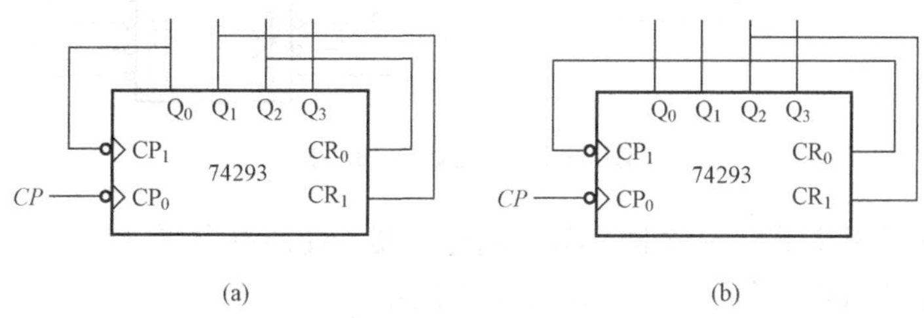

图 5-99 习题 5-28 图

5-29 试分析图 5-100 (a)、图 5-100 (b) 所示各电路，画出它们的状态转换图，说明各是几进制计数器。

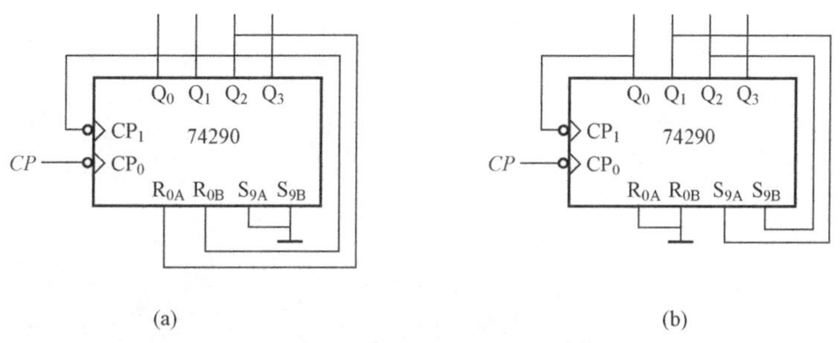

图 5-100 习题 5-29 图

5-30 分别用 74LS161 的清零端、预置数端实现十二进制计数器，写出反馈逻辑，画出逻辑图。

5-31 利用 74290 实现九进制、二十四进制、一百二十八进制三种计数器，分析反馈逻辑，画出逻辑图。

5-32 分别画出利用下列方法构成的九进制计数器的逻辑图：

(1) 利用 74161 的异步清零端；

(2) 利用 74163 的同步清零端；

(3) 利用 74293 的异步清零端。

5-33 图 5-101 所示为由 1 片 74HC163 和 2 片 74HC138 组成的计数译码型 16 位顺序脉冲发生器的连线图，根据集成计数器 74163 和 3-8 译码器的逻辑功能，分析电路工作原理，画出在 CP 周期脉冲作用下的 Q_3、Q_2、Q_1、Q_0 及 $Z_{15} \sim Z_0$ 的所有波形。

5-34 将习题 5-33 改画成 8 位计数译码型顺序脉冲发生器，画出连线图。

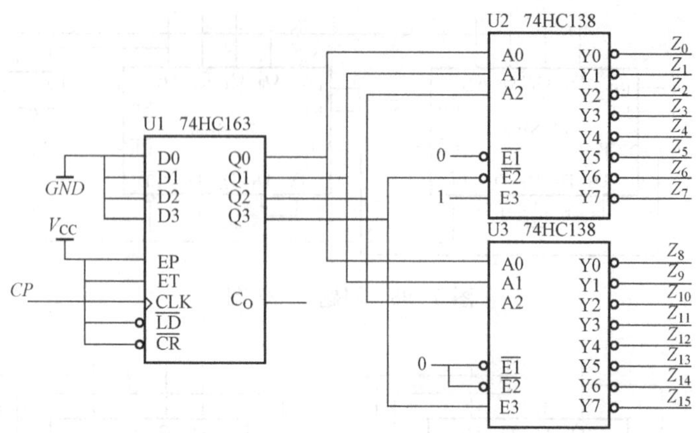

图 5-101 习题 5-33 图

5-35 试用 VHDL 设计一个同步五进制计数器，使能高电平计数。

5-36 试用 VHDL 编写一个 15 级二分频电路。

5-37 试用 CASE 语句编写一个 16 位顺序脉冲发生器，输出脉冲与时钟等宽。

5-38 试用 VHDL 程序设计一个带异步清零的 8 位数据寄存器，并进行功能仿真。

第六章 脉冲波形的产生与整形

本章在介绍了应用较广的中规模集成555定时器之后，着重讲解用555定时器构成的脉冲波的整形电路——施密特触发器和单稳态触发器的工作原理，以及矩形脉冲波的产生电路——多谐振荡器，并且介绍了施密特触发器、单稳态触发器、多谐振荡器的应用。

第一节 概 述

脉冲波形通常是指时间短暂和突然变化的波形。脉冲波形多种多样。图6-1所示是常见的几种脉冲波形。由图可以看出这些波形的共同特点是有突变的部分或陡峭的前沿（或后沿）。从广义来说，这些非正弦变化的波形可统称为脉冲波形。

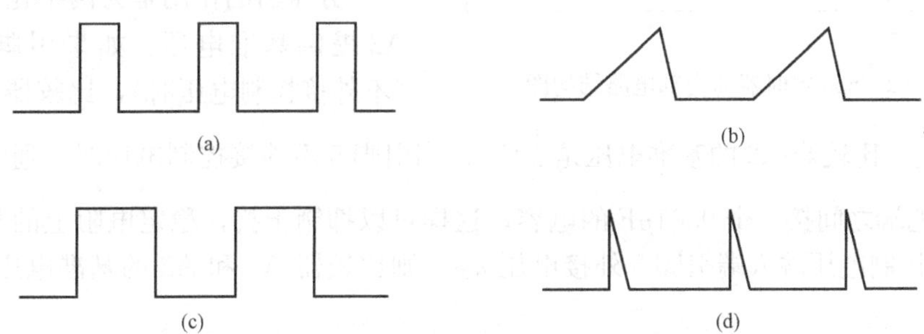

图6-1 常见的几种脉冲波形

(a) 矩形波；(b) 锯齿波；(c) 方波；(d) 尖顶波

在数字电路或数字系统中的脉冲信号通常是矩形波脉冲信号，例如时钟脉冲、控制过程的定时信号等。这些矩形脉冲波形的获取，通常可采用两种方法：一种方法是用脉冲波形产生电路直接产生；另一种方法则是对已有信号进行整形，使之满足系统的要求。本章主要介绍矩形脉冲波形的产生和整形电路。

脉冲波形的产生电路中，最常见的有多谐振荡器电路；脉冲波形的整形电路最常见的有施密特触发器和单稳态触发器电路。

多谐振荡器、施密特触发器、单稳态触发器可以用基本逻辑门电路组成，也可以用中规模集成电路555定时器构成。本章主要介绍由555定时器构成的脉冲波形产生和整形电路。

第二节 555 定 时 器

555定时器是一种将模拟电路与数字电路结合为一体的、用途广泛的中规模集成电路。555定时器使用灵活、方便，只需在其外部连接少量的电阻、电容等元件就可以构成多谐振荡器、单稳态触发器和施密特触发器等。因此，555 定时器在波形的产生与变换、测量与控制等许多领域中都得到了广泛的应用。

常用的 555 定时器有双极型的 NE555（或 5G555）和 CMOS 型的 C7555 等。双极型和 CMOS 型 555 定时器的结构、工作原理，以及外部引脚排列基本相同。双极型定时器的特点是具有较大的驱动能力，输出最大负载电流约为 200mA，电源电压为 5～16V，输出高电平不低于电源电压的 90%；而 CMOS 型定时器具有低功耗、输入阻抗高等优点，输出最大负载电流约为 4mA，电源电压为 3～18V，输出高电平不低于电源电压的 95%。

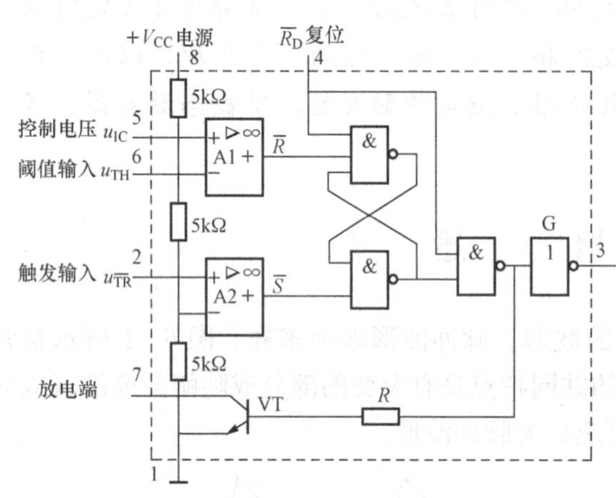

图 6-2　555 定时器的内部电路结构图

一、555 定时器的电路结构

以双极型定时器为例介绍 555 定时器的内部电路结构。如图 6-2 所示，定时器由电阻分压器、电压比较器、基本 RS 触发器、集电极开路的放电三极管 VT，以及缓冲器 G 等组成。

1. 电阻分压器

电阻分压器由 3 个阻值为 5kΩ 的电阻串联构成，555 由此得名。

分压器的作用是为两个比较器 A1 和 A2 提供基准电压。如果引脚 5 悬空时（不外接控制电压时），比较器 A1 的基准电压是$\frac{2}{3}V_{CC}$，比较器 A2 的基准电压是$\frac{1}{3}V_{CC}$。当引脚 5 不外接控制电压时，通常可在引脚 5 与电路接地端之间接一个 0.01μF 的电容，这样可以抑制干扰，稳定电阻上的分压即基准电压。若在控制电压输入端引脚 5 外接电压 u_{IC}，则比较器 A1 和 A2 的基准电压变为 u_{IC}和$\frac{1}{2}u_{IC}$。

2. 比较器

比较器 A1 和 A2 是两个结构完全相同的高精确度电压比较器。A1 的引脚 6 称为高触发输入端（也称阈值输入端）TH，A2 的引脚 2 称为低触发输入端$\overline{TR}$。当 u_{TH}大于比较器 A1 的基准电压时，A1 输出低电平，否则 A1 输出高电平；当 $u_{\overline{TR}}$小于比较器 A2 的基准电压时，A2 输出低电平，否则 A2 输出高电平。比较器 A1 和 A2 的输出直接控制基本 RS 触发器的状态。

3. 基本 RS 触发器

基本 RS 触发器是由与非门组成的，输入低电平有效。$\overline{R_D}$为复位输入端，$\overline{R_D}$低电平有效，即$\overline{R_D}=0$ 时，输出 u_O 为低电平。

4. 放电三极管和输出缓冲器

放电三极管 VT 工作在开关状态，其工作状态由基本 RS 触发器的输出$\overline{Q}$控制，$\overline{Q}=0$ 时 VT 截止，$\overline{Q}=1$ 时 VT 导通。

输出缓冲器 G 的作用是提高定时器的带负载能力，还可以隔离负载对定时器的影响。

二、555 定时器的功能

555 定时器的功能主要取决于两个电压比较器 A1 和 A2，比较器的输出控制基本 RS 触发器、放电三极管 VT 的工作状态。

由图 6 - 2 可知，当引脚 5 悬空时，比较器 A1 和 A2 的基准电压分别为$\frac{2}{3}V_{CC}$和$\frac{1}{3}V_{CC}$。555 定时器的功能如下：

(1) $\overline{R_D}$为复位输入端。当$\overline{R_D}$为低电平时，不论其他输入端的状态如何，输出 u_O 为低电平，放电三极管 VT 导通。因此，通常在正常工作时，应将$\overline{R_D}$接高电平。

(2) 当 $u_{TH}<\frac{2}{3}V_{CC}$，$u_{\overline{TR}}<\frac{1}{3}V_{CC}$时，A1 输出高电平 ($\bar{R}=1$)，A2 输出低电平 ($\bar{S}=0$)，基本 RS 触发器被置 1，输出 u_O 为高电平，放电管 VT 截止。

(3) 当 $u_{TH}>\frac{2}{3}V_{CC}$，$u_{\overline{TR}}>\frac{1}{3}V_{CC}$时，A1 输出低电平 ($\bar{R}=0$)，A2 输出高电平 ($\bar{S}=1$)，RS 触发器被置 0，输出 u_O 为低电平，放电管 VT 导通。

(4) 当 $u_{TH}<\frac{2}{3}V_{CC}$，$u_{\overline{TR}}>\frac{1}{3}V_{CC}$时，A1 输出高电平 ($\bar{R}=1$)，A2 也输出高电平 ($\bar{S}=1$)，RS 触发器状态不变，电路输出也保持原状态不变。

根据上述分析，可得 555 定时器的功能表如表 6 - 1 所示。

表 6 - 1　　555 定时器功能表

输　　入			输　　出	
阈值输入 u_{TH}	触发输入 $u_{\overline{TR}}$	复位$\overline{R_D}$	输出电平 u_O	放电管 VT
×	×	0	0	导通
$<\frac{2}{3}V_{CC}$	$<\frac{1}{3}V_{CC}$	1	1	截止
$>\frac{2}{3}V_{CC}$	$>\frac{1}{3}V_{CC}$	1	0	导通
$<\frac{2}{3}V_{CC}$	$>\frac{1}{3}V_{CC}$	1	不变	不变

若控制电压输入端引脚 5 外接电压 u_{IC}，则比较器 A1 和 A2 的基准电压改变为 u_{IC}和$\frac{1}{2}u_{IC}$，从而影响电路的工作状态。此时，只需将表 6 - 1 中的第一列的$\frac{2}{3}V_{CC}$换为 u_{IC}、第二列的$\frac{1}{3}V_{CC}$换为$\frac{1}{2}u_{IC}$，即是 555 定时器在外接控制电压 u_{IC}时的功能表。

第三节　施 密 特 触 发 器

施密特触发器是一种典型的脉冲整形电路。

施密特触发器在性能上有以下两个重要特点：

(1) 电平触发。触发信号 u_I 可以是变化缓慢的模拟信号，u_I 达到某一电平值时，输出电压 u_O 突变，所以 u_O 为脉冲信号。

(2) 电压滞后传输。输入信号 u_I 从低电平上升过程中，电路输出状态转换时对应的输入电平 U_{T+}，与 u_I 从高电平下降过程中电路输出状态转换时对应的输入电平 U_{T-}不同。

施密特触发器具有上述两个特点，不仅能将边沿缓慢变化的电压信号波形整形为边沿陡峭的矩形波，还可以将叠加在矩形脉冲高、低电平上的噪声干扰信号有效地清除，有较强的抗干扰能力。

一、用555定时器构成的施密特触发器

1. 电路组成

用555定时器构成的施密特触发器如图6-3（a）所示。将555定时器的阈值输入端（6脚）和触发输入端（2脚）连在一起，作为信号输入端，控制电压端（5脚）通过0.01μF的滤波电容接地，构成施密特触发器。

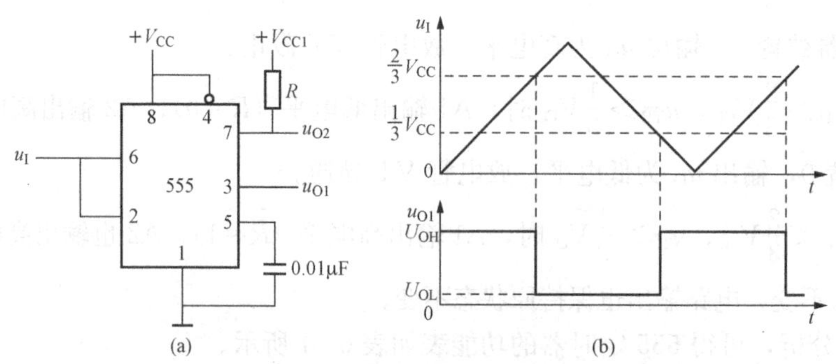

图6-3 用555定时器构成的施密特触发器

（a）电路图；（b）波形图

2. 工作原理

以图6-3（b）所示的三角波输入信号为例，依据555定时器功能表6-1说明施密特触发器的工作原理如下：

（1）$u_I=0V$时，由于$u_{TH}<\frac{2}{3}V_{CC}$，$u_{\overline{TR}}<\frac{1}{3}V_{CC}$，所以$u_{O1}$输出高电平。

（2）当u_I上升到$\frac{2}{3}V_{CC}$时，u_{O1}跳变为低电平。当u_I由$\frac{2}{3}V_{CC}$继续上升，然后下降尚未达到$\frac{1}{3}V_{CC}$时，u_{O1}保持不变。

（3）当u_I下降到$\frac{1}{3}V_{CC}$时，u_{O1}跳变为高电平。当u_I继续下降到0V时，u_{O1}保持不变。

如在放电管VT输出端（7脚）外接一个电阻，并与另一电源+V_{CC1}相连，则由u_{O2}输出的信号与u_{O1}基本一样，只是其高电平为V_{CC1}，可实现输出电平转换。

由上述分析可知，施密特触发器可将输入的三角波整形为矩形波。同理，也可将正弦波整形为矩形波。

3. 电压传输特性和主要参数

图6-4（a）所示为施密特触发器的逻辑符号。图6-4（b）所示为施密特触发器的电压传输特性，从曲线中可看到电路的滞回特性。施密特触发器输出电平由高向低跳变和由低向高跳变时所对应的输入阈值电压不同。把施密特触发器输入信号正向增加时，输出电平跳变所对应的输入阈值电压称为正向阈值电压，用U_{T+}表示；把施密特触发器输入信号负向减少时，输出电平跳变所对应的输入阈值电压称为负向阈值电压，用U_{T-}表示。两者的差值称为回差电压ΔU_T，即

$$\Delta U_T = U_{T+} - U_{T-} \quad (6-1)$$

图 6-4（a）所示施密特触发器的 $U_{T+}=\frac{2}{3}V_{CC}$，$U_{T-}=\frac{1}{3}V_{CC}$，$\Delta U_T=U_{T+}-U_{T-}=\frac{1}{3}V_{CC}$。

如果在控制电压端（5 脚）外接控制电压 u_{IC}，改变 u_{IC} 的大小，可以调节回差电压的范围。此时 $U_{T+}=u_{IC}$，$U_{T-}=\frac{1}{2}u_{IC}$，$\Delta U_T=U_{T+}-U_{T-}=\frac{1}{2}u_{IC}$。

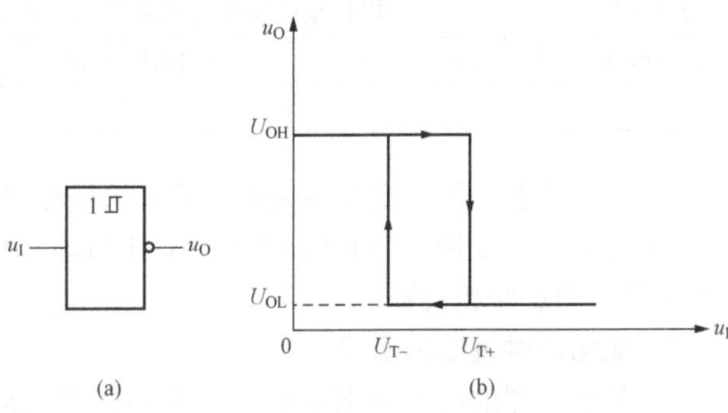

图 6-4　施密特触发器

（a）逻辑符号；（b）电压传输特性

二、集成施密特触发器

施密特触发器应用十分广泛，所以市场上有专门的集成电路产品出售，称为施密特触发门电路。集成施密特触发器的触发阈值稳定，使用方便。

1. CMOS 集成施密特触发器

图 6-5（a）所示为 CMOS 集成施密特触发器 CC40106（六反相器）的引线排列图，表 6-2 所示为其主要静态参数。

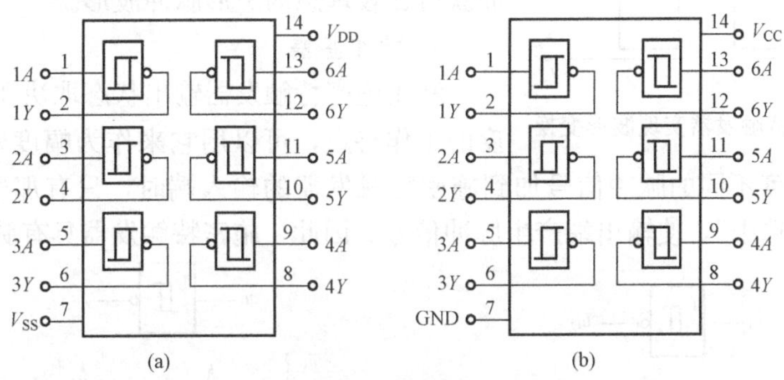

图 6-5　集成施密特触发器 CC40106 和 74LS14 外引线排列图

（a）CC40106；（b）74LS14

表 6-2　集成施密特触发器 CC40106 的主要静态参数

电源电压 V_{DD}	U_{T+} 最小值	U_{T+} 最大值	U_{T-} 最小值	U_{T-} 最大值	ΔU_T 最小值	ΔU_T 最大值	单位
5	2.2	3.6	0.9	2.8	0.3	1.6	V
10	4.6	7.1	2.5	5.2	1.2	3.4	V
15	6.8	10.8	4	7.4	1.6	5	V

2. TTL 集成施密特触发器

图 6-5（b）所示为 TTL 集成施密特触发器 74LS14 外引脚图，其主要参数的典型值如表 6-3 所示。

表 6-3　　TTL 集成施密特触发器几个主要参数的典型值

器件型号	延迟时间（ns）	每门功耗（mW）	U_{T+}(V)	U_{T-}(V)	ΔU_T(V)
74LS14	15	8.6	1.6	0.8	0.8

集成施密特触发器不仅可以做成单输入端反相缓冲器形式，还可以做成多输入端与非门形式，如 CMOS 4-2 输入与非门 CC4093，TTL 4-2 输入与非门 74LS132 和双 4 输入与非门 74LS13 等，可查阅相关资料。

三、施密特触发器的应用

施密特触发器的应用范围非常广，主要用于波形变换、脉冲波形的整形及脉冲幅度鉴别等。

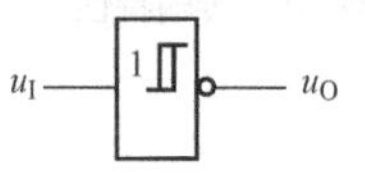

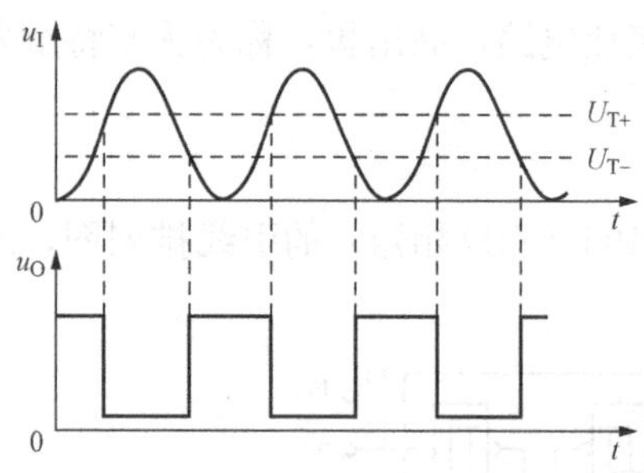

图 6-6　用施密特触发器实现波形变换

1. 波形变换

施密特触发器可将变化缓慢的非矩形波变换为矩形波。如输入信号为幅度大于 U_{T+} 的正弦波，便可在施密特触发器的输出端得到相同频率的矩形波脉冲信号，如图6-6 所示。

2. 脉冲整形

如图 6-7 所示，只要将施密特触发器设置合适的 U_{T+} 和 U_{T-}，可以将发生波形畸变的矩形脉冲整形，而获得比较理想的矩形脉冲波形。

3. 脉冲鉴幅

利用施密特触发器输出状态取决于输入信号 u_I 幅度的工作特点，可以用它来作为幅度鉴别电路。如图 6-8 所示，将幅度不同的脉冲信号加到施密特触发器的输入端时，只有那些幅度大于 U_{T+} 的脉冲才会被“选中”，使输出端产生脉冲信号。因此，施密特触发器具有脉冲鉴幅的功能。

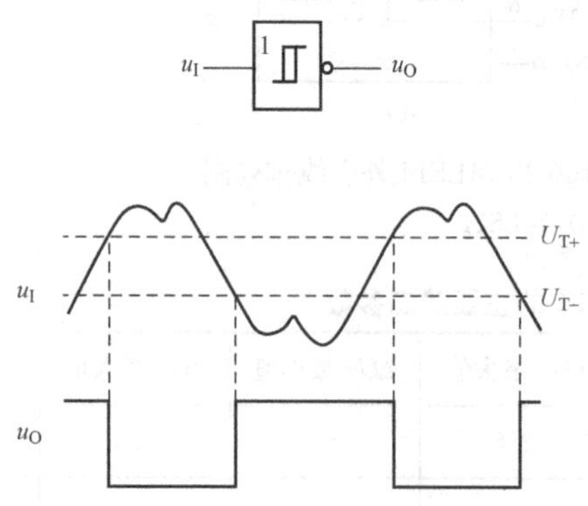

图 6-7　用施密特触发器对脉冲整形

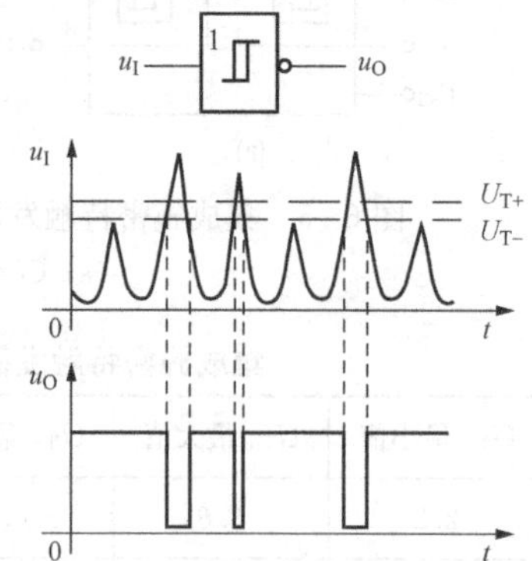

图 6-8　用施密特触发器鉴别脉冲幅度

第四节　单稳态触发器

单稳态触发器是广泛应用于脉冲整形、延时和定时的电路，有稳态和暂稳态两个不同的工作状态。在外界触发脉冲的作用下，单稳态触发器能从稳定状态翻转到暂稳态，暂稳态维持一段时间后，电路又自动地翻转到稳态。暂稳态维持时间的长短取决于电路本身的参数，与外界触发脉冲无关。

一、用 555 定时器构成的单稳态触发器

1. 电路组成

图 6-9（a）所示是用 555 定时器构成的单稳态触发器。图中触发输入信号 u_I 加在触发输入端（2 脚），并将阈值输入端（6 脚）和放电三极管 VT 输出端（7 脚）连在一起，再与定时元件 R、C 相接。

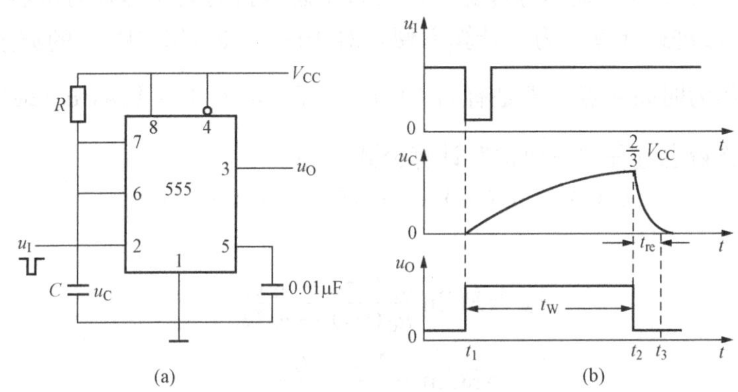

图 6-9　用 555 定时器构成的单稳态触发器

（a）电路图；（b）波形图

2. 工作原理

现以图 6-9（b）所示的负脉冲触发输入信号，并根据 555 定时器功能表 6-1 说明电路的工作原理。

（1）无触发信号输入时，u_I 处于高电平，电路工作在稳定状态，u_O 为低电平（$0<t<t_1$）。假定接通电源后，555 定时器内 RS 触发器工作在 0 状态，则 u_O 为低电平，放电三极管 VT 导通，$u_C\approx 0$，使 $\overline{R}=\overline{S}=1$，$u_O$ 为低电平的状态将稳定地保持不变。若接通电源后 RS 触发器工作在 1 状态，则使 VT 截止，电源 V_{CC} 通过电阻 R 向电容 C 充电，当 u_C 上升到 $\frac{2}{3}V_{CC}$ 时，RS 触发器被置 0，u_O 为低电平，同时 VT 导通，电容 C 经 VT 迅速放电至 $u_C\approx 0$，又使 $\overline{R}=\overline{S}=1$，$u_O$ 为低电平的状态也将稳定地保持不变。

因此，通电后电路便自动地工作在 u_O 为低电平的稳态，此时电容 C 上的电压 $u_C\approx 0$。

（2）触发翻转进入暂稳态（$t=t_1$）。若触发输入端施加触发信号 $\left(u_I<\frac{1}{3}V_{CC}\right)$，则触发翻转，使 RS 触发器置 1，$u_O$ 输出高电平，VT 截止，电路开始进入暂稳态。

（3）暂稳态的维持时间（$t_1\leqslant t<t_2$）。在暂稳态期间，u_O 输出高电平，由于 VT 截止，V_{CC} 经 R 向 C 充电。其充电回路为 $V_{CC}\rightarrow R\rightarrow C\rightarrow$ 地，时间常数 $\tau_1=RC$，电容电压 u_C 由 0V 开始增大，在电容电压 u_C 上升到阈值电压 $\frac{2}{3}V_{CC}$ 之前，电路将保持暂稳态不变。

（4）自动返回，暂稳态结束（$t=t_2$）。当 u_C 上升至阈值电压 $\frac{2}{3}V_{CC}$ 时，如果触发脉冲已消失，即 u_I 返回高电平，则触发器被置 0，输出电压 u_O 由高电平跳变为低电平，VT 由截

止转为饱和导通，暂稳态结束。

(5) 恢复过程 ($t_2 \leqslant t < t_3$)。当暂稳态结束后，$u_C = \frac{2}{3}V_{CC}$，电容 C 通过饱和导通的三极管 VT 放电，时间常数 $\tau_2 = R_{CES}C$，式中 R_{CES} 是 VT 的饱和导通电阻，其阻值非常小，因此 τ_2 值亦非常小。经过 $(3\sim5)\tau_2$ 后，电容 C 放电完毕，$u_C \approx 0$，恢复过程结束。

恢复过程结束后 ($t > t_3$)，电路返回到稳定状态，单稳态触发器又可以接收新的触发信号。

3. 主要参数

(1) 输出脉冲宽度 t_W。输出脉冲宽度就是暂稳态维持时间，即定时电容 C 的充电时间，可以根据 u_C 的波形进行计算。为了计算方便，对于图 6-9 (b) 中 u_C 的波形，将触发脉冲作用的起始时刻作为时间起点，于是有 $u_C(0^+) = 0\text{V}$，$u_C(\infty) = V_{CC}$，$u_C(t_W) = \frac{2}{3}V_{CC}$，$\tau = RC$，代入 RC 电路瞬态过程“三要素”计算公式，即

$$u_C(t) = u_C(\infty) + [u_C(0^+) - u_C(\infty)]e^{-t/\tau} \tag{6-2}$$

可得

$$\begin{aligned} t_W &= RC\ln\frac{u_C(\infty) - u_C(0^+)}{u_C(\infty) - u_C(t_W)} \\ &= RC\ln\frac{V_{CC} - 0}{V_{CC} - \frac{2}{3}V_{CC}} \\ &= RC\ln 3 \\ &\approx 1.1RC \end{aligned} \tag{6-3}$$

式 (6-3) 说明，单稳态触发器输出脉冲宽度 t_W 仅决定于定时元件 R、C 的取值，与输入触发信号和电源电压无关，调节 R、C 的取值，即可方便地调节 t_W。通常电阻的取值在几百欧姆到几兆欧姆，电容的取值为几百皮法到几百微法，所以 t_W 的对应范围为几微秒至几分钟。

需要提醒的是上述结果产生的条件是要求输入触发信号 u_I 的负脉冲宽度必须小于单稳态触发器输出脉冲宽度 t_W，否则电路将不能正常工作。如果输入触发信号 u_I 的负脉冲宽度大于单稳态触发器输出脉冲宽度 t_W 时欲使电路也能正常工作，可在电路的输入端加一个 RC 微分电路，图 6-10 所示为实用电路示例。

(2) 恢复时间 t_{re}。暂稳态结束后，为了使电容 C 在暂稳态期间所充的电荷释放完，以便电路恢复到起始的稳态，还需要一段恢复时间 t_{re}。一般取 $t_{re} = (3\sim5)\tau_2$，即认为经过 3～5 倍于电路时间常数的时间以后，电容就放电完毕，使电路基本达到稳态。由于 $\tau_2 = R_{CES}C$，而放电三极管 VT 的饱和导通电阻 R_{CES} 阻值非常小，所以用 555 定时器构成单稳态触发器的 t_{re} 很小，u_C 波形的下降沿很陡。

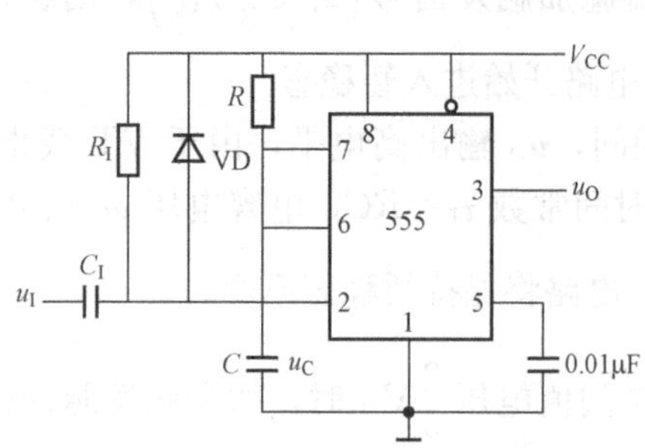

图 6-10 单稳态触发器电路图

(3) 最高工作频率 f_{max}。如果输入触发信号 u_I 是周期性的连续脉冲，为保证单稳态触发器能够正常工作，应使 u_I 的周期 T 满足条件 $T > t_W + t_{re}$，即 u_I 周期的最小值 T_{min} 应为 $t_W + t_{re}$，即

$$T_{min} = t_W + t_{re}$$

所以，单稳态触发器的最高工作频率为

$$f_{max} = \frac{1}{T_{min}} = \frac{1}{t_W + t_{re}} \tag{6-4}$$

二、集成单稳态触发器

1. TTL 集成单稳态触发器 74121 的逻辑功能和使用方法

图 6-11（a）所示为 TTL 集成单稳态触发器 74121 的电路符号，图 6-11（b）所示为波形图。该器件是在普通微分型单稳态触发器的基础上附加输入控制电路和输出缓冲电路而形成的。它有两种触发方式，下降沿触发和上升沿触发。A_1 和 A_2 是两个下降沿有效的触发输入端，B 是上升沿有效的触发信号输入端；u_O 和$\overline{u_O}$是两个状态互补的输出端。

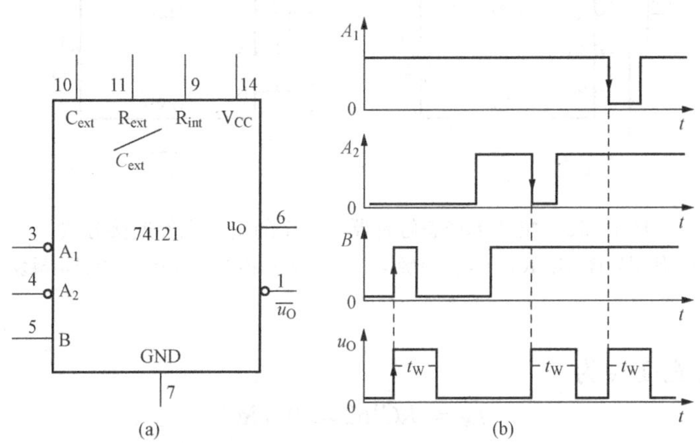

图 6-11　集成单稳态触发器 74121 的图形符号和波形图

（a）电路符号；（b）波形图

R_{ext}/C_{ext}、C_{ext}是外接定时电阻和电容的连接端，外接定时电阻 R_{ext}（阻值可在 1.4～40kΩ 之间选择）应一端接 V_{CC}（引脚 14），另一端接引脚 11。外接定时电容 C（一般在 10pF～10μF 之间选择）一端接引脚 10，另一端接引脚 11 即可。若 C 是电解电容，则其正极接引脚 10，负极接引脚 11。74121 内部还设置了一个 2kΩ 的定时电阻，R_{int}（引脚 9）是其引出端，使用内部定时电阻时只需将引脚 9 与引脚 14 连接起来即可，不用时则应让引脚 9 悬空。

表 6-4 所示为集成单稳态触发器 74121 的功能表。表中 1 表示高电平，0 表示低电平。

表 6-4　集成单稳态触发器 74121 的功能表

输入			输出		工作特征
A_1	A_2	B	u_O	$\overline{u_O}$	
0	×	1	0	1	保持稳态
×	0	1	0	1	
×	×	0	0	1	
1	1	×	0	1	
1	↓	1	⊓	⊔	下降沿触发
↓	1	1	⊓	⊔	
↓	↓	1	⊓	⊔	
0	×	↑	⊓	⊔	上升沿触发
×	0	↑	⊓	⊔	

集成单稳态触发器 74121 的定时元件连接有两种方式，如图 6-12 所示。图 6-12（a）

为使用外部电阻R_{ext}且电路为下降沿触发连接方式，图 6 - 12（b）为使用内部电阻R_{int}且电路为上升沿触发连接方式（$R_{int}=2k\Omega$）。

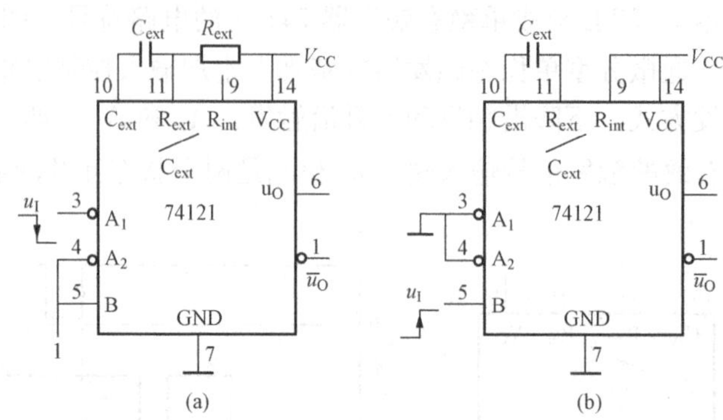

图 6 - 12　集成单稳态触发器 74121 的定时元件连接方法

（a）使用外接电阻R_{ext}（下降沿触发）；（b）使用内部电阻R_{int}（上升沿触发）

2. 主要参数

（1）输出脉冲宽度t_W为

$$t_W = RC\ln 2 \approx 0.7RC$$

使用外接电阻时

$$t_W \approx 0.7R_{ext}C$$

使用内部电阻时

$$t_W \approx 0.7R_{int}C$$

（2）输入触发脉冲最小周期T_{min}为

$$T_{min} = t_W + t_{re}$$

式中：t_{re}为恢复时间。

（3）周期性输入触发脉冲占空比q，定义式为

$$q = t_W/T$$

式中：T为输入触发脉冲的重复周期；t_W为单稳态触发器的输出脉冲宽度。

最大占空比的计算式为

$$q_{max} = t_W/T_{min} = \frac{t_W}{t_W + t_{re}}$$

74121 的最大占空比q_{max}，当$R=2k\Omega$时为 67%，当$R=40k\Omega$时可达 90%。

若$R=2k\Omega$且输入触发脉冲最小重复周期$T_{min}=1.5\mu s$，则恢复时间$t_{re}=0.5\mu s$，这是 74121 恢复到稳态所必需的时间。如果占空比超过最大允许值，电路虽然仍可被触发，但t_W将不稳定，也就是说 74121 不能正常工作。这也是使用 74121 时应该注意的一个问题。

3. 关于集成单稳态触发器的重复触发问题

集成单稳态触发器有不可重复触发型和可重复触发型两种。不可重复触发的单稳态触发器一旦被触发进入暂稳态以后，如再加入触发脉冲不会影响电路的工作过程，必须在暂稳态结束以后，才能接受下一个触发脉冲而转入下一个暂稳态，其工作波形如图 6 - 13（a）所示。可重复触发的单稳态触发器在电路被触发而进入暂稳态以后，如果再次加入触发脉冲，电路将重新被触发，使输出脉冲再持续维持一个t_W宽度，其工作波形如图 6 - 13（b）所示。

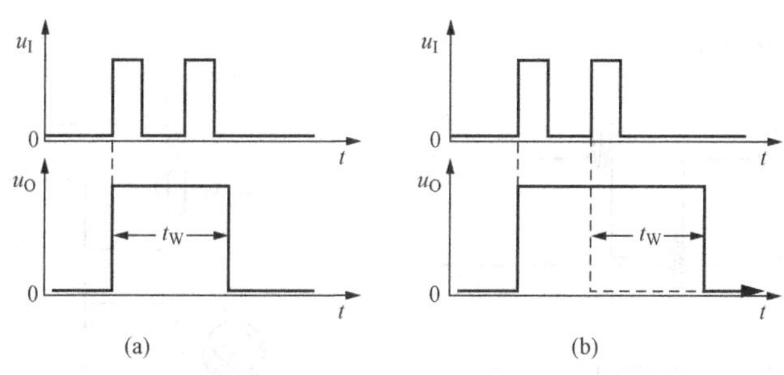

图 6-13　单稳态触发器的工作波形
(a) 不可重复触发型；(b) 可重复触发型

74121、74221、74LS221 都是不可重复触发的单稳态触发器。属于可重复触发的触发器有 74122、74LS122、74123、74LS123 等。

有些集成单稳态触发器还设有复位端（例如 74221、74122、74123 等），通过复位端加入低电平信号能立即终止暂稳态过程，使输出端返回低电平。

三、单稳态触发器的应用

1. 定时

由于单稳态触发器能产生一定宽度 t_W 的矩形输出脉冲，若利用这个矩形脉冲作为定时信号去控制某电路，可使其在 t_W 时间内动作或不动作。

如图 6-14（b）所示，单稳态触发器的输出信号u'_O作为与门的控制信号，当 u'_O为高电平时，与门打开，使信号 u_A 通过；当 u'_O为低电平时，与门封锁，信号 u_A 不能通过。与门打开时间的长短取决于单稳态触发器暂稳态持续的时间 t_W。

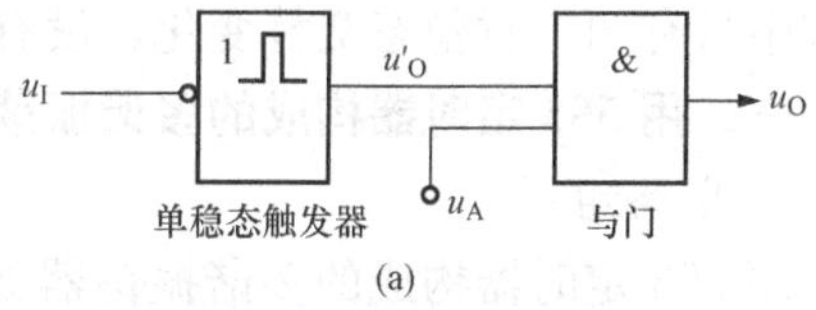

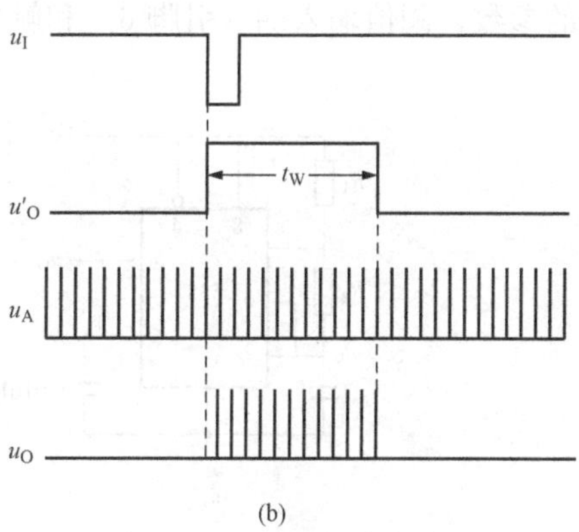

图 6-14　单稳态触发器用于定时与延时
(a) 逻辑图；(b) 波形图

2. 延时

从图 6-14（b）所示电路中的单稳态触发器工作波形中可以看出，u'_O的下降沿比 u_I 的下降沿滞后了时间 t_W，即延迟了时间 t_W。单稳态触发器的这种延时作用常被应用在时序控制中。

3. 整形

如图 6-15 所示，把波形发生畸变的矩形脉冲信号 u_I 通过单稳态触发器能够输出理想的矩形脉冲波形 u_O，此时单稳态触发器的作用称为整形。u_O 的幅度取决于单稳态电路输出的高电平、低电平，u_O 的宽度取决于暂稳态时间 t_W。由图 6-15 所示 u_O 波形可知该矩形脉冲宽度相同，均为 t_W。

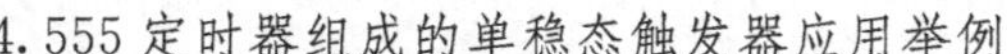
4. 555 定时器组成的单稳态触发器应用举例

图 6-16 所示是触摸式定时控制开关电路。它实际是利用 555 定时器构成的单稳态触发器，只要用手触摸一下金属片 P，由于人体感应电压相当于在触发输入端（引脚 2）加入一个负脉冲，555 定时器输出端（引脚 3）输出高电平，灯泡（R_L）发光，当暂稳态时间（t_W）结束时，555 定时器输出端恢复低电平，灯泡熄灭。该触摸开关可用于夜间定时照明，

定时时间可由 RC 参数调节。

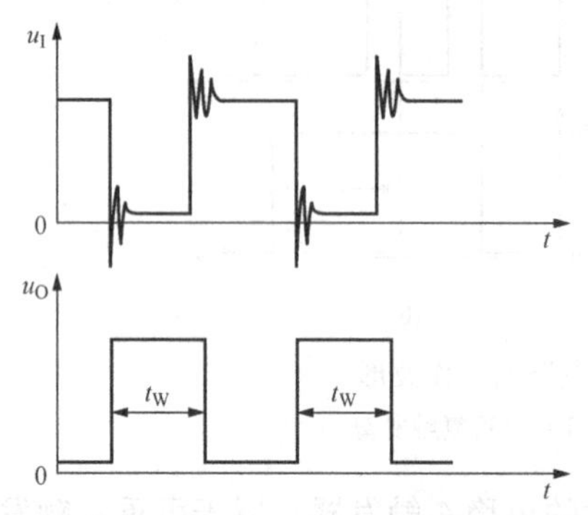

图 6-15 单稳态触发器用于波形的整形

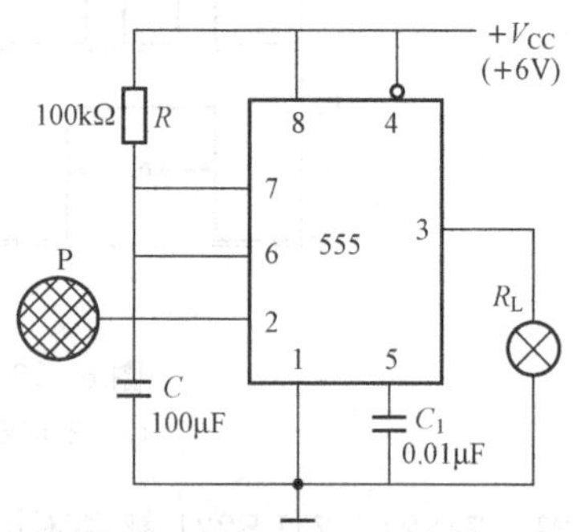

图 6-16 触摸式定时控制开关电路

第五节 多谐振荡器

多谐振荡器是一种能够产生矩形脉冲波的自激振荡器，常用来作为脉冲信号源。多谐振荡器没有输入端，在接通电源后便能自动地产生一定频率和幅值的矩形脉冲波。由于矩形波中含有丰富的高次谐波分量，所以习惯上又把矩形波振荡器称为多谐振荡器。多谐振荡器在工作中只有两个暂稳态交替变化，没有稳态，故又称为无稳态电路。

一、用 555 定时器构成的多谐振荡器

1. 电路组成

用 555 定时器构成的多谐振荡器如图 6-17（a）所示。其中 R_1、R_2、C 是外接定时元件的参数，阈值输入端（引脚 6）和触发输入端（引脚 2）连在一起。

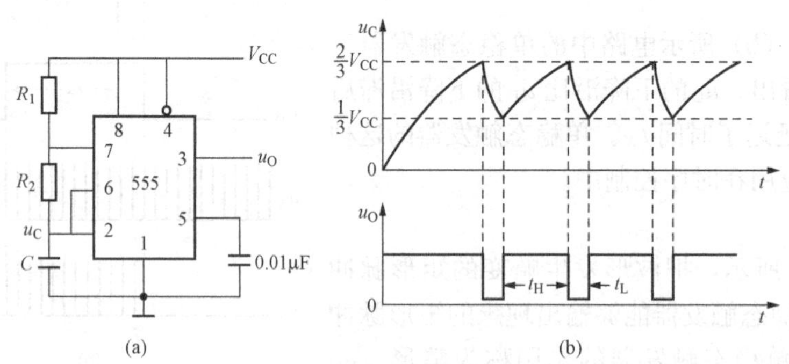

图 6-17 用 555 定时器构成的多谐振荡器

（a）电路图；（b）波形图

2. 工作原理

（1）起始状态。电源接通瞬间，电容 C 来不及充电无电荷，电压 u_C（引脚 6、引脚 2）为低电平，电路输出 u_O 为高电平，放电三极管 VT 截止。

（2）第一暂稳态。u_O 高电平，VT 截止，是电路的一种暂稳状态。在这种状态下电容充电，充电回路为 $V_{CC}\to R_1\to R_2\to C\to$地，充电时间常数 $\tau_1=(R_1+R_2)C$，电压 u_C 按指数

规律上升。

（3）第一次自动翻转。当 u_C 上升到$\frac{2}{3}V_{CC}$时，即引脚 6（引脚 2）为高电平，触发器被置 0，u_O 翻转为低电平，VT 饱和导通，充电结束。

（4）第二暂稳态。u_O 低电平，VT 饱和导通，是电路的另一种暂稳状态。在这种状态下电容放电，放电回路为 $C\rightarrow R_2\rightarrow$VT（引脚 7）$\rightarrow$地，若忽略 VT 饱和导通电阻，放电时间常数 $\tau_2=R_2C$，电压 u_C 按指数规律下降。

（5）第二次自动翻转。当 u_C 下降到$\frac{1}{3}V_{CC}$时，即引脚 2（引脚 6）为低电平，触发器又被置 1，u_O 翻转为高电平，VT 截止，放电结束。之后电路又回到第一暂稳态。

如此周而复始，第一暂稳态和第二暂稳态交替出现，在输出端便得到周期性的矩形脉冲波，如图 6-17（b）所示。

3. 主要参数

（1）振荡周期。从图 6-17（b）中可以看出，输出电压 u_O 的低电平时间 t_L 为电容上电压 u_C 从$\frac{2}{3}V_{CC}$减小到$\frac{1}{3}V_{CC}$所需要的时间；u_O 的高电平时间 t_H 为电容上电压 u_C 从$\frac{1}{3}V_{CC}$增大到$\frac{2}{3}V_{CC}$所需要的时间。

电容上电压 u_C 从$\frac{2}{3}V_{CC}$减小到$\frac{1}{3}V_{CC}$时电容放电，时间常数 $\tau_2=R_2C$，$u_C(0^+)=\frac{2}{3}V_{CC}$，$u_C(\infty)=0$，$u_C(t_L)=\frac{1}{3}V_{CC}$，代入 RC 电路瞬态过程计算式（6-2）可求得

$$\begin{aligned} t_L &= R_2C\ln\frac{u_C(\infty)-u_C(0^+)}{u_C(\infty)-u_C(t_L)} \\ &= R_2C\ln\frac{0-\frac{2}{3}V_{CC}}{0-\frac{1}{3}V_{CC}} \\ &= R_2C\ln2 \\ &\approx 0.7R_2C \end{aligned} \tag{6-5}$$

电容上电压 u_C 从$\frac{1}{3}V_{CC}$增大到$\frac{2}{3}V_{CC}$时电容充电，时间常数 $\tau_1=(R_1+R_2)C$，$u_C(0^+)=\frac{1}{3}V_{CC}$，$u_C(\infty)=V_{CC}$，$u_C(t_H)=\frac{2}{3}V_{CC}$，代入 RC 电路瞬态过程计算式（6-2）可求得

$$\begin{aligned} t_H &= (R_1+R_2)C\ln\frac{u_C(\infty)-u_C(0^+)}{u_C(\infty)-u_C(t_H)} \\ &= (R_1+R_2)C\ln\frac{V_{CC}-\frac{1}{3}V_{CC}}{V_{CC}-\frac{2}{3}V_{CC}} \\ &= (R_1+R_2)C\ln2 \\ &\approx 0.7(R_1+R_2)C \end{aligned} \tag{6-6}$$

因此可得电路振荡周期为

$$T = t_H + t_L \approx 0.7(R_1 + 2R_2)C \tag{6-7}$$

(2) 振荡频率为

$$f = \frac{1}{T} \approx \frac{1.43}{(R_1 + 2R_2)C} \tag{6-8}$$

(3) 占空比为

$$q = \frac{t_H}{T} = \frac{0.7(R_1 + R_2)C}{0.7(R_1 + 2R_2)C} = \frac{R_1 + R_2}{R_1 + 2R_2} \tag{6-9}$$

二、占空比可调的多谐振荡器

图 6-17 所示电路中，电容 C 的充电时间常数 $\tau_1 = (R_1 + R_2)C$ 比放电时间常数 $\tau_2 = R_2C$ 大，所以 t_H 总是大于 t_L，使占空比 q 大于 50%，u_O 的波形不仅不可能对称，而且占空比 q 不易调节。

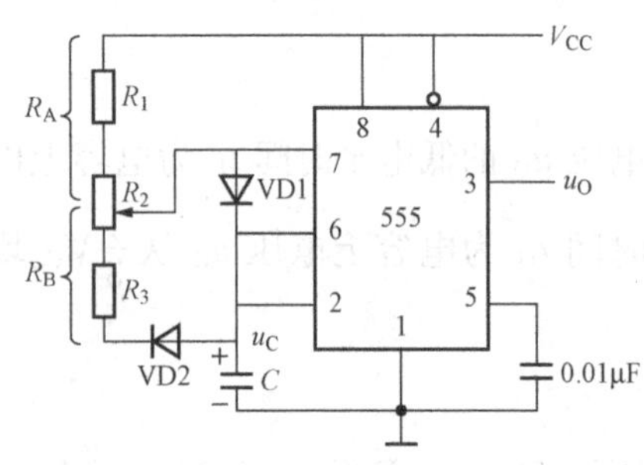

图 6-18 占空比可调的多谐振荡器

利用二极管单向导电性改变电容的充放电回路，即可改变输出波形的占空比。占空比可调的多谐振荡器的电路如图 6-18 所示。

在图 6-18 中电容充电回路为 $V_{CC} \to R_A \to$ VD1$\to C \to$ 地，充电时间即 u_O 的高电平时间 t_H 为

$$t_H = 0.7R_AC \tag{6-10}$$

电容放电回路为 $C \to$ VD2$\to R_B \to$ VT（引脚 7）→地，放电时间即 u_O 的低电平时间 t_L 为

$$t_L = 0.7R_BC \tag{6-11}$$

因此，占空比为

$$q = \frac{t_H}{T} = \frac{0.7R_AC}{0.7R_AC + 0.7R_BC} = \frac{R_A}{R_A + R_B} \tag{6-12}$$

只需改变电位器 RP 滑动端的位置，就能方便地调节占空比 q，当 $R_A = R_B$ 时，$q = 50\%$，u_O 就成为对称的矩形波，也称为方波。

三、石英晶体多谐振荡器

在很多数字系统中，均要求时钟脉冲频率十分稳定，例如在数字钟表里，计数脉冲频率的稳定性直接影响着计时的精度。而上面所介绍的多谐振荡器其工作频率取决于电容充电、放电过程中电压到达转换值的时间，因此频率稳定度不够高，原因如下：①转换电平易受温度变化和电源波动的影响；②电路的工作方式易受干扰，从而使电路状态转换提前或滞后；③电路状态转换时，电容充电、放电的过程已经比较缓慢，转换电平的微小变化或者干扰对振荡周期影响都比较大。通常在对振荡器频率稳定度要求很高的场合，都需要采取稳频措施，最常用的一种方法是利用石英谐振器，简称石英晶体或晶体，构成石英晶体多谐振荡器。

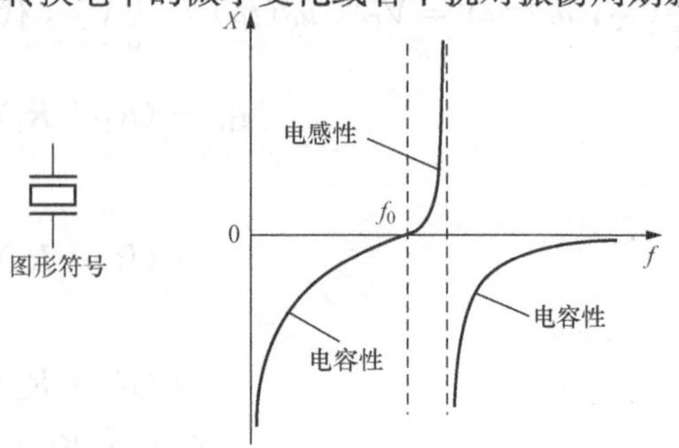

图 6-19 石英晶体的电抗频率特性和图形符号

1. 石英晶体的选频特性

图 6-19 所示为石英晶体的电抗频率特性和图形符号。由图 6-19 可知，当石英晶体外加电压的频率 $f = f_0$ 时，其电抗 $X = 0$，在其他频率下电抗均较大。石英晶体具有很好的选频

特性，而且谐振频率 f_0 十分稳定。石英晶体的频率稳定度可达 10^{-10}～10^{-11}，足以满足大多数数字系统对频率稳定度的要求。

2. 石英晶体多谐振荡器

图 6-20 所示为一种由双反相器构成的比较典型的石英晶体振荡器电路。电路中 R 的作用是使两个反相器在静态时均能工作在转折区，使每一个反相器成为具有很强放大能力的放大电路。对 TTL 反相器，常取 $R=0.7$～$2\text{k}\Omega$，若是 CMOS 反相器则常取 $R=10$～$100\text{M}\Omega$。C 是耦合电容，它们的容抗在石英晶体谐振频率 f_0 时可以忽略不计，采用直接耦合方式时 C 也可以不要。石英晶体构成选频环节。

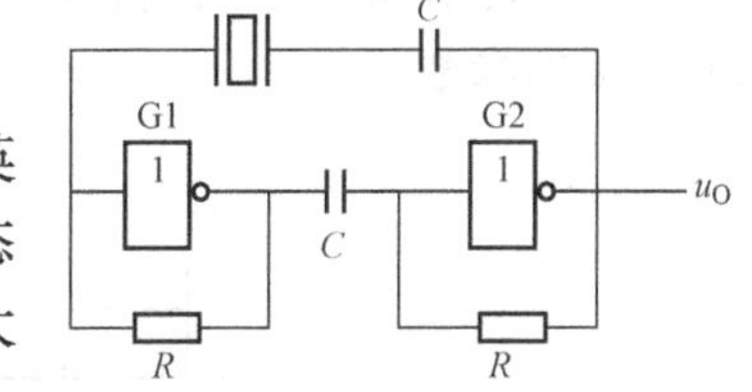

图 6-20　石英晶体多谐振荡器电路

由于串联在两级放大器之间的石英晶体具有非常好的选频特性，仅有频率为 f_0 的信号才能通过，满足自激振荡条件，因此，只要接通电源，电路就会在频率 f_0 处形成自激振荡。石英晶体的谐振频率 f_0，仅决定于其体积、形状和材料，而与外接元件 R、C 无关，所以这种电路振荡频率的稳定度很高。实际使用时，常在图 6-20 所示电路的输出端再加一个反相器，它可以起整形作用，既使输出脉冲更接近矩形波，又能起缓冲和隔离作用。

本章小结

（1）矩形波脉冲信号的获取方法一般有两种：一种是利用多谐振荡器直接产生，另一种是利用施密特触发器、单稳态触发器整形电路对已有的周期性信号整形。

（2）555 定时器是一种多用途的单片中规模集成电路。它使用灵活、方便，只需外接少量的阻容元件就可以构成多谐振荡器、施密特触发器和单稳态触发器，因而在波形的产生与变换、测量与控制等诸多领域中都有广泛的应用。

（3）施密特触发器采用电平触发双稳态电路。它的特点是对应正向增加和负向减少的输入信号，电路的触发阈值电压不同，即具有回差特性。它可用于波形的变换、整形、幅度鉴别。

（4）单稳态触发器的特点是只有一个稳态，另一个是暂稳态；由稳态到暂稳态的翻转需外加触发信号才可实现，而暂稳态到稳态的翻转无需外加触发信号，可自动返回；暂稳态持续的时间由电路本身的参数决定，而与外加触发信号无关。它可用于脉冲整形、延时和定时。

（5）多谐振荡器采用无稳态电路，两个状态均为暂稳态，在接通电源后无需外加触发信号，电路便可自动实现由一个状态到另一个状态的翻转，从而产生一定频率和幅值的矩形脉冲波。在对振荡器频率稳定度要求较高的场合，通常采用石英晶体多谐振荡器。

思考题与习题

6-1　由 555 定时器接成的施密特触发器电路如图 6-21 所示。若 $V_{CC}=+5\text{V}$，$u_{IC}=+4\text{V}$，试回答：

（1）电路的 U_{T+}、U_{T-} 和 ΔU_T 各为多少？

(2) 若在 u_I 端加三角波，峰—峰值为 0～+5V，定性画出对应的 u_{O1}、u_{O2} 波形。

6-2 若用 555 定时器构成一个施密特触发器实现图 6-22 所示鉴幅功能，画出电路图，标明相关的参数。

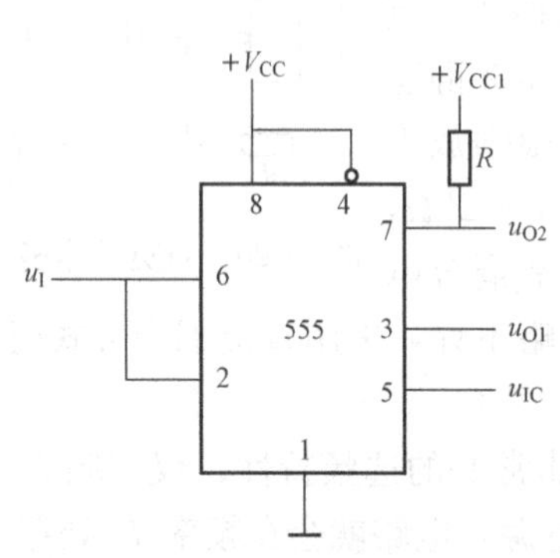

图 6-21 习题 6-1 图

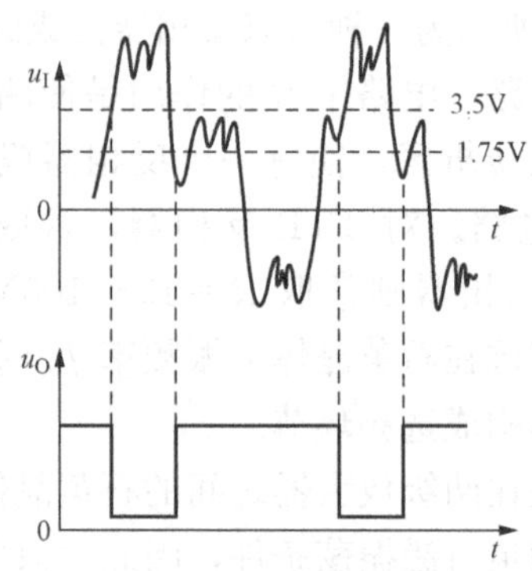

图 6-22 习题 6-2 图

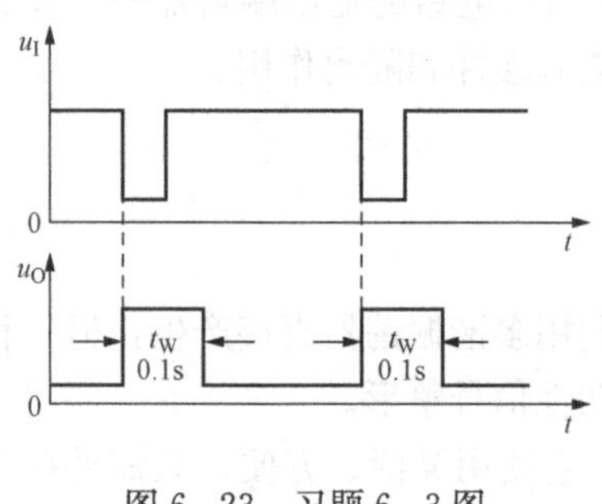

图 6-23 习题 6-3 图

6-3 试用 555 定时器构成单稳态触发器，已知 $V_{CC}=5V$，给定的电容 $C=0.47\mu F$，输入、输出波形如图 6-23 所示，确定定时电阻 R 的取值，画出单稳态触发器的电路图。

6-4 由 555 定时器构成的单稳态触发器如图 6-9 (a) 所示，试完成：

(1) 输出脉宽 t_W 与哪些参数有关？推导出其计算公式。如果已知 $R=10k\Omega$，$C=4700pF$，则输出脉宽 t_W 为多大？

(2) 若将电路中的控制电压端 5 脚改接 $u_{IC}=+4V$ 的参考电压，上述 t_W 的公式有什么变化？若 R、C 参数不变，计算 t_W 值。

6-5 试用 555 定时器设计一个单稳态触发器，要求输出脉冲宽度在 1～10s 的范围内可手动调节。给定 555 定时器的电源为 15V，触发信号来自 TTL 电路，高电平、低电平分别为 3.4V 和 0.1V。

6-6 图 6-24 (a) 所示为用两个集成电路单稳态触发器 74121 组成的脉冲变换电路，外接电阻和外接电容的参数如图中所示。u_I 的波形如图 6-24 (b) 所示，试计算在输入触发信号 u_I 作用下 u_{O1}、u_{O2} 输出脉冲的宽度，并画出与 u_I 波形相对应的 u_{O1}、u_{O2} 的电压波形。

6-7 由 555 定时器构成的多谐振荡器如图 6-17 所示。试定性画出电容电压 u_C 及输出电压 u_O 的波形并注明有关的电压值，并根据电路中所给参数，求输出电压 u_O 的频率 f。

6-8 555 定时器接成如图 6-18 所示的振荡器，已知 $V_{CC}=5V$，$R_A=22k\Omega$，$R_B=39k\Omega$，$C=0.022\mu F$，试完成：

(1) 求 u_O 的振荡频率；

(2) 若将电路中的控制电压端 5 脚改接 u_{IC} 参考电压，当 u_{IC} 分别取 4.5、3.6、2、1.2V 时，输出 u_O 的频率 f 各应为多少？

(3) 根据上述的计算结果说明该电路具备何种功能？

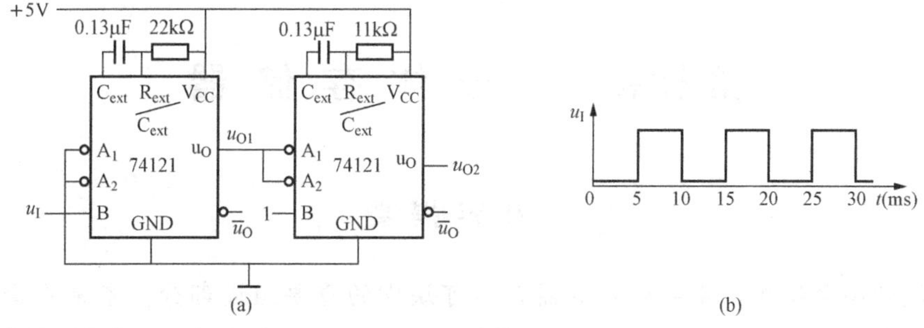

图 6-24　习题 6-6 图

6-9　在图 6-25 所示电路中，已知 CMOS 集成施密特触发器的电源电压 $V_{DD}=15V$，$U_{T+}=9V$，$U_{T-}=4V$，$C=0.5\mu F$，试完成：

(1) 定性画出 u_C、u_O 的波形；

(2) 为了得到占空比 $q=50\%$ 的输出脉冲，R_1 与 R_2 的比值应取多少？

(3) 若给定 $R_1=3k\Omega$，$R_2=8.2k\Omega$，电路的振荡频率为多少？输出脉冲的占空比是多少？

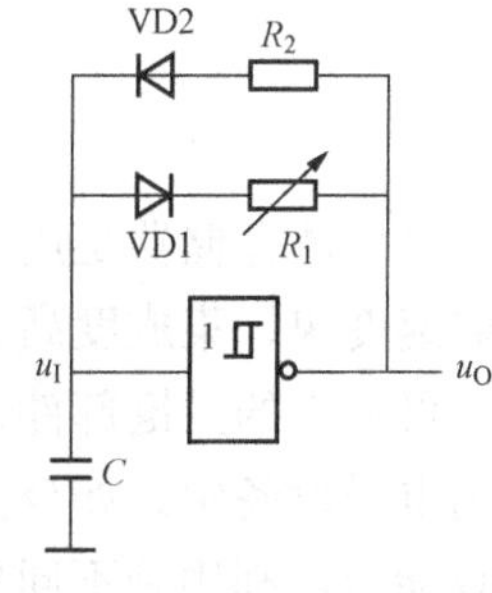

图 6-25　习题 6-9 图

6-10　试用 555 定时器设计一个占空比可调的多谐振荡器。电路的振荡频率为 10kHz，占空比 $q=0.2$。若取电容 $C=0.01\mu F$，试确定相应电阻的阻值。

第七章 半导体存储器

现代数字系统中，半导体存储器是不可缺少的重要组成部分。本章在简单介绍存储器的分类的基础上，介绍了固定ROM、PROM、EPROM、EEPROM和快闪存储器等几种只读存储器（ROM）的结构和工作原理，以及随机存取存储器（RAM）的结构、工作原理及其存储容量的扩展方法。

第一节 概 述

半导体存储器是用来存放大量的二进制信息的大规模数字集成电路，具有存储容量大、存取速度快、集成度高、体积小、可靠性高、功耗低、价格便宜等优点。它是现代电子计算机不可缺少的关键部件，同时也被广泛地应用于各种较大规模的数字系统中，如各类通信和家用电子设备中。如今大到超级计算机和航天飞机，小到手机、语言复读机、各种电子玩具及智能卡，都用到不同种类的半导体存储器。

一、半导体存储器分类

半导体存储器的种类繁多，通常按照内部信息的存取方式不同分为只读存储器ROM（Read-Only Memory）和随机存取存储器RAM（Random Access Memory）两大类。

1. 只读存储器

只读存储器所存储的信息一般是固定不变的，正常工作时只能读出，不能写入，并且在断电后不丢失其中存储的信息，故称为只读存储器，属非易失性存储器，可用来存放固化系统的设备驱动程序、不变的常数和表格等。

按存储内容存入方式的不同，只读存储器可分为固定ROM，可编程ROM（Programmable Read-Only Memory，简称PROM），可擦除可编程ROM（Erasable PROM，简称EPROM），电可擦除可编程ROM（Electrical Erasable PROM，简称EEPROM），以及快闪存储器（Flash Memory）等。

2. 随机存取存储器

随机存取存储器又称为随机读/写存储器，简称RAM，可以从任意选定的单元读出数据（信息），或将数据（信息）写入任意选定的存储单元。数据读入后，存储器内的原数据不变，而新数据写入后，原数据自然消失，并被新数据替代。但断电后，RAM所保存的信息全部丢失，属易失性存储器，主要用来存放临时的程序和数据。

按制造工艺不同，RAM可分为双极型和MOS型。

双极型RAM具有工作速度快、功耗大、价格较高的特点。它以双极型触发器为基本存储单元，主要用于对速度要求较高的场合，如在微机中做高速缓存用。

MOS型RAM的存取速度低于双极型RAM，但具有集成度高、功耗小、工艺简单、价格低等特点。它以MOS触发器或电荷存储结构为基本存储单元，主要用于大容量存储系统中，如在微机中做内存用。按照存储机理的不同，MOS型RAM又可分为静态RAM（Static RAM，简称SRAM）和动态RAM（Dynamic RAM，简称DRAM）。

二、半导体存储器的主要技术指标

通常把存储容量和存取时间作为衡量存储器性能的重要技术指标。

1. 存储容量

存储容量指存储器所能存放信息的多少，存储容量越大，说明它能存储的信息越多。存储器中的1个基本存储单元能存储1 bit的信息，即可以存入1个0或1个1，所以存储容量就是该存储器基本存储单元的总数。例如1个内有8192个基本存储单元的存储器，其存储容量为8Kbit（$1K = 2^{10} = 1024$）；这个存储器若每次可以读（写）8位二值码，说明它可以存储1K个字，每字为8位，这时的存储容量也可以用1K×8位表示。

2. 存取时间

存储器的存取时间一般用读/写周期来描述，连续两次读取（或写入）操作所间隔的最短时间称为读/写周期。读/写周期短，即存取时间短，存储器的工作速度就高。

第二节 只读存储器ROM

一、固定ROM

固定ROM又称为掩模ROM，由生产厂家制造时用掩模技术控制存储内容，信息一次性嵌入，用户不能更改。

1. 固定ROM的结构

图7-1所示为固定ROM的一般结构框图。它由地址译码器、存储矩阵、读出电路（输出缓冲器）等组成，有n条地址输入线（$A_0 \sim A_{n-1}$），m条数据输出线（$D_0 \sim D_{m-1}$），数据线上输出的是被选中的存储单元的数据。

（1）存储矩阵。存储矩阵是存储器的主体，由许多存储单元排列而成。一个存储单元只能存储一位二进制数码“1”或“0”，8位二进制数称为一个字节（Byte）。通常，数据是用一定位数的二进制数来表示的，这个二进制数称为字，字的位数称为字长（Word）。

存储器中以字为单位进行存储，即利用一组存储单元存储一个字，每个字包含有m位二进制数。在存储器中，为了写入（存入）和读出（取出）信息的方便，必须给每组存储单元（字单元）以确定的标号，这个标号称为地址，可用W表示。不同的字单元具有不同的地址，故W也称为字线，在写入或读出信息时，可以按照地址来选择欲读写的存储单元。

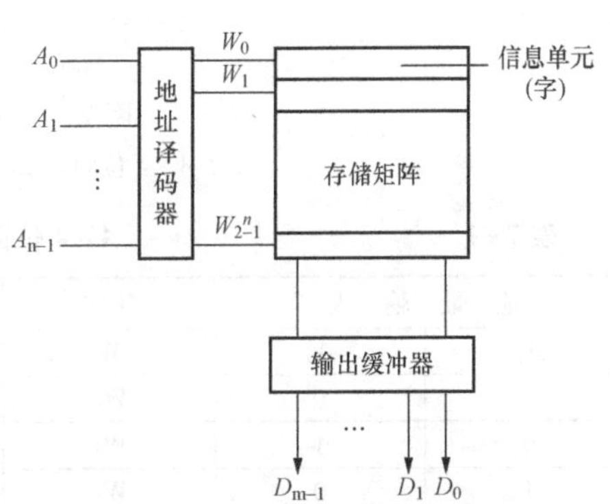

图7-1 固定ROM的一般结构框图

存储矩阵的存储容量反映了存储的信息量。其中，N为可能的地址数（字数），M为每个字所包含的位数，则存储容量为$N \times M$。存储容量越大，存储的信息量就越多，存储功能就越强。

（2）地址译码器。地址译码器能够将输入的地址变量译成相应的地址控制信号，该控制信号可从

N 条地址线中选择一条字线 W 将某存储信息单元从存储矩阵中选出来，并将存储在该单元的信息（字）送至输出缓冲器。

哪一条字线被选取，决定于输入的是哪一个地址代码。任何时刻，只能有一条字线被选中。于是，被选中的那条字线所对应的一组存储单元中的各位数码便被传送到数据线上输出。n 条地址输入线可得到 N（$N=2^n$）个可能的地址。

（3）输出缓冲器。输出缓冲器又称为读出电路，用于增加 ROM 带负载的能力，将被选中的 M 位数据输出至数据线上。

2. 固定 ROM 的工作原理

图 7-2（a）所示电路是用二极管构成容量为 4×4 位的固定 ROM，用 A_1A_0 表示存储器的地址输入，$D_0 \sim D_3$ 为数据输出线。

（1）工作原理。通过地址译码器将 A_1A_0 所代表的 4 个不同地址（00、01、10、11）分别译成 $W_0 \sim W_3$ 4 条字线，每输入一个地址，地址译码器的字线输出 $W_0 \sim W_3$ 中将有一根线为高电平，其余为低电平。

地址译码器输出表达式为

$$W_0=\overline{A_1}\,\overline{A_0} \qquad W_1=\overline{A_1}A_0 \qquad W_2=A_1\overline{A_0} \qquad W_3=A_1A_0$$

例如，当地址代码 $A_1A_0=01$ 时，地址译码器中只有输出 $W_1=1$，此时，也只有和字线 W_1 相连的那两只二极管的阳极为高电平，相关二极管导通后使位线（数据输出线）D_3、D_1 为“1”，其余二极管均截止，使位线（数据输出线）D_2、D_0 均为“0”。于是，由存储矩阵中输出的数据为 $D_3D_2D_1D_0=1010$。这就是说，地址码为 01 时，译码器使字线 $W_1=1$，并将存储矩阵中所对应的字单元内容 1010 输出到位线（数据输出线）上。同理，当 A_1A_0 为其他地址输入时，可得其所选字线相对应的输出数据，如表 7-1 所示。

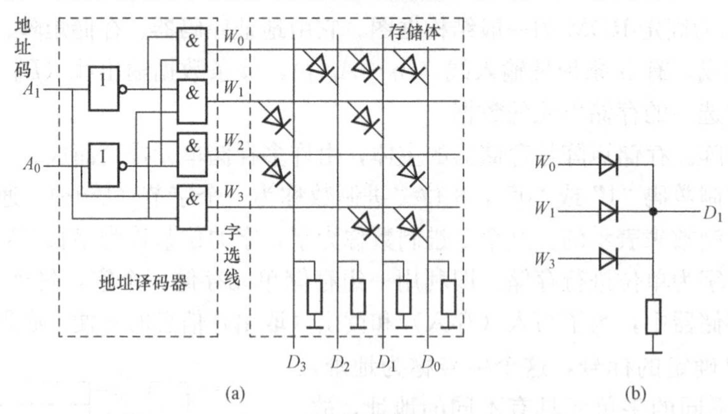

图 7-2　4×4 位固定 ROM 的电路

（a）4×4 位固定 ROM 二极管电路；（b）位线的或门结构

表 7-1　　4×4 位固定 ROM 的存储功能表

地址输入		字线	输出数据			
A_1	A_0	W	D_3	D_2	D_1	D_0
0	0	W_0	0	1	1	1
0	1	W_1	1	0	1	0
1	0	W_2	1	0	0	1
1	1	W_3	0	0	1	1

(2) 功能说明。从存储器角度看，A_1A_0 是地址码，$D_3D_2D_1D_0$ 是数据。由表 7-1 可以说明，在 00 地址中存放的数据是 0111，01 地址中存放的数据是 1010，10 地址中存放的数据是 1001，11 地址中存放的数据是 0011。

从译码编码角度看，与门阵列先对输入的二进制代码 A_1A_0 进行译码，得到 4 个输出信号 W_0、W_1、W_2、W_3，再由或门阵列对 $W_0 \sim W_3$ 4 个信号进行编码。由表 7-1 可以说明，W_0 的编码是 0111，W_1 的编码是 1010，W_2 的编码是 1000，W_3 的编码是 0011。

从函数发生器角度看，A_1、A_0 是两个输入变量，D_3、D_2、D_1、D_0 是 4 个输出函数。由表 7-1 可以说明：当变量 A_1、A_0 取值为 00 时，函数 $D_3=0$、$D_2=1$、$D_1=1$、$D_0=1$；当变量 A_1、A_0 取值为 01 时，函数 $D_3=1$、$D_2=0$、$D_1=1$、$D_0=0$，依此类推。

(3) 存储矩阵的等效电路。实际上，存储矩阵是一个或逻辑阵列，每一列可视作一个二极管或门电路。图 7-2 (a) 所示的二极管 ROM 电路含有 4 个二极管或门电路，输入变量为 $W_0 \sim W_3$，输出变量为 $D_1 \sim D_3$。

以 D_1 为例，位线 D_1 上连接的 3 个二极管阴极通过电阻接地，构成一个或门电路，其等效或门电路如图 7-2 (b) 所示，逻辑式为

$$D_1 = W_0 + W_1 + W_3$$

同理可得

$$D_0 = W_0 + W_2 + W_3$$

$$D_2 = W_0$$

$$D_3 = W_1 + W_2$$

存储矩阵可以用简化的或门阵列图表示，如图 7-3 (a) 所示。图中在每个字线和位线的交叉处，如有二极管，用一黑点（注意不是表示连接点）表示。

从 ROM 所存储的内容看，在每个字线和位线的交叉处，如有二极管（即有一黑点），则对应信息为 1，如无二极管，则对应信息为 0。因此可以推理，交叉处的二极管可以用其他半导体器件来代替，如晶体三极管、MOS 管或其他特殊半导体器件。如果在每个交叉点都放上半导体器件，并能控制它的两种工作状态（如截止和导通等），则存储器所存储的内容就可以更改了，称为可编程。

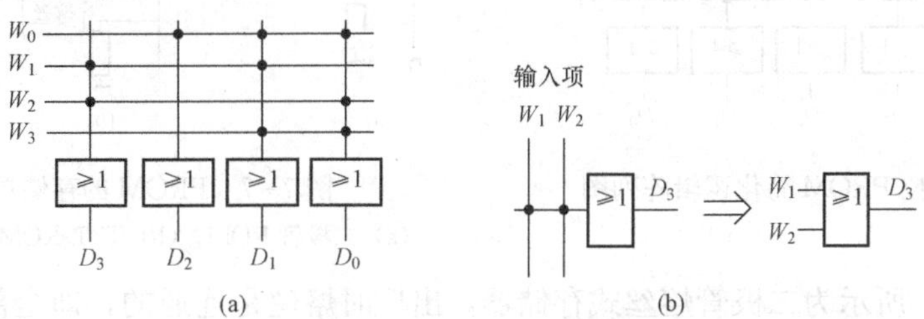

图 7-3　或逻辑阵列结构图

(a) 位线与字线的或阵列表示；(b) 阵列中的或等效

(4) ROM 的逻辑阵列图。由以上分析可知，位线与各字线间的逻辑关系是或逻辑关系，位线与地址码 A_1、A_2 之间是与或逻辑关系。地址译码器相当一个与阵列，通常可用如图 7-4 (a) 所示的与逻辑阵列结构图表示。如果 ROM 中的地址译码器是有 n 位地址输入，则有 2^n 根字线输出，一条字线就可代表一个最小项（同 n 个地址输入变量有关）。ROM 存

储矩阵相当于或阵列，整个存储器 ROM 由一个与阵列和一个或阵列组成。上述 4×4 位固定 ROM 可用逻辑阵列结构等效为如图 7-5 所示形式。简化的 ROM 阵列图如图 7-6 所示。

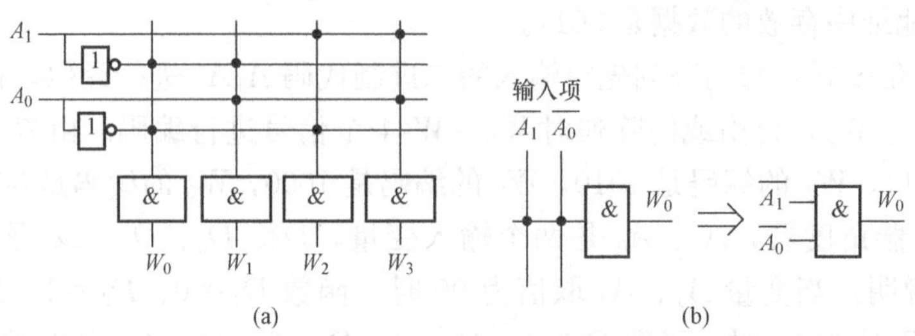

图 7-4　与逻辑阵列结构图

(a) 地址译码器的与阵列；(b) 阵列中的与等效

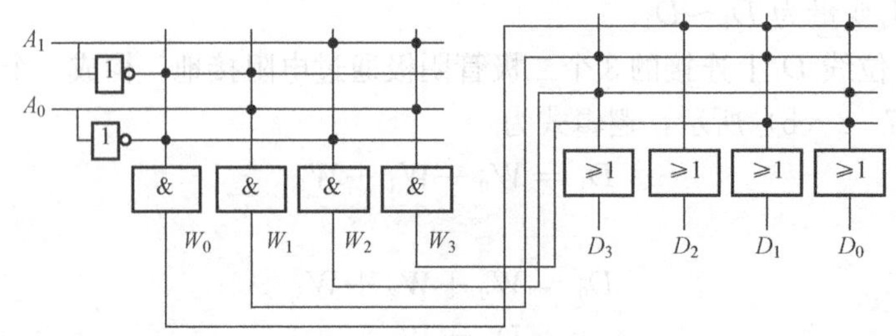

图 7-5　4×4 位固定 ROM 逻辑阵列图

二、一次可编程存储器 PROM

1. PROM 的工作原理

PROM 是在存储矩阵的每一个字线和位线的交叉处都制作了一个存储元件，因此，PROM 在出厂时，其存储内容全为 1（或者全为 0）。PROM 的存储单元结构如图 7-7 所示。

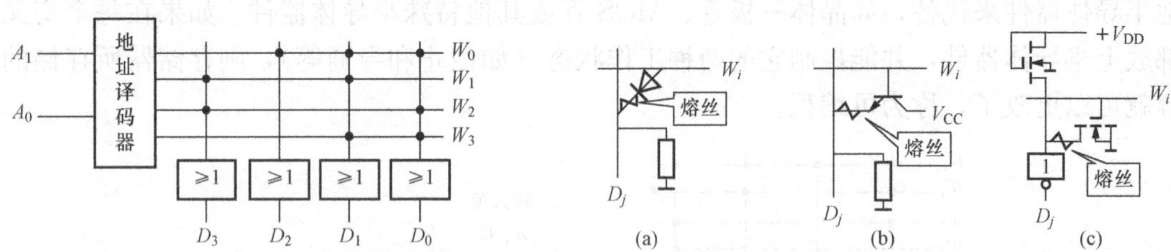

图 7-6　4×4 位 PROM 简化逻辑阵列图

图 7-7　PROM 的存储单元结构图

(a) 二极管 ROM；(b) TTL-ROM；(c) MOS-ROM

图 7-8 (a) 所示为二极管熔丝式存储器，出厂时熔丝是连通的，即全部存储单元为 1，由用户用专用的写入器即编程器将信息写入。用户如果想把某些单元改写为 0，只需利用编程器通过编程，并给这些单元通以足够大的电流将熔丝熔断即可。由于熔丝熔断后不可恢复，故只能写入一次，一旦改写完成，其存储内容也就固定了，只能读出。图 7-8 (b) 所示为改写后 PROM 存储器内部结构示意图。

由图 7-8 (b) 可得改写后 PROM 存储器输出逻辑表达式为

$$D_0 = W_0 + W_3 = \overline{A_1}\,\overline{A_0} + A_1 A_0$$

$$D_1 = W_0 + W_1 + W_3 = \overline{A_1}\,\overline{A_0} + \overline{A_1} A_0 + A_1 A_0$$

$$D_2 = W_0 = \overline{A_1}\,\overline{A_0}$$

$$D_3 = W_1 + W_2 = \overline{A_1}A_0 + A_1\,\overline{A_0}$$

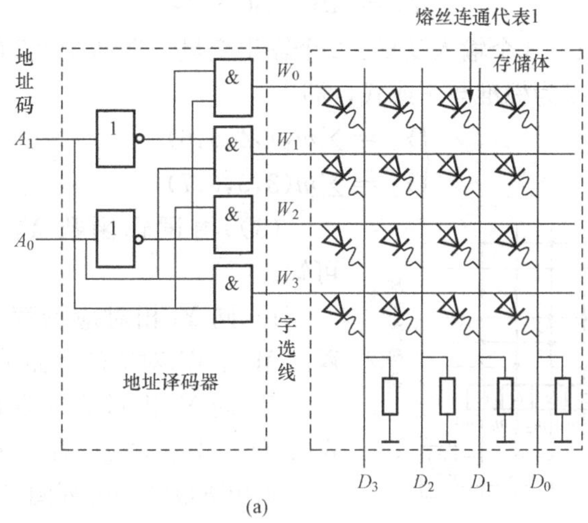

(a)

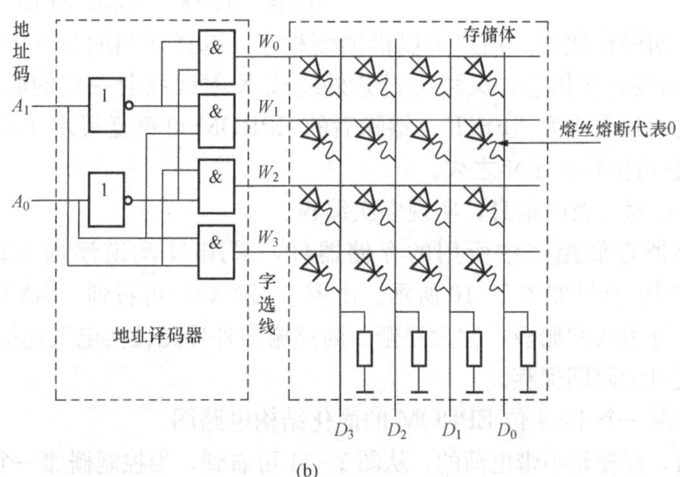

(b)

图 7-8　4×4 位 PROM 结构示意图

(a) 编程前的 PROM；(b) 编程后的 PROM

2. 用 PROM 实现组合逻辑函数

由于 PROM 的地址译码器能译出地址码的全部最小项，而 PROM 的存储矩阵构成了可编程或门阵列，因此，通过编程可从 PROM 的位线输出端得到任意标准与—或式。由于所有的组合逻辑函数均可用标准与—或式表示，故理论上可用 PROM 实现任意的组合逻辑函数。

用 PROM 实现逻辑函数一般按以下步骤进行：

(1) 根据逻辑函数的输入、输出变量数目，确定 ROM 的容量，选择合适的 PROM。

(2) 写出逻辑函数的标准与—或式（最小项表达式）。

(3) 画出 ROM 的阵列图。

[例 7-1] 试用PROM实现下列逻辑函数。

$$\begin{cases} Y_1 = A\overline{C} + \overline{B}C \\ Y_2 = AB + AC + BC \end{cases}$$

解 (1) 逻辑函数有3个输入变量、2个输出变量，选择$2^3 \times 2$的PROM。

(2) 将逻辑函数变换为标准与—或式，即

$$\begin{cases} Y_1 = \sum m(1,4,5,6) \\ Y_2 = \sum m(3,5,6,7) \end{cases}$$

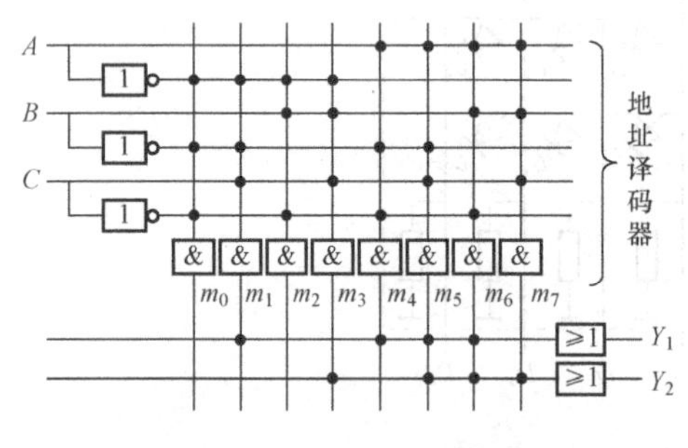

图 7-9 [例 7-1] 阵列图

(3) 由逻辑函数Y_1、Y_2的标准与—或式可知：

1) 同Y_1相对应的存储单元中，字线W_1、W_4、W_5、W_6对应的存储单元应为1。

2) 同Y_2相对应的存储单元中，字线W_3、W_5、W_6、W_7对应的存储单元应为1。

画出ROM的阵列图，如图7-9所示。

三、可擦除可编程存储器EPROM

可擦除可编程存储器EPROM可以根据要求写入信息，进而长期保存使用。用户可以借助编程器，选择适当的写入电压，将程序写入EPROM，如果不需要这些信息，又可通过紫外线或X射线照射一定的时间将全部信息擦除。擦净后，读出的状态均为“FFH”，擦除后的EPROM可重复写入（重复写入的次数可达上万次），其信息可保持几十年之久。

EPROM可重新写入新的信息，实现多次编程。

EPROM存储器存储矩阵中所用的存储器件，采用N沟道浮栅MOS管（简称SIMOS），其结构及图形符号如图7-10所示。由图7-10（a）可看到，SIMOS管除控制栅极外，还有一个没有外引线的栅极，称为浮栅。因浮栅与外界无任何电气连接，因此一旦被注入电荷，该电荷便可无限期保存。

图7-11所示为一个4×4位EPROM的简化结构电路图。

在写入数据前，浮栅是不带电荷的。从图7-11可看到，当控制栅加一个控制电压（来自地址译码线）时，SIMOS管导通，输出数据为1。用户如果想把某些单元改写为0，只要想办法使对应位的SIMOS管的浮栅带负电荷即可。浮栅带负电荷后，由于衬底表面感应的是正电荷，使得SIMOS管的开启电压变高，当给控制栅加上的控制电压为和浮栅不带电荷时一样的电压时，SIMOS管仍然截止，存储内容变为0。由此可知，EPROM就是利用SIMOS浮栅是否带负电荷来存储二值数据的。

要使浮栅带电，需在SIMOS管的漏极、栅极加上足够高的电压（如+25V），使漏极与衬底间的PN结反向击穿，产生大量高能电子。这些高能电子会穿过很薄的氧化绝缘层，堆积在浮栅上，从而使浮栅带有负电荷。断开电源时，由于绝缘层的包围，注入浮栅上的电荷无法泄漏，电

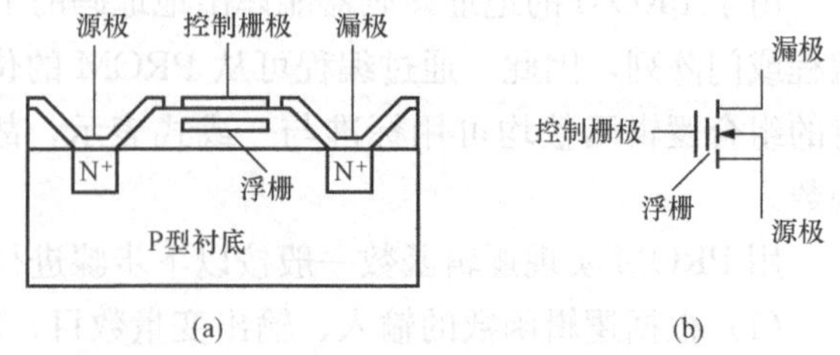

图 7-10 N沟道浮栅MOS管结构及图形符号
(a) 浮栅MOS管结构；(b) 浮栅MOS管图形符号

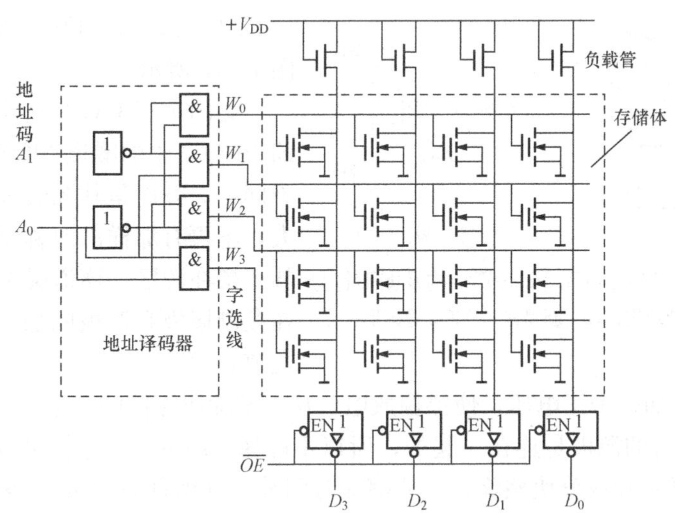

图 7-11 4×4 位 EPROM 的简化结构电路图

荷分布维持不变，能够长期保存。当用紫外线或 X 射线照射（一般需 10～20min 时间）时，浮栅上电子形成光电流被泄漏掉，使电路恢复到写入前的状态。

EPROM 利用编程器写入数据，用紫外线擦除数据。数据被擦除时，其存储数据会被一起擦除。它的集成芯片上有一个石英窗口供紫外线擦除之用。芯片写入数据后，必须用不透光胶纸将石英窗口密封，以免破坏芯片内存储信息。

EPROM 用紫外线擦除操作复杂，速度很慢。

四、电可擦除可编程存储器 EEPROM

EEPROM 也是一种采用浮栅技术生产的可擦除可编程存储器，存储单元是由隧道 MOS 管构成的。N 沟道隧道 MOS 管结构及图形符号如图 7-12 所示。

N 沟道隧道 MOS 管与 N 沟道浮栅 MOS 管相比，不同之处在于浮栅延长区与漏区 N^+ 之间的交叠处的氧化物层极薄（20nm 以下），称为隧道区。当隧道区电场大于 10^7V/cm 时隧道区双向导通。

当漏极接地，控制栅极加上足够高的正电压时，隧道区将产生一个很强的电场，在强电场作用下，电子通过绝缘层到达浮栅，使浮栅带负电荷。相反，当控制栅接地，漏极加正电压时，浮栅放电。因此，EEPROM 也是利用浮栅是否积累有负电荷来存储二值数据的。与 EPROM 所不同的是 EEPROM 是用电擦除的，擦除速度（为毫秒数量级）也要快得多。

EEPROM 电擦除过程就是改写过程，是以字为单位进行的，而且可在线随时擦除并改写，具有非易失性。目前 EEPROM 芯片内部大多数具有升压电路，只需单电源供电就可完成读、擦除/写的所有操作，因此，该类芯片为数字系统的设计提供了很大方便。

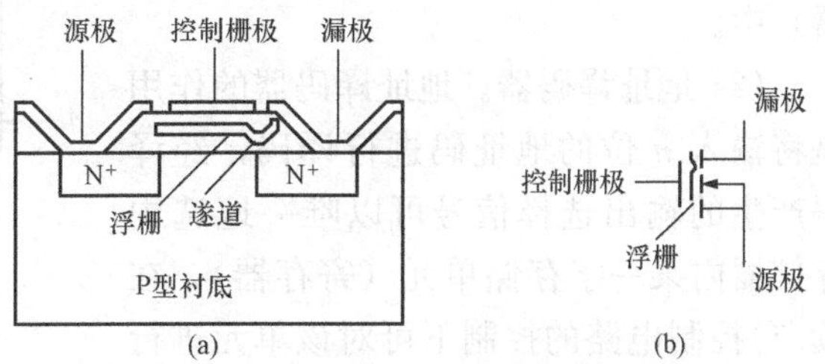

图 7-12 N 沟道隧道 MOS 管结构及图形符号
（a）隧道 MOS 管结构；（b）隧道 MOS 管图形符号

五、快闪存储器 Flash Memory

快闪存储器又称为闪存，同样也是采用浮栅技术，存储单元采用新型隧道氧化

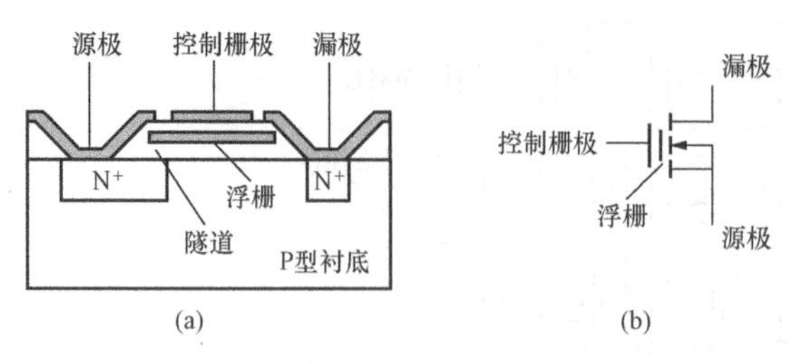

图 7-13 快闪存储器存储单元 MOS 管结构及图形符号
(a) 新型隧道 MOS 管结构；(b) 新型隧道 MOS 管图形符号

层 MOS 管，该 MOS 管结构及图形符号如图 7-13 所示。

如图 7-13（a）所示，快闪存储器与 EEPROM 中的隧道 MOS 管相比，有两点不同：一方面是其源极区 N^+ 比漏极区 N^+ 大，不再有那样的对称结构；另一方面是隧道层在源区，隧道层更薄（10～15nm）。在控制栅极和源极间加＋12V 电压即可使隧道导通。

可通过给源极加一个正电压，使浮栅放电，从而擦除所存储的数据。由于快闪存储器中各存储单元 MOS 管的源极是连在一起的，所以不能像 EEPROM 那样可以按字擦除，只能类似 EPROM 那样整片或分块擦除，一般擦除时间较短（纳秒数量级）。擦除和写入操作是分开进行的。数据写入方式与 EPROM 相同，一个字的写入时间约为 200μs。

快闪存储器是新一代用电信号擦除的可编程 ROM。它既具有 EPROM 结构简单、编程可靠的优点，又具有 EEPROM 擦除快捷、集成度高的特点。由于快闪存储器集成度高、容量大、成本低和使用方便，应用日益广泛，主要用于 U 盘、mp3 数字音频播放器、数码相机等需要大容量且断电不丢数据的设备中。

第三节 随机存取存储器 RAM

一、RAM 的基本结构及读写原理

1. RAM 的基本结构

RAM 的基本结构由存储矩阵、地址译码器、输入/输出控制电路等几部分组成，如图 7-14所示。

(1) 存储矩阵。存储矩阵是 RAM 的核心，是一个寄存器矩阵，用来存储二进制信息。存储矩阵相当于存放二进制信息的“仓库”，有很多存储单元，每个存储单元可存放一位二进制信息。

存储器以字为单位组织其内部结构，一个字含若干个存储单元。一个字中所含的位数称为字长。每个字都有序地存放在其地址所对应的存储单元（寄存器）中。

(2) 地址译码器。地址译码器的作用是将输入 n 位的地址码进行译码，经译码产生的输出选择信号可以唯一地选中存储器内某一字存储单元（寄存器），在读/写控制电路的控制下可对该单元进行读/写操作。因此，每个字单元（寄存器）都有唯一的地址码与之相对应。

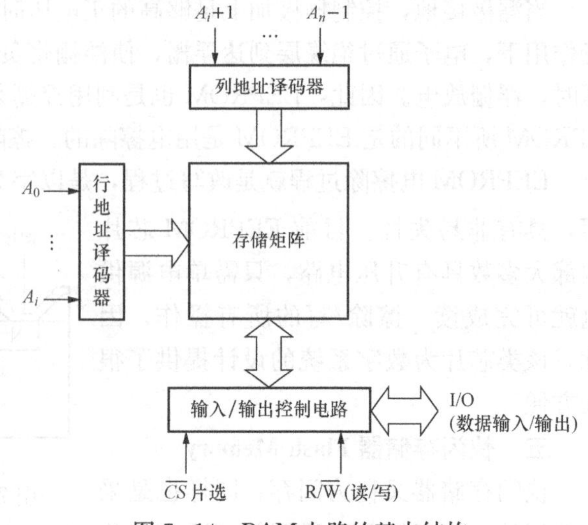

图 7-14 RAM 电路的基本结构

地址译码主要有两种方式，即单译码方式和双译码方式。单译码方式适用于小容量的存储器，对于容量较大的存储器则采用双译码方式。

1）单译码方式。单译码方式只用一个译码电路对所有地址信息进行译码，译码输出的选择线直接选中对应的字单元。如有 n 位的地址码则有 2^n 个（根）字选线，可以分别去访问 2^n 个字单元（寄存器)。一根译码输出选择线对应一个字存储单元，故在存储容量较大、存储单元较多的情况下，这种方法就不适用了。

2）双译码方式。存储容量较大时，一般采用双译码方式，即把 n 位地址码分成两部分，分别进行译码，产生一组行选择线 X 和一组列选择线 Y，每一根 X 线选中存储矩阵中位于同一行的所有单元，每一根 Y 线选中存储矩阵中位于同一列的所有单元，当某一单元的 X 线和 Y 线同时有效时，则相应的存储单元（字）被选中。

(3) 输入/输出控制电路。读/写控制信号是用来控制对被选中的存储单元（字）是读操作还是写操作的。读操作就是将存储单元存储的信息取出传输至数据输出端，写操作是将输入的数据存放到存储单元中。如读/写控制信号（$R/\overline{W}$）为高电平时执行读操作，为低电平时执行写操作。有的存储器的读/写控制信号线是分开的，分为写控制线和读控制线。

片选信号的作用是控制该片存储器是否工作。如片选信号（$\overline{CS}=0$）为有效电平的存储器，才能在读/写控制信号的作用下，对某一地址所选中对应的存储单元进行读/写操作。而片选信号（$\overline{CS}=1$）为无效电平的存储器不工作，该存储器的输入/输出端呈高阻状态，不能进行读/写操作。

通过读/写控制信号，可以控制数据的输入/输出。通常三态数据缓冲器是数据输入/输出的通道，数据传输的方向取决于控制逻辑对三态门的控制。

2. RAM 的读写原理

图 7-15 所示是 1024×1 位 RAM 的结构框图。RAM 的读写操作原理可以此为例加以说明。

该 RAM 内部共有 1024 个存储单元，排成 32×32 矩阵的字位结构，属多字 1 位结构。10 根地址线分成 $A_0 \sim A_4$ 和 $A_5 \sim A_9$ 两组，构成双译码方式。图 7-15 中，5 线—32 线行地址译码器和 5 线—32 线列地址译码器的输出线各有 32 根，共有译码输出线数仅为 64 根。若采用单译码方式，将有 1024 根译码输出线，可见双译码方式使地址译码器输出线数减少，即译码电路变得更简单。$A_0 \sim A_4$ 经行地址译码器译码输出 32 条行选择线 $X_0 \sim X_{31}$，$A_5 \sim A_9$ 经列地址译码器译码输出 32 条列选择线 $Y_0 \sim Y_{31}$。行、列选择线组合可以方便地找到 1024 个存储单元中的任何一个。例如，当 $A_4A_3A_2A_1A_0 = 00000$，$A_9A_8A_7A_6A_5 = 00000$ 时，行地址译码器输出 X_0 和列地址译码器输出 Y_0 同时为高电平，而两个地址译码器的其他输出都为低电平，第 0～0 号单元被选中，如果此时片选信号$\overline{CS}$为低电平，则当 $R/\overline{W}$为低电平时，外接信息将通过

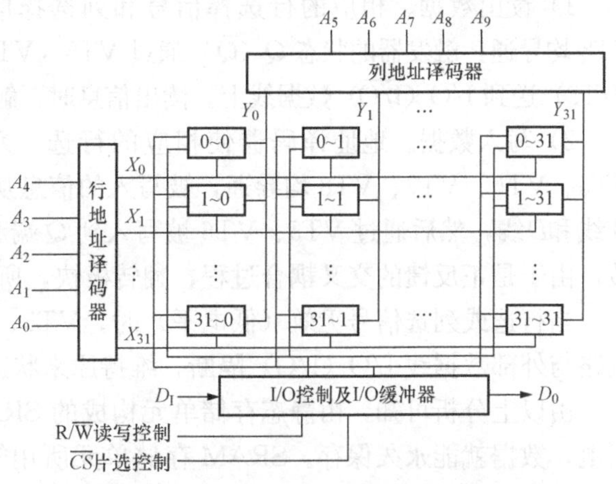

图 7-15 1024×1 位 RAM 的结构框图

输入/输出缓冲器写入 0～0 号字单元中，实现对该字单元进行“写入”操作，一旦写入信息，该信息应保持至下一次写入新的信息为止。因此，RAM 具有记忆功能，属于时序逻辑电路。当 $R/\overline{W}$为高电平时，则 0～0 号字单元中原来存储的信息将通过输入/输出缓冲器读出，实现对该字单元进行“读出”操作。

需要注意的是，若 RAM 掉电时，其中存储的所有信息都将会丢失，即使重新再接上电源，原来存储的信息也不会恢复。

二、RAM 中的存储单元

根据 RAM 中存储单元结构及工作原理不同，可分为静态 RAM（简称 SRAM）和动态 RAM（简称 DRAM）两种。

1. SRAM 存储单元

(1) 电路结构。SRAM 存储单元电路结构如图 7-16 所示。因为在大规模集成电路中 MOS 管多为对称结构，所以 MOS 管一般都采用图中所用的简化画法。SRAM 存储单元由 6 个 MOS 管组成。

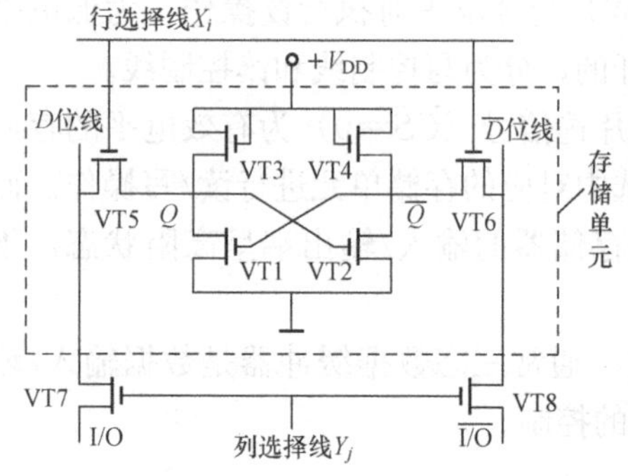

图 7-16　六管静态存储单元电路结构

1) VT1～VT4，构成一个基本 RS 触发器，可以存储 1 位二进制数据。$Q=0$（或$\overline{Q}=1$）这一稳定状态表示二进制“0”，另一稳定状态 $Q=1$（或$\overline{Q}=0$）表示二进制“1”。

2) VT5、VT6，构成行选通门（每个存储单元有一对选通门），是该存储单元控制门，受行地址译码信号即行选择线 X_i 控制。当 $X_i=1$ 时，VT5、VT6 均导通，触发器与位线接通；当 $X_i=0$ 时，VT5、VT6 均截止，触发器与位线断开。

3) VT7、VT8 构成。列选通门（每列存储单元有一对选通门），是一列存储单元公用的控制门，用于控制位线与数据线的连接，受列选择线 Y_j 控制。

存储的数据通过 VT5/VT6、$D/\overline{D}$和 VT7/VT8 传输到外部引线 I/O 和$\overline{I/O}$，其中 D 和$\overline{D}$称为位线，I/O 和$\overline{I/O}$称为数据线。

(2) 读写原理。

1) 读出数据。相应的行选择信号和列选择信号均为有效高电平，VT5、VT6、VT7、VT8 均导通，触发器的状态 Q（$\overline{Q}$）通过 VT5（VT6）传递给位线 D（$\overline{D}$），D（$\overline{D}$）通过 VT7（VT8）送到 I/O（$\overline{I/O}$）数据线上。读出信息时，触发器状态不受影响，为非破坏性读出。

2) 写入数据。地址译码器使相应的行选、列选信号有效，选中某个基本存储电路，VT5、VT6、VT7、VT8 均导通，被写入的信息从 I/O 和$\overline{I/O}$通过，经 VT7、VT8 输入至 D 线和$\overline{D}$线，然后通过 VT5、VT6 被写入到 Q 端和$\overline{Q}$ 端。写入时可能使触发器状态发生翻转，由于是正反馈的交叉耦合过程，翻转极快，所需的写入时间极短。

当行选或列选信号无效（低电平）时，VT5、VT6 截止或 VT7、VT8 截止，基本存储电路与外部数据线 I/O（$\overline{I/O}$）隔断，维持原来状态不变。

由以上分析可知，由静态存储单元构成的 SRAM 的特点是数据由触发器记忆，只要不断电，数据就能永久保存。SRAM 存储单元所用管子多，功耗较大，因而其集成度受到限制，为改善其缺点，可用 DRAM。

2. DRAM存储单元

DRAM存储单元存储信息的原理是利用MOS管极间电容具有电荷存储效应，可以起到暂时存储信息的作用。由于存在漏电流，电容上存储的电荷不可能长久保持不变，即存储的信息不能长久保存，因此为了及时补充漏掉的电荷，避免丢失存储的信息，需要定时地给电容补充电荷，通常把这种操作称为刷新或再生。

DRAM存储单元多为单管电路，只由一个管子VT和一个（寄生）电容C组成。图7-17所示为单管动态存储单元电路结构。

图7-17中VT1及电容C_1构成数据存储单元电路，电容C_1是MOS管的极间电容，数据存储于电容C_1中。存储电路存放的是“1”还是“0”，取决于电容C_1的充电状态。VT1是行选通门（每个存储单元有一个选通门），是该存储单元控制门，受行地址译码信号即行选择线X_i控制。当$X_i=1$时，VT1导通，存储信息与位线接通；当$X_i=0$时，VT1截止，存储信息与位线断开。VT2是列选通门（每列存储单元有一个选通门），是一列存储单元公用的控制门，用于控制位线与数据线的连接，受列选择线Y_j控制。

图中除存储单元外，还画出了部分外围电路。存储的数据可通过VT1、位线D、刷新放大器、VT2传输到数据线I/O。

当行、列选择线X_i、Y_j均为高电平时，该存储单元被选中，可根据读/写控制信号对该存储单元进行读操作或写操作。

（1）写操作。相应的行、列选择线为“1”，VT1、VT2均导通，读/写控制信号控制数据输入/输出I/O线上的信息经刷新放大器驱动后再通过VT1管加到电容C_1上，控制C_1上的电压。

（2）读操作。行地址译码选中某一行，该行上所有基本存储单元电路中的管子VT1全导通，于是列选择线为“1”的这一列上的VT2导通，电容C_1向C_d提供电荷，得到位线的输出电位。假设原来存储的信息C_1上电压为U_1时，位线上的电压$U_d=0$；VT1导通后，位线上的电压$U_d=\frac{C_1}{C_1+C_d}U_1$，通过刷新放大器把读取的该行上存储的信息传输至数据输入/输出I/O线上。刷新放大器灵敏度高，可将读得的电压放大整形成逻辑“0”或“1”的电平。

由于电容C_1是MOS管的极间电容，容量很小，读出时电容C_1上的电荷又被寄生的分布电容C_d分泄，通常C_d远大于C_1，因此读出后C_1上的电压变得极小，是破坏性读出，读后必须重写（即刷新）。

（3）刷新。对非写的存储单元，经刷新放大器读出、放大、驱动之后又立即对其重写，进行刷新（又称再生），维持电容C_1上的电荷，保持该存储单元电路中的内容（即状态）不变。

（4）刷新操作周期。由于电容C_1上电压将按$\exp[-t/(RC)]$指数规律放电，因此DRAM需不断进行读出和再写入，以使泄放的电荷得到补充，即要进行刷新（再生）。虽然每次读/写操作都进行了刷新，因为读/写操作是随机的，不能保证对DRAM中的所有基本存储电路都按时刷新，因此必须设置专门的电

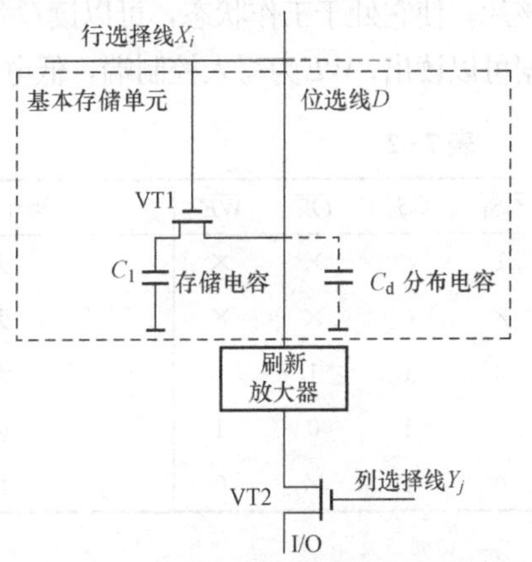

图7-17 单管动态存储单元电路结构

路来对 DRAM 中的所有存储电路周期性地进行刷新操作。每个 DRAM 存储单元两次刷新的间隔时间随温度而变化，一般为 1～100ms，在 70℃情况下典型的刷新时间不超过 2ms。

单管动态存储单元电路简单，但需要高灵敏度的放大器，且每次读操作后需马上刷新，还要对所有存储单元电路周期性地进行刷新操作，因此其外围电路比较复杂。

常见的 DRAM 还有 4 管、3 管结构的存储单元电路，请参阅有关资料。

三、集成 RAM 芯片

常用的 SRAM 芯片有 6116(2K×8)、6264(8K×8)、62128(16K×8)、62256(64K×8)、HM62851(512K×8)。部分芯片的引脚图如图 7-18 所示。

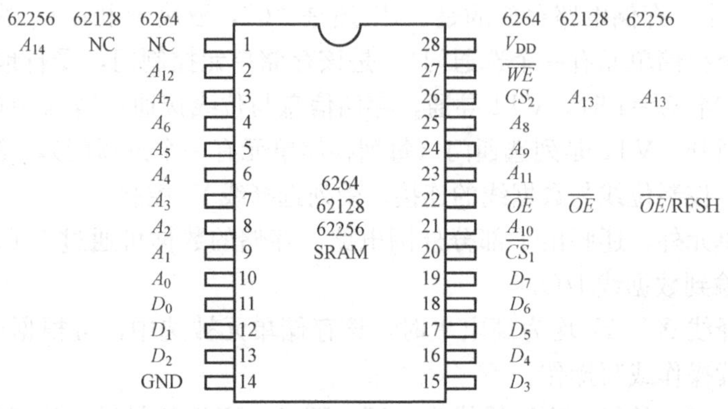

图 7-18　部分集成 RAM 芯片的引脚图

下面以 6264 为例简要介绍其工作过程。

6264（8K×8）属于 CMOS SRAM，采用 6 管 CMOS 静态存储单元，存储容量为 8K×8 位，存取时间为 20ns，电源电压为＋5V，额定功耗为＋200mW。

A_0～A_{12} 为 13 条地址译码输入线，其中 8 条为行地址译码输入线，5 条为列地址译码输入线，可存储字数是 $8K=2^{13}$，且每条列线同时选通 8 个存储单元。

D_0～D_7 为数据输入/输出线，每字有 8 位。

除此之外，还有 4 条控制线 $\overline{CS_1}$、CS_2、$\overline{OE}$、$\overline{WE}$。

$\overline{CS_1}$、CS_2 为两个片选信号端，$\overline{CS_1}$ 低电平有效，CS_2 高电平有效，$\overline{CS_1}$、CS_2 均有效时选中该片，使它处于工作状态，可以读/写；$\overline{OE}$ 为输出允许控制端（即读操作），低电平有效时内部数据可以读出；$\overline{WE}$ 为写入控制端，低电平有效时为写操作。6264 的功能表如表 7-2 所示。

表 7-2　　6264 的功能表

$\overline{CS_1}$	CS_2	$\overline{OE}$	$\overline{WE}$	操作方式	D_0～D_7	周　期
1	×	×	×	无	高阻态	—
×	0	×	×	无	高阻态	—
0	1	1	1	无	高阻态	—
0	1	0	1	读	D_O（输出数据）	读
0	1	×	0	写	D_I（输入数据）	写

为确保存储器准确工作，加到存储器上的地址、数据和控制信号必须遵守几个时间边界

条件。图 7-19 所示为 6264 读、写操作时序图。图中未画出选片信号 CS_2，选片信号 CS_2 和 $\overline{CS_1}$ 是互补的。

图 7-19（a）所示为 RAM 读过程的定时关系。读操作过程如下：

（1）将欲读出单元的地址加到存储器的地址输入端。

（2）加入有效的选片信号 $\overline{CS_1}$。

（3）在 $\overline{OE}$ 线上加低电平，经过一段延时 t_{GLQV} 后，所选择单元的内容出现在 I/O 端。

（4）让选片信号 $\overline{CS_1}$ 无效，I/O 端呈高阻态，本次读出过程结束。

由于地址缓冲器、译码器及输入/输出电路存在延时，在地址信号加到存储器上之后，必须等待一段时间 t_{AVQV}，数据才能稳定地传输到数据输出端，这段时间称为读取时间。如果在 RAM 的地址输入端已经有稳定地址的条件下，加入选片信号和输出允许信号，从输出允许信号有效到数据稳定输出，这段时间间隔记为 t_{GLQV}。显然在进行存储器读操作时，只有在地址和输出允许信号加入，且分别等待 t_{AVQV} 和 t_{GLQV} 以后，被读单元的内容才能稳定地出现在数据输出端，这两个条件必须同时满足。还要注意一点，就是在数据有效之后，不能立即进行新的地址输入来启动下一次读操作，这是因为存储器在输出数据之后还要用一定的时间来完成内部操作，这段时间 t_{GHQZ} 称为读恢复时间。读取时间 t_{AVQV} 和读恢复时间 t_{GHQZ} 加起来就是存储器读出周期的长度，因此，读出周期是启动一个读操作到启动下一次读操作之间的时间。可见，读出周期和读取时间是两个不同的概念，读出周期要比读取时间长。图 7-19（a）中，为了在 t_{AVQV} 时间之后，读出的数据真正在数据输出端上稳定，就要求在地址信号有效后不超过 $t_{AVQV}-t_{GLQV}$ 的时间段中，片选信号有效。在 t_{AVQV} 时间之后，输出数据成为有效，并且只要地址信号和输出允许信号没有撤销，那么输出数据就会一直保持有效。

图 7-19（b）所示为 RAM 写过程的定时关系。写操作过程如下：

（1）将欲写入单元的地址加到存储器的地址输入端。

（2）在片选信号 $\overline{CS_1}$ 端加上有效低电平，使 RAM 选通。

（3）将待写入的数据加到数据输入端。

（4）在 $\overline{WE}$ 线上加入低电平，进入写工作状态。

（5）使片选信号无效，数据输入线回到高阻状态。

由于地址改变时，新地址的稳定需要经过一段时间，如果在这段时间内加入写控制信号（即 $\overline{WE}$ 变低电平），就可能将数据错误地写入其他单元。为避免出现这种情况，在写控制信号有效前，地址必须稳定一段时间 t_{AVWL}，这段时间称为地址建立时间。并且在写信号失效后，地址信号至少还要维持一段写恢复时间 t_{VHDX}。为了保证速度最慢的存储器芯片的写入，写信号

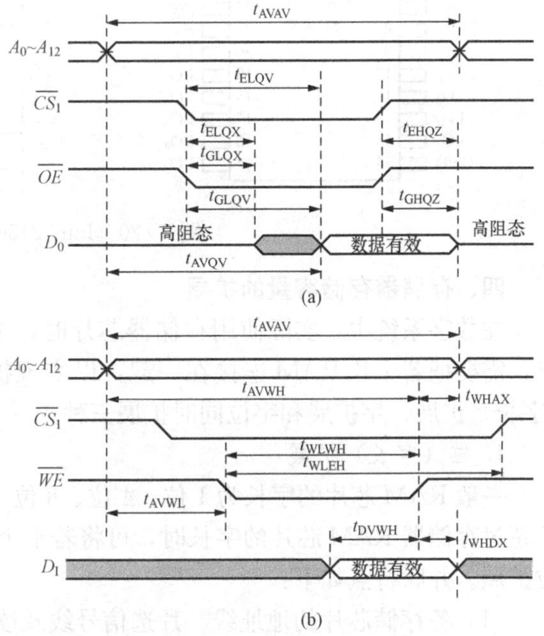

图 7-19　6264 读、写操作时序图

（a）读操作时序图；（b）写操作时序图

有效的时间 t_{WLWH}不得小于写脉冲宽度。写脉冲宽度就是读/写控制线维持低电平的时间，它不能小于规定的值。此外，对于写入的数据，应在写信号时间 t_{AVWH}内保持稳定，且在写信号失效后继续保持 t_{WHDX}时间。在时序图中还给出了写周期 t_{AVAV}，写周期为地址建立时间、写脉冲宽度和写恢复时间三者的总和，它反应了连续进行两次写操作所需要的最小时间间隔。对大多数静态半导体存储器来说，读周期和写周期是相等的，一般为十几纳秒到几十纳秒。

DRAM 主要缺点除了要求配置刷新逻辑电路外，还有在刷新周期中，内存模块不能启动读写操作。如果读/写请求处于刷新过程中，那么读/写请求就要延长，约为通常情况的两倍。但 DRAM 具有位密度高、功耗低、价格低廉等优点。

在实际电路中，DRAM 刷新方法有两种：一种是利用专门 DRAM 控制器来实现刷新控制，如 Intel 8203 就是专门控制 2117/2118/2164 DRAM 刷新的 DRAM 控制器；另一种是在每一个 DRAM 芯片上集成逻辑电路，使存储器件自身完成刷新，这种器件称为综合型 DRAM（简称 IRAM），对于用户而言，工作起来与 SRAM 相同，如 Intel 2186/2187。IRAM 是一种新型动态存储器，已克服了 DRAM 需要外加刷新电路的缺点，而把动态刷新电路集成到片内，从而具有兼容 DRAM 和 SRAM 的优点。

Intel 2186/2187 引脚图及各引脚作用如图 7-20 所示，存储容量为 8K×8，单电源+5V 供电，工作电流为 70mA，维持电流为 20mA，存取时间为 250ns。它的内部结构和工作原理请参考有关资料。

左侧引脚	编号	编号	右侧引脚
CNTRL	1	28	V_{DD}
A_{12}	2	27	$\overline{WE}$
A_7	3	26	NC
A_6	4	25	A_8
A_5	5	24	A_9
A_4	6	23	A_{11}
A_3	7	22	$\overline{OE}$
A_2	8	21	A_{10}
A_1	9	20	$\overline{CE}$
A_0	10	19	I/O$_7$
I/O$_0$	11	18	I/O$_6$
I/O$_1$	12	17	I/O$_5$
I/O$_2$	13	16	I/O$_4$
GND	14	15	I/O$_3$

2186/2187 8K×8

引脚	作　用
$A_0 \sim A_{12}$	地址线
$\overline{CE}$	片选端
$\overline{WE}$	写入控制端
$\overline{OE}$	输出允许控制端
I/O$_0$～I/O$_7$	数据输入/输出线
CNTRL	2186 为刷新检测 RDY 端
	2187 为刷新选通 REFEN 端
V_{DD}	+5V 电源
GND	接地端

图 7-20　Intel 2186/2187 的引脚图

四、存储器存储容量的扩展

在数字系统中，实际使用存储器芯片时，单个芯片的存储容量往往很难满足系统的要求，需要把若干片 RAM 连接在一起，以实现扩展存储容量的目的。扩展存储容量包括位（字长）扩展、字扩展和字位同时扩展三种。

1. 位（字长）扩展

一般 RAM 芯片的字长为 1 位、4 位、8 位、16 位和 32 位等。当数字系统实际需要的字长超过存储器 RAM 芯片的字长时，可将若干个 RAM 芯片并联在一起，以实现对 RAM 的位扩展。并联特点如下：

(1) 各存储芯片的地址线、片选信号线及读/写控制信号线均并联。

(2) 各个芯片数据线按数据位的高低顺序作为扩展后字的各个位线。

例如，用 2 个 6264（8K×8）RAM 芯片可扩展成 8K×16 位的存储系统，如图 7-21 所示。

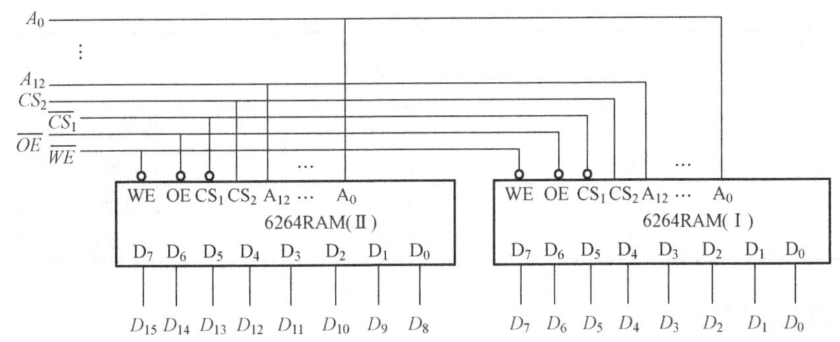

图 7-21 RAM 的位扩展

2. 字扩展

字扩展用于存储芯片的位数满足要求而字数不够的情况，是对存储单元数量的扩展。

存储器的字数通常采用 K、M 或 G 为单位，其中 $1K=2^{10}=1024$，$1M=2^{20}=1024K$，$1G=2^{30}=1024M$。

RAM 的字扩展可利用外加译码器来控制各存储器芯片的片选输入端来实现。图 7-22 所示是用 2 线—4 线译码器 74LS139 将 4 片 8K×8 位的 RAM 芯片 6264 扩展为 32K×8 位的存储器系统。

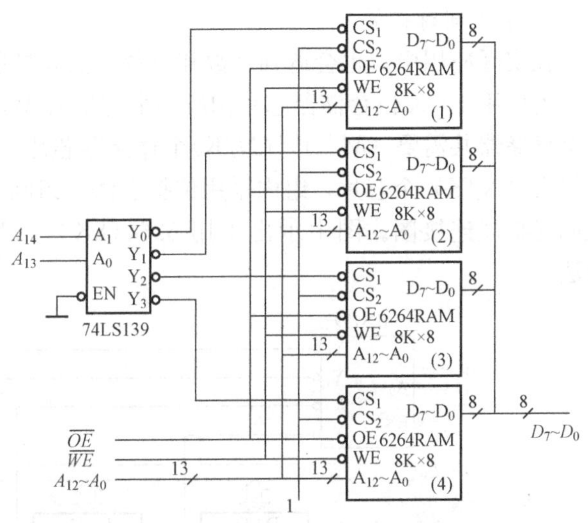

图 7-22 RAM 的字扩展

图中 32K×8 位的存储器需要 15 根地址线，8K×8 位存储器有 13 根地址线，需增加的 2 根高位地址线 A_{14}、A_{13}分别与 2 线—4 线译码器 74LS139 的输入端 A_1、A_0 相连，译码器的输出$\overline{Y_0}$～$\overline{Y_3}$分别接至 4 片 RAM 的片选信号控制端$\overline{CS_1}$。如果 $A_{14}A_{13}=01$，则 RAM（2）片的$\overline{CS_1}=0$，其余各片 RAM 的$\overline{CS_1}$均为 1，故选中 RAM（2）片，只有该片的信息可以读/写，读/写的内容则由低位地址 A_{12}～A_0 决定，表 7-3 所示为图 7-22 中各芯片地址空间分配表。显然，4 片 RAM 可轮流工作，任何时候，只有 1 片 RAM 处于工作状态，整个存储系统字数扩大了 4 倍，而字长仍为 8 位，即当输入 1 个地址码（A_{14}～A_0）时，只有 1 片 RAM 被选中，从而实现了字扩展。

表 7-3　　图 7-22 中各芯片地址空间分配表

地址 / 片号	$A_{14}A_{13}$	$A_{12}A_{11}\cdots A_1A_0$	说　　明
1	00	000…00	最低地址（0000H）
	00	111…11	最高地址（1FFFH）
2	01	000…00	最低地址（2000H）
	01	111…11	最高地址（3FFFH）

续表

片号 \ 地址	$A_{14}A_{13}$	$A_{12}A_{11}\cdots A_1A_0$	说　　明
3	10	000…00	最低地址（4000H）
	10	111…11	最高地址（5FFFH）
4	11	000…00	最低地址（6000H）
	11	111…11	最高地址（7FFFH）

字扩展连接方式特点如下：

（1）各存储器芯片的地址线、数据线，以及读、写控制信号线均并联，也就是将低位地址线直接与各芯片地址线相连，以选择片内的某个单元。

（2）片选信号线是各自独立被选中的。用高位地址线经译码器产生若干不同片选信号，连接到各芯片的片选端，以确定各芯片在整个存储空间中所属的地址范围。

3. 字位同时扩展

在实际应用中，也会遇到字数和位数都需要扩展的情况。

若使用1×K位存储器芯片构成一个容量为$M\times N$位（$M>1$，$N>K$）的存储器，那么这个存储器共需要（$M/1$）×（N/K）个存储器芯片。连接时可将这些芯片分成（$M/1$）个组，每组有（N/K）个芯片，组内采用位扩展法，组间采用字扩展法。图7-23所示为RAM字位同时扩展连接图。图中示出了用6264（8K×8）RAM芯片构成32K×16存储器的连接方法。

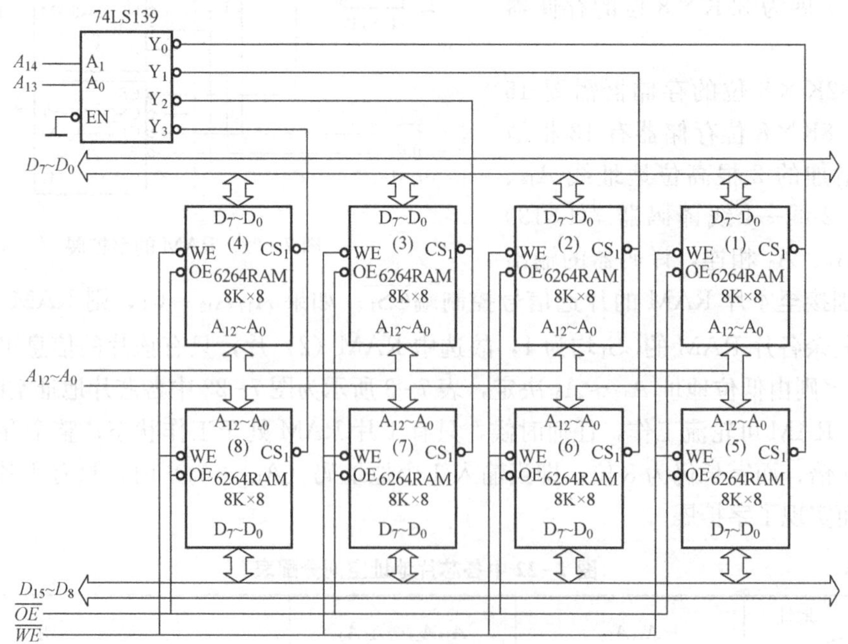

图7-23　RAM字位同时扩展连接图

图7-23中将8片6264芯片分成了4组，分别为RAM_1（由芯片1和5组成）、RAM_2（由芯片2和6组成）、RAM_3（由芯片3和7组成）和RAM_4（由芯片4和8组成），每组2

片。组内用位扩展法构成 8K×16 的存储模块，4 个这样的存储模块用字扩展法连接便构成了 32K×16 的存储器。用 13 根地址线 $A_{12}\sim A_0$ 对每组芯片进行片内寻址，同组芯片应被同时选中，故同组芯片的片选端应并联在一起。本例用 2 线—4 线译码器对 2 根高位地址线 $A_{14}\sim A_{13}$ 译码，产生 4 根片选信号线，分别与各组芯片的片选端相连。注意 6264 芯片的另一使能端 CS_2 未在图中画出，应使各芯片的 CS_2 均为高电平。

存储器扩展的主要工作是地址线、数据线和控制线的连接。实际应用中应灵活使用，不论需要多大容量的存储器，都可用容量有限的 RAM 芯片扩展得到。

本章小结

(1) 半导体存储器是现代数字系统尤其是计算机中的重要组成部分，有 RAM 和 ROM 两大类，大部分是 CMOS 工艺制成的大规模集成电路。

(2) ROM 属于一种非易失性存储器，根据数据写入方式的不同，可分为固定 ROM 和可编程 ROM 两类。可编程 ROM 又可分为 PROM、EPROM、EEPROM 和快闪存储器等。特别是 EEPROM 和快闪存储器可电擦写，已经兼有了 RAM 的特性。

(3) 从逻辑电路构成的角度看，ROM 是由与门阵列（地址译码器）和或门阵列（存储矩阵）构成的组合逻辑电路，ROM 的输出是输入最小项的组合。所以采用 ROM 实现各种逻辑函数不需化简，这给逻辑设计带来很大方便。

(4) RAM 属于一种易失性存储器，属于时序逻辑电路，具有记忆功能。当电源断开时，它存储的数据会马上消失。依据它的存储单元特点不同又可分为 SRAM 和 DRAM 两种类型。SRAM 靠触发器存储数据，而 DRAM 靠 MOS 管栅极电容存储数据。因此，在不停电的情况下，SRAM 可长久保存数据，而 DRAM 由于电容存在漏电电流，需要定期刷新以补充电容的电荷。

思考题与习题

7-1 若存储器的容量为 512K × 8 位，则地址代码应取几位?

7-2 某台计算机的内存储器设置有 32 位的地址线，16 位并行数据输入/输出端，试计算它的最大存储量是多少?

7-3 用 ROM 设计一个组合逻辑电路，用来产生下列一组逻辑函数，画出其简化矩阵图：

$$Y_1=\overline{A}\overline{B}\overline{C}\overline{D}+\overline{A}\overline{B}\overline{C}D+A\overline{B}C\overline{D}+ABCD$$

$$Y_2=A\overline{B}+B\overline{C}+A\overline{C}$$

$$Y_3=\overline{A}BD+\overline{B}C\overline{D}$$

$$Y_4=\overline{A}\overline{B}+AB$$

7-4 图 7-24 所示为一个 16×4 位的 ROM，A_3、A_2、A_1、A_0为地址输入，D_3、D_2、D_1、D_0为数据输出。若将 D_3、D_2、D_1、D_0视为 A_3、A_2、A_1、A_0的函数，试写出 D_3、D_2、D_1、D_0的逻辑函数式。

7-5 写出图 7-24 所示不同地址输入时 ROM 中的信息内容。

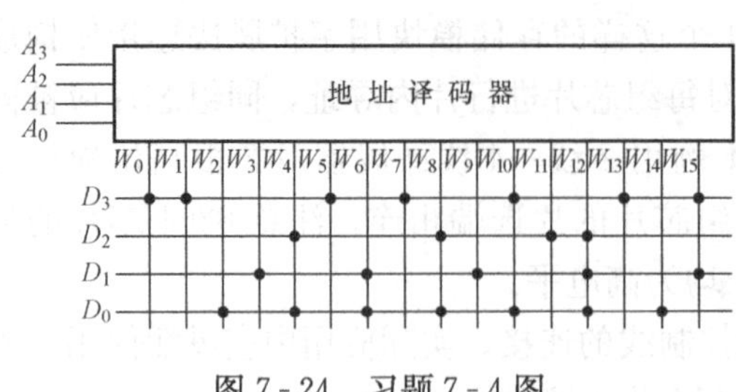

图 7-24 习题 7-4 图

7-6 1个容量为1024×8位的RAM有多少个基本存储单元？每次访问几个基本存储单元？有几根地址线？几根数据线？

7-7 已知1个包含32768个基本存储单元的存储电路，设计成4096个字的RAM，该RAM有几根数据线？几根地址线？

7-8 若将256×4位的RAM，用扩展位数的方法组成1个256×16位的RAM，需要几个芯片？画出逻辑图。

7-9 试用SRAM芯片6264，设计1个64K×8位的存储器，画出逻辑图，写出地址范围。

7-10 试用SRAM芯片6264，设计1个8K×32位的存储器，画出逻辑图。

7-11 试用SRAM芯片6264，设计1个16K×16位容量的存储器，画出逻辑图，写出地址范围。

第八章　可编程逻辑器件

本章首先简要介绍可编程逻辑器件的发展与分类，其次介绍常见可编程逻辑器件的基本结构、工作原理，然后介绍与之相应的硬件描述语言的基本情况。

第一节　概　　述

一、可编程逻辑器件的基本情况

可编程逻辑器件 PLD（Programmable Logic Device）及其相应的电子电路设计自动化 EDA（Electronic Design Automation）技术已是当今电子技术中发展最为活跃的一个重要分支。PLD 属于专用集成电路 ASIC（Application Specific Integrated Circuit）中的一种，芯片厂家在 PLD 中安排了大量含有与门、或门、触发器、逻辑宏单元、逻辑功能块及可编程连线等，用户可通过对其编程来配置器件内部的电路结构使之实现所需要的逻辑功能。PLD 具有集成度高、设计方法先进、设计周期短、设计风险小、速度快、可靠性高、可在系统现场编程等优点，因而在通信、工业控制、数据处理、网络、仪器、航空航天等众多领域得到了广泛应用，发展非常迅速。

最早的可编程逻辑器件出现在 20 世纪 70 年代初，主要是可编程只读存储器 PROM 和可编程逻辑阵列 PLA（Programmable Logic Array），随后又出现了可编程阵列逻辑器件 PAL（Programmable Array Logic）、通用阵列逻辑器件 GAL（Generic Array Logic）、可擦除可编程逻辑器件 EPLD（Erasable Programmable Logic Device）、复杂可编程逻辑器件 CPLD（Complex PLD）和现场可编程门阵列 FPGA（Field Programmable Gate Array）。目前那些早期出现的 PLD 器件均已被淘汰，CPLD 和 FPGA 器件由于在集成度、工作速度、易用性、芯片品种等方面不相上下，成为当前可编程器件芯片应用的必然选择。

二、可编程逻辑器件的分类

由于历史和技术的原因，对可编程逻辑器件很难严格地分类，所以可编程逻辑器件有多种分类方法，没有统一的分类标准。这里简单介绍其中几种比较通行的分类方法。

1. 按可编程逻辑器件的集成度分类

集成度是集成电路一项很重要的指标，如果从集成密度上分类，可分为低密度可编程逻辑器件（LDPLD）和高密度可编程逻辑器件（HDPLD）。PROM、PLA、PAL 和 GAL 器件属于 LDPLD，而 EPLD、CPLD 和 FPGA 属于 HDPLD。

2. 从电路结构上分类

目前常用的可编程逻辑器件都是从与—或阵列和门阵列两类基本结构发展起来的，所以又可从结构上将其分为 PLD 器件和 FPGA 器件两大类器件。这种分类方法将基本结构为与—或阵列的器件称为 PLD，将基本结构为门阵列的器件称为 FPGA。

3. 从可编程特性上分类

可编程逻辑器件的编程方式分为一次性可编程OTP（One Time Programmable）器件和重复可编程器件。OTP器件只允许对器件编程一次，编程后不能修改，其优点是集成度高，工作频率和可靠性高，抗干扰性强。可多次编程器件的优点是可多次修改设计，特别适合于系统样机的研制。

三、可编程逻辑器件与EDA技术

可编程逻辑器件的应用大大促进了EDA技术的进步，使数字系统从电路形态到设计方法、设计工具都发生了革命性的变化。传统的数字系统设计采用SSI、MSI标准通用器件和其他元件，设计者只能通过设计芯片之间的连接关系来实现系统功能，属于电路板级的设计。由于现代电子系统所含元器件种类和数量多，连线复杂，因而系统体积大、功耗大、可靠性差。而EDA技术则将这种传统的“自下而上”的设计方法变为一种新的“自顶向下”的设计方法。设计者可以利用计算机对系统进行方案设计和仿真，将可编程器件直接设计成系统所需要的专用集成电路。与传统的数字系统设计相比，EDA技术是对PLD芯片内部电路进行设计，通过设计芯片来实现系统功能，属于芯片级设计。

这种基于芯片的设计方法允许设计者定义器件的内部逻辑和管脚，将原来由电路板设计完成的大部分工作放在芯片设计中进行，不仅可通过芯片设计实现多种数字逻辑系统功能，而且由于管脚定义的灵活性，大大减轻了电路图设计和电路板设计的工作量和难度，从而有效地增强了设计的灵活性，提高了工作效率；同时系统的体积、质量减小，功耗降低，而且具有高性能、高可靠性和保密性好等优点。

第二节 PLD 的结构

一、PLD的结构

PLD的基本结构由与阵列、或阵列及输入、输出电路组成，如图8-1所示。与阵列和或阵列是电路的主体，主要用来实现“与或”形式的逻辑函数。输入电路由缓冲器组成，能够提高输入信号的驱动能力，并产生互补输入信号。输出电路可以提供不同的输出方式，如直接输出（组合方式）或通过寄存器输出（时序方式），还可实现输出数据反馈及I/O功能。

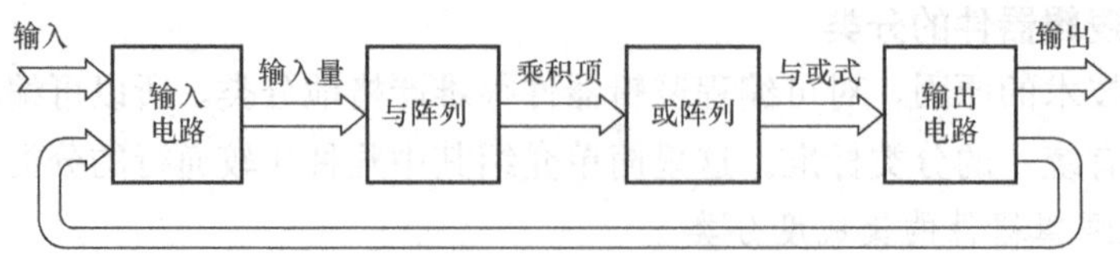

图8-1 PLD结构框图

由于PLD内部电路规模大、连接复杂，用常规的逻辑图难以描述，所以常采用如图8-2所示的表示方法。

PLD中缓冲器都采用了互补输出结构，可同时提供原、反变量，其表示法如图8-2（a）所示。PLD的与门表示法如图8-2（b）所示。图中与门的输入线通常示意性地画成一条线（行线），与门的所有变量都称为输入项，并画成与行线垂直的列线以表示与门的输入。

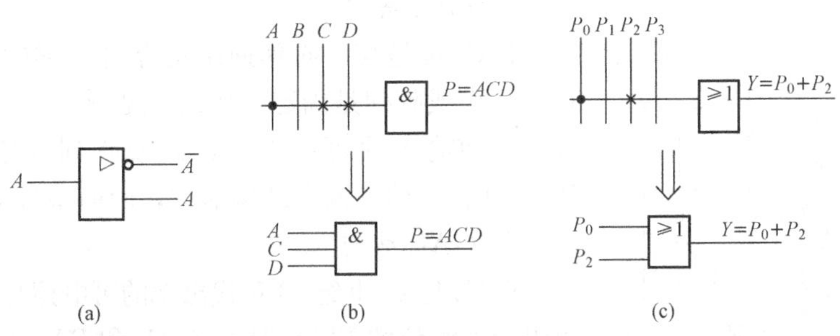

图 8-2　缓冲门、与门、或门表示法

(a) 缓冲门；(b) 与门表示法；(c) 或门表示法

列线与行线相交的交叉处若有黑圆点，表示固定连接；若有“×”，则表示是编程连接；若交叉处无标记，则表示不连接（被擦除）。与门的输出即为乘积项。或门可以用类似的方法表示，也可以用传统的方法表示，如图 8-2（c）所示。

二、低密度可编程逻辑器件（LDPLD）结构

低密度可编程逻辑器件包括 PROM、PLA、PAL 和 GAL 四种器件。

1. PROM 结构

PROM 的基本结构是固定连接的与阵列和可编程的或阵列，见图 8-3（a）。与阵列是二进制译码器，译出了输入变量（地址）的全部最小项；或阵列是可编程的，写入数据的过程就是对或阵列编程的过程。或阵列中可编程元件早期采用熔丝（Fuse）工艺编程，只能写一次，不可以擦除或重写。以后又出现了 EPROM、EEPROM 和快闪存储器。由于 EEPROM 和快闪存储器可以在系统更新数据，且读写速度可达毫微秒级，所以目前在用到 ROM 的场合中以 EEPROM 和快闪存储器为主。

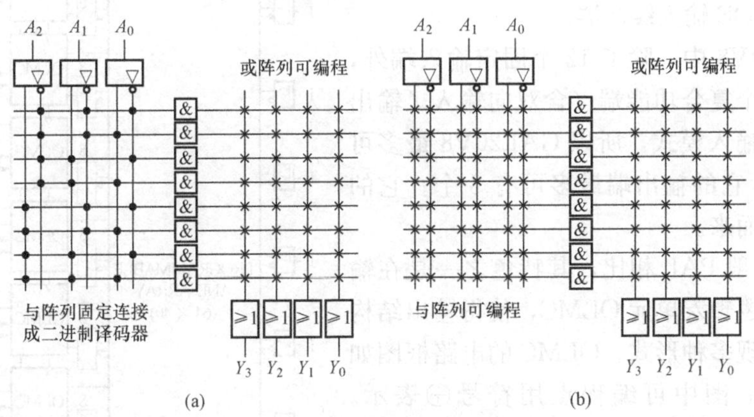

图 8-3　PROM 与 PLA 的结构图

(a) PROM；(b) PLA

2. PLA 结构

PLA 是基于与—或阵列的器件。它的与阵列和或阵列都是可编程的，见图 8-3（b）。由于其组成逻辑函数时的灵活性，曾经被认为是极有发展前途的可编程逻辑器件，但由于器件的资源利用率低，缺少完善的编程工具，现已不再使用。

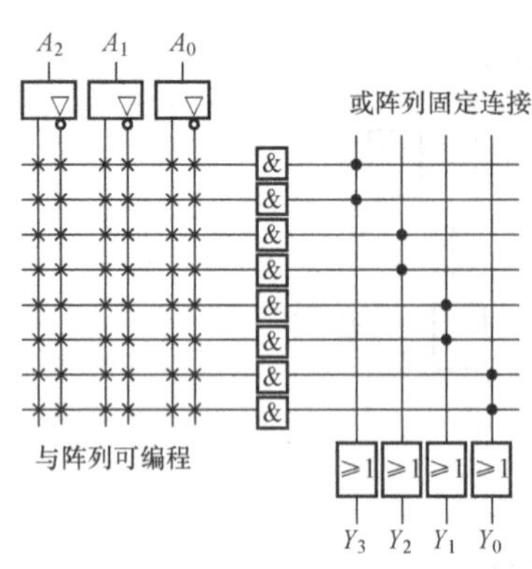

图 8-4　PAL 的结构图

3. PAL 结构

PAL 也是与—或阵列结构器件。它的与阵列是可编程的，而或阵列是固定连接的，见图 8-4。与阵列的可编程特性使输入项可以增多，而或阵列固定使器件简化。PAL 具有多种的输出结构形式，因而型号众多。

4. GAL 结构

GAL 是 20 世纪 80 年代出现的可电擦写、可重复编程、可设置加密位的 PLD 器件。GAL 和 PAL 相比，增加了一个可编程的输出逻辑宏单元（OLMC），通过对 OLMC 配置可以得到多种形式的输出和反馈。GAL 几乎能够实现所有类型的 PAL 的功能，所以自 GAL 出现后即在实际应用中几乎完全代替了 PAL。具有代表性的 GAL 芯片有 GAL16V8 和 GAL20V8。

GAL20V8 的内部逻辑框图如图 8-5 所示。由图可知它由以下五部分组成：

(1) 10 个输入缓冲器（在与阵列的左侧，是固定的输入）。

(2) 8 个三态输出缓冲器。

(3) 8 个输出反馈 / 输入缓冲器（中间 1 列 8 个缓冲器）。

(4) 8 个输出逻辑宏单元 OLMC（或门阵列包含在其中）。

(5) 规模为 64×40 的可编程与门阵列（由 8×8 个与门构成，共形成 64 个乘积项，每个乘积项有 40 个输入）。

另外还有 2 个输入/时钟和输入/使能多路数据选择器 IMUX，其输出经过 2 个缓冲器进入与阵列，以及 1 个系统时钟 CP 输入缓冲器和 1 个三态输出使能 OE 输入缓冲器。

在 GAL20V8 中，除了 12 个固定输入端外，还可将其他 8 个复合功能端（含双向输入 / 输出端）也设置成输入模式，所以 GAL20V8 最多可有 20 个输入。它的输出端最多可有 8 个。它的型号名称由此而来。

GAL 和一般 PAL 相比，其特色之一是在输出部分使用了逻辑宏单元 OLMC，使得输出结构可通过编程实现多种形式。OLMC 的电路框图如图 8-6 所示。图中可编程点用符号⊕表示。OLMC 主要由以下四部分组成：

(1) 或门。来自与阵列的 8 个乘积项作为其输入，构成了 GAL 的或阵列。

(2) 异或门，用来通过编程改变输出逻辑函数输出信号的极性。对于异或门来说，其逻辑关系中有 $Y=A\oplus 1=\overline{A}$ 和 $Y=A\oplus 0=A$，所以或门输出可以是或逻辑（异或门编程点为 0 时），

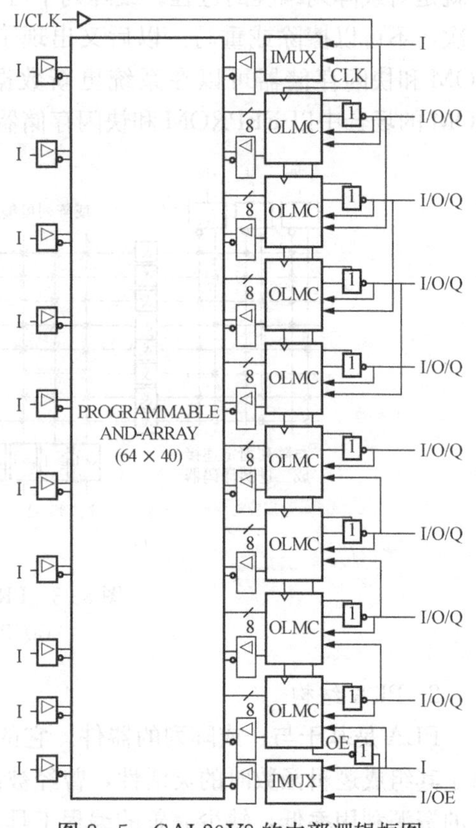

图 8-5　GAL20V8 的内部逻辑框图

也可以是或非逻辑（异或门编程点为1时）。

（3）D触发器，用来寄存或阵列的输出状态。若其没有被输出数据选择器OMUX旁路的话，则可构成时序电路。

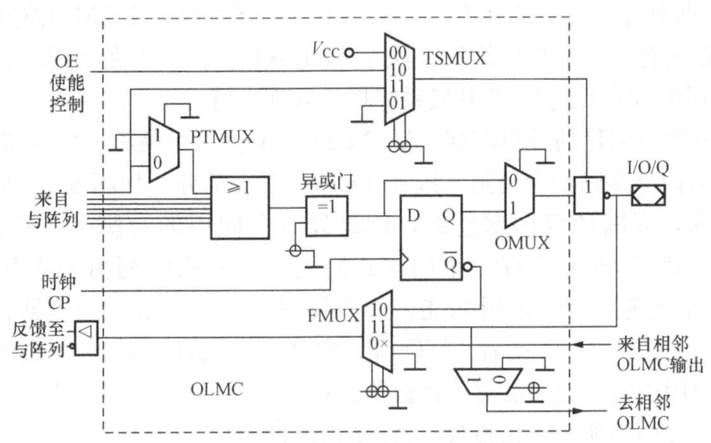

图8-6　输出逻辑宏单元OLMC电路框图

（4）5个可编程多路数据选择器MUX，在此作为多路数字开关，可通过编程改变电路结构。例如输出二选一多路开关OMUX，当编程点为0时，或门输出将绕过D触发器直达输出端，得到的是组合逻辑电路；编程点为1时，或门输出将被D触发器寄存，可实现时序电路的功能。三态多路开关TSMUX用于产生输出缓冲器的三态输出使能信号，可将输出三态缓冲器分别设置为非门、高阻态、由芯片OE端控制和由用户编程决定四种情况。乘积多路开关PTMUX用于控制来自与阵列的第一个乘积项是否作为或门输入，如果不作为或门的输入项，就作为输出缓冲器的使能控制项。反馈多路开关（FMUX）用于决定反馈信号的来源，可选择本级OLMC内寄存器输出、本级OLMC输出、相邻OLMC输出和无反馈四种方式。图8-7所示为OLMC可以实现的几种电路结构，其中输出极性选择就是由可编程异或门实现的。

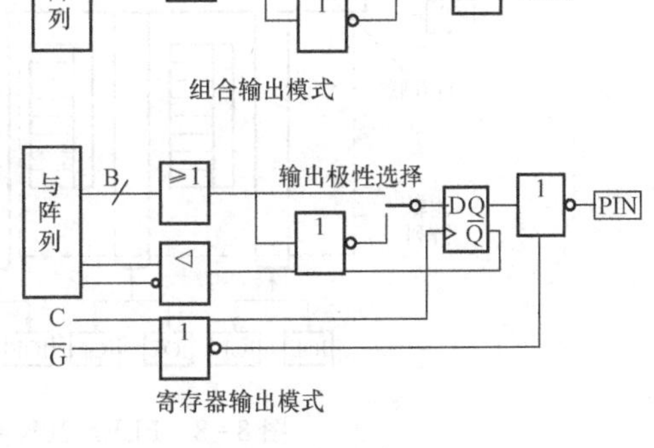

三、高密度可编程逻辑器件（HDPLD）

高密度可编程逻辑器件包括EPLD、CPLD和FPGA三种器件。其中EPLD很快被后来者CPLD取代，所以这里只介绍FPGA和CPLD。

1. FPGA结构

FPGA现场可编程门阵列最早出现于1985年，它是一种新型高密度PLD。它的结构和阵列型PLD不同，内部由许多独立的可编程逻辑模块组成，逻辑块之间由可编程的内部连线连接，以实现一定的逻辑功能。FPGA具有密度

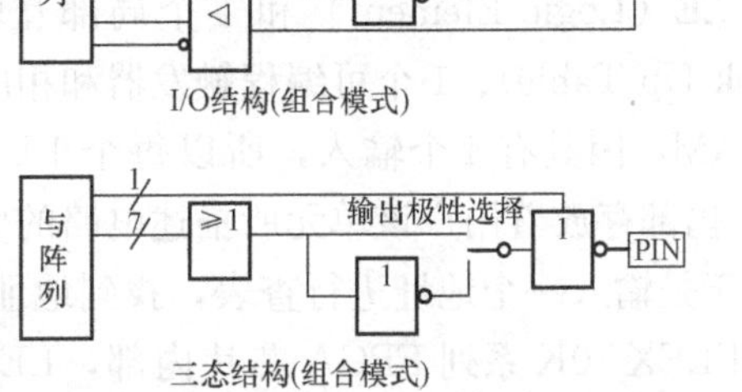

图8-7　OLMC可实现的电路结构

高、编程速度快、设计灵活和可再配置设计等优点。FPGA 出现后立即受到普遍欢迎，并得到迅速发展。因 FPGA 型号众多，内部结构各异，这里仅以 Altera 公司 FLEX 10K 系列为例简要介绍。FLEX 10K 系列 FPGA 是高密度阵列嵌入式可编程逻辑器件。该系列 FPGA 最大可达 10 万个典型门，5392 个寄存器，采用 0.5μm CMOS SRAM 工艺制造，具有在系统可配置特性，在所有 I/O 端口中均配有输入/输出寄存器，可以在 3.3V 或 5.0V 电压下工作，由 Altera 公司的 MAX+plusⅡ开发系统提供软件支持。

它的结构可分为可编程的逻辑阵列 LA（Logic Array）、可编程 I/O 元素 IOE（I/O Element）和可编程的内部互联快速通道（Fast Track）三个部分，如图 8-8 所示。LA 在 FPGA 中排列为阵列，周围环绕内部连线，IOE 分布在四周的管脚上。除逻辑阵列之外，FLEX 10K 系列 FPGA 还包含有一个嵌入式阵列，嵌入式阵列由一系列嵌入式阵列块（EAB）组成，用来实现复杂的逻辑功能，如微控制器、数字信号处理器、数据交换和转换、RAM、ROM、双口 RAM 或者 FIFO 等，实现存储功能时，每个 EAB 提供 2048bit。逻辑阵列则实现通用逻辑，如加法器、计数器、状态机等。通过联合使用嵌入式阵列和逻辑阵列，可以在单芯片中实现一个完整数字系统的功能。

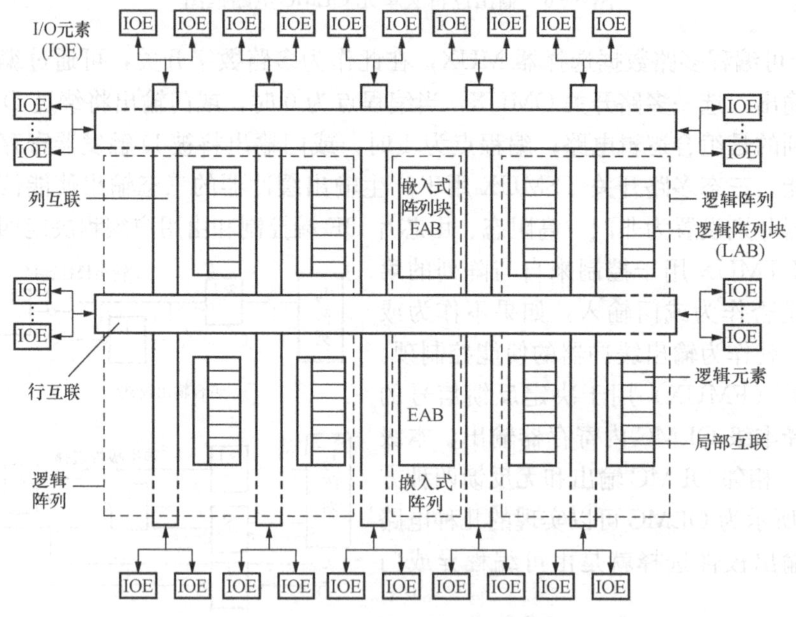

图 8-8 FLEX 10K 系列 FPGA 的基本结构框图

逻辑阵列 LA 由逻辑阵列块 LAB（Logic Array Block）组成，每个 LAB 包含 8 个逻辑元素 LE（Logic Element）和 1 个局部互联资源。1 个 LE 包含 1 个 4 输入查找表 LUT（Look-Up Table）、1 个可编程触发器和相应进位、级联用的信号通道。LUT 本质上就是 1 个 RAM，因其有 4 个输入，所以每个 LUT 可以看成 1 个有 4 位地址的 16×1 的 RAM。LUT 内部存放着用户该单元所描述电路的所有可能的结果，当对输入信号进行逻辑运算时，就等于是输入一个地址进行查表，找到地址对应的内容输出即可。

FLEX 10K 系列 FPGA 芯片内部，LEB 之间及与 IOE 的连接是由内部可编程互联线 Fast Track 实现的，这些快速布线是一系列可以通过编程改变连接关系的纵横交错贯穿整个

FPGA 的通道。

一个 IOE 包含一个双向的 I/O 缓冲器和一个寄存器。这个寄存器可以作为存放外部数据的输入寄存器，也可以作为输出数据寄存器。IOE 可以配置为输入、输出或双向管脚。

FPGA 的功能由逻辑结构的配置数据决定。这些配置数据存放在片外的快闪存储器或 EEPROM 上，在工作前需要从芯片外部加载配置数据。人们可以借助软件控制加载过程，还可以在配置存储芯片中存放不同的系统设计，使系统根据不同的情况自动实现不同的系统功能。也允许在安装调试及运行现场对数字系统进行设计修改、升级，即所谓现场可编程。

FPGA 的发展十分迅速，目前已达到上千万门的集成度、3ns 内部门延时的水平，并在 FPGA 中嵌入 CPU、微处理器、微控制器、乘法器、存储器等 IP 核，使得单片 FPGA 就可以实现系统级设计。除 Altera 公司外，Xilinx、Lattice、Atmel 和 Actel 公司等也提供高性能的 FPGA 芯片。

2. CPLD 结构

CPLD 是从 PAL、GAL 发展起来的阵列型高密度 PLD。目前主要的半导体器件公司，如 Altera、Xilinx、Lattice 和 AMD 公司等，各自生产的 CPLD 产品都有自己的特点，但总体结构大致是相同的。大多数 CPLD 中至少包含了三种结构，即可编程逻辑宏单元、可编程 I/O 单元、可编程内部连线。

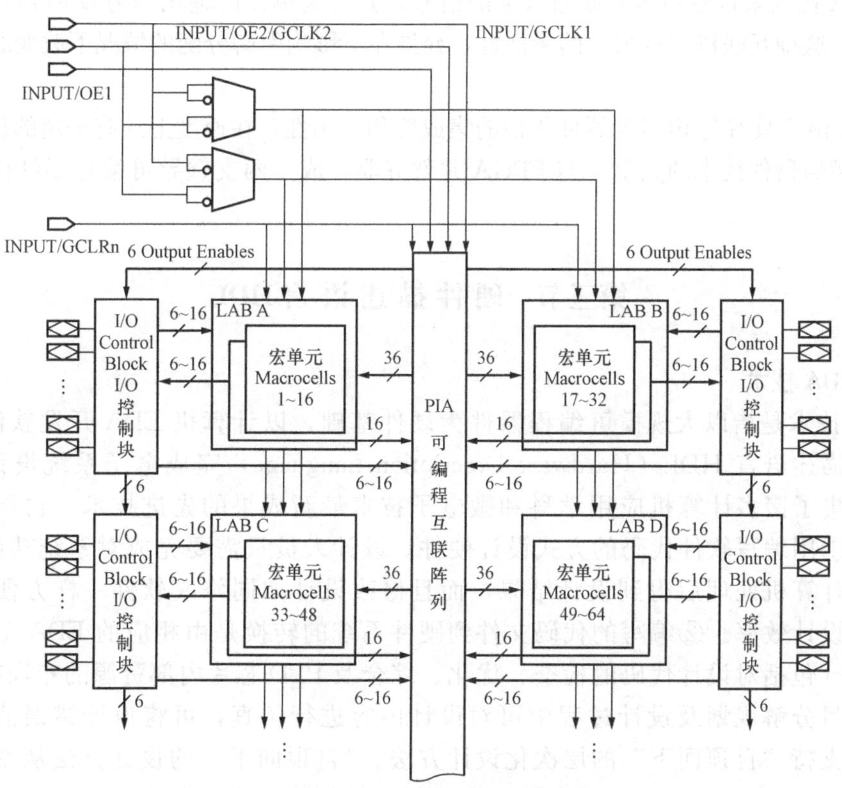

图 8-9　MAX7000 系列的 CPLD 结构框图

图 8-9 所示为 Altera 公司生产的 MAX7000 系列 CPLD 芯片结构框图，其中最重要的部分是逻辑阵列块 LAB。每个 LAB 由 16 个可编程逻辑宏单元阵列组成，所有 LAB 通过可编程互联阵列 PIA（Programmable Interconnect Array）相互连接。所有的可编程I/O控制块、全局时钟、使能、清除等专用输入端也都与 PIA 相连。

可编程逻辑宏单元包括了与逻辑阵列、乘积项选择矩阵和可编程寄存器。与逻辑矩阵为每个宏单元提供 5 个乘积项，乘积项信号来自 PIA 和相邻逻辑宏单元的扩展乘积项（共有 36＋16 个）。乘积项选择矩阵决定或阵列输入的乘积项数，并为与阵列提供一个共享乘积项，以备其他宏单元使用和共享，还可为宏单元内部寄存器提供清零、预置数、时钟和时钟使能控制信号。每个宏单元的寄存器不仅可以受全局时钟、使能、清零信号的控制，还支持异步置数和清零功能，还可以由乘积项选择矩阵分配乘积项完成这些操作。如果该宏单元的乘积项不够使用，可以利用 LAB 中其他宏单元提供的共享乘积项，以实现更复杂的逻辑功能。

可编程 I/O 单元在 MAX7000 系列中称为 I/O 控制块，是内部信号到 I/O 引脚的接口部分。I/O 控制块可以将每个管脚单独配置为输出、输入、双向管脚。

可编程互联阵列 PIA 的作用是在各逻辑宏单元之间，以及逻辑宏单元和 I/O 单元之间提供互联网络。这个全局总线是一种可编程通道，可以为 CPLD 中任何信号的传输提供电气连接。芯片所有的专用输入、I/O 管脚和宏单元的输入/输出都连接于 PIA，各逻辑宏单元通过 PIA 接收来自专用输入或输入端的信号，并将宏单元的输出信号反馈到其需要到达的目的地。这种互联机制有很大的灵活性，允许在不影响引脚分配的情况下改变芯片内部电路的设计。

CPLD 由于具有与 FPGA 器件相似的集成度和易用性，在速度上还有一定的优势，使其在可编程逻辑器件技术的竞争中与 FPGA 并驾齐驱，成为两支领导可编程器件技术发展的力量之一。

第三节　硬件描述语言 HDL

一、EDA 技术

EDA 技术是指以大规模可编程器件为硬件基础，以计算机 EDA 开发软件为工具，借助硬件描述语言 HDL（Hardware Description Language）完成电子系统设计的技术，是一门汇集了诸多计算机应用学科和微电子技术最新成果的先进技术。它具有以下几个特点：①用编写软件代码的方式设计硬件，设计人员只需要完成对系统功能的描述，就可以由计算机处理后得到设计结果，而且修改设计如同修改软件一样方便，可以极大地提高设计效率。②编写的代码文件到硬件系统的转换是由相应的 EDA 工具软件自动完成的（包括对设计代码的检查、优化、综合及 PLD 芯片内部资源的布局布线）。③在设计项目分解规划及设计过程中可对设计内容进行仿真，可将设计错误消灭于萌芽状态。④支持“自顶而下”的层次化设计方法。“自顶向下”的设计方法从系统设计的总体要求出发，自顶向下分多个层次对系统硬件进行设计，设计者可以首先将注意力放在整个系统及各子系统数学模型的描述上，其次才逐级向下完成各级子系统的逻辑描述。这种方法可以避免出现系统性的设计错误。⑤设计出的电子系统可现场编程，在系统升级。此外，因现在 PLD 芯片集成度很高，并有多种品种型号内嵌了存储器、CPU、微控制器等功能 IP 核，这样就有可能将整个系统集成在一个芯片上，实现单芯片系统。同时集成度的提高带来了体积减小、功耗降低、可靠性提高的优点。因此，EDA 技术代表了现代电子设计的发展方向。

根据电子设计技术的发展过程，EDA 技术发展大致分为三个阶段：

(1) CAD 阶段。时间是 20 世纪 60 年代中期到 20 世纪 80 年代初期。这个阶段主要使用工具软件进行印制电路板 PCB (Printed Circuit Board) 的设计和电路模拟。由于计算机的使用，将设计人员从大量繁琐重复的计算和绘图工作中解脱出来。这个时期的 EDA 一般称为 CAD (Computer Aided Design)。

(2) CAE 阶段。时间是 20 世纪 80 年代初期到 20 世纪 90 年代初期。这个阶段由于集成电路与电子设计方法学，以及设计工具集成化方面的进展，EDA 技术进入到计算机辅助工程 CAE (Computer Aided Engineering) 设计阶段。此时推出的 EDA 工具发展了逻辑模拟、故障仿真、定时分析、自动布局布线、功能测试等功能。利用这些工具，设计者对产品质量和性能的前期控制能力进一步提高。

(3) EDA 阶段。20 世纪 90 年代以来，随着可编程逻辑器件在规模、速度、功能上的发展，EDA 技术也有了迅速发展。此阶段主要出现了以高级语言描述、系统仿真和综合技术为特征的第三代 EDA 技术，EDA 工具软件中融合了逻辑综合和测试综合、可测性综合设计、性能仿真版图优化技术，支持带有嵌入 IP 模块的 ASIC 设计，支持 VHDL (Very High Speed Integrated Circuit HDL) 和 Verilog HDL 两种标准硬件描述语言。在这一阶段，电子系统的设计进入了一个崭新的阶段，设计者开始从使用芯片转向设计芯片。

二、硬件描述语言 HDL

长久以来，人们在说明电路设计的时候都是采用电路原理图的方式，这种方法直接与实际电路对应，直观方便，曾经是用来描述电路原理的唯一方法。但这种方法有着下列问题：①电路设计规模增大后，原理图的易读性迅速下降，图中连线众多，极难搞清电路的实际功能；②设计成果的可移植性差，图纸设计一旦完成，电路结构的改变将十分困难，很难将其移植到后续其他项目中；③ 图纸入档保管及管理困难，交流困难，电子化的设计图纸因工具软件各异同样有交流的困难。

随着计算机辅助设计及大规模 PLD 的发展，出现了许多各具特色的硬件描述语言，从此复杂的电子电路可以用文本文件方式描述并保存下来。其中较为突出的有美国国防部开发的 VHDL、由 Gateway Design Automation 公司（该公司于 1989 年被 Cadence 公司收购）开发的 Verilog、由 DATA I/O公司开发的 ABEL (Advanced Boolean Equation Language) 等。IEEE 在 1987 年将 VHDL 作为第一个工业标准发布 (IEEE 1076－1987)，使 VHDL 成为世界性的工业标准，1993 年增修为 IEEE1164 标准。目前常用的 EDA 工具均支持 VHDL。

第四节　EDA 工具软件 MAX＋plus Ⅱ的使用

一、MAX＋plusⅡ软件概述

目前比较流行的 EDA 的软件工具有 Altera 公司的 MAX＋plus Ⅱ和 Quartus Ⅱ、Lattice 公司的 ispEXPERT、Xilinx 公司的 Foundation Series 等。这里介绍 MAX＋plus Ⅱ软件

的基本使用方法。

MAX+plusⅡ是 Multiple Array Matrix and Programmable Logic User System 的缩写，它提供了一整套集成化的可编程器件设计环境，可以完成整个数字系统的设计流程，包括逻辑设计输入、逻辑综合与优化、仿真分析、芯片适配及编程下载。该软件界面友好，使用便捷，是目前应用比较广泛的 EDA 工具软件。

使用 MAX+plus Ⅱ进行逻辑设计有以下四步：

(1) 逻辑设计输入。在 MAX+plus Ⅱ环境中选择输入工具，输入方式可以是使用 VHDL、Verilog、AHDL 等语言的文本输入，也可以是原理图输入和波形图等。对于比较复杂的逻辑设计，还应采用层次化设计。

(2) 编译综合。利用 MAX+plus Ⅱ内部的编译综合器，可以对输入完毕的逻辑设计进行设计规范检查、逻辑优化及转换、逻辑综合、网表文件生成、目标器件适配、布局布线优化等操作。

(3) 设计检验。通过 MAX+plus Ⅱ提供的仿真器，对逻辑设计进行波形仿真，以观察设计项目的响应与激励是否符合设计要求。在目标器件确定后，还可进行精确的信号延迟时间分析。

(4) 器件编程。利用编译综合过程中产生的编程文件，通过 MAX+plus Ⅱ内部的编程器及编程电缆将设计的电路下载到 PLD 中，实现逻辑设计项目的硬件电路成果。在此之前，PLD 芯片及其外围元件应已焊接在印制电路板上，待下载完毕后，就可以进行硬件电路功能测试了。

二、使用 MAX+plus Ⅱ软件进行逻辑设计的过程

1. 建立设计项目

在利用 EDA 工具软件进行设计的过程中，会自动产生大量与分析和设计相关的文件，为了便于管理和使用这些文件，需要事先为其建一个项目文件夹，文件夹名称由用户根据设计项目特点自定，注意不能使用中文命名。同时 VHDL 的综合器将此文件夹默认为 work 库，用户所有设计文件包括设计好的元件、模块均放在其中，可以被后续设计调用而不必以显式预先说明。

建立设计项目的操作步骤如下：

(1) 启动 MAX+plus Ⅱ后，将打开 MAX+plus Ⅱ项目管理器窗口，如图 8-10 所示。

(2) 在 MAX+plus Ⅱ项目管理器窗口单击下拉菜单 File→Project→Name 子命令，出现如图 8-11 所示的 Project Name 对话框，在此对话框中，需选择要建立设计项目的路径 (d:\vhdl_project) 和输入设计项目名 (counter)，并单击“OK”。此时 MAX+plus Ⅱ集成环境窗口标题栏将显示新建项目路径和项目名称。

2. 建立设计源文件

建立设计项目后，开始进行设计文本或原理图的输入。这里以一个带同步清零的六进制计数器的 VHDL 文本输入为例讲解，步骤如下：

(1) 在 MAX+plus Ⅱ项目管理器窗口单击 File→New 子命令，打开如图 8-12 所示的 New 对话框。

图 8-10 MAX+plus Ⅱ项目管理器窗口

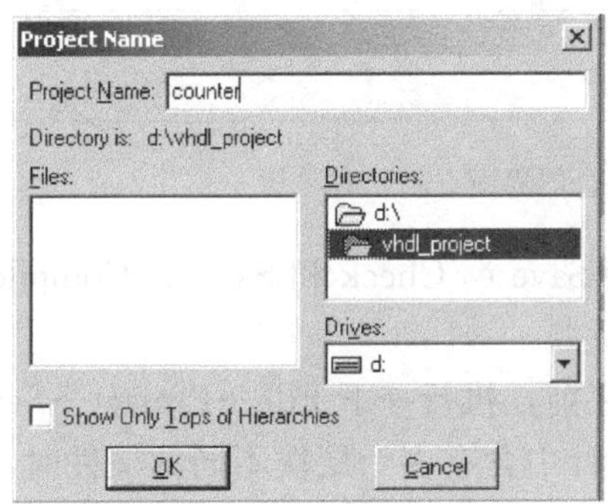

图 8-11 Project Name 对话框

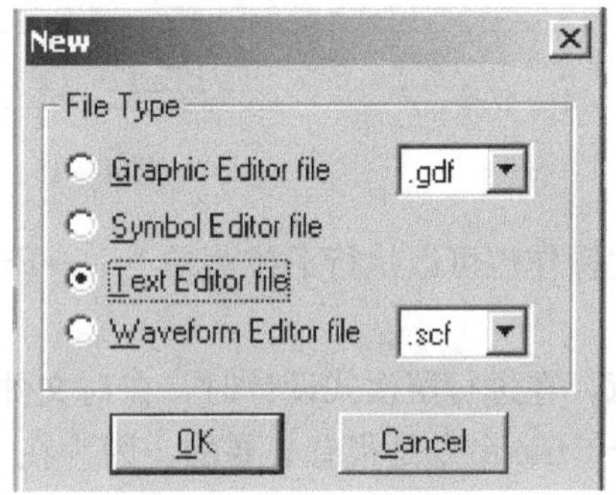

图 8-12 New 对话框

(2) 在此对话框中选择“Text Editor file”选项，然后单击“OK”按钮，MAX+plus Ⅱ将打开一个未命名的 Text Editor（文本编辑器）窗口。

(3) 在 MAX+plus Ⅱ项目管理器窗口单击 File→Save 子命令，打开如图 8-13 所示的 Save As 对话框。在 File Name 窗口中输入 VHDL 源文件名称 cnt6. vhd，然后单击“OK”按钮。注意此处系统默认文件后缀名是“. tdf”，需要改成“. vhd”。

(4) 在文本编辑器中，输入六进制计数器的 VHDL 源代码，如图 8-14 所示。注意其中实体名要与设计文件名一致。

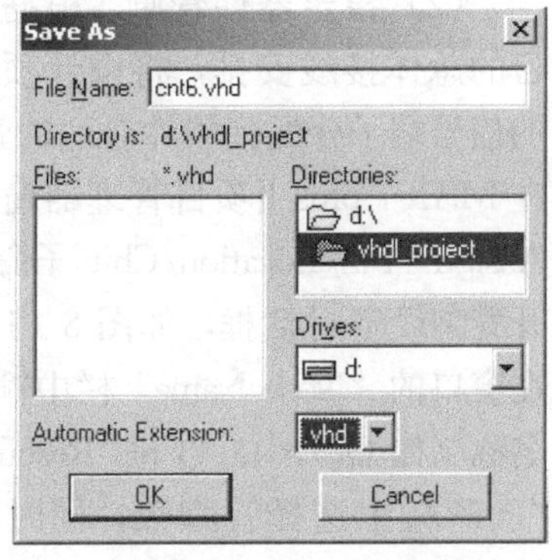

图 8-13 Save As 对话框

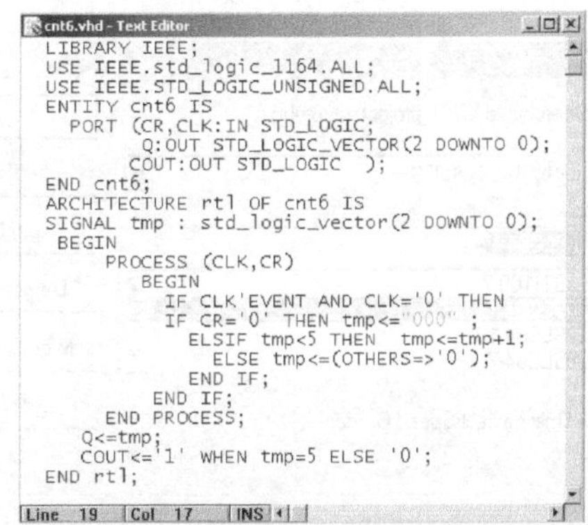

图 8-14 同步清零六进制计数器 VHDL 源代码输入

3. 设计编译

在MAX+plus Ⅱ项目管理器窗口中单击File→Project→Set Project to Current file子命令，将当前的文本文件设置成项目文件，然后再执行MAX+plus II→Compiler（编译）命令，程序将打开编译综合器界面，如图8-15所示。单击“Start”按钮，程序将对当前文件进行编译综合，首先进行语法检查，然后是网表提取、数据库建立、逻辑综合、逻辑适配、定时网表文件提取、装配等过程。

在这个过程中，所有信息、警告、错误都会在随后打开的信息窗口中显示出来。如果有错误和警告，需要排除问题直到显示错误和警告为0为止。

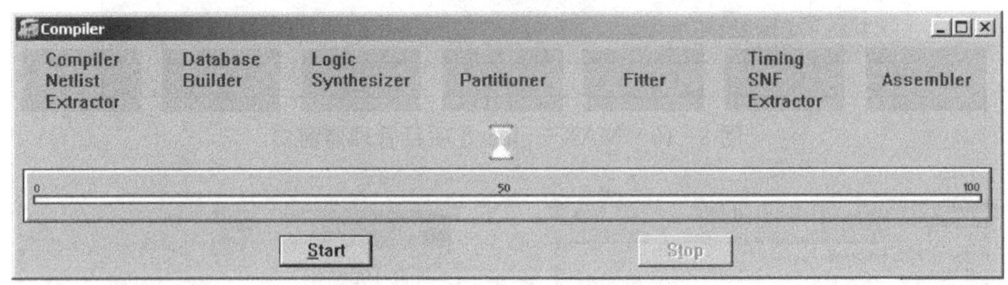

图8-15 编译综合器界面

上述操作也可以执行下拉菜单File→Project→Save & Check和Save & Compile子命令来执行。

注意，在进行层次式设计时，在对文件编译之前，执行一下File→Project→Set Project to Current file命令是很有必要的。因为在一个设计中含有多个层次不同的文件时，当将A文件设置为项目文件并处理完毕转而处理B文件时，程序仍然视A文件为项目文件，必须执行一次File→Project→Set Project to Current file命令，将当前文件B设为项目文件。否则，将出现当前文件是B，而再次对A文件进行编译的情况。

4. 器件适配

器件适配是要为设计项目指定目标器件，并再次进行基于目标器件的编译综合。

（1）指定目标器件。在MAX+plus Ⅱ项目管理器窗口单击Assign→Device子命令，将打开目标器件设置对话框，如图8-16所示。在对话框中选择欲使用的可编程器件的型号。注意当使用速度低的器件时，要将Devices列表下方“Show Only Fastest Speed Grades”选项前的对勾去掉。

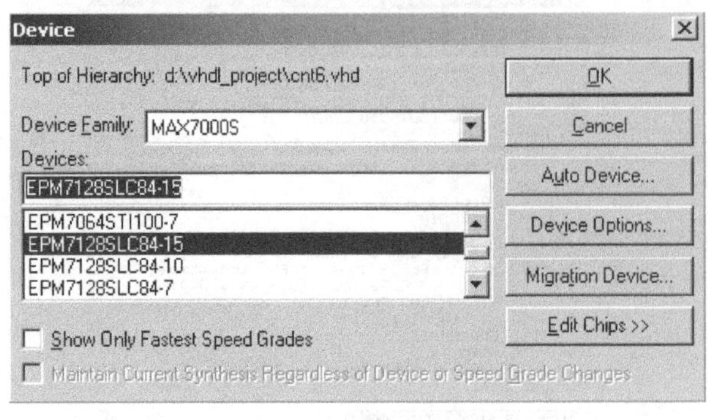

图8-16 目标器件设置对话框

（2）指定器件管脚。根据设计项目的总体接线安排，将设计项目对外的信号端子分配到器件合适的管脚上。在MAX+plus Ⅱ项目管理器窗口执行Assign→Pin/Location/Chip子命令，打开管脚设定对话框，如图8-17所示。在窗口的“Node Name”栏中输入信号名称（如Q2），在“Chip Resource”的“Pin”栏中选择管脚数，同时注意确认其右侧的“Pin Type”栏中出现的管脚模式是否正确，然后单击“Add”按钮，输入的管脚信息就出现在“Existing Pin/Location/Chip Assignments”栏中。需要将所设计的项目文件中所有对外的管脚正确输入。单击“OK”按钮退出。若管脚信息输入错误，则可选中待删管脚后单击“Delete”按钮删除。

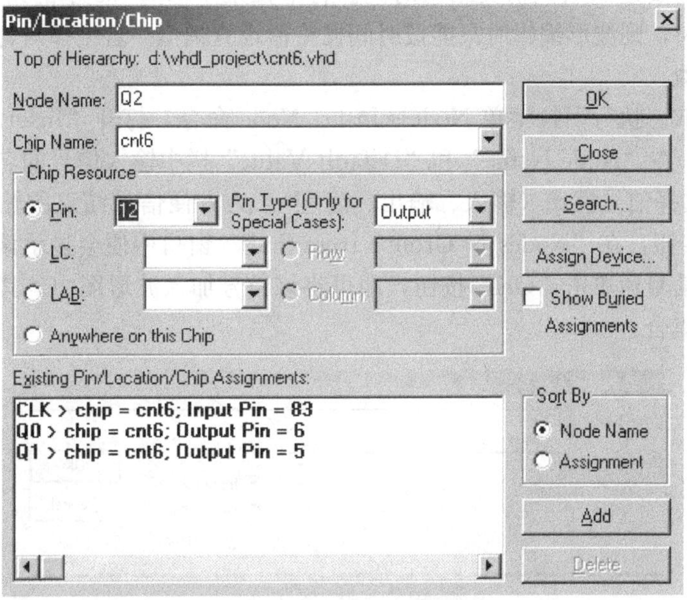

Pin/Location/Chip
Top of Hierarchy: d:\vhdl_project\cnt6.vhd
Node Name: Q2
Chip Name: cnt6
Chip Resource
Pin: 12
Pin Type (Only for Special Cases): Output
LC:
Row:
LAB:
Column:
Anywhere on this Chip
OK
Close
Search...
Assign Device...
Show Buried Assignments
Existing Pin/Location/Chip Assignments:
CLK > chip = cnt6; Input Pin = 83
Q0 > chip = cnt6; Output Pin = 6
Q1 > chip = cnt6; Output Pin = 5
Sort By
Node Name
Assignment
Add
Delete

图 8-17 管脚设定对话框

(3) 再次编译综合。指定芯片和管脚后，必须再次对源代码进行编译（MAX+plus Ⅱ→compiler），此次编译，综合器将针对指定的目标器件进行编译、优化、综合和适配。产生的仿真文件可做精确的时序仿真，同时产生可用于下载的编程文件。

5. 仿真分析

当设计项目编译完毕后，必须通过仿真分析来验证设计成果正确与否，这是 EDA 设计中重要的设计步骤。此举需要使用波形编辑器人为设定电路的激励信号。

(1) 创建波形图文件。在 MAX+plus Ⅱ项目管理器窗口下拉菜单 MAX+plus Ⅱ中执行 Waveform Editor 命令，打开波形编辑器（执行 File→New 命令，在随之打开的新文件类型选择框中选“Waveform Editor File”亦可），即创建一空白的未命名波形文件，如图 8-18 所示。

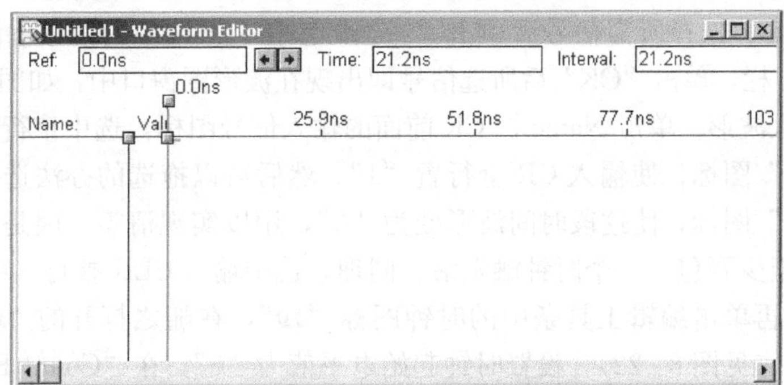

图 8-18 刚打开的波形编辑器

(2) 仿真时间设置。执行 Options→Grid Size 命令，在出现的“Grid Size”对话框中输入显示时间的栅格值，此值将是设置波形时的最小时间单位。执行 File→End Time 命令，在出现的“End Time”对话框里输入仿真结束时间，程序默认的仿真结束时间是 1μs，当电路设计复杂时，需要适当增大仿真结束时间。若下拉菜单 Options 中的第一选项“Snap to Grid”前面有对勾，则波形编辑时只能按时间栅格值设置幅值。若去掉对勾，就可以在任意时间点上设置幅值。

(3) 信号提取。执行下拉菜单 Node→Insert Node 命令，打开“Insert Node”对话框，如图 8-19 所示。在“Node Name”和“Default Value”栏中输入信号的名称及初值，并在“I/O Type”中选择信号模式（输入、输出、隐埋）。为方便信号结点的输入，可以单击其中部的“List”按钮，在“Nodes & Groups from SNF”窗口中便会显示该设计的所有信号名称，选中某一信号后单击“OK”按钮，即可将该信号加入波形图中。其中“Groups”是一组同名信号的集合。

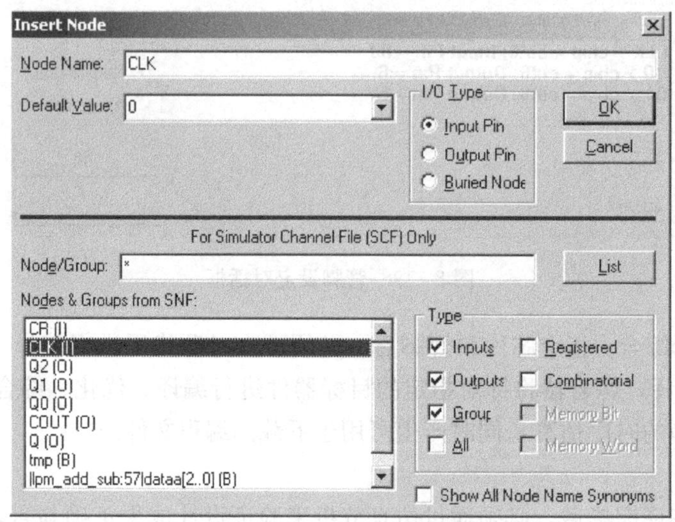

图 8-19　Insert Node 对话框

上述过程还可以通过执行“Node→Enter Nodes from SNF”命令，从编译过程中形成的信号网表文件中快速提取信号，打开的窗口如图 8-20 所示。单击“List”按钮，信号名称就会列于“Available Nodes & Groups”栏中，出现在此栏中的信号类型由其下面的“Type”选项栏决定。选择所需信号后单击“=>”按钮，被选中的信号就出现在“Selected Nodes & Groups”栏，单击“OK”后所选信号即出现在波形图窗口中，如图 8-21 所示。

(4) 编辑输入波形。单击 Name 栏 CR 前面的输入信号图标，选中该行，再单击窗口左侧编辑工具条“1”图标，使输入 CR 全行置“1”。然后再以拖选的办法选择一段时间，单击编辑工具条“0”图标，使这段时间波形变为“0”，用以实现清零。因是同步清零，所以低电平持续时间至少要包含一个时钟触发沿。同理，选中输入 CLK 整行（单击 CLK 前面的输入信号图标），再单击编辑工具条中的时钟图标“XC”，在随之打开的“Overwrite Count Value”对话框中（见图 8-22），设置时钟起始电平值为“0”，在“Count Every”栏内输入时钟半周期 120ns。

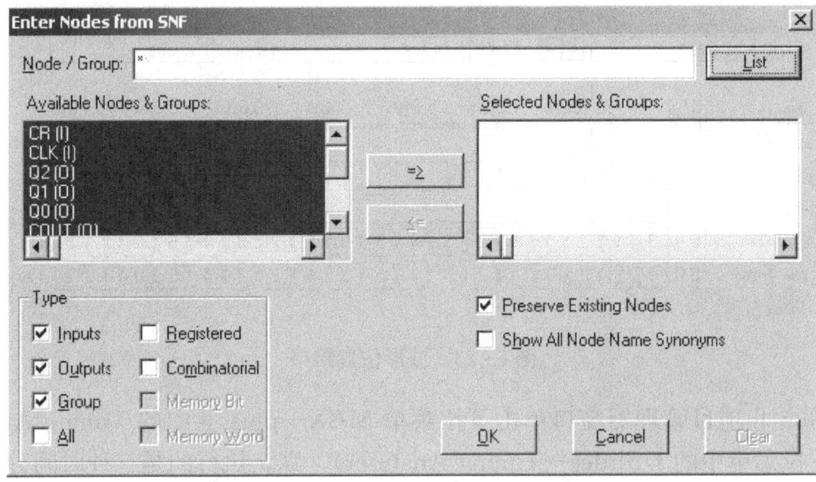

图 8-20 从网表文件中提取信号

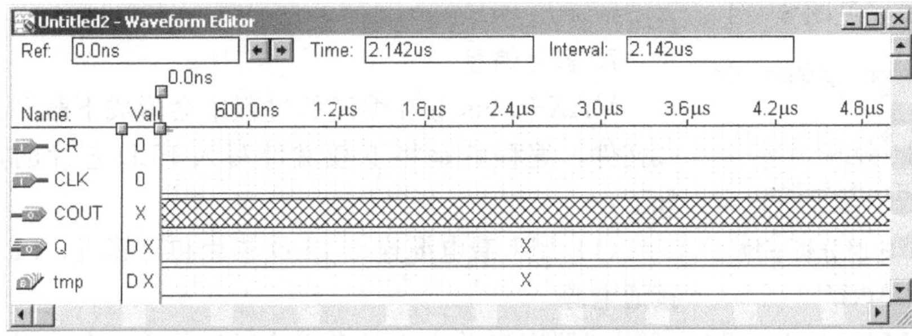

图 8-21 尚未编辑的未命名波形图

(5) 保存波形图文件。单击下拉菜单 File→Save 子命令，已建好的波形图文件将以与源代码文本相同的名字保存，扩展名是“scf”。

(6) 仿真。在 MAX+plus Ⅱ项目管理器窗口单击下拉菜单 MAX+plus Ⅱ中的 Simulator 命令，在弹出的仿真器窗口单击“Start”按钮，开始波形仿真。仿真结束后会弹出仿真信息框，若无错误，则单击“OK”按钮，得到的波形图如图 8-23 所示。由波形图可知其逻辑功能与同步清零六进制加法计数器一致。

6. 定时分析

MAX+plus Ⅱ的定时分析器具有三种时间分析功能：①延迟时间分析，分析器件管脚到管脚的信号延迟时间；②建立和保持时间分析，仿真分析器件从输入信号加入到触发器建立稳态响应所需的最小建立时间和保持时间；③寄存器时间性能分析，仿真分析寄存器存储过程所需最小时钟周期和最高工作频率。上述定时分析必须在指定目标芯片和编译仿真之后进行。相应的操作如下：

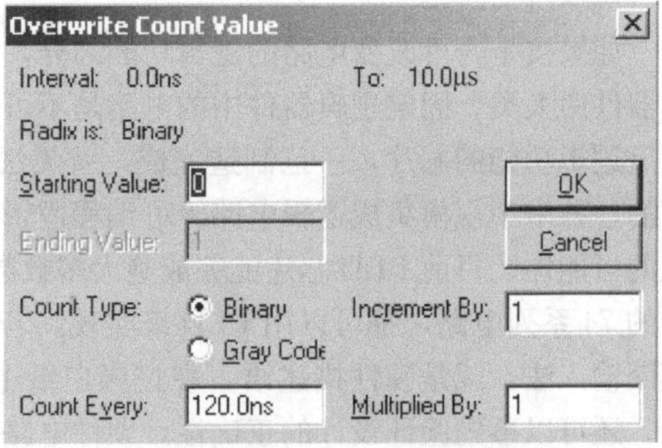

图 8-22 时钟信号的设置

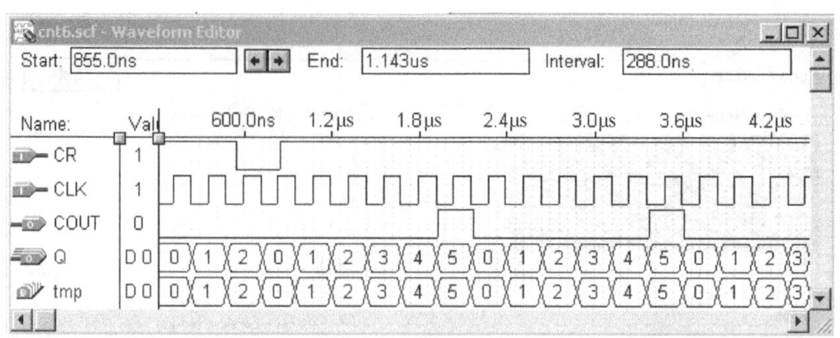

图 8-23 波形仿真结果

在 MAX+plus Ⅱ项目管理器窗口单击下拉菜单 MAX+plus Ⅱ中的 Timing Analyzer 命令（或者单击下拉菜单中的 Utilities→Timing Analyzer），默认执行的是三种时间分析中的第一项延迟时间分析（Delay Matrix）。在定时分析窗口，选择下拉菜单中的“Analysis”，还可以进行建立和保持时间分析（Setup/Hold Matrix），以及寄存器时间性能分析（Registered Performance），见图 8-24。

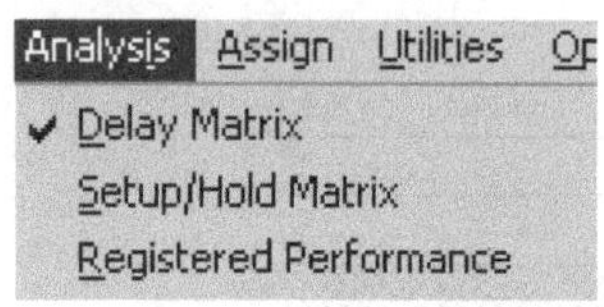

图 8-24 定时分析下拉菜单内容

7. 器件编程

MAX+plus Ⅱ在编译的过程中会形成下载到芯片用的下载文件，编程就是将下载文件写入 PLD 芯片的过程，步骤如下：

（1）用下载电缆连接 PLD 芯片和计算机，PLD 所在电路接通电源。

（2）在 MAX+plus Ⅱ项目管理器窗口单击下拉菜单 MAX+plus Ⅱ中的“Programmer”命令，在弹出的下载窗口中单击“Program”或“Configure”按钮（如果指定芯片属于 CPLD 芯片，则下载窗口中的“Program”按钮是可执行的；若指定的目标芯片是 FPGA 芯片，则下载窗口中的“Configure”按钮是可执行的），即可将设计成功的设计项目写入芯片，使 PLD 芯片具有所设计的逻辑功能。

（3）关闭 PLD 的电源，拔除下载电缆，再次接通电源，复核硬件电路的逻辑功能。

如果按是否可改变电路的逻辑功能来分，数字集成电路可分为固定逻辑器件和可编程逻辑器件两大类。固定逻辑器件中的电路是不可修改的，是由芯片生产厂家设计好的具有某种固定逻辑功能的芯片，一旦制造完成，就无法改变。比如前面几章介绍的 TTL、CMOS 系列的各种中小规模集成逻辑电路。可编程逻辑器件则为用户提供了自行设计集成电路逻辑功能的可能性。目前 PLD 芯片能完成绝大多数数字器件的功能，上至高性能的 CPU，下至简单的 74 系列电路，都可以用 PLD 来实现。若形象地将 PLD 比喻成一张白纸，可以通过原理图输入法，或是硬件描述语言在这张白纸上自由地设计一个数字系统。通过软件仿真功能，还可以事先验证设计的正确性。硬件电路设计完成以后，还可以随时修改设计而不必改动硬件电路。使用 PLD 开发数字系统，可以大大缩短设计时间，减少 PCB 面积，提高系统

的可靠性。这些优点使得 PLD 技术在 20 世纪 90 年代以后得到飞速的发展，同时也大大推动了 EDA 软件和硬件描述语言（HDL）的进步。

PLD 目前分为 CPLD 和 FPGA 两大类。CPLD 是基于乘积项技术、EEPROM 或快闪储存器工艺的 PLD，FPGA 则是基于查找表技术、SRAM 工艺的 PLD。FPGA 的 SRAM 工艺决定了 FPGA 的集成度高于 CPLD，但 FPGA 的编程配置数据需要外部储存器来保存，否则掉电后数据会消失。近几年厂家推出一些新的 PLD，在 FPGA 芯片内集成配置存储器，上电后经极短的配置时间 FGPA 即可工作。这些产品模糊了 CPLD 和 FPGA 的区别，也是 PLD 发展的一个趋势。

随着 EDA 技术的发展，使用硬件描述语言 HDL 在 CPLD、FPGA 芯片中实现数字系统已成为一种趋势。目前最主要的硬件描述语言是 VHDL 和 Verilog HDL。VHDL 发展得较早，语法严格。与其他的硬件描述语言相比，VHDL 具有更强的行为描述能力、丰富的仿真语句和库函数，对设计的描述也具有相对独立性，在电子工程领域已成为事实上的通用硬件描述语言。

CPLD、FPGA 开发环境是实现电子设计自动化的工具软件，各 PLD 生产厂家都为自己的芯片提供了开发软件，利用这些软件，可以完成数字电子系统所有的设计输入（原理图或 HDL）、仿真、综合、布线、下载等工作。

思考题与习题

8-1　PLD 指的是什么？PLD 有什么特点？最大的优点是什么？

8-2　PLD 一般分几种？能否找到其具体的应用？

8-3　在采用 CPLD 或 FPGA 设计的数字电路中，能否在设计完成后不改变芯片管脚接线而改变电路的逻辑关系？能否在不改变电路逻辑功能的前提下改变芯片管脚的接线？

8-4　EDA 指的是什么？它与哪些技术有关？

8-5　HDL 指的是什么？它有什么特点？常用的 HDL 有哪些？

8-6　VHDL 指的是什么？它有什么特点？

8-7　功能仿真操作的目的是什么？如何进行仿真？

8-8　时序仿真的目的是什么？如何指定目标器件？怎么锁定管脚？

8-9　如何编辑输入波形？如何设定仿真结束时间？

第九章　数/模和模/数转换器

现代电子技术通常是混合电路系统，模/数（A/D）转换器与数/模（D/A）转换器是模拟系统和数字系统之间连接的桥梁。本章首先介绍了倒T型电阻网络D/A转换器和权电流型D/A转换器的结构、工作原理及特点，然后简要介绍了D/A转换器的单极性和双极性输出方式，最后详细介绍了并行比较型A/D转换器、逐次逼近型A/D转换器和双积分型A/D转换器的结构、工作原理及特点。

第一节　概　　述

随着科学技术的飞速发展，电子计算机在工业、科技、国防等领域已获得普遍应用。人们借助计算机能对生产过程、科学实验、军事控制系统等实现更加有效的控制。在这些应用领域中，大量出现的物理量大都是非电模拟量，如压力、温度、流量、位移和速度等，工程上常将这些物理量通过传感器变换成相应的电信号，但它仍然是模拟量。为了能用数字系统处理并控制这些模拟信号，首先需将这些模拟量转换成数字量，然后送数字系统处理。数字系统处理后的数字量，往往还需将它转换成模拟量，以便实现对模拟系统的自动控制。

通常将数字量转换为模拟量的电路称为数/模转换器，简称为D/A转换器或DAC（Digital to Analog Converter）。将模拟量转换为数字量的电路称为模/数转换器，简称为A/D转换器或ADC（Analog to Digital Converter）。D/A转换器和A/D转换器是联系数字系统和模拟系统之间不可缺少的部件，通常称为二者之间的接口。

考虑到D/A转换器比A/D转换器简单，而且在某些A/D转换器中，D/A转换器又是其不可缺少的一部分，下面先介绍D/A转换器。

第二节　D/A 转换器

一、D/A转换器的基本原理

D/A转换器框图如图9-1所示。

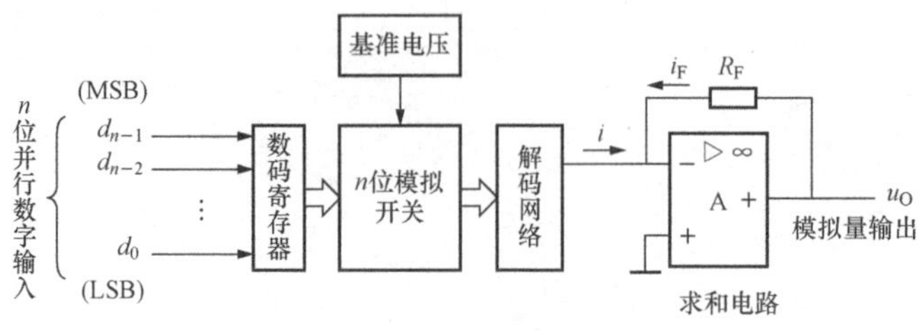

图9-1　D/A转换器框图

输入为 n 位二进制数字信息 $D_n = d_{n-1}d_{n-2}\cdots d_1d_0$，从最高位（MSB）到最低位（LSB）的权依次为 2^{n-1}、2^{n-2}、…、2^1、2^0。D/A 转换器先将二进制数字信息 D_n 存储于数码寄存器中，寄存器输出的每位数码驱动对应位上的模拟电子开关，通过解码网络将数字量转换成与其成正比的输出模拟电流量 i，电流 i 可通过求和电路转换成相应的电压 u_O。输出模拟电压 u_O 和输入数字量 D_n 之间的转换特性呈线性关系。

图 9-2 所示为一个 3 位二进制数字信号输入 D/A 转换器的转换特性。

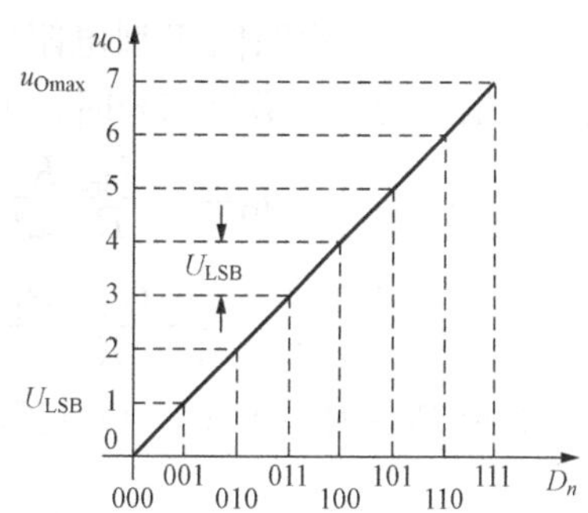

图 9-2　3 位二进制数字信号输入 D/A 转换器的转换特性

图中最小输出电压增量 U_{LSB} 表示输入数字量 D_n 中最低有效位（LSB）d_0 变化所引起的输出电压变化值。

由以上 D/A 转换原理分析可见，D/A 转换器由数码寄存器、模拟电子开关电路、解码网络、基准电压和求和电路等几部分组成。D/A 转换器按照解码网络结构不同分为 T 型电阻网络 D/A 转换器、倒 T 型电阻网络 D/A 转换器和权电流型 D/A 转换器等；按模拟电子开关电路的不同可分为 CMOS 开关型和双极型开关 D/A 转换器，其中双极型开关 D/A 转换器又分为电流开关型和 ECL 电流开关型两种。在转换速度较低的应用中可选 CMOS 开关型 D/A 转换器，在要求较高转换速度的应用中，宜选双极型电流开关 D/A 转换器或速度更高的 ECL 电流开关型 D/A 转换器。

二、倒 T 型电阻网络 D/A 转换器

在单片集成 D/A 转换器中，使用最多的是倒 T 型电阻网络 D/A 转换器。以下以 4 位 D/A 转换器为例，介绍其工作原理。

图 9-3 所示为 4 位倒 T 型电阻网络 D/A 转换器的原理图。

倒 T 型电阻网络由 R、$2R$ 两种阻值的电阻构成。图中将模拟开关置于运放的反相输入端，由于理想运算放大器的虚地特性，所以模拟开关 Si 在任一位置时，与模拟开关相连的电阻 $2R$ 都被连接到“地”。这样，从 $2R$ 电阻流过的电流就与开关的位置无关，为一恒定值。由以上分析，不难求出倒 T 型电阻网络的等效输入电阻为 R。这样，由基准电压 U_{REF} 提供的电流是恒定的，其大小为

$$I = \frac{U_{REF}}{R} \tag{9-1}$$

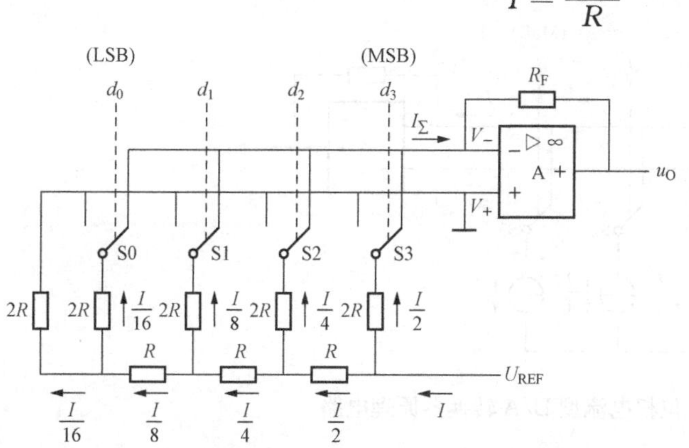

图 9-3　4 位倒 T 型电阻网络 D/A 转换器的原理图

电流 I 每经过一个节点，等分为两路电流，流过每一 $2R$ 电阻支路的电流依次为 $I/2$、$I/4$、$I/8$ 和 $I/16$。模拟开关 Si 由输入数字量 d_i 控制，当 d_i 为 1 时，Si 接运算放大器的反相端，该支路 $2R$ 中的电流流入求和电路；当 d_i 为 0 时，Si 则将电阻 $2R$ 接地。电阻网络输出电流 I_Σ 和各支路电流的关系为

$$I_{\Sigma}=\frac{I}{2}d_3+\frac{I}{4}d_2+\frac{I}{8}d_1+\frac{I}{16}d_0$$
$$=\frac{U_{REF}}{R}\frac{1}{2^4}(d_3 2^3+d_2 2^2+d_1 2^1+d_0 2^0) \quad (9-2)$$

故 D/A 转换器的输出模拟电压 u_O 为

$$u_O=-I_{\Sigma}R_F=-\frac{U_{REF}}{R}\frac{R_F}{2^4}(d_3 2^3+d_2 2^2+d_1 2^1+d_0 2^0) \quad (9-3)$$

式（9-3）说明倒 T 型电阻网络 D/A 转换器的输出模拟电压 u_O 与输入数字信号成正比，当输入为 n 位数字信号时，可写为

$$u_O=-\frac{U_{REF}}{R}\frac{R_F}{2^n}(d_{n-1}2^{n-1}+d_{n-2}2^{n-2}+\cdots+d_1 2^1+d_0 2^0)$$
$$=-\frac{U_{REF}}{R}\frac{R_F}{2^n}\sum_{i=0}^{n-1}d_i 2^i \quad (9-4)$$

若取 $R_F=R$，式（9-4）可写为如下形式

$$u_O=-\frac{U_{REF}}{2^n}\sum_{i=0}^{n-1}d_i 2^i=-\frac{U_{REF}}{2^n}D_n \quad (9-5)$$

倒 T 型电阻网络 D/A 转换器的特点是模拟开关 Si 不管是接地还是接虚地，流过各 $2R$ 电阻支路的电流总是近似恒定的。因此，在输入数字量变化时倒 T 型电阻网络中的寄生电容和电感所引起的瞬态过程极短，从而使得倒 T 型电阻网络 D/A 转换器成为目前 D/A 转换器中转换速度较高的一种，应用较为广泛。

倒 T 型电阻网络 D/A 转换器的缺点是模拟开关总存在一定的导通电阻和导通压降，而且每个开关的情况又不完全相同，这将会引起转换误差。为了进一步提高 D/A 转换器的转换精确度，可采用权电流 D/A 转换器，即在每一支路中引入恒流源来保证其电流恒定。

常用的 CMOS 开关倒 T 型电阻网络 D/A 转换器集成电路有 AD7520（10 位）、DAC1210（12 位）及 AK7546（16 位高精确度）等。

三、权电流型 D/A 转换器

4 位权电流型 D/A 转换器原理电路如图 9-4 所示。每一位恒流源的大小，与相应输入数字信号的位权成正比，由于采用了恒流源，各支路权电流与模拟开关的导通电阻和压降无关，从而降低了对开关电路的要求，提高了 D/A 转换器的转换精确度。

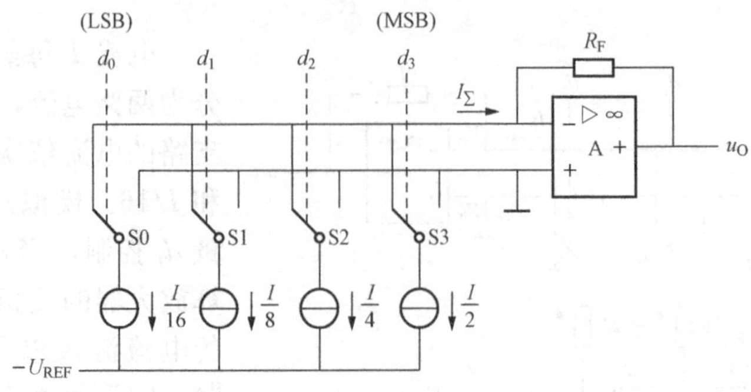

图 9-4　4 位权电流型 D/A 转换器原理电路

由图 9-4 原理电路不难求得

$$u_O = I_\Sigma R_F = R_F\left(\frac{I}{2}d_3 + \frac{I}{4}d_2 + \frac{I}{8}d_1 + \frac{I}{16}d_0\right)$$
$$= \frac{R_F}{2^4}I(d_3 2^3 + d_2 2^2 + d_1 2^1 + d_0 2^0) \quad (9-6)$$

式（9-6）说明输出模拟电压正比于输入数字信号。当输入 n 位数字信号时，其输出为

$$u_O = \frac{R_F}{2^n} I \sum_{i=0}^{n-1} d_i 2^i \quad (9-7)$$

图 9-5 所示为图 9-4 的实际电路，称为权电流倒 T 型电阻网络 D/A 转换器。目前这种电路在单片集成 D/A 转换器中应用较广泛。

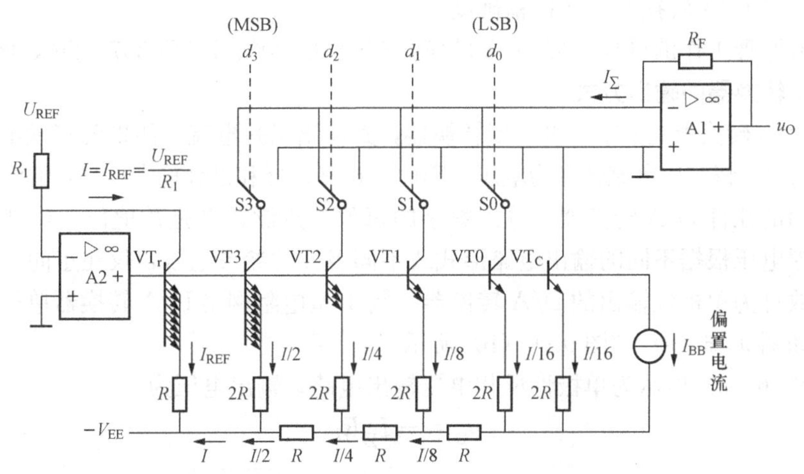

图 9-5　权电流倒 T 型电阻网络 D/A 转换器

图中 VT0、VT1、VT2 和 VT3 分别构成恒流源。当电阻 R_1 及基准电压 U_{REF} 保持不变时，流过各个三极管的电流维持恒定。因为各三极管基极电流很小，所以 $I_c \approx I_e$。

VT3、VT2、VT1 和 VT0 发射极数目分别取 8、4、2 和 1，是由于它们发射极电流之比为 8∶4∶2∶1。这样做的目的是使 VT3～VT0 的发射极面积之比为 8∶4∶2∶1，当它们的发射极电流比为 8∶4∶2∶1 时，各三极管发射极的电流密度相同，从而使 VT3～VT0 的发射结电压 U_{BE} 相同。由于 VT3～VT0 的基极电位相同，所以 VT3～VT0 的发射极 E3、E2、E1 和 E0 为等电位点，可等效地将这些发射极看成是“连”在一起的，从而使得电路中的倒 T 型电阻网络的工作状态和图 9-3 中的倒 T 型电阻网络工作状态相同。因此，各支路中的电流分配比例满足 8∶4∶2∶1 的要求。

基准电流 I_{REF} 产生电路由运算放大器 A2、R_1、VT_r、R 和 $-V_{EE}$ 组成，A2、R_1 和 VT_r 的 CB 结组成电压并联负反馈电路，以稳定 VT_r、VT3、VT2、VT1、VT0 和 VT_C 的基极电压。根据深度负反馈及虚短原理可计算出 VT_r 发射极电流，即基准电流 I_{REF} 为

$$I_{REF} = \frac{U_{REF}}{R_1} \quad (9-8)$$

由于 VT3 和 VT_r 具有相同的 U_{BE}，而它们的发射极电阻相差一倍，所以它们的发射极电流也相差一倍，即

$$I_{REF} = 2I_{E3} = \frac{U_{REF}}{R_1} = I \quad (9-9)$$

将式（9-8）和式（9-9）代入式（9-6）中得到

$$u_O = \frac{R_F}{2^4}\frac{U_{REF}}{R_1}(d_3 2^3 + d_2 2^2 + d_1 2^1 + d_0 2^0) \tag{9-10}$$

推广到 n 位倒 T 型权电流 D/A 转换器，输出电压可写为

$$u_O = \frac{R_F}{2^n}\frac{U_{REF}}{R_1}\sum_{i=0}^{n-1} d_i 2^i = \frac{R_F}{2^n}\frac{U_{REF}}{R_1}D_n \tag{9-11}$$

由式（9-11）可看出，输出模拟电压与三极管参数、倒 T 型电阻网络的 R、$2R$ 阻值无关。所以三极管参数和 R、$2R$ 的绝对值可以允许有较大误差，这对电路的集成化是十分有利的。

由于采用了恒流源措施，各支路电流大小将不再受开关导通电阻和压降偏移等因素的影响，从而提高了 D/A 转换器的转换精确度。

按权电流原理工作的单片集成 D/A 转换器有 DAC0806、DAC0807、DAC0808 等。

四、D/A 转换器的输出方式

大部分 D/A 转换器是数字—电流型转换器，其输出量是电流。如果要实现电压输出，还需增加输出电路，将输出电流转变为电压。因此，正确选择和设计输出电路是非常重要的。

以上介绍的几种 D/A 转换器，输入数字的每位二进制数都是数值位，可视为正数。它们的输出模拟电压根据不同的输出电路形式或不同极性的参考电压，仅在正向范围或负向范围内变化，故称为单极性输出的 D/A 转换器。倒 T 型电阻网络 D/A 转换器单极性电压输出的电路分别如图 9-6（a）和图 9-6（b）所示。

其中图 9-6（a）所示为单极性反相电压输出电路，输出电压为

$$u_O = -I_\Sigma R_F \tag{9-12}$$

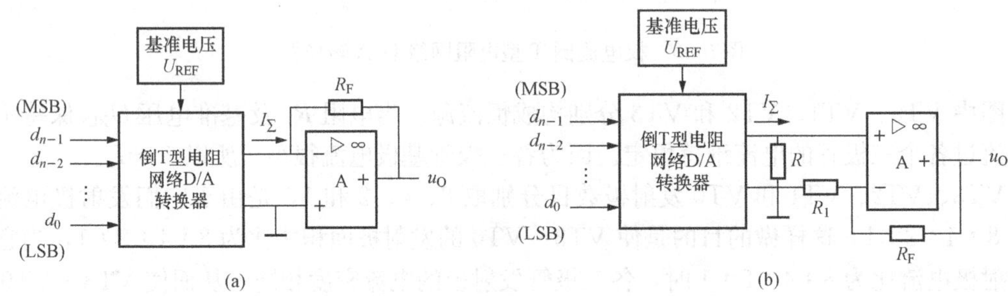

图 9-6　D/A 转换器的单极性电压输出

（a）反相输出；（b）同相输出

图 9-6（b）所示为同相电压输出电路，输出电压为

$$u_O = I_\Sigma R(1 + R_F/R_1) \tag{9-13}$$

在实际应用中，D/A 转换器输入的数字量有正极性也有负极性。这需要 D/A 转换器能将不同极性的数字量对应转换为正、负极性的输出模拟电压，这种具有正负极性输出的 D/A 转换器称为双极性 D/A 转换器。

在双极性输出时，D/A 转换器输入必须是具有正、负值的数字信号，在二进制数码中，一般用补码的形式表示带符号的数值。现以输入数字信号为 3 位二进制补码的情况为例，来说明双极性转换原理。3 位二进制补码可以表示从＋3～－4 的任何一个整数，它们与十进制数的对应关系及希望得到的输出模拟电压如表 9-1 所示。

表 9-1 **补码输入时对应的偏移码和 D/A 转换器的输出电压**

十进制数	补码输入			偏移码（符号位取反）			输出模拟电压
	d_2	d_1	d_0	$\overline{d_2}$	d_1	d_0	u_O/U_{LSB}
+3	0	1	1	1	1	1	+3
+2	0	1	0	1	1	0	+2
+1	0	0	1	1	0	1	+1
0	0	0	0	1	0	0	0
−1	1	1	1	0	1	1	−1
−2	1	1	0	0	1	0	−2
−3	1	0	1	0	0	1	−3
−4	1	0	0	0	0	0	−4

为了得到双极性的输出模拟电压，可采用如图 9-7 所示的电路。

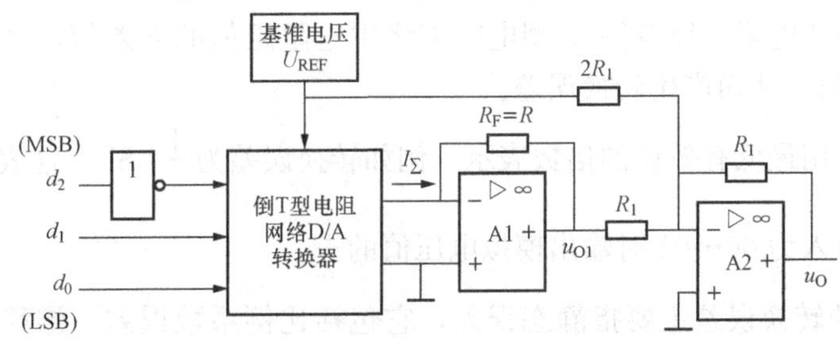

图 9-7 双极性输出 D/A 转换器

电路在原来 D/A 转换器基础上，将补码输入的符号位取反变成偏移码（见表 9-1），从表 9-1 可见，偏移二进制码与无符号码形式相同，它实际上是将输入的补码二进制数对应的模拟量零值偏移至 100，使偏移后的数中，只有大于 4 的才是正数，而小于 4 的都是负数。根据电路可计算出

$$u_{O1}=-I_\Sigma R_F=-\frac{U_{REF}}{R}\frac{R_F}{2^3}(\overline{d_2}2^2+d_12^1+d_02^0) \qquad (9-14)$$

取 $R_F=R$ 得

$$u_{O1}=-\frac{U_{REF}}{2^3}(\overline{d_2}2^2+d_12^1+d_02^0) \qquad (9-15)$$

$$u_O=\frac{U_{REF}}{2^3}(\overline{d_2}2^2+d_12^1+d_02^0)-\frac{U_{REF}}{2} \qquad (9-16)$$

当输入补码为 000 时，偏移码为 100，输出电压 $u_O=0\text{V}$；当输入补码为 100 时，偏移码为 000，输出电压 $u_O=-\frac{U_{REF}}{2}$；当输入补码为 011 时，偏移码为 111，输出电压 $u_O=\frac{3U_{REF}}{2^3}$。可见输出电压变化范围为 $-\frac{U_{REF}}{2}\sim\frac{3U_{REF}}{2^3}$。

五、D/A 转换器的主要技术指标

D/A 转换器的主要技术指标包括转换精确度、转换速度和温度系数等。

1. 转换精确度

D/A 转换器的转换精确度通常用分辨率和转换误差来描述。

(1) 分辨率。D/A 转换器的分辨率用其所能分辨的最小电压增量 U_{LSB} 与最大输出电压 u_{Omax} 之比来表示，它是 D/A 转换器的一个重要参数，其表达式为

$$分辨率 = \frac{U_{LSB}}{u_{Omax}} = \frac{1}{2^n - 1} \tag{9-17}$$

例如，$n=12$ 位的 D/A 转换器，其分辨率$=\frac{1}{2^{12}-1}\approx 0.0002$。

由于分辨率的大小仅决定于输入数字量的位数，所以在一些手册中通常用 D/A 转换器的输入二进制数的有效位数 n 来表示。例如 12 位 D/A 转换器的分辨率为 12 位。

由以上分析可知，当输出模拟电压的最大值 u_{Omax} 一定时，D/A 转换器输入数字量的位数 n 越多，相应 U_{LSB} 也越小，其分辨能力就越高。

(2) 转换误差。D/A 转换器实际能达到的转换精确度，还与转换误差有关。因为在 D/A 转换器中各元件参数值都不可避免地存在误差，例如基准电压的波动、运算放大器的零漂、模拟开关的导通电阻，以及倒 T 型电阻网络中电阻阻值的误差等，都会引起输出模拟电压 u_O 偏离规定值，从而产生转换误差。

转换误差通常用最低有效位的倍数表示。例如转换误差为 $\frac{1}{2}$LSB，这表示输出模拟电压的绝对误差等于输入为 00…01 时输出模拟电压值的 $\frac{1}{2}$。

D/A 转换器的转换误差主要指静态误差，它包括比例系数误差、漂移误差和非线性误差等。比例系数误差主要是由参考电压波动引起时，漂移误差主要是由运算放大器的零点漂移引起的。引起非线性误差的原因很多，如电路中各模拟开关不仅存在不同的导通压降和导通电阻，而且每个开关在不同位置（接地或接 U_{REF}）时，其导通压降和导通电阻也不相同，又如在电阻网络中，每个电阻支路上电阻误差不同，不同位置上的电阻的误差对输出电压影响也不相同等，这些都会导致非线性误差。

可见，要实现高精确度 D/A 转换，不仅应选择位数较多的高分辨率 D/A 转换器，而且还应选用高稳定度的参考电压源和低零漂的运算放大器与之配合使用才行。

2. 转换速度

D/A 转换器的转换速度用建立时间 t_{set} 和转换速率 S_R 两个参数描述。

(1) 建立时间 t_{set}。建立时间 t_{set} 定义为 D/A 转换器输入数字量从全 0 变为全 1 时，输出电压变化到相应稳定电压值（允许误差范围 $\pm U_{LSB}/2$）时所需时间。不包括参考电压源和运算放大器的单片集成 D/A 转换器的 t_{set} 最短可达 0.1μs 以下，而包括参考电压源和运算放大器的集成 D/A 转换器的 t_{set} 最短可达 1.5μs。

(2) 转换速率 S_R。转换速率 S_R 用大信号工作状态下模拟电压的变化率表示。一般 D/A 转换器在不包含外接参考电压源和运算放大器时，转换速率较高。实际使用时，要实现快速转换，不仅要选择转换速率高的 D/A 转换器，而且还应选择转换速率高的运算放大器与之配合使用才行。

3. 温度系数

温度系数是指在输入数字信号不变的情况下，输出模拟电压随温度变化产生的变化量。一

般用满刻度输出条件下温度每升高 1℃输出电压变化的百分数，作为 D/A 转换器的温度系数。

六、集成 D/A 转换器

集成 D/A 转换器种类繁多，功能和性能也不完全相同。按其内部结构一般可分为两类：一类是不包括参考电压源和运算放大器的 D/A 转换器，另一类是包括参考电压源和运算放大器的 D/A 转换器。这里介绍一种常用的 AD7520 集成 D/A 转换器。它属于不包括参考电压源和运算放大器的 D/A 转换器。

1. AD7520D/A 转换器的电路结构

AD7520 是用 CMOS 工艺制成的单片 D/A 转换器，具有使用简便、功耗低、转换速度快、温度系数小、通用性强等特点。数字输入端能与 TTL 电路直接兼容，无需电平转换，可作为微处理机的通用接口，电路采用 16 条引线陶瓷双列直插封装，与国产 CC7520 可互换使用。

AD7520 是 10 位 CMOS 电流开关型 D/A 转换器，其片内只有倒 T 型电阻网络、CMOS 电流开关和反馈电阻 R_F，该集成 D/A 转换器在应用时必须外接参考电压源和运算放大器。由 AD7520 组成的单极性 D/A 转换器电路如图 9-8 所示，虚线框内为 AD7520 的内部电路。引脚图如图 9-9 所示。

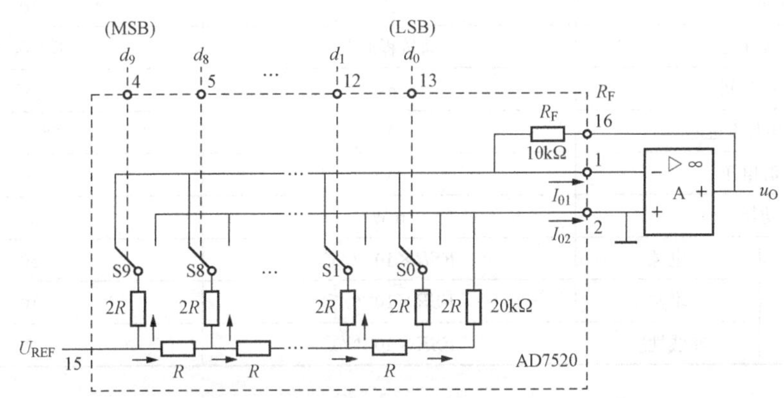

图 9-8　AD7520 内部电路

2. AD7520 中的模拟开关

图 9-10 所示为 AD7520 中的 CMOS 模拟开关。它由 VT1～VT9 9 个场效应管所组成。

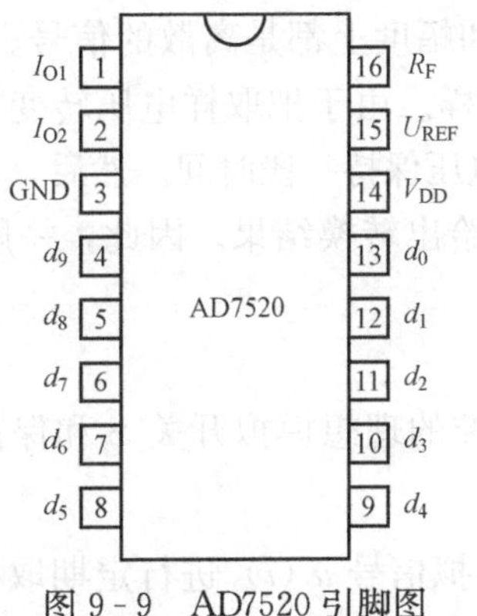

图 9-9　AD7520 引脚图

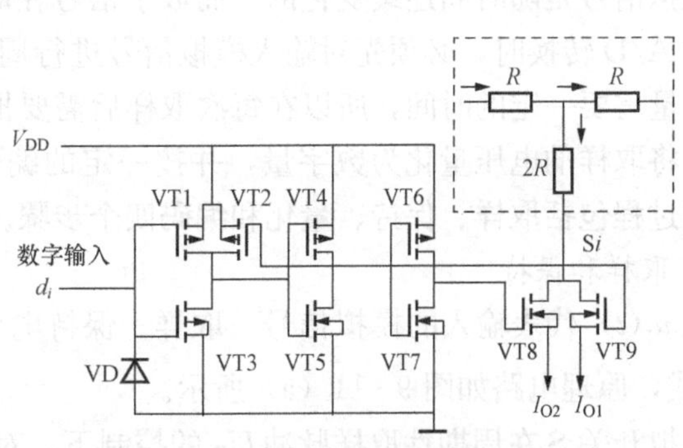

图 9-10　AD7520 内部 CMOS 开关电路

图 9-10 中 VT1、VT2、VT3 构成电平转换电路，使输入信号能与 TTL 电平兼容。VT4、VT5、VT6 及 VT7 组成两个反相器，分别作为模拟开关管 VT8、VT9 的驱动电路。VT8、VT9 构成单刀双掷开关。工作过程如下：

当输入数字量 d_i 为 1 时，输入为高电平，因而 VT3 输出低电平，VT5 输出为高电平，而 VT7 输出为低电平，所以 VT8 截止，VT9 导通，$2R$ 电阻经 VT9 接至运算放大器的反相输入端。反之，当 $d_i=0$ 时，输入为低电平，VT8 导通而 VT9 截止，$2R$ 电阻经 VT8 接地。

MOS 管作为模拟开关在导通时，存在一定的导通电阻，该电阻在权电流 D/A 转换器中是不会引起误差的，但在倒 T 型电阻网络 D/A 转换器中不能忽略时，就必须采取相应的补偿措施。

3. AD7520 的主要电气参数

表 9-2 所示为 AD7520 的主要电气参数，其中“*FSR*”为 Full Scale Range（满刻度）的缩写。

表 9-2　　AD7520 的主要电气参数

参数名称		单位	参数值
分辨率		位	10
非线性度		满量程的%	≤0.05%
转换时间		ns	≤500
参考电压 U_{REF}		V	−25～+25
电源电压		V	5～15
功耗		mW	20
温度系数	电源	$FSR\times10^{-6}$/℃	50
	增益	$FSR\times10^{-6}$/℃	10
	非线性度	$FSR\times10^{-6}$/℃	2

第三节　A/D 转换器

一、A/D 转换的一般工作过程

模拟信号是随时间连续变化的，而数字信号在时间上和幅度上都是离散的信号。因此，在进行 A/D 转换时，必须先对输入模拟信号进行周期性取样。由于把取样电压转变为相应的数字量需要一定的时间，所以在每次取样后需要把取样电压保持一段时间。然后，在这段时间内将取样的电压量化为数字量，并按一定的编码形式给出转换结果。因此，一般 A/D 转换的过程包括取样、保持、量化和编码四个步骤。

1. 取样和保持

设 $u_I(t)$ 代表输入的模拟信号，取样—保持电路由受控的理想模拟开关 S 和保持电容 C_H 组成，原理电路如图 9-11（a）所示。

模拟开关 S 在周期性取样脉冲 U_S 的控制下，对输入模拟信号 $u_I(t)$ 进行定期取样，并将取样值 $u_{O1}(t)$ 暂时存储在电容 C_H 上，其波形如图 9-11（b）所示。为了能使取样后的信

号 $u_{O1}(t)$ 不失真地恢复为原始的输入模拟信号 $u_I(t)$，对取样信号 U_S 的频率 f_s 要求满足取样定理，即

$$f_s \geqslant 2f_{I\max} \tag{9-18}$$

式中：$f_{I\max}$ 为输入模拟信号 $u_I(t)$ 的频谱中最高频率分量的频率，因此周期 T_S 很小，在实际中常取 $f_s=(2.5\sim3)\ f_{I\max}$。

一种实用的取样—保持电路如图 9-12 所示。

C_H 为保持电容，两只运算放大器 A1、A2 都接成电压跟随器。A1 对输入模拟信号 $u_I(t)$ 和存储电容 C_H 起缓冲隔离作用，它对 $u_I(t)$ 来讲是高阻，而对电容 C_H 来讲为低阻充放电，其时间参数远远小于取样时间，可以快速取样。A2 跟随在 C_H 和输出端之间起缓冲隔离作用，所以电路的保持性能也较好。显然，为了 C_H 上的采样电压保持时间长久，应该选择泄漏电阻较大的电容和高输入阻抗的运算放大器。

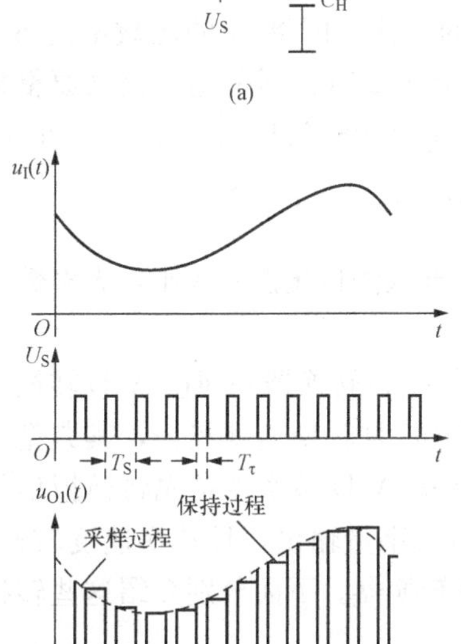

图 9-11　取样—保持电路

(a) 取样—保持电路的简化形式；(b) 波形图

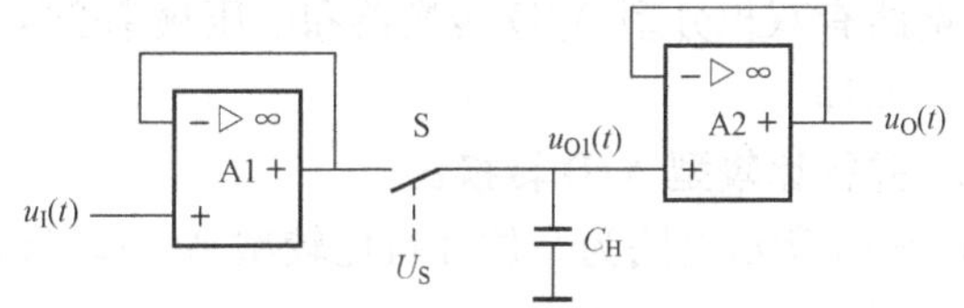

图 9-12　实用的取样—保持电路

2. 量化和编码

前面讲到，数字信号不仅在时间上是离散的，而且在幅度上的变化也是不连续的。即任何一个数字量的大小只能是某个规定的最小数量单位的整数倍。对取样—保持后的幅度信号用数字量表示时，必须把它化成这个最小数量单位的整数倍，这个转化过程称为量化。但是在量化时，取样—保持后的幅度信号不一定就是这个最小数量单位的整数倍，这时就得按照某种近似方式进行处理，因此会引入误差，这种误差称为量化误差。将量化后的数值用二进制代码表示称为编码。编码得到的二进制代码就是 A/D 转换器的输出数字信号。

量化一般可以采取两种近似方式进行。下面以 3 位 A/D 转换器为例，分别介绍两种量化方式和编码。设输入模拟电压 u_I 变化范围为 0～8V。

(1) 舍尾取整法。在这种方式中，采取只舍不入的量化方法。当输入幅值 u_I 在某两个相邻的量化值之间，即 $(K-1)S\leqslant u_I<KS$ 时，将 u_I 数值中不足一个 S 的尾数舍去而取其整数，即取量化值为

$$u_I^* = (K-1)S \tag{9-19}$$

式中：u_I^* 为量化后的值；S 为量化阶梯，即量化的最小数量单位，指的是输出数字信号最低位为 1 时的电平大小；K 为整数。

例如 $S=1\text{V}$，$u_I=2.9\text{V}$ 时，量化值 $u_I^*=2\text{V}$，输出二进制数字信号为 010。$u_I=5\text{V}$ 时，$u_I^*=5\text{V}$，输出数字信号为 101。

由上述分析可见，量化过程将产生量化误差，即

$$\varepsilon = u_I(t) - u_I^*(t) \geqslant 0 \tag{9-20}$$

式中：$u_I^*(t)$ 为某一时刻量化后的值；ε 为量化误差。

而且最大量化误差为

$$|\varepsilon_{max}| = S \tag{9-21}$$

（2）四舍五入法。在这种量化方式中，采取有舍有入的方法，即将 u_I 的尾数不足 $S/2$ 的部分，用舍尾取整法求得量化值，当 u_I 的尾数等于或大于 $S/2$ 时，则舍尾入整（原整数加 1S）求得量化值。例如 $S=1V$，$u_I=2.4V$，则 $u_I^*=2$，输出数字信号为 010。$u_I=3.5V$ 时，$u_I^*=4V$，输出数字信号为 100。这种方式的最大量化误差为 $|\varepsilon_{max}|=\frac{S}{2}$。

由以上分析不难看出，这两种量化方式比较起来，四舍五入法量化误差较小，大多数集成 A/D 转换器都采用该方法。

A/D 转换器的种类很多，按其工作原理不同可分为直接 A/D 转换器和间接 A/D 转换器两类。直接 A/D 转换器可以将模拟信号直接转换为数字信号，且转换速度较快，其典型电路有并行比较型 A/D 转换器和逐次逼近型 A/D 转换器。间接 A/D 转换器是先将模拟信号转换为一个中间量（时间或频率），然后再将中间量转换为数字量输出，且转换速度较慢，其典型电路有双积分型 A/D 转换器和电压频率变换型 A/D 转换器。下面分别介绍这些转换器的工作原理。

二、并行比较型 A/D 转换器

图 9-13 所示电路为 2 位并行比较型 A/D 转换器原理电路。

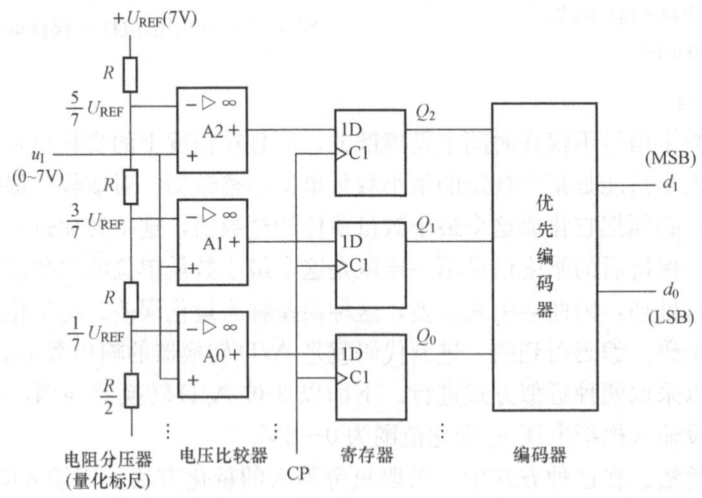

图 9-13　2 位并行比较型 A/D 转换器原理电路

图 9-13 所示整个电路由电阻分压器（量化标尺）、电压比较器、寄存器和优先编码器组成。电路输出为 2 位二进制代码，可等效地表示 4 个不同的电压值，故电阻分压器需将基准电压 U_{REF}（即输入模拟电压的最大值 $u_{I\,max}$）分为 $2^2=4$ 个范围。由图 9-13 可知这 4 个电压范围分别为 $0\sim\frac{1}{7}U_{REF}$、$\frac{1}{7}U_{REF}\sim\frac{3}{7}U_{REF}$、$\frac{3}{7}U_{REF}\sim\frac{5}{7}U_{REF}$ 和 $\frac{5}{7}U_{REF}\sim U_{REF}$。3 个基准电压值 $\frac{1}{7}U_{REF}$、$\frac{3}{7}U_{REF}$ 和 $\frac{5}{7}U_{REF}$ 分别与运算放大器 A0、A1 和 A2 的反相输入端相连。当输入模

拟电压 $0 \leqslant u_I < \frac{1}{7}U_{REF}$时，$A_2A_1A_0=000$；$\frac{1}{7}U_{REF} \leqslant u_I < \frac{3}{7}U_{REF}$时，$A_2A_1A_0=001$；$\frac{3}{7}U_{REF} \leqslant u_I < \frac{5}{7}U_{REF}$时，$A_2A_1A_0=011$；$\frac{5}{7}U_{REF} \leqslant u_I < U_{REF}$时，$A_2A_1A_0=111$。最大量化误差为

$$|\varepsilon_{max}| = \frac{S}{2} = \frac{U_{REF}}{2^{2+1}-1} \tag{9-22}$$

比较器 A2、A1、A0 的输出分别接到寄存器的 3 个输入端，在时钟脉冲 CP 的作用下转移到寄存器的输出端，再经优先编码器转换成所对应的 2 位二进制码输出。表 9-3 所示为输出二进制代码和输入模拟电压 u_I 之间的对应关系。

表 9-3　　输出二进制代码和输入模拟电压 u_I 之间的对应关系

输入模拟电压 u_I	寄存器输出状态			输出数字量	
	Q_2	Q_1	Q_0	d_1	d_0
$0 \leqslant u_I < \frac{1}{7}U_{REF}$	0	0	0	0	0
$\frac{1}{7}U_{REF} \leqslant u_I < \frac{3}{7}U_{REF}$	0	0	1	0	1
$\frac{3}{7}U_{REF} \leqslant u_I < \frac{5}{7}U_{REF}$	0	1	1	1	0
$\frac{5}{7}U_{REF} \leqslant u_I < U_{REF}$	1	1	1	1	1

并行比较型 A/D 转换器的特点是将模拟输入信号同时转换成输出二进制代码，因此其转换速度较快，最快能达到 10ns 以内。它的不足之处是所需硬件较多，对于 n 位二进制数字输出的 A/D 转换器，需用比较器的数目为（$2^{n-1}-1$）。每增加一位输出，硬件数将按几何级数增加。因此这种 A/D 转换器一般用于输出位数 $n \leqslant 4$ 的情况。当需要提高分辨率使输出位数较多时，可采用分级并行转换的方法，这样既有较高转换速度，又兼顾了分辨率，具体电路请参阅有关资料。

三、逐次逼近型 A/D 转换器

逐次逼近型 A/D 转换器的转换过程类似天平称物体质量的过程。天平的一端放被称物体，另一端放砝码，各砝码的质量按二进制关系设置，后一个是前一个质量的 1/2。称重时，将砝码从大到小逐一放到天平上加以试探，经天平比较加以取舍，一直到天平基本平衡为止。这样就以一系列二进制砝码的质量之和表示了被称物体的质量。

图 9-14（a）所示为一个 3 位逐次逼近型 A/D 转换器的原理电路。它由数码寄存器、D/A 转换器、电压比较器和顺序脉冲发生器等部分组成。3 个触发器 FFA、FFB 和 FFC 组成 3 位数码寄存器，FF1、FF2、FF3、FF4 和 FF5 连接成环形移位寄存器，环形移位寄存器各触发器 Q 端输出波形如图 9-14（b）所示。下面介绍其工作原理。

为便于理解，取基准电压 $U_{REF}=10V$，$u_I=6.64V$。

转换开始前先将 FFA、FFB、FFC 置 0，同时将 FF1～FF5 组成的环形移位寄存器置成 $Q_1Q_2Q_3Q_4Q_5=10000$ 状态。

第一个时钟脉冲到达后，由于 $Q_1=1$，将数码寄存器高位触发器 FFA 置 1，而 FFB 和 FFC 被置 0。这时加到 D/A 转换器输入端的数字量为 $Q_AQ_BQ_C=100$。在 D/A 转换器输出端

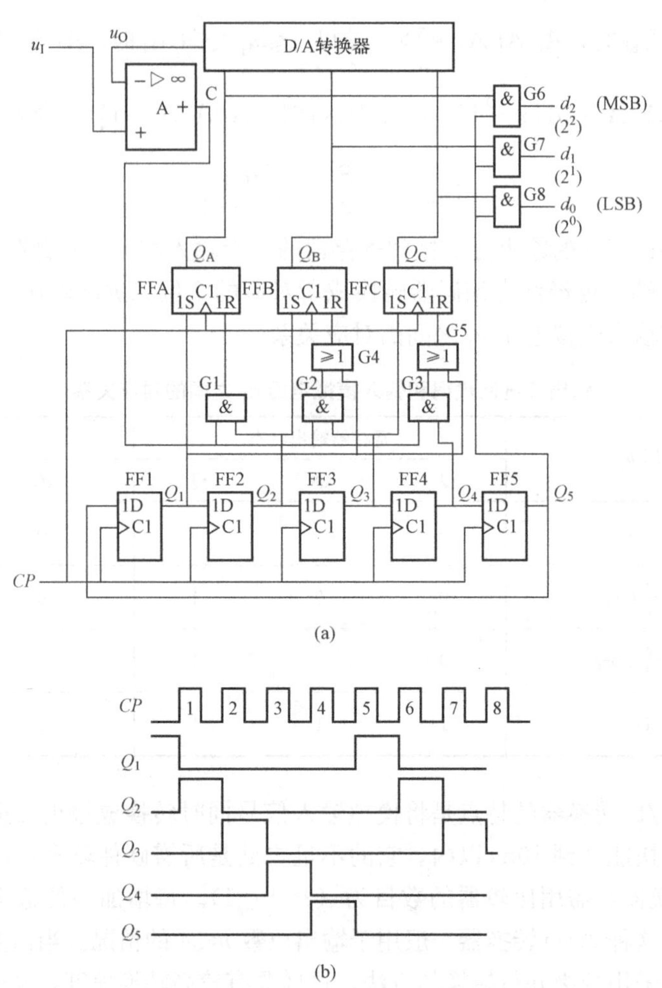

(a)

(b)

图 9-14　3 位逐次逼近型 A/D 转换器

(a) 电路；(b) 环形移位寄存器输出波形

得到输出电压 $u_O=\frac{U_{REF}}{2^3}(Q_A 2^2+Q_B 2^1+Q_C 2^0)=\frac{U_{REF}}{2}=5V$。$u_O=5V$ 和 $u_I=6.64V$ 在比较器中比较，因为 $u_I>u_O$，比较器输出 $C=0$。同时，移位寄存器右移一位，使 $Q_1Q_2Q_3Q_4Q_5=01000$。

第二个时钟脉冲到达时 FFB 被置 1。由于 $C=0$，故 FFA 的 1 状态保留。由于 $Q_1Q_3=00$，故 FFC 的 0 状态也保留。所以，第二个时钟脉冲作用的结果使 $Q_AQ_BQ_C=110$。经 D/A 转换器得到 $u_O=\frac{U_{REF}}{2^3}(Q_A 2^2+Q_B 2^1+Q_C 2^0)=U_{REF}/2+U_{REF}/4=7.5V$。该电压与输入电压 $u_I=6.64V$ 进行第二次比较，由于 $u_I<u_O$，所以比较器输出 $C=1$。同时，移位寄存器右移一位，使 $Q_1Q_2Q_3Q_4Q_5=00100$。

第三个时钟脉冲到达时 FFC 被置 1。由于 $C=1$，则 FFB 被置 0。由于 $Q_1Q_2=00$，则 FFA 的 1 状态保留。所以，第三个时钟脉冲作用的结果使 $Q_AQ_BQ_C=101$。经 D/A 转换器后得到 $u_O=\frac{U_{REF}}{2^3}(Q_A 2^2+Q_B 2^1+Q_C 2^0)=\frac{U_{REF}}{2}+\frac{U_{REF}}{8}=6.25V$。该电压与输入电压 $u_I=6.64V$

进行第三次比较，因为 $u_I > u_O$，所以比较器输出 $C=0$。同时，移位寄存器右移一位，使 $Q_1Q_2Q_3Q_4Q_5=00010$。

第四个时钟脉冲到达时，由于 $C=0$，则数码寄存器的状态仍保留为 $Q_AQ_BQ_C=101$。这时 FFA、FFB、FFC 的状态就是所要的转换结果。同时，移位寄存器右移一位，使 $Q_1Q_2Q_3Q_4Q_5=00001$。由于 $Q_5=1$，于是门 G6、G7、G8 被打开，这时读出数据 $d_2d_1d_0=101$，该数据即为 $u_I=6.64\text{V}$ 经 A/D 转换器转换而来的输出数据。

第五个时钟脉冲到达后，$Q_AQ_BQ_C=101$ 的状态不变。同时，移位寄存器右移一位，使 $Q_1Q_2Q_3Q_4Q_5=10000$，返回初始状态。由于 $Q_5=0$，门 G6、G7、G8 被封锁，转换输出信号随之消失。

逐次逼近型 A/D 转换器，因其分辨率高、误差较低、转换速度较快，是目前应用比较广泛的一种 A/D 转换器。

根据上述原理可画出 3 位逐次逼近型 A/D 转换器的 CP、Q_A、Q_B、Q_C 及 D/A 转换器输出 u_O 的波形如图 9-15 所示。

由图 9-14（b）和图 9-15 可看出，u_I 的取样—保持电路应与 A/D 转换器同步工作，即在 $Q_1=1$ 的期间采样，而在 $Q_2=1\sim Q_5=1$ 的期间（即 $Q_1=0$ 的期间）为保持时间，也就是 A/D 转换的量化和编码时间。

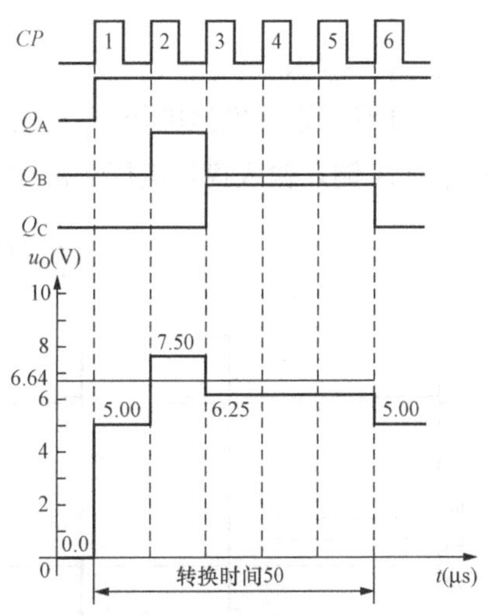

图 9-15　3 位逐次比较型 A/D 转换器波形图

逐次逼近型 A/D 转换器与并行比较型转换器相比，速度要低一些，但所需硬件较少。因而对速度要求不是特别高的场合，逐次逼近型 A/D 转换器应用较为广泛。

逐次逼近型 A/D 转换器的转换精确度，主要取决于其中的 D/A 转换器的位数、线性度，以及参考电压的稳定度和电压比较器的灵敏度。由于高精确度 D/A 转换器已能实现，所以逐次逼近型 A/D 转换器可达到很高的精确度，其相对误差可做到不大于±0.005%。

常用逐次逼近型集成 A/D 转换器有 8 位的 ADC0808/0809 系列，10 位的 AD575，以及 12 位的 AD574A 等。

四、双积分型 A/D 转换器

双积分型 A/D 转换器是一种间接 A/D 转换器，其原理是先将输入模拟电压变换为某种形式的中间信号——时间，然后再将这个中间信号变换为数字代码输出。

双积分型 A/D 转换器的原理电路如图 9-16 所示。

双积分型 A/D 转换器由积分器（由集成运放 A 和 R、C 组成）、过零比较器（C）、时钟脉冲控制门（G）、计数器（FF0～FF $n-1$）、附加触发器或称为定时器（FFn）等几部分组成。图中 $-U_{REF}$ 为基准电压，$+u_I$ 为待转换的输入模拟电压。

转换开始前，先在 CR 端加一负脉冲将定时/计数器 FF0～FFn 清零，并将开关 S2 闭合，使积分电容 C 完全放电。每一次的转换操作分两个阶段进行，其转换过程的工作波形如图 9-17 所示。图中 u_I' 为输入模拟电压 u_I 在 T_1 时间内的平均电压。

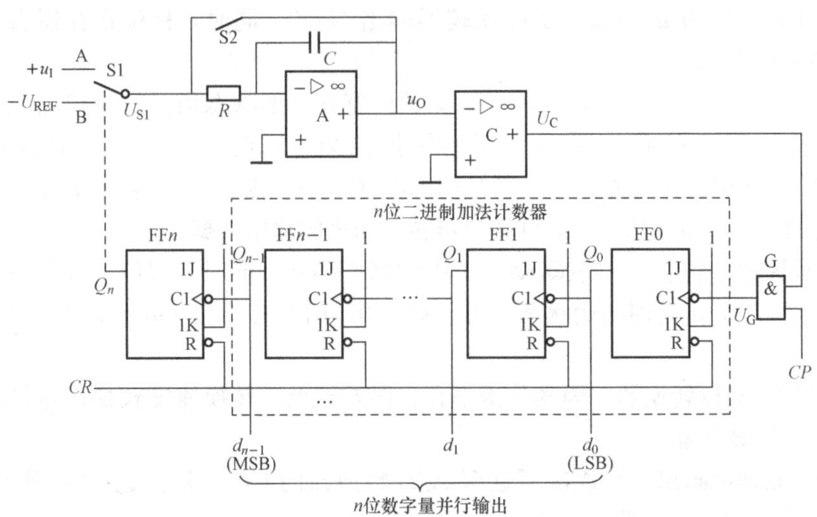

图 9-16 双积分型 A/D 转换器原理图

1. 第一阶段

积分器对输入模拟电压 u_I 进行固定时间 T_1 的积分。$t=0$ 时，S2 断开，由于 $Q_n=0$，S1 合于 A 侧，输入模拟电压 $+u_I$ 加到积分器的输入端，积分器的输出电压 u_O 为

$$u_O(t)=-\frac{1}{RC}\int_0^t u_I \mathrm{d}t=-\frac{u_I'}{RC}t \tag{9-23}$$

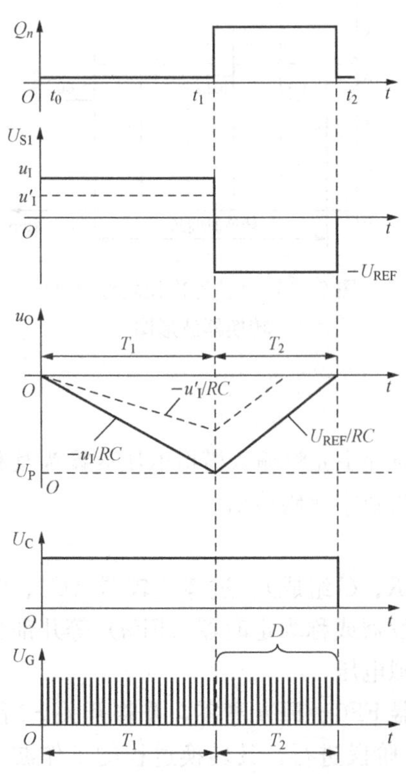

图 9-17 双积分型 A/D 转换器的工作波形

式中：u_I'为输入模拟电压 u_I 在积分时间内的平均值。

由式（9-23）可见，当输入模拟电压 u_I 为正值时，$u_O(t)$ 是一个以负的斜率自零向负方向变化的电压，即 $u_O(t)<0$，所以过零比较器输出 $C=1$，与门 G 打开，周期为 T_C 的时钟脉冲 CP 通过与门 G 使 n 位二进制加法计数器从零开始计数。当计满 2^n 个时钟脉冲时（t_1 时刻），计数器输出 $Q_{n-1}\cdots Q_1Q_0$ 回到全零状态，而附加触发器输出 Q_n 则由 0 变为 1，从而使 S1 合于 B 侧。至此，定时积分结束，并开始对基准电压 $-U_{REF}$进行反向积分。

由以上分析不难看出，第一阶段的积分时间为一常数，用 T_1 表示，则

$$T_1=2^nT_C \tag{9-24}$$

在 $t=t_1$ 时，积分器的输出电压为

$$U_P=u_O(t)=-\frac{u_I'}{RC}2^nT_C \tag{9-25}$$

2. 第二阶段

积分器对基准电压 $-U_{REF}$ 进行定斜率积分。从 t_1 开始，开关 S1 合于 B 侧，$-U_{REF}$ 接入积分器，$-U_{REF}$ 对积分电容反向充电。由于过零比较器输出 C 仍然为

1，因此，计数器重新由零开始计数。此时积分器输出为

$$u_O(t)=u_O(t_1)-\frac{1}{RC}\int_{t_1}^{t}(-U_{REF})\mathrm{d}t \tag{9-26}$$

当 $t=t_2$ 时，积分器的输出电压回到 0V，使过零比较器输出 $C=0$，从而关闭与门 G，计数器停止计数，转换结束。此时计数器所计的数 D，就是 A/D 转换器的输出数字量。显然

$$u_O(t_1)-\frac{1}{RC}\int_{t_1}^{t_2}(-U_{REF})\mathrm{d}t=0 \tag{9-27}$$

$$-\frac{u_I'}{RC}T_1+\frac{U_{REF}}{RC}(t_2-t_1)=0$$

$$\frac{u_I'}{RC}T_1=\frac{U_{REF}}{RC}T_2$$

$$T_2=\frac{T_1}{U_{REF}}u_I' \tag{9-28}$$

式中：U_{REF}和 T_1 均为固定值。可见 T_2 与输入模拟量 u_I'(采样时间 T_1 内输入模拟信号 u_I 的平均值）成正比。而 T_2 就是双积分型 A/D 转换器的中间转换变量。

由以上所述工作原理可见

$$T_2=DT_C \tag{9-29}$$

由式（9-28）和式（9-29）可得

$$D=\frac{T_2}{T_C}=\frac{2^n}{U_{REF}}u_I' \tag{9-30}$$

式（9-30）表明，计数器在第二次积分时的计数值 D 与输入模拟量 u_I 在采样期间(t_0～t_1 期间）的平均值 u_I'成正比。由于 $D\leqslant 2^n-1$，所以需要 $u_I<U_{REF}$。

由于双积分型 A/D 转换器输入端采用了积分器，在 t_0～t_1 期间采用的是输入模拟电压 u_I 在 T_1 时间段内的平均值，所以对工频干扰具有很强的抑制能力。为消除工频干扰，可将定时积分时间 T_1 选取为工频周期的整数倍。另外，由于每次转换用同一积分器进行两次积分，所以双积分型 A/D 转换器的转换精确度与积分器的参数 R、C 无关，稳定性也较好。

双积分型 A/D 转换器完成一次转换一般需几十毫秒以上，转换速度较低。增加计数器位数，提高基准电压稳定度等都可提高 A/D 转换器的转换精确度，因而它在精确度要求较高而转换速度较慢的数字测量设备和仪表中得到广泛应用。常用的单片集成双积分型 A/D 转换器有 ADC-EK8B（8 位，二进制码），ADC-EK10B（10 位，二进制码），以及 MC14433 $\left(3\frac{1}{2}\text{位，BCD 码}\right)$等。

常用的间接 A/D 转换器还有电压/频率（U/f）型 A/D 转换器，它先将模拟电压转换为与其成正比的某一中间量——脉冲频率，然后再进行频率的数字化测量，得到对应于输入模拟电压的数字等效值。这种转换器的核心是U/f 转换器（电压/频率转换器），简称 VFC。U/f 转换器的方案和电路繁多，这里就不再介绍，请查阅有关资料。

五、A/D 转换器的主要技术指标

A/D 转换器的主要技术指标有转换速度、转换精确度等。在选择 A/D 转换器时，除考虑这两项指标外，还应注意满足其输入模拟电压的范围和输出数字的编码要求等。

1. 转换精确度

单片集成 A/D 转换器的转换精确度用转换分辨率和转换误差两个指标来描述。

(1) 分辨率。A/D 转换器的分辨率常用输出数字量的位数来表示。输出数字量位数越多，量化单位越小，对输入模拟信号的分辨能力越高。输出数字量为 n 位的 A/D 转换器，可区分 2^n 个不同等级的输入模拟电压，能分辨输入模拟电压的最小值为满量程的 $1/2^n$。

(2) 转换误差。转换误差通常给出的是输出误差的最大值。它表示 A/D 转换器实际输出数字量与理论输出数字量之差，常用最低有效位的倍数表示。例如给出相对误差小于或等于 LSB/2，表示实际输出数字量与理论输出数字量之差小于最低位的半个字。

2. 转换时间

A/D 转换器的转换时间是指其从转换控制信号到来开始，到输出稳定的数字信号所经过的时间。转换时间主要取决于转换电路的类型。并行比较型 A/D 转换器的转换速度最快，逐次比较型 A/D 转换器次之，相比之下间接 A/D 转换器的转换速度最低。

六、集成 A/D 转换器

集成 A/D 转换器产品的型号繁多，性能各异，但多数 A/D 转换器是采用逐次逼近型的工作原理的。近年来随着超大规模集成技术的发展，A/D 转换器向多通道、多功能、高精确度、高速的方向发展，如闪烁型 A/D 转换器等。下面介绍一种常用的集成逐次逼近型 A/D 转换器 ADC0809。

1. ADC0809 A/D 转换器的结构图

ADC0809 A/D 转换器是采用 CMOS 工艺集成的 8 位单片模/数转换器芯片，内部结构框图如图 9-18 所示。

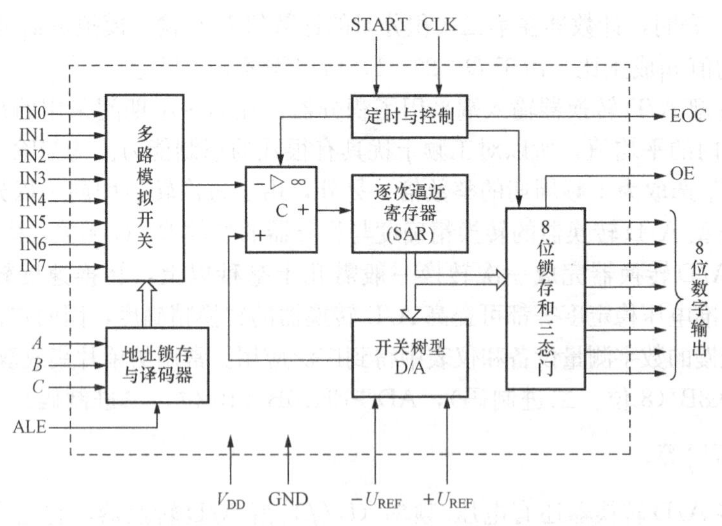

图 9-18 ADC0809 A/D 转换器结构框图

ADC0809 A/D 转换器由 8 路模拟开关和 A/D 转换器两大部分组成，并有与微处理器兼容的控制逻辑，A/D 转换器部分采用逐次逼近法进行 8 位转换。

ADC0809 A/D 转换器采用标准的 28 脚双列直插式封装，具有低功耗 (15mW)、输入阻抗高等优点。其输入模拟电压为 0～5V，输出为 8 位数字信号，转换一次时间为 100μs，精度为 $\pm\frac{1}{2}$LSB，无需调零和满量程调整。

2. ADC0809 A/D 转换器的工作原理

(1) 模拟量输入通道选择。芯片中有一个 8 路模拟信号输入的多路开关，通过地址代码 C、B、A 的控制，选通 8 路中的 1 路进行 A/D 转换。地址代码与输入通道的选择关系见表 9-4 所示。

表 9-4　地址代码与输入通道的关系

被选中的模拟通道	地址代码			被选中的模拟通道	地址代码		
	C	B	A		C	B	A
IN0	0	0	0	IN4	1	0	0
IN1	0	0	1	IN5	1	0	1
IN2	0	1	0	IN6	1	1	0
IN3	0	1	1	IN7	1	1	1

若要将模拟信号输入 IN5 端接入 A/D 转换电路，需先在 C、B、A 端输入 101 代码，并在地址锁存器的"ALE"端输入地址锁存脉冲，脉冲的上升沿将地址代码 C、B、A 写入地址锁存器，经译码器译码后去接通相应于 IN5 的模拟开关，将 IN5 端的模拟信号接入 A/D 转换电路。

(2) A/D 转换的过程。在启动端（START）加上启动脉冲，A/D 转换立即开始。首先启动脉冲的上升沿通过芯片内部的控制电路将逐次逼近寄存器清零，启动脉冲的下降沿使 A/D 转换电路开始转换。如果在转换过程中重新启动，则先复位，再重新开始转换。若将启动端 START 与转换结束端 EOC 直接连接，转换将是连续的。如用这种方式工作，在开始时应在外部加一启动脉冲。EOC 端在转换过程中为低电平，转换结束时跳为高电平。

由结构图可知，被转换的模拟电压，与来自 D/A 转换器输出的基准电压进行比较，8 位转换器需经过 8 次比较，从高位到低位逐位确定是 1 还是 0。A/D 转换结束后，输入的模拟量转变为数字量，并存入三态输出锁存器。同时控制电路使转换结束标志 EOC 端变为高电平，表示 A/D 转换已经结束。

(3) 输出数据。A/D 转换结束后，在输出使能端 OE 端加上一个正脉冲，使三态输出锁存器与输出数据线接通，从而将锁存器中的数据送到数据线，以供数字控制电路或计算机处理。

本章小结

(1) 倒 T 型电阻网络 D/A 转换器的主要特点是电阻网络中电阻阻值只有两种，即 R 和 $2R$；各 $2R$ 支路电流 I_i 与相应的 d_i 数字量状态无关，是一定值；由于各支路电流流向运算放大器反相端时无传输时间，因而其转换速度较高。

(2) 权电流型 D/A 转换器中，由于采用了恒流源电路，使该 D/A 转换器具有较高的转换精度；使用了高速模拟开关，使其具有较快的转换速度。

(3) D/A 转换器的输出形式有单极性和双极性两种，设计双极性输出电路时应注意输入数字的编码形式。同时在使用时要注意零点和满量程的调节。

(4) 不同的 A/D 转换方式各具特点，在要求转换速度高的场合，宜选并行比较型 A/D

转换器；在要求精确度高的场合，宜选双积分型 A/D 转换器。而逐次逼近型 A/D 转换器兼顾以上两种转换器的优点，故得到广泛应用。

(5) A/D 转换器、D/A 转换器的主要技术指标是转换精确度和转换速度。

(6) 目前，A/D 转换器与 D/A 转换器的发展趋势是高速度、高分辨率及易与微机接口。

思考题与习题

9-1 图 9-3 所示的 4 位倒 T 型电阻网络 D/A 转换器中，已知 $R_F = R = 10k\Omega$，$U_{REF} = 10V$；当某位数为 0 时开关接地，为 1 时接运算放大器的反相端。试求：

(1) u_O 的输出范围；

(2) 当 $d_3d_2d_1d_0 = 0110$ 时，u_O 的值为多少。

9-2 在图 9-5 所示的权电流倒 T 型电阻网络 D/A 转换器中，已知 $U_{REF} = 6V$，$R_1 = 48k\Omega$，当输入 $d_3d_2d_1d_0 = 1100$ 时，$u_O = 1.5V$，试确定 R_F 的值。

9-3 在进行 D/A 转换器的试验中，若误将 MSB 和 LSB 的顺序接错，如图 9-19 所示，试画出输出电压 u_O 的波形。

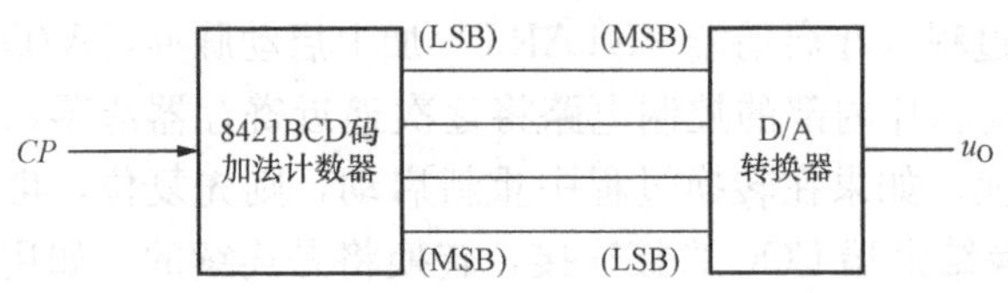

图 9-19 习题 9-3 图

9-4 已知某 D/A 转换器电路的最小分辨电压 $U_{LSB} = 2.45mV$，满刻度输出电压 $U_m \approx 10V$，试求该电路输入数字量的位数 n 为多少？基准电压 U_{REF} 是几伏？

9-5 为了把一个 8 位的数字信号转换为模拟信号，能否选用 AD7520-10 位 D/A 转换器？如可以，电路如何连接？

9-6 在图 9-13 所示的并行比较型 A/D 转换器中，$U_{REF} = 7V$，试问电路的最小量化单位 S 等于多少？当 $u_I = 3.5V$ 时，输出数字量 d_1d_0 为多少？此时的量化误差 ε 为多少？

9-7 在图 9-14 (a) 所示的 3 位逐次逼近型 A/D 转换器中，$U_{REF} = 10V$，$u_I = 8.26V$，试画出在时钟脉冲作用下 u_O 的波形并画出转换结果。

9-8 如果将图 9-14 (a) 逐次逼近型 A/D 转换器的输出扩展到 10 位，取时钟信号频率为 1MHz，试计算完成一次转换操作所需的时间是多少。如要求完成一次转换操作的时间小于 120μs，问时钟频率应选多大？

9-9 在图 9-16 所示的双积分型 A/D 转换器中，若计数器为 10 位二进制，时钟信号频率为 1MHz，试计算转换器的最大转换时间是多少。

9-10 在图 9-16 所示的双积分型 A/D 转换器中，输入电压 u_I 的绝对值可否大于 $-U_{REF}$ 的绝对值？为什么？

参 考 文 献

[1] 康华光. 电子技术基础 数字部分. 5 版. 北京：高等教育出版社，2006.

[2] 余孟尝. 数字电子技术基础简明教程. 3 版. 北京：高等教育出版社，2007.

[3] 孙肇燔. 脉冲与数字电路. 北京：中国铁道出版社，1983.

[4] 尹常永. 电子技术. 北京：高等教育出版社，2008.

[5] 王树昆. 数字电子技术基础. 2 版. 北京：中国电力出版社，2010.

[6] 黄正瑾. 在系统编程技术及其应用. 南京：东南大学出版社，1999.

[7] 潘松，黄继业. EDA 技术实用教程. 2 版. 北京：科学出版社，2005.

[8] 潘松，王国栋. VHDL 实用教程. 西安：西安电子科技大学出版社，2001.

[9] 褚振勇，翁木云. FPGA 设计及应用. 3 版. 西安：西安电子科技大学出版社，2012.